《中国文化概论》编委会

主　编　阮堂明　沈　华

编　委　叶文宪　丁国祥　陆德海　张笑川

卓越教师培养计划系列教材

主编　李正春

中国文化概论
Culture Introduction

主　编　阮堂明　沈　华

暨南大學出版社
JINAN UNIVERSITY PRESS

中国·广州

图书在版编目（CIP）数据

中国文化概论／阮堂明，沈华主编．—广州：暨南大学出版社，2012.9（2019.2 重印）
（卓越教师培养计划系列教材）
ISBN 978 - 7 - 5668 - 0303 - 0

Ⅰ．①中…　Ⅱ．①阮…②沈…　Ⅲ．①中华文化—高等学校—教材　Ⅳ．①K203

中国版本图书馆 CIP 数据核字（2012）第 188435 号

中国文化概论
ZHONGGUO WENHUA GAILUN
主　编：阮堂明　沈　华

··

出 版 人：徐义雄
策划编辑：杜小陆
责任编辑：杜晓杰　黄方方
责任校对：何　力
责任印制：汤慧君　周一丹

出版发行：暨南大学出版社（510630）
电　　话：总编室（8620）85221601
　　　　　营销部（8620）85225284　85228291　85228292（邮购）
传　　真：（8620）85221583（办公室）　85223774（营销部）
网　　址：http://www.jnupress.com　http://press.jnu.edu.cn
排　　版：广州良弓广告有限公司
印　　刷：佛山市浩文彩色印刷有限公司
开　　本：787mm×960mm　1/16
印　　张：22.75
字　　数：460 千
版　　次：2012 年 9 月第 1 版
印　　次：2019 年 2 月第 3 次
定　　价：52.00 元

总　序

为贯彻落实《国家中长期教育改革和发展规划纲要（2010—2020）》精神和教育部实施的“卓越教师”培养计划要求，切实做好教师教育培养改革试点工作，切实提高学生教育教学能力，我们启动了“卓越教师”培养计划。“卓越教师”培养计划系列教材是我校综合性创新项目——“文史类师范专业‘卓越教师’培养方案的研究与实践”的成果。

“卓越教师”培养计划以培养德智体美全面发展，适应基础教育改革与发展需求，具有“新理念、新知识、新技能”教师素养，掌握“会备课、会上课、会当班主任、会研究”教师专业技能，胜任基础教育教学需要的新型师资为培养目标。

熟练组织学生合作学习、自主学习、研究性学习，是当今基础教育创新性人才培养的重要途径，也是教师走向卓越必备的专业技能。作为基础教育师资培养的摇篮，高校教师教育在教育理念、教育技能上要与基础教育的改革“无缝对接”，需要有一套体现创新精神的配套教材，以配合新时期基础教育的改革所需。“卓越教师”必须学会研究教学课程，研究教学策略，研究教学对象。同时，还必须成为学生学习的导师，引导学生“学会合作”、“学会学习”、“学会研究”。学会合作，双赢共进，有利于形成取长补短、相携互助的协作氛围。学会学习，与时俱进，养成苦耕不辍、终身学习的习惯。学会研究，让学生成为学习的主体，使学生个性得以充分发挥，培育学生的创新精神。

编写系列教材正是落实“卓越教师”培养计划的重要举措。本套教材围绕教育部实施的“卓越教师”培养计划要求，从体例、内容到实践环节上进行了新尝试。围绕自主学习、合作学习、研究性学习来设计课程内容和实践环节，有针对性地解决在课程教学中遇到的问题，方便教学活动的组织，有利于提升教师综合教学能力，对学生自主学习、研究性学习和合作学习的能力训练也提供了一个很好的平台。

这套系列教材按课程立卷，各卷实行主编负责制。各卷由主编或特约专家撰写一篇前言，简要评述该教材的内容、体例及特点。

“卓越教师”培养计划系列教材编审委员会由李正春、阮堂明、叶文宪、朱全福、师为公、孙虎、沈华组成。阮堂明、师为公、朱全福、孙虎任丛书副主编和分卷主编。

这套教材由暨南大学出版社人文编辑室主任杜小陆先生倡议，他对丛书的编辑出版工作多次提出了重要的指导性意见，并一直鼎力支持。丛书总主编李正春教授为这套丛书总体计划的拟订和前期编审工作做了大量工作。各卷主编和编者付出了辛勤劳动。对此，我们深表谢意。

限于水平，这套丛书的编、审工作还存在不妥和不足之处，敬请读者不吝指正为感。

卓越教师培养计划系列教材编审委员会

2012 年 6 月

目 录

绪　论

文化是伴随着人类的产生而产生的。从这个意义上说，人类全部的历史，就是一部文化史！人类一切的活动，都体现为文化，都具有文化的意义。因而，与学习自然科学主要以认识外部世界为目的不同，学习文化，其实是人类以认识自身为目的，因而在根本上可以看做是一种人类的认祖归宗行为。就像一个个体生命从孕育到出生，重演了人类的进化过程一样，一次从洪荒的野蛮时代到高度文明的现代的人类文化历程的巡礼，也是向人类自身的回归和认同的过程。中国文化是中华民族的伟大创造，我们学习中国文化，同样不仅是一种以积累知识为目的的学习，而且也带有接受洗礼之后精神回归的意义。大学生是国家和民族的未来，是中华民族伟大复兴的生力军，为担起这样的历史重任，不能不经历这样一种洗礼，并最终完成精神的回归。

一、文化的概念

“文化”一词，自古以来歧义纷呈，众说纷纭，直到 19 世纪末，西方人类学家才提出现代意义上的“文化”概念，而第一次给文化以全面与明确的定义的西方学者是爱德华·伯内特·泰勒。他在 1871 年撰文，把文化定义为“包括知识、信仰、艺术、道德、法律、习俗和任何人作为一名社会成员而获得的能力和习惯在内的复杂整体”①，这一概念被视为文化的经典界说。自泰勒以后，文化定义层出不穷。1952 年，美国人类学家克罗伯（A. L. Kroeber）、克拉克洪（Clyde Kluckhohn）在合著的《文化：有关概念和定义之评论》一书中，从文献中收集到 100 多种文化定义。自 1952 年以后，世界各国关于“文化”的新的定义仍然层出不穷，时至今日，累计已有 300 余种之多。究其原因，主要在于作为人类社会的现实存在，文化内容广博，包容万有，要找到一个统一的、人们普遍接受的文化定义，几乎是不可能的。正因如此，美国文化人类学家洛威尔（A. Lawrence Lowel）曾这样说：“在这个世界上，没有别的东西比文化更难捉摸。我们不能分析它，因为它的成分无穷无尽；我们不能叙

① ［英］爱德华·泰勒著，连树声译：《原始文化》，广西师范大学出版社 2005 年版，第 1 页。

述它，因为它没有固定形状。我们想用文字把握它的意义，这正像要把空气抓在手里似的，当我们去寻找文化时，除了不在我们手里以外，它无所不在。”[①] 尽管如此，从词源的角度入手，通过探寻文化的原初意义，进而寻求确立一个较为准确的文化定义，还是有可能的。

“文化”，是中国语言系统中固有的传统词汇。起初，“文”和“化”是分开的，“文”的本义是指各色交错的纹理。《易·系辞下》：“物相杂，故曰文。”《礼记·乐记》：“五色成文而不乱。”《说文解字》：“文，错画也，象交文。”均是此义。以本义为基础，“文”又进一步引申出文字、文物典籍、礼乐制度之义。《尚书·序》中所称伏羲画八卦，造书契，“由是而文籍生焉”，即是其例。此外，由伦理之说“文”又与“质”、“实”相对，而有彩画、装饰和道德修养之义，所以《尚书·舜典》疏曰“经天纬地曰文”，《论语·雍也》称“质胜文则野，文胜质则史，文质彬彬，然后君子”。这里，“文”具有了道德的善的意义，故《礼记·乐记》中“礼减而进，以进为文”，郑玄注“文犹美也，善也”。可见，“文”早在上古即与今天的文化有了不解之缘。“化”的本义是变易、生成，指事物形态或性质的动态变化过程。《庄子·逍遥游》：“化而为鸟，其名为鹏”，《易·系辞下》：“男女媾精，万物化生”，《礼记·中庸》：“可以赞天地之化育”等，表达的都是这层意思。

“文”、“化”二字合用，最早见于《易·贲卦·彖传》：

> （刚柔交错）天文也；文明以止，人文也。观乎天文，以察时变；观乎人文，以化成天下。

这段话中，“天文”与“人文”相对，“天文”指天道自然规律，即天地日月往来交错；“人文”指人伦社会规律，即人际间纵横交织的社会关系，如君臣、父子、夫妇、兄弟、朋友等，构成复杂网络。这里，“人文”与“化成天下”相联系，“以文教化”、“因文教化”的意蕴已然十分明确，充分体现了中国古代注重文德教化的政治思想。西汉以后，“文”与“化”方合成一词，刘向《说苑·指武》云：“圣人之治天下也，先文德而后武力。凡武之兴，为不服也，文化不改，然后加诛。”晋人束皙在《补亡诗·由仪》中又提出“文化内辑，武功外悠”，表示“以文化辑和于内，用武德加于外远”[②]，均以文化对举“武力”、“武功”；南齐王融《三月三日曲

---

① 殷海光：《中国文化的展望》，中国和平出版社 1998 年版，第 26 页。
② （梁）萧统：《文选》卷一九，中华书局 1977 年版。

水诗序》中“设神理以景俗，敷文化以柔远”，则又以文化与无教化的“质野”对举，均表示以文德教化天下。

在西方，“文化”一词英语是Culture，德语是Kultur，二者同源于拉丁文Cultura，含有耕作、居住等多重意义，并引申为对人的性情的陶冶、品德的教养，这与中国古代“文化”一词的“文治教化”内涵较为接近。但是，比之中国古代的“文化”更多偏重于精神领域，Cultura则从人类的物质生产活动出发，继而才引申到人类精神活动领域，因而Cultura的意义更为宽广，也更为复杂，与中国语言系统中的“文明”意义相近。“文明”是从人类的物质创造逐步扩展到精神的光明普照大地，如孔颖达疏解《尚书·舜典》“睿智文明”时所谓“经天纬地曰文，照临四方曰明”。简括地说，“文明”兼有物质创造与精神创造的双重意义，接近于今天人们通常所理解的广义文化。中国与埃及、印度、巴比伦合称四大“文明古国”，而不称“文化古国”，原因也正在于此。

自近代以来，随着工业革命的深入，西方社会经济发展突飞猛进，极大地改善了文化研究的手段和条件，专业化文化研究取得了长足进展，人们对文化多维内涵的认识，因此也更加深入。在广泛研究的基础上，人们对于文化的认知，形成了基本的共识：

人类自产生以来，由于生存需要而不断进行的有意识的活动（劳动），促进了与“天道”既相联系又相区别的“人道”的形成。由“天道”到“人道”，这便是文化创造的过程。作为人的创造的结果，文化便是主体的人与客体的自然在实践中的对立统一物。这里，“自然”既指人身之外并与之对立的外在自然界，也包括人的身体的各种自然属性。文化是改造自然、改造社会的活动，在这个过程中，也改造着人自身。可以说，人是文化的创造者，文化也同时创造了人，二者之间形成了一种相互关系。拿玉石来说，一块天然的玉石，起初并不具备任何文化的意蕴，但经由人工的打磨与雕琢，在注入了人的劳动技能、审美取向与价值观念之后，便具有了“文化”的意义。由此可见，文化的实质在于“人化”，在于人的本质力量的对象化，是人（类）通过社会实践活动，适应、利用和改造自然（也包括自身）而逐步实现自我价值观念的过程。正如马克思在《1844年经济学—哲学手稿》中所说：

> 有意识的生产活动直接把人和动物的生命活动区别开来。正是仅仅由于这个缘故，人是类的存在物。……实际创造一个对象世界，改造无机的自然界，这是人作为有意识的类的存在物（亦即这样一种存在物，它把类看作自己的本质，或者说把自己本身看作类的存在物）的自我确证。……因此，

> 正是通过对对象世界的改造，人才实际上确证自己是类的存在物。这种生产是他的能动的、类的生活。通过这种生活，自然界才表现为他的创造物和他的现实。①

马克思的文化观启示我们，人类文化的产生和发展，都是建立在人类实践活动的基础上的，文化在本质上是这种实践活动的产物，而这一实践过程的成果，既体现在对象物在面貌、形态、功能等方面的不断改观上，也体现在人类主体自身精神、心理、道德的不断提高和完善上。由此，我们可以这样说：文化就是自然的“人化”，凡是人类有意识地作用于自然和社会的一切活动及其结果，都属于文化。一般来说，这种“人化”主要有以下几种形式：一是通过实践、劳动的形式，改变自然物的面貌、性质、结构、存在方式等，使之融入人的思想，这是最常见、最普遍的形式；二是以解释、言说的方式赋予自然物以意义，使“自在”的自然物显示人可以理解和把握的意义；三是创造人工自然或第二自然，如转基因生物、人工合成材料等；四是创造信息化的存在、虚拟的存在，如网络世界等。

二、文化的结构与层次

“文化”这一概念，人们在长期的使用过程中，对其内涵与外延的认识差异甚大，研究者基于文化自身内部各要素之间的关系，提出了关于文化结构、层次的理论：有主张文化在结构分为物质文化和精神文化两层次者；有主张物质、制度、精神三层次者；有主张物质、制度、行为、精神四层次者；还有以物质、社会关系、精神、艺术、语言、风俗习惯为文化之六大子系统者，等等。以上诸种分析中，以四层次说为较完整而简明。这里对四层次说加以论述。

物质文化，又称物态文化，是人类所从事物质生产活动及其成果的总和，是可感知的、具有物质实体的文化事物。物质文化以满足人类最基本的生存需要——衣、食、住、行为目标，直接反映人与自然的关系，反映人的本质力量对象化、客观化实现的程度，以及整个社会生产力的发展水平，是人类一切文化创造的基础。

制度文化，是人类在社会实践活动中所建立的各种社会规范、社会组织的总和。文化人类学的基本常识告诉我们，人是类的存在物，人类的物质生产是社会的、群体的活动，只有在一定的社会关系之下才能进行。在这个过程中，人类不仅创造了物质

---

① ［德］马克思：《1844年经济学—哲学手稿》，人民出版社1979年版，第50～51页。

财富，更创造了自己独有的社会环境，还创造了处理人与社会之间（包括个体与个体、个体与群体、群体与群体）相互关系的准则，并逐步将其确定、规范化为社会的经济制度、婚姻制度、家族制度、政治法律制度，以及家族、民族、国家、经济、政治、宗教团体、教育、科技组织，等等。制度文化着眼于调适和解决人与人、人与社会之间的关系，虽不直接与自然界发生关系，但其特质及发育、发展水平，仍然离不开人与自然发生联系的一定方式，并为其所决定。

行为文化，是人类在长期的社会实践尤其是相互交往中所约定俗成的习惯性行为定势，是人类在日常生活中的行为模式的反映。行为文化以民风民俗的形态出现，具有鲜明的民族特性和地域特性。《礼记·王制篇》“五方之民皆有性也，不可推移”，《汉书·王吉传》“是以百里不同风，千里不同俗”，都是对人类行为文化的明确指认。行为文化的产生既与人类生活所依赖的一定地域与自然环境相关联，同时也离不开一定社会环境下的制度文化，是制度文化在人的行为模式上的体现。

精神文化，又称心态文化，是人类在社会实践和意识活动中长期氤氲化育而出的价值观念、审美情趣和思维方式的总和。作为文化的核心部分，精神文化包括社会心理和社会意识形态两部分。社会心理，指人们日常的精神状态和思想面貌，尚未经过理论加工与艺术的升华，体现为流行的大众心态，诸如人们的愿望、要求、情绪等，皆属此层面。社会心理受物质文化与制度文化的影响，并与行为文化互为表里。社会意识形态，是指经过政治家及文化学者、专家系统加工的社会意识，通常以物化形态，诸如著作或作品固定下来，播之四海，传之后世。

依据与社会存在关系的疏密程度，社会意识形态又可进一步细分为基层意识形态和高层意识形态。前者主要包括政治理论、法权观念等，与社会存在的关系较为紧密，是经济基础的集中体现。后者包括哲学、文艺、宗教等，它们在根本上虽不能脱离社会存在，但与物质经济基础距离更远，更多地通过社会心理和基层意识形态与之发生关联，因而具有较强的独立性。

在以上文化结构的诸层次中，物质文化反映的是人与自然的关系，制度与行为文化反映的是人与社会之间的关系，精神文化则反映人与自我的关系。物质文化作为可感知的、具有物质实体的文化事物，处于文化诸层次的底层，故而与经济基础的距离最近，往往随着社会生产力的变革而迅速变革。制度文化与行为文化介于物质文化和精神文化之间，前者通常随着社会的变革而变革，较之物质文化，对生产力变革的反应稍有滞后；后者受制度文化和精神文化的双重影响。精神文化处于整个文化结构层次的最高层，与经济基础之间的联系受诸多中间环节的影响而模糊，因为植根于民族文化的深层心理，故而最难改变。但也正因为如此，精神文化成为文化的核心与精髓，成为不同国家或民族文化相区别的本质所在。

文化结构的四个层次，将人类社会历史生活的全部内容统统地纳入到了其中，全面反映了人类与一般动物、人类社会与自然界的区别，体现了广义“文化”的具体构成。梁启超所谓“文化者，人类心能所开释出来之有价值的共业也”[①]，梁漱溟所谓“文化，就是吾人生活所依靠之一切。……文化之本义，应在政治、经济、乃至一切无所不包”[②]，都是从广义“文化”的立场立论，体现了“大文化”的文化观念。如果说广义“文化”涵盖了物质文化、制度文化、行为文化和精神文化的话，那么我们通常所谓狭义“文化”或“小文化”，指的即是其中的精神文化。本书肯定“大文化”的概念，但在具体展开的过程中，主要以小文化为论述对象和范围。

三、中国文化与中国传统文化

文化具有国别性、民族性。在世界历史上，各个民族和国家基于各自不同的自然社会条件、环境，创造了属于自己同时也属于全人类的文化。本书所论中国文化，便是“多元一体”[③] 的中华民族在东亚大陆这块广袤的土地上所创造的文化。

中国是中国文化产生和发展的摇篮，中国文化的创造主体是中华民族。作为一个地理概念，中国的内涵经历了不断反复和渐次扩展的过程。先是在距今 3 000 年前，在黄河中游出现了一个由若干民族集团汇集和逐步融合的核心，被称为华夏，像雪球一样越滚越大，将周围异族吸收进入了这个核心。它在拥有黄河和长江中下游的东亚平原之后，被其他民族称为汉族。因自认为居于天下之中央，故称中国，而将周边地区称为四方。秦汉以后，以汉族为主体的大一统中央政权建立。此后，历代版图时有损益，但基本趋势是不断拓展。清代强盛时，疆域“东极三姓所属库页岛，西极新疆疏勒至于葱岭，北极外兴安岭，南极广东琼州之崖山”（《清史稿·地理志》），包括今蒙古国全境，以及俄罗斯、哈萨克斯坦等的部分领土。新中国成立，在与周边相关国家签署边界条约后，形似雄鸡的中国陆地版图最终确定。正是在不断的历史发展中，中国境内各民族间通过杂居、混合与相互融合，相互间的联系愈益频繁，诸如共

---

① 梁启超：《什么是文化》，《学灯》1922 年 12 月 9 日。

② 梁漱溟：《中国文化要义·第一章绪论》，见《梁漱溟全集》（第 3 卷），山东人民出版社 2005 年版，第 9 页。

③ “多元一体”，是费孝通先生论中华文化时创立的一个概念。他以中华民族为一体，以五十六个民族为多元，共同创造了中国文化，故谓之“多元一体”。详见其《文化的生与死》下编《中华民族的多元一体格局》，上海人民出版社 2009 年版。

同地域、共同语言、共同经济生活等民族共同体各要素逐步形成并渐趋完备，从而进一步形成自觉的民族观念；尤其是随着近代西方列强的侵入，各民族更增进了政治、经济和文化上的整体意识，“一体多元”的中华民族遂成为境内56个民族的共同称谓。因此，“中华民族”是历史形成的民族实体，“中”，谓居四方之中，“华”，谓辉光、文采与锦绣。元人王元亮即说：“中华者，中国也。亲被王教，自属中国，衣冠威仪，习俗孝悌，居身礼仪，故谓之中国。”（《唐律疏议释文》）

中国文化源远流长，灿烂辉煌，历史上曾长期领先于其他文化，作为人类先进文明的代表，对于人类有着伟大的贡献。浩如烟海的文化典籍，独具特色的语言文字，嘉惠世界的科技工艺，精绝雅致的文学艺术，充满智慧的哲学宗教，完备深刻的道德伦理等，构成了中国文化的基本内容。

作为一个生生不息的运动过程，任何文化都有其发生、发展的历史。中国文化在几千年的发展历程中，也经历了不断扬弃、更新和再生的演变。本书所论中国文化，主要就是指1840年鸦片战争以前的传统文化。

中国传统文化，植根于古代中国人生存的自然—社会环境，是我们的先辈在认识、改造自然的社会实践过程中的伟大创造，是先辈传承下来的丰厚遗产。它虽是历史的结晶，但并不只是陈列在博物馆里供人观展，而是依然有着持久、鲜活的生命力。正如黑格尔所说：“传统并不仅仅是一位管家婆，只是把它所接受过来的忠实地保存着，然后毫不改变地保持着并传给后代。它亦不像自然的过程的那样，在它的形态和形式的变化与作用里，永远保持其原始的规律，没有进步。”① 因为从根本上说，文化是一个国家或民族的本质属性的体现，中国传统文化中所体现的中华民族特有的生活方式、思维方式及价值观念，最深刻地反映了中华民族的民族属性，这种属性甚至已经内化为我们民族的基因，成为孕育现代文化与社会生活的历史根据和现实基础，“规定”着未来中国社会、文化发展的方向。因此，传统文化距离今天并不遥远，而是时时刻刻仍然强烈地影响着我们。当然，传统文化在介入当代生活的时候，会随着时代条件的变化而发生某种程度上的蜕变，但是作为传统文化中高级形态的精神文化却具有超越时空的恒常性，历久弥新。本书论述中国文化，主要以1840年鸦片战争以前的传统文化为主，同时兼顾中国文化在新的历史语境中的转型与新生。

---

① ［德］黑格尔著，贺麟等译：《哲学史讲演录》（第1卷），商务印书馆1996年版，第9页。

四、学习中国文化的意义及方法

本书是作为高校人文素质教育公共课教材而编写的，旨在为大学生提供一个简明的中国文化读本，使之通过学习，增进对中国悠久深厚的历史文化的理解，同时对在新的时代条件下中国文化应该如何发展与创新等问题有所思考。

在我们看来，学习与研究中国文化，既有重要的现实意义，也有深远的历史意义。

首先，学习、研究中国文化，有助于更加准确、深刻地认识中国国情。目前，我国正在进行着前无古人的现代化建设伟大事业，要完成这一历史使命，实现中华民族的伟大复兴，就必须深刻认识和了解中国的国情。国情，不是空洞抽象的概念，而是包含着文化的历史与现状的实质内容。自新中国成立，尤其是改革开放以来，我国社会经济与现代化建设取得了辉煌的成就，但仍然面临着诸多困难，这些困难既有来自外部的国际环境，更有国内自身的因素；尤其是我国的现代化建设是在几千年历史的背景下进行的，数千年的历史文化一方面给我们提供了丰厚的历史遗产，另一方面也带给我们沉重的历史包袱和因袭的重负。怎样又快又好地继续推进现代化建设事业，客观上需要我们深入地剖析古代历史文化。

其次，只有学习、研究中国文化，才能更好地传承、发展中国文化。当代大学生不仅肩负着建设国家的崇高使命，同时也责无旁贷地承担着发展、传承中国文化的重任。目前，世界范围内经济与文化的全球化发展趋势日益凸显，新型发展中国家的民族文化既面临着发展机遇，也面临着被西方强势文化弱化的严峻局面。怎样在这种背景下，既维护和保持中国文化的主体地位，又不断促进中国文化向前发展，是我们身处这一时代必须严肃思考和回答的课题。而只有深入学习、研究中国文化，我们才能客观地了解、认识中国文化，继而弘扬和发展中国文化及其价值。

最后，学习、研究中国文化，还是当代大学生提升自我、塑造健康人格的重要途径。一方面，现代社会的人才需要具备多方面知识修养，只有不断丰富、提高文化知识修养，才能适应和满足社会需要。同时，现代社会中生活、工作压力越来越大，如何能以一颗平常心看待竞争激烈的社会环境，积极努力、不断进取，胜不骄败不馁，这就需要具有健全的人格，而中国文化作为我们先辈伟大创造的结晶，不仅具有博大精深的知识体系，同时兼有热爱生命、崇尚自然、弘扬人的道德理性、精神人格等基本文化精神，有许多关于人性修养的内容。因此，学习、研究中国文化，不断从中汲取思想与精神营养，是当代大学生丰富和提高自我修养的重要途径。

至于怎样学习、研究中国文化，我们认为应该尽力做到：

其一，要秉持客观与理性的原则。所谓客观、理性，就是不存任何成见、偏见，避免主观立场的偏颇，不因为是本民族文化而先入为主地产生感情上的偏好，也同样不因为是传统文化而轻率地拒斥、否定，而应立足客观分析，坚持实事求是的科学态度，在客观的基础上，进行理性的思考、推论，防止因主观性而造成的以偏概全。这就要求我们要依据历史文献，深入研读。中国古代典籍与文献浩如烟海，它们是中国文化的凝聚和载体，只有依据这些文献，并对其准确地解读和阐释，才能理解和把握中国文化，否则如果从文献漫荡、游移开去，或不求甚解，则只能造成对文化的误读，成为我们民族文化的不肖子孙。

其二，要入乎其内，培养相应的生命性情。历史文化不是故纸堆，不是被烘干的历史标本和木乃伊；恰恰相反，作为一种生活方式、一种世界观与价值观的反映，它们凝结了先辈曾有的对自然、社会与人生鲜活的体验和追求。因此，学习、研究古代文化，除了需要我们立足文献之外，还要建立一条连接古人的生命通道，进入古人的生命情境之中，以心传心，使彼此两隔的时空连接起来，化隔为通，化陌生为亲切，与古人生命及其智慧感通共鸣，将古代文化由理性上的认知对象转化成情感上的理解对象，从而使对古代文化的掌握达到更高的境界和层次。

其三，要以历史眼光，辨证看待传统文化。任何文化都会随着历史的发展而发展，任何文化也都不是只有精华而没有糟粕。我们对待历史文化和文化传统，一方面要批判、扬弃其中的糟粕；同时这种批判，又不是脱离历史情境的全盘否定，而是既有批判，也有继承和改造，与时俱进，不断开拓创新，将学习和研究传统文化与建设社会主义新文化联系起来。

自主学习

1. 什么是文化？怎样理解文化概念的复杂性？
2. 文化有几种结构层次，相互之间的关系是怎样的？
3. 怎样看待中国传统文化与现代文化之间的关系？
4. 你是怎样理解学习中国文化的意义的？

延伸学习

1. 美国学者威廉·W. 哈维兰在其经典著作《文化人类学》中指出：

所有文化都是习得而非生物学遗传的。人们和文化一起成长，因而学会自己的文化，文化借以从一代人传递到下一代人的过程被称为“濡化”。……经过濡化，人们学会在社会上恰如其分地满足自己生物的需要。重要的是，区别如下的差异：并非习得的需要本身与习得的满足需要的方式。因此，北美人认为睡得舒服的观念与日本人的观念有极大的不同；除了吃和睡，还包括住、伴侣关系、自我防卫和性的满足。每一种文化都以自己的方式决定这些需要将如何得到满足。

请谈谈你是如何理解“经过濡化，人们学会在社会上恰如其分地满足自己生物的需要。重要的是，区别如下的差异：并非习得的需要本身与习得的满足需要的方式”，以及“每一种文化都以自己的方式决定这些需要将如何得到满足”这两句话的意义的。

2. 德国哲学家奥斯瓦尔德·施宾格勒在他的名著《西方的没落》中认为，大多数文化就像任何一个有机体一样，都有一个自身不可逾越的生命之期，西方文化也不例外。西方已经走过了文化创造的阶段，正迈向无可挽回的没落。请谈谈你对这种观点的认识。

第一章 中国文化形成发展的自然与社会条件

自然条件与社会条件是文化形成与发展的基础与土壤，黑格尔在其著作《历史哲学》中就强调："我们所注重的，并不是要把各民族所占据的土地当做是一种外界的土地，而是要知道这地方的自然类型和生长在这土地上的人民的类型和性格有着密切的联系。"人类生活于客观的自然环境之中，文化也必然会受到自然环境的影响。同时，人类又是群居动物，彼此之间必然会结成各种关系密切、错综复杂的利益共同体，社会就是由长期合作的社会成员通过发展组织关系形成的团体，并进而形成国家、政府等组织形式，这样看来，文化既受到社会环境的重要影响，更是社会本身的产物。所以，在了解中国文化之前必须先了解中国的地理环境和社会结构。

第一节 中国历史地理环境的特点

一、中国的地理环境

从东北的大兴安岭南段向西越过蒙古高原，西抵河湟地区，再向南沿青藏高原直达云南西北部，是一个环绕着黄土高原和长江流域的半月形地带，这个地带的地貌主要是山地或高原，平均海拔在1 000～3 500米，从东北到西南呈阶梯状递增，这就使得这一地区的太阳辐射、气温、降水量、湿润程度、植物生长期、动植物资源等方面都具有相当大的一致性：年太阳辐射总数都在140千卡/平方厘米左右，年平均气温均为8℃上下，年降水量大致都在400～600毫米之间，干燥度指数介于1.5～2.0，气候都属于半干旱类型，生长期均为200天左右，植被都以草原、高山灌丛和草甸为主。所以这个地带虽然跨越地域辽阔、地形复杂，但是生态环境却非常相似。

这个半月形的地带从新石器时代以来就一直是从事游牧或半农半牧的民族繁衍生息的地方。据文献记载，曾经生活在这一地带的民族有肃慎、东胡、山戎、匈奴、氐、羌、冉駹、筰嶲、昆明，等等。被这条半月形地带所包围的黄河流域、长江流域和广大的江南地区是农业民族居住的区域。由于南、北方生态环境的不同，这一区域又可以分为北方的旱作农业区和南方的稻作农业区。新石器时代的三大经济区是人们为适应生态环境而形成的，在人们还依赖农业生存的时代这种经济格局又延续了几千年。

中国分为三大经济区的格局是由于地理条件、生态环境的不同而形成的，但是它对中国文化的形成与发展产生了极其深刻的影响——不仅不同区域的文化有所区别，而且历史上的文化冲突与人际战争大致也是在这三个经济区之间展开的。

二、历史地理环境的变迁

（一）一万年来的气候变迁

大约在距今一万年前，第四纪冰期结束，随即全球气温迅速上升，到距今五六千年时达到了最高点。但是冰后期的气温并不是始终都是很温暖的，据竺可桢先生的研究，我国近 5 000 年来先后出现过互相交替的四个温暖期和四个寒冷期（见下图）。

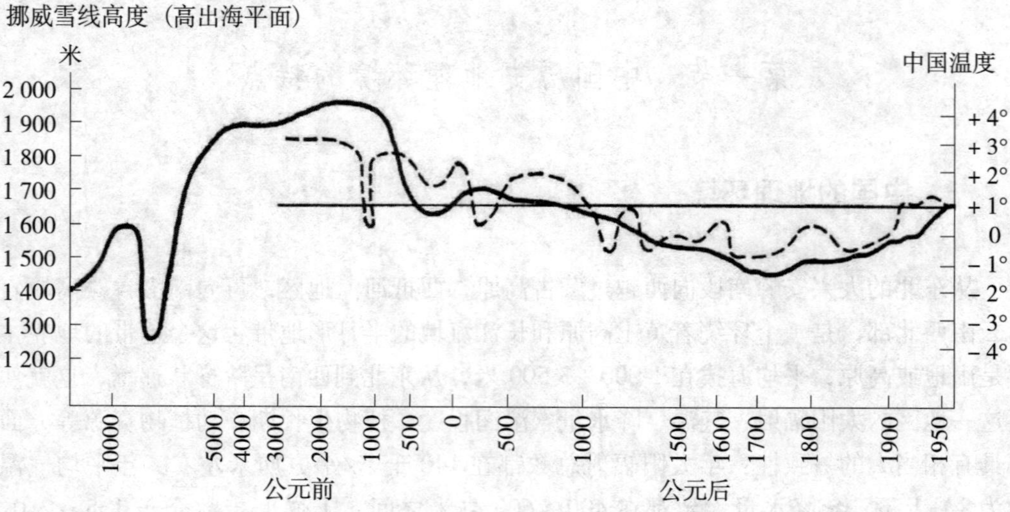

一万年来挪威雪线高度（实线）与五千年来中国温度（虚线）变迁图

雪线高度以米计，目前挪威雪线高度在 1 600 米左右。

温度以摄氏度计，以 0 线作为目前温度水平。

横线时间的缩尺是幂数的，越至左边缩尺越小。

第一温暖期从公元前 3000 年以前的仰韶时代到安阳殷墟时期，大部分时间的年平均温度比现在要高2℃以上，这是冰后期气候最温暖、最适宜的时期，各地的新石器文化在这一时期得到了长足的发展，并融合形成了以殷商文化为代表的华夏文明。

第一寒冷期从公元前1000年到公元前850年，大约相当于西周时期，在周人东进占据中原大地的同时，北方游牧民族屡屡进犯周人的边境，如《诗经·小雅·采薇》中"靡室靡家，猃狁之故"、"不遑启居，猃狁之故"、"岂不日戒，猃狁孔棘"的记载，此外在许多青铜器铭文中也都有关于征伐猃狁的事迹。

第二温暖期从公元前770年到公元初，相当于春秋战国和秦汉时期，这是一个中原地区人口增长、文化繁荣的时期。

第二寒冷期从公元初到公元600年，相当于东汉、三国、魏晋南北朝时期，这是一个北方游牧民族纷纷入主中原和中原居民大规模南迁的时期。

第三温暖期从公元600年到1000年，相当于隋唐到北宋初期，这又是一个中原地区人口增长、文化繁荣的时期。

第三寒冷期从公元1000年到1200年，相当于辽、金、西夏、南宋时期，这一时期北方游牧民族又纷纷南下，而中原居民又一次大规模南迁。

第四温暖期从公元1200年到1300年，相当于宋末元初时期。

第四寒冷期从公元1400年一直延续至今，包括整个明清时期。[①]

温暖期与寒冷期年平均温度摆动的范围约为1℃~2℃，年平均温度升降1℃对气候产生的影响相当于地理纬度向南或向北移动2°~4°，也就是说，在温暖期黄河流域的气候会和今天的长江流域一样温暖湿润，而长江流域的气候会和今天的珠江流域相似；在寒冷期则相反，长江流域的气候会和今天的黄河流域一样寒冷干燥，而北方草原地区的气候就会变得更加严酷。这样的气候变迁如果发生在今天，我们完全有能力去适应与克服，但是在古代对于靠天吃饭的农民和逐水草而居的牧民来说影响却是极其严重的，严重到会影响社会的发展与人口的迁徙，从而造成文化的冲突与政治格局的变化。中国历史上中原地区社会大发展、文化大繁荣的几个时期都处于温暖期，而在温暖期江南地区由于过于湿热反倒不适宜人类居住与生存，北方游牧民族入主中原和中原居民南下开发江南则都处于寒冷期。虽然气候变迁并不是社会发展的主要原因，但肯定是历史演进的背景，人类历史的一幕幕话剧就是在生态环境的舞台上和气候变迁的背景前演出的，如果我们了解了舞台与背景，那么就更容易理解剧情了。

（二）生态环境恶化与经济重心南移

黄河流域常常被称为中华民族的摇篮，这是因为黄河中下游地区在新石器时代就

---

① 竺可桢：《中国近五千年来气候变迁的初步研究》，《考古学报》1972年第1期。

得到了全面的开发，分布在黄河及其支流两岸的仰韶文化遗址和龙山文化遗址的数量与其他地区相比要多得多，但是相对于辽阔的土地，人口密度并不高，所以至少到商周时代中原地区的生态环境仍然保持得很好。当时中原地区还是地广人稀，人们既没有能力把所有的土地都开垦成为农田，也不需要把所有的土地都开发为农田，因为对于农民来说不仅需要有农田生产粮食与植物纤维，还需要有草野来放牧家畜，需要有森林来提供盖房子的建材、炊煮用的燃料和冶炼用的木炭，而从《诗经·魏风·伐檀》的“庭有县（悬）貆”、“庭有县（悬）鹑”可以知道，狩猎也是动物蛋白的来源之一。

《尔雅·释地》曰：“邑外谓之郊，郊外谓之牧，牧外谓之野，野外谓之林，林外谓之坰。”这是对商周时代聚落居住模式的诠释，“邑”是住人的聚落，“郊”是农作的地方，“牧、野、林”是放牧、砍柴和打猎的场所，而“坰”是无人居住的区域。例如，位于今河北固安县的韩地在西周时还是一片蛮荒之地，“孔乐韩土，川泽讦讦，鲂鱮甫甫，麀鹿噳噳，有熊有罴，有猫有虎”①。春秋初郑桓公初封于郑地时，需要“庸次比耦，以艾杀此地，斩之蓬蒿藜藿，而共处之”②。姜戎被秦国所逐而徙居晋国，晋惠公（前650—前637）赐其南鄙之田，而当时晋国的南鄙还是“狐狸所居，豺狼所嗥”之地，“诸戎除翦其荆棘，驱其狐狸豺狼”③，才得以居住。连地处中原的宋郑之间的许多“隙地”，到春秋末在那里设置了六个邑。至于僻居江汉的楚人在建国时就更有“筚路蓝缕，以处草莽”④ 之说。

甲骨文中的“田”字写作、、、、，是方格形耕田的象形字。因为地广人稀，所以人们只需要选择最适宜耕种的地形，力所能及地开垦必要的耕田就可以了。把耕田开垦成井字形的棋盘状是为了便于耕作、管理和计量，这就是商周时代普遍实行的井田制。

但是到了春秋战国以后，随着人口的增长，中原地区的森林不断遭到破坏。人们为了垦田而砍伐森林、为了盖房而砍伐森林、为了薪炭而砍伐森林、因为打仗而毁坏森林、因为田猎而焚烧森林，经过长期的破坏，森林渐渐从黄河流域消失了。宋郑之间的许多“隙地”，到战国时已经再无高大树木了，再到汉初该地区的东郡甚至连烧柴都有困难。东汉中山简王刘焉死后大修冢墓，“发常山、巨鹿、琢郡柏、黄肠、杂

① 《诗·大雅·韩奕》。
② 《左传·昭公十六年》。
③ 《左传·襄公十四年》。
④ 《左传·昭公十二年》。

木，三郡不能备”[①]，可见森林破坏之严重。

砍伐森林和发展农耕是密切联系在一起的。森林和草原是一种稳定的生态系统，但是它们能够承载的人口非常有限，农田是一种不稳定的生态系统，但是却可以承载较多的人口。由于土地面积是有限的，而人口却在持续地增长，于是在最早得到全面开发的黄河中下游地区，自然的森林草原生态就逐渐地被人工的农田生态取代了，这里成为先秦时代最重要的农业中心。

随着中原人口的增加，黄河中下游地区农业获得长足的发展，这成为华夏文化发展的基础，但是付出的代价却是生态环境的破坏，最严重的后果就是黄河河患越来越严重。

黄河在战国之前并无“黄河”之名，只被称为“河”或“大河”。有记载的黄河第一次改道是在周定王五年（前602），战国时期齐国和赵国、魏国各在黄河两岸修筑了绵亘数百里的堤坝，所以河床比较稳定，除了在楚宣王十一年（前352）、赵肃侯十八年（前332）和赵惠文王十八年（前281）因人工开挖决过3次以外，只溢过1次。然而从西汉文帝十二年（前168）至王莽始建国三年（11）的180年中，黄河就决溢了12次，其中5次引起改道，造成了严重的河患。

西汉黄河河患与中上游地区的开发有关。秦和汉初都推行“戍边郡”的移民政策。秦始皇三十三年（前214）蒙恬“收河南地，因河为塞，筑四十四县城临河，徙谪戍以充之”。[②]44县当有几十万人，加上蒙恬驻上郡的军队还有30万人。秦始皇三十六年（前211）迁今河套地区3万家，汉文帝时又用晁错计募民徙塞下，汉武帝时移民规模更大、次数更频，元朔二年（前127）、元狩四年（前119）、元狩五年（前118）、元鼎六年（前111）和天汉元年（前100）等，都发动数万人以上的大规模移民，使得西北边郡的人口迅速增加。平帝元始二年（2），黄河中上游朔方、北地等十郡人口达到了286万，而当时号称“膏腴沃野千里”的关中平原也不过243万人。西北边郡的农业因此获得了迅速的发展，河南地号称“新秦中”。随着人口增长和农业发展，植被破坏，水土流失，黄河中上游松软的黄土高原成了黄河泥沙的策源地。由于泥沙的长期堆积，西汉末年已经成为高出地面的悬河，从而导致了西汉一代黄河下游地区严重的河患。

东汉初年，南、北匈奴相继来降，迁居塞内。杂居在黄河中上游地区各郡的匈奴、羌、胡、休屠、乌桓等各游牧部族总数逐渐增至百万左右。安帝永初以后发生了

① 《后汉书·中山简王刘篇传》。

② 《史记·匈奴列传》。

两次大规模的“羌乱”和接连不断的小规模羌人起义，边地十郡的汉人纷纷迁往内地，到永和五年（140）只剩下32万人了。“新秦中”的农业区从此放弃，农田生态又回复为草原、牧场生态，这一变化明显地减少了黄河的洪水量和含沙量，因此东汉初经过王景治河以后，黄河就很少决溢泛滥了，一直到唐代末年只有40次决溢的记录，出现了800年安流的局面。

关中平原号称“八百里秦川”，很早就得到了开发，从新石器时代到西周都一直是农业发达的地区，然而到了西汉，富庶的关中平原就已经养活不了生活在这里的众多人口了，所以不得不依靠漕运天下物资来供给京师。由于漕河流浅沙多、舟行不便，因此汉武帝时又在渭水以南开凿了长达150余公里的漕渠，使关东来的运粮船可以从三门峡直接经漕渠抵达长安。漕渠修通后每年漕运粮食从数十万石猛增至400万石，元封年间（前110—前105）甚至高达600万石。唐代建都长安，仍然依靠漕运，唐玄宗时重新整治汉、隋旧运，当年就运送粟粮400万石以上。从黄河下游经三门峡入漕渠把粮食运到长安，一路都是逆水而行，重载的粮船全要靠人力拉纤，日久天长就在河边纤道的崖壁上勒出了一道道的深槽。

衰落的关中已经无法再成为政治中心的经济基础了，所以东汉把都城定在洛阳，隋炀帝即位后在洛阳营建东都，唐后期把政治中心从长安移到洛阳，都不仅有政治上的原因，而且还有深层次的生态背景。然而原来作为关中粮食基地的黄河下游地区的生态环境也变得越来越差。由于黄河上中游地区的开发，黄河河患越来越严重，从唐末到近代的1 000多年中大小决溢达1 500多次，其中清代269年中就有600次，辛亥革命后1912年至1933年的22年中决口92次。黄河成为一条“善淤、善决、善徙”的害河就是近千年以来的事。

隋炀帝开凿沟通南北的通济渠给人民带来了深重的灾难，可是这条运河在唐代却发挥了极其重要的作用，诗人李敬方在《汴河直进船》诗中云：“东南四十三州地，取尽脂膏是此河。”唐末著名诗人皮日休《汴河怀古》诗也说：“尽道隋亡为此河，至今千里赖通波。若无水殿龙舟事，共禹论功不较多。”中唐以后“赋取所资，漕挽所出，军国大计，仰于江淮”①。韩愈也说：“当今赋出于天下，江南居十九。”② 隋代的通济渠在唐宋时改称汴渠或汴河，宋真宗、宋仁宗时期每年汴河的漕运量达到800万石，“岁漕江、淮、湖、浙米数百万（石），及至东南之产，百物众宝，不可胜计。又下西山之薪炭，以输京师之粟，以振河北之急，内外仰给焉。故于诸水，莫此

---

① 《权载之文集》卷四七《论江淮水灾》。
② 《韩昌黎集》卷一九《送陆歙州诗序》。

为重。”①

西晋八王之乱、唐代安史之乱和黄巢之乱、宋末金兵南下等重大政治事件都推动了中原居民的南迁，但是对中国经济重心南移影响最为深刻的本质性原因是中原地区生态环境的恶化。正如恩格斯所说的：“我们不要过分陶醉于我们人类对自然界的胜利。对于每一次这样的胜利，自然界都对我们进行报复。每一次胜利，起初确实取得了我们预期的结果，但是在往后和再往后却发生完全不同的、出乎意料的影响，常常把最初的结果又消除了。”② 中原居民南迁、经济重心南移以后江南地区也得到了全面的开发，然而也造成了人地关系的全面紧张。

第二节 中国文化植根的经济基础

一、小农经营的自然经济是古代经济的基础

人地关系是指人类社会和自然环境的关系，可以用人口密度、人均占有耕地、人均占有粮食等多项指标来反映。人地关系是人文地理学的一个基本概念，由于长期以来历史学家只讲阶级关系、生产力与生产关系，因此从来也没有人关注过人地关系，然而人地关系却是决定社会存在状态的一个最基本的关系。

夏代的人口估计为240万，商代初期人口估计为400万，西周的人口估计为736万，战国中期人口估计为2 500万，汉武帝时人口估计为4 000万，西汉平帝元始二年（2）我国最早的官方人口统计数字为5 959万，以后一直在此上下徘徊，明洪武十四年（1381）官方统计数字为6 000万，但实际人口可能已经达到1亿。清康熙五十一年规定“滋生人丁永不加赋”，结果人口统计数字一下子就超过了3亿。1913年全国人口普查的总数为4.2亿，到1948年增加到4.6亿。在这几十年间中国大地上战争不断，但还是净增了将近4 000多万人，而1949年的统计数字达到了5.4亿。

在人口增长的同时耕地也在增长，然而中国的土地资源毕竟十分有限，现在全国的耕地也不过18亿亩，而在古代这些土地还没有被完全开发出来，所以古代的土地远比今天要少。我们从下表可以看到，在大多数时期即使能够做到平均分配土地，我

① 《宋史·河渠志》。

② ［德］恩格斯：《劳动在从猿到人转变过程中的作用》，《马克思恩格斯选集》（第4卷），人民出版社1995年版，第383页。

国的土地资源也达不到文献所言的“一夫百亩”，而“一夫百亩”大体是古代农民能够维持温饱的基本标准，当清代人口突破3亿以后人均占地就降低到只有2市亩以下了。

中国历代粮食资源表

项目 时代	耕地（亿亩）	粮田（亿亩）	人口（亿）	人均粮田（亩）	亩产（斤）	人均产粮（斤）	出粮率（%）	人均占有成品粮（斤）
战国后期	0.9	0.85	0.2	4.25	216	921	61.1	563
西汉末	2.38	2.24	0.5959	3.76	264	993	60.1	597
唐	2.11	1.99	0.53	3.75	334	1 256	53	665
宋	4.15	3.9	1.04	3.75	309	1 159	52.2	605
明	4.65	4.2	1.3	3.23	346	1 118	56	626
清中期	8.29	7.05	3.61	1.95	367	716	55.7	399
1949年	14.68	13.2	5.42	2.44	171	418	—	—
1982年	—	11.6	10.15	1.43	610	696	80.8	562

中国古代以农立国，然而土地资源却如此短缺，因此在已开垦的耕地中就不得不用90%的土地来种植粮食，而有限的经济作物主要是满足穿衣用的麻和棉，这就奠定了小农经济“男耕女织”的基本格局，也是自古以来根深蒂固的“民以食为天”思想的物质基础。两千多年来粮食亩产在缓慢地提高，这是农业技术进步和引进玉米、山芋等高产作物的结果，但是人口增长的速度远远快于耕地增长的速度，因此人均占地反而越来越少了。由于人均占地持续减少，因此提高亩产带来的好处被抵消了，两千多年来人均产粮基本维持在1 000斤上下，不仅没有增加，到晚近反而下降了。由于古今粮食品种不同，出粮率也不同，所以尽管人均产粮数下降了，但是人均占有商品粮大体维持在五六百斤的水平上，这就意味着小农经济大体上处于自给自足的状态，农业产品的商品率很低，难以为手工业提供更多的原料。由于土地资源不足、人地关系紧张，因此自古以来中国的经济就一直处在这样一种匮乏的状态中，只有风调雨顺、平均分配，才能达到普遍温饱和社会安定，如果遭遇天灾人祸、分配不均，就会引起社会动荡，所以几千年来不管是在社会的上层还是在社会的下层，“不患寡而患不均”都是始终不易的思想。

二、小农经营的自然经济对中国文化的影响

小农经营的自然经济是以平均主义为特色的中国文化的基础。

由于自然条件的限制，中国自古以来土地资源就十分有限。先秦时代，因为人口稀少，所以土地不足的问题并不凸显。但是到了秦汉以后，由于人口迅速增长，中原地区的人地关系很快就显得紧张了。向边缘地区移民是缓解人口压力增大、土地资源不足的一个有效办法，所以汉武帝时移民规模之大是前所未有的。由于土地资源不足，因此加速了土地的流转兼并，从而给社会带来了不安。头脑清醒的士大夫们看到了这一点，因此他们纷纷大声疾呼，向皇帝建言上疏，抨击豪强兼并土地、贫富不均。

在资源与物质财富不足的前提下，平均分配是维持社会安定和人际关系和谐的最好办法，孔子意识到这一点，所以他说："丘也闻有国有家者，不患寡而患不均，不患贫而患不安。盖均无贫，和无寡，安无倾。夫如是，故远人不服，则修文德以来之。"[①] 在井田制的设计中，无论是"一夫百亩"还是"换土易居"，也都是出于这样的考虑。

中国传统的遗产继承制度的原则是"诸子均分"，与西方的遗嘱继承法和日本的长子继承法都不同，其基本精神就是平均主义。"诸子均分"的遗产继承制度是古老的公有制遗留下来的最后一个壁垒，它严重地妨碍了大资产的积聚，也是中国社会里根深蒂固的平均主义的根源。长期以来人们都错误地以为平均主义是小农的思想，其实平均主义并不是小农的专利，而是宗族的公有制的产物，它已经深深地扎根在全体中国人的心里。

第三节　中国文化所依赖的社会政治结构

一、分群重于分层是中国社会的基本结构

社会的层次与群体都是由个人构成的，而层次与群体又构成了社会。层次与群体

---

① 《论语·季氏》。

是社会的两种不同的构造，但是在不同的社会里，层次与群体的作用、地位和价值却是不一样的，因此不同的社会就显现出不同的面貌——突出分层的社会是阶级社会，例如古代的雅典与罗马；突出分群的社会是群体社会，例如古代的印度与中国。

在阶级社会中整个社会被划分为若干个层次，在每个阶级内部虽然都存在着利益不同的集团，但是阶级是社会的基本部件，而跨阶级组成的群体非常弱小，或者根本就不存在。在群体社会中整个社会被分割为若干个群体，在每个群体内部虽然都存在着贫富不同的阶级，但是它们抱成一团，互相结成一个整体，群体成为社会的基本部件，而超越群体的阶级组织几乎不存在。

美籍学者许烺光先生把中国、印度和美国的社会特征提炼为“宗族”、“种姓”和“俱乐部”①，这是十分贴切的。社会分层的原则按照马克思的观点只有财产多寡一个，按照马克斯·韦伯的观点有财产、名望、权力三个，但是不管根据怎样的原则来划分，任何社会的阶级结构都可以分为上层、中层与下层若干个层次。然而社会分群的原则却五花八门，而且不同的群体可以互相穿插、渗透、跨越，所以社会群体的形态是多元的。群体社会的性质是由社会中起主导作用的群体决定的，中国社会的基本群体是宗族，所以中国是宗族社会；印度社会的基本群体是种姓，所以印度是种姓社会。社会的层次与群体也可以是合一的，或者把群体作为层次，例如元朝把国民划分为“蒙古人”、“色目人”、“汉人”、“南人”四等，就是这样一种特殊的社会形态。由于社会的层次与群体可以按照无数种方式排列组合，因此人类社会的形态也就显示出极其丰富的多样性。

西方社会重个人、轻血缘群体，在他们的社会里，由独立的个人组成阶级与团体，并由阶级与团体构成代表个人利益的社会。然而中国社会则特别重视血缘群体，个人的权利完全淹没在家族与宗族的利益之中，因而个人在社会上几乎毫无地位；由于个人无法超越自己的群体与其他相同层次的个人组织成为阶级，而各种由个人组成的社会团体又都模仿宗族来建构自己，因此使整个社会蒙上了一层宗族主义的外衣；在人们的心目中只有“家族”与群体，既没有跨群体的“阶级”，也没有超群体的“社会”，甚至连整个“国”也属于某个占有它的“家”，人们把这个属于某个家族的“国家”叫做“天下”。

夏商时代仍然存在着大量的族氏组织，这些族氏不仅是构成国家的基层组织，而且是构成社会的基本社区。到了西周，族氏组织发展成为宗法制，而且通过封建亲戚和武力殖民建立起来的诸侯国也仍然是血缘与地缘相结合的产物，并不是纯粹地按地

---

① ［美］许烺光：《宗族·种姓·俱乐部》，华夏出版社 1990 年版。

域划分。宗法制和分封制所遵循的原则是尊卑、长幼、嫡庶、亲疏，而不像古代希腊雅典地区以贫富与财产的多寡为标准。

春秋战国时代宗法制开始瓦解，但是这并不意味着血缘组织的解体，而是家族壮大的结果。随着人口增长、支系繁衍，从宗族的“姓”中派生出许多家族的“氏”来。家族是宗族的“拷贝”和“克隆”，而不是取代和更新。所谓“礼崩乐坏”是已经发展壮大了的家族冲破旧的宗族外壳的表现，可是家族发展壮大后仍然变成了强宗豪右，而不能产生出新的社会组织。由于族氏组织的规模不能无限扩大，因此其壮大到一定程度便要分化出较小的分支，这样经过几千年不断繁衍就形成了今天数以千计的姓氏，而且每个姓氏中又分化出了众多的支系，成为华夏文化的一大景观。

秦王朝实行了真正按地区划分国民的郡县制，皇帝的家属和亲戚不再成为独立的诸侯，但是汉朝以后仍然用分封诸侯藩王的形式来显示出皇帝的家族是国家的“第一家族”。郡县之下是乡里什伍，宗族不再是社会的基层组织和基本社区，但是它们依然牢固地存在着，而且往往与乡里合而为一。因为中国人从来就生活在族氏组织之中，人们习惯于用血缘纽带来维系人际关系，所以当中国人建立国家的时候也不是用一种新的社会构架——阶级关系来取代老的社会架构——宗族关系，而是把“家”的模式扩大成为包容整个社会的“国”，把皇帝的“家”变成臣民效忠的“国”，把原本属于全体国民的“国家”变成了皇帝一个人的“天下”，家国同构、政族合一成为中国国家最显著的特点。

我们曾经认为社会的形态是由它的经济形态决定的，然而事实已经证明这一理论是难以成立的。社会的形态并不是由经济与“主义”决定的，而是由它的结构——层次与群体的构造决定的。

二、宗族组织对中国文化的影响

宗族与阶级的不同之处在于：宗族是一个用血缘纽带连结起来的社会群体，而阶级是社会上具有相同经济地位的一群人。在雅典与罗马的社会里，公民被组织成为阶级，并且在公民会议或百人团会议里拥有自己的代表，但是在中国，百姓被组织为一个个排外的宗族，它有族长、族规、族谱、祠堂和与宗族联系在一起的村落、族田、义庄、义学，而根本就没有被组织成为阶级，更不要说在政府里有自己的代表，所以他们只能盼望清官、明君来保护自己。宗族组织对中国文化产生了极大的影响，它大致表现在这些方面：

（一）尊祖敬老，孝亲为先，论资排辈，长幼有序

在中国社会里最受尊敬的是祖宗和将要变为祖宗的老人，有人批评中国社会是个老人当道的“老人社会”，其实这正是中国文化的一个重要特征。有人以为在父系氏族社会里女人没有地位，其实在重男轻女的中国社会里，女性祖先、女性长辈和女性老人同样受到人们普遍的尊敬，《红楼梦》中的贾母就被尊为“老祖宗”。不仅民间习俗尊祖敬老，而且还被规定为政府制度与国家法律：汉代规定给年满70的老人颁发一根杖首为鸠鸟的手杖，凭鸠杖可以按月从国库里领取口粮；隋朝开皇律规定对父母“大不敬、不孝、不睦、不义、内乱”和“谋反、谋大逆、谋叛、恶逆、不道”等叛国罪一样都属于“十恶不赦”的最严重罪行。这些规定与法律都被后代所继承。

尊祖敬老为孝，百善孝为先。儒家首先把孝道提升到了理论的高度，他们所著的《孝经》在唐宋以后被列为十三经之一。汉武帝独尊儒术，他也发现了孝道的价值，于是提出了“以孝治天下”的理念，连每个皇帝的谥号前都要加一个“孝”字。尽管那些提倡孝道的帝王中不乏杀兄弑父的口是心非之徒，但是在民众的生活中，孝道却是深深地扎下了根。这倒并不是因为他们轻信了别人的宣传，也不是因为他们鬼迷心窍，而是因为孝道最符合宗族社会的生活方式。“孝”在中国社会里具有非常突出的地位，以至于有人把中国文化称为“孝文化”。

人际关系的准则就是儒家所总结的“论资排辈，长幼有序，贵贱有等，男女有别”。这里所说的“贵贱”是指血统的亲疏，而不是财产的贫富。

然而这一人际关系的准则只适用于宗族内部而不适用于宗族以外的社会，这种只适用于宗族内部的人际关系准则与行为规范叫做“伦理”。所谓“伦理”，就是同伦之理。郑玄注《说文解字》说：“伦者，类也。”“伦”就是“类”的意思，“同伦”就是“同类”。属于同类的人有五种：父子、夫妇、兄弟、君臣和朋友，其中父子、夫妇和兄弟都是有血缘关系的族中之人，而君臣关系可以比照父子，朋友关系可以比照兄弟。这五种人之间的关系被称为“五伦”，并且每一种人际关系都有固定的行为规范：父慈子孝、夫义妇须、兄友弟恭、朋诚友信、君仁臣忠。

对于生活在宗族里的人来说，伦理关系是天然存在的人际关系，伦理纲常是自然存在的东西，儒家的功绩只是把它们总结出来并且提高到理论的高度。儒家学说的精华除了教育就是伦理，并不是儒家的伦理学说把中国变成了伦理型社会，而是中国的宗族社会产生出了儒家伦理；并不是因为孔子有什么特别的魅力，也不是因为历代帝王刻意对他追捧，而是因为儒家伦理与宗族社会最合拍、最贴切，所以才能两千年长盛不衰。即使是那些目不识丁、连孔子是谁都不知道的中国人也懂得宗族伦理，任何

外来的宗教、学说都要按照儒家伦理的精神中国化以后才能被中国人所接受。于是有人干脆把华夏文明叫做“儒家文明”，把汉文化圈称为“儒家文化圈”，这样做有点夸大了儒家的作用，但是的确抓住了中国文化表面上的特点。

宗族里的人都是本族人、自家人，但是人与人之间的关系却是不平等的，而且这种不平等是天然的。人们在上帝面前可以人人平等，在金钱面前也可以人人平等，但是在祖先面前却永远不能平等——年龄、辈分、性别是天然的、永远也不能逾越的差别与等级。然而这种不平等却又充满了人世间的一切亲情，人们在享受亲情的同时也就习惯了这种不平等，于是在宗族社会里追求平等反而会被视为是“没大没小”、“不规不矩”的另类。

（二）内外有别，亲疏有别，血浓于水，情大于法

宗族是一个组织严密的集团，对于生活在宗族里的人来说，集团内和集团外是由两种不同的人组成的——集团内是有共同血缘的自己人，而集团外则是没有血缘关系的外族人，自己人是“同姓则同德、同德则同心、同心则同志”[①]，而外族人则是“非我族类，其心必异”[②]，这是两个世界、两个社会。《论语·为政》曰：“非其鬼而祭之，谄也。”《左传·僖公十年》曰：“神不歆非类，民不祀非族。”连鬼神都是按族属来划分的，更何况人呢？

“内外有别”是宗族成员在处理人际冲突时的最高原则。《左传》说：“兄弟阋于墙而外御其侮”，俗话说：“胳膊肘往里弯”，都是对这一原则最好的注脚。据《论语·子路》记载，叶公有一次对孔子说：我们家乡有个坦白直率的人，他父亲偷了别人的羊，他就去告发他父亲。孔子回答说：我们家乡坦白直率的人不是这样的，而是“父为子隐、子为父隐。直在其中矣！”孔子所谓的“直”其实是“曲”，连孔子在亲情面前也是徇私情不讲公道，把是非曲直置之脑后而不顾。“血浓于水”，这是很自然的，但是对于社会来说，“情大于法”就会扰乱社会的秩序，因此国家的统治者总是竭力提倡“大义灭亲”，而宗族为了维护自身的利益就用谴责“六亲不认”来予以抵制，还把“互相包庇”美其名曰“直在其中”！宗族主义最基本的原则是“内外有别”、“爱有等差”，而不是“自由、平等、民主、博爱”和“公开、公平、公正”。

有血缘关系的人抱成一团叫做“党”，“党”原来是指“乡党”。《周礼·大司

---

① 《国语·晋语四》。
② 《左传·成公四年》。

徒》称古代乡村的组织是“五家为比，五比为闾，四闾为族，五族为党，五党为州，五州为乡”。汉代郑玄注曰：“党，五百家。”北魏孝文帝创立了三长制，以五家设一邻长，五邻设一里长，五里设一党长，则一百二十五家为一党。《礼记·坊记》曰：“睦于父母之党。”郑玄注曰：“党，犹亲也。”中国人习惯于聚族而居，一乡之人常常有血缘关系或姻亲关系，所以乡党又叫做“乡亲”。“老乡见老乡，两眼泪汪汪”，这也是中国文化特有的现象。对于国家、社会和别的宗族而言，结党必定是为了营私，这一点孔子心里也很明白，所以《论语·卫灵公》说：“君子周而不比，群而不党。”《墨子·尚贤》也说：“不党父兄，不偏富贵。”然而对于宗族中的人来说，血总是要比水浓，所以人们总是把人情看得比王法还要重，遇事总是先求熟人，然后才诉诸法律，总是希望能够法外开恩、法外留情。人治重于法治也是宗族主义的产物，而儒家所能够做到的只是希望用德治来矫正人治的偏差，把公正的希望寄托在个人品德的高尚之上，于是他们就产生了“内圣外王”的思想。

（三）克己复礼，反对“为我”，集体至上，重家轻国

宗族是一个群体，维护群体的最高原则是集体主义，所以自古以来个人主义在中国就遭到排斥。这并不是因为中国人思想境界高，而是因为人多地少、人地关系紧张，单靠个人奋斗很难生存，因此依靠群体就成为最重要的生存策略。

社会上有各种各样的群体，家族、氏族、宗族是人生来就生活在其中的群体，而且是最可靠的群体。生活在宗族里的族人处于封闭隔绝的状态，对于他们来说，“家”也是他们的“国”，而“国”对他们来说是一个放大了的“家”。当家族的利益与国家的利益发生冲突的时候，他们总是把家族的利益放在国家之前。这样做当然很自私，但却又是集体主义而非个人主义的。

由于强调集体主义，因此一方面个人主义遭到强烈的压抑与排斥，另一方面社会观念也极其淡薄。人们只知有家有族，他们最多把皇帝的家当做自己的国，把皇帝的生日诞辰、婚丧嫁娶当做国家的节日，却不知什么叫“社会”。在宗族社会里，人们把集体的利益看得比社会的利益和国家的利益更高。

而个人主义与集体主义格格不入，是集体的腐蚀剂与离心力，因此个人主义在中国自古以来就没有市场。在中国，个人的每一点成就都被看成是父母的培养、祖宗的荫庇和集体的功劳，从来也不强调自己个人付出的努力，所以荣归故里、光宗耀祖成为一代又一代中国人的最高理想。相反，如果个人违法乱纪，也要家族、宗族集体负责，伍什连坐、满门抄斩、株连九族、斩草除根。

这种集体至上的观念在各个时代的思想家身上都表现得非常突出，尤其是在作为

社会主流的儒家学者身上。诸如“天下为公”，“杀身成仁”，“舍生取义”，“鞠躬尽瘁，死而后已”，“存天理，灭人欲”，“先天下之忧而忧，后天下之乐而乐”，“天下兴亡，匹夫有责”，“人生自古谁无死，留取丹心照汗青”，“大公无私”、“先公后私”、“公而忘私”、“克己奉公”、“舍己为公”等，都是儒家学者的重要论调，也已经成为中国人普遍接受的价值观。

但也有例外，例如先秦诸子中的杨朱，只有他提倡“为我”、“利己”、“养生”，于是被孟子骂得狗血喷头，说他是禽兽不如。杨朱一派在战国时与墨家一样也是显学，但是到了秦汉以后就遭到围剿，结果连书也没有传下来。六朝名士追求享受，他们醉生梦死、放浪形骸，他们敢“非汤武而薄周孔”，却不敢直言“为我”、“利己”，只敢打出“任自然”的旗号，还羞答答地力图证明“名教出于自然”。后来形成的道教不像大乘佛教那样主张“普度众生”，而是打着强身祛病、服丹长生的旗号营私谋利。后世儒生中只有明代的李贽是个叛逆，于是他被打入了另册，他也明白自己的思想不合时宜，所以就把自己的文集命名为《藏书》和《焚书》。

（四）婚姻包办，传宗接代，不孝有三，无后为大

在《诗经》里我们可以看到许多情歌，那倒不是古人思想开放，而是古老的遗风。但是随着宗族主义文化与集权专制政治的发展，个人的权利越来越小，连恋爱与择偶的权力都被剥夺了，“父母之命、媒妁之言”就可以决定年轻人的婚配，婚姻完全变成了传宗接代的工具，而与个人的情感相脱离。对于宗族而言，传宗接代是最高的价值取向，“不孝有三，无后为大”，而个人的情感、权利乃至生命都是无所谓的。

正因为传宗接代是如此之重要，所以不能生育或者不能生儿子就成为妇女最大的不幸与罪过。中国古代社会中男女两性的地位是不平等的，解除夫妻关系没有平等的离婚，只有单方面的休妻，休妻的理由有七种，叫做“七出之条”，其中之一就是“无子”即不能生育。

妻子不能生育或者生不出儿子，这就给纳妾留下了合法的地位和冠冕堂皇的理由。摩尔根理论认为，人类的婚姻形态到了父系氏族社会就从对偶婚发展成为一夫一妻制。这完全是基于逻辑推理得出的一种理想状态，我们在真实的历史中几乎见不到这种完美的状态。中国自古以来实行的是妻妾制度，一妻一妾或一妻多妾，既合理，又合法。当然，能否做到妻妾成群的关键在于经济条件，而一妻多妾家庭能否维持则取决于女性之间是否妒忌。

宗族的兴旺发达依赖于人口的增加，而宗族内部家庭之间的竞争也取决于人丁兴旺，因为婚姻形态是从夫居的男娶女嫁，所以“重男轻女、多子多福”就成为宗族

必然的生育取向。因为在家庭中是按父系继承的，所以嫡系单传的独子会受到特别的关照与重视，民间常用“栓”、“柱”之类名字，或“狗蛋”、“狗屎”、“茅厕”之类贱名为男孩子起名，就是为了使他们容易养活而不易夭折，如果连生几个女儿，就会给她们起个“根娣”、“连娣”、“招娣”、“来娣”之类的名字，以希望她们能招来一个弟弟。

由于中国土地资源有限，而男劳力在农业生产中又具有极其重要的作用，因此“重男轻女、多子多福”不仅是宗族主义的必然产物，而且也是家庭经济生产的需要。正因为这两方面需求的有力推动，中国很早就成为一个人口大国，而且人口越来越多。人口的增多大大加速了国土的开发，但是也加剧了人均资源短缺的程度，资源与人口的矛盾定期地引起社会危机，使中国社会两千年来一直陷于“复苏—繁荣—兼并—动乱”的轮回之中，成为令人痛苦而又难以摆脱的怪圈。

因为子孙是宗族的未来，所以幼儿受到了特别的关爱，于是就形成中国“敬老爱幼”的习俗。“敬老爱幼”是中国传统的美德，而它所代表的实际上是宗族的价值取向。中国式“敬老爱幼”的前提是敬自家的“老”和爱自家的“幼”，并不是敬所有的“老”和爱所有的“幼”。中国式的“敬老爱幼”与欧洲中世纪骑士“妇女优先”和“保护儿童”的道德观是不同的，它不是人道主义的产物，而是宗族主义的产物。孟子深谙此道，所以他才会提出“老吾老以及人之老，幼吾幼以及人之幼”的倡议，这是在宗族主义文化氛围下唯一能够被人们接受的最佳的理想状态，然而这在现实生活中却几乎是做不到的，所以在中国古代的政治斗争中没有“人质”而只有“质子”，如果不是亲生的儿子，连做人质的资格也没有。

“爱幼”的极端形态是溺爱子孙，这样做并不符合教育科学的原理，但是却充满了长辈对子孙的拳拳之心与舐犊之情。溺爱子孙并不是中国特有的现象，但在中国这是宗族主义文化的一种非常突出、非常具有代表性的典型现象。

三、集权专制是古代政治的基本形态

在中国古代，国体从先秦的封建王国发展演变为秦汉后的大一统帝国，但是政体始终是独裁专制的，究其原因，首先是因为武力的征服。

五帝时代接连不断的征服战争造就了酋邦，而在华夏、东夷、苗蛮三大族团的征服战争中产生了中国最早的国家——夏王朝。接着出现的商王朝和周王朝也都是通过部族之间的征服战争建立的。夏、商、周三代还是原生的早期国家，而秦汉以后建立的大一统帝国已经是成熟的国家了，然而无论是汉族建立的帝国还是少数民族模仿汉族建立的“次生帝国”，无一不是通过武力征服建立起来的。帝国的征服者有的来自国家内部，例如刘邦和朱元璋，有的来自国家外部，例如忽必烈和努尔哈赤，由于他们都是“以马（背）上得天下”（刘邦语）的，这些凭借武力夺取天下的征服者当然没有必要、也没有理由把主权拱手交给被征服者，因此不管是谁执政，中国的政体都是独裁专制的。

除了武力征服以外，造成中国始终采用专制政体的第二个原因就是宗族组织。无论是原生的早期国家——夏、商、周三代的封建王国，还是成熟形态的国家——秦汉以后汉族的大一统帝国，或者少数民族建立的王朝，都没有用按财产划分的阶级取代以血缘联结的宗族，恰恰相反，宗族组织始终是建立国家的主要依靠力量。

在欧洲和中东，宗教的力量都极其强大，甚至大到能够主宰社会的地步。在欧洲和中东出现的专制政体都是从“君权神授”衍生出来的。宗教改革以后，“上帝面前人人平等”的思想在西欧深入人心。在市场经济占主导地位的欧美，“金钱面前人人平等”的观念本来就根深蒂固，所以文艺复兴以后，“自由、平等、博爱”的精神和民主政体在西方就能牢牢地扎下根来。然而在中国，宗教从来都是依附于朝廷的工具，而宗族的力量又无比强大，在祖先和长辈面前人与人天生就是不平等的，而且这种不平等永远也不能弥平。在家族与宗族内，家长与族长自然地居于金字塔的顶尖，他们对族人拥有的至高无上权力是天然的，这种权力不需要上帝赋予，只要成为家长与族长就可以了。由于中国的国家从来也不是“政教合一”而是“政族合一”的，因此专制的政体表面就被蒙上了一层温情脉脉的面纱，使得反对专制变成了忤逆犯上和不忠不孝，这样被西方人深恶痛绝的专制政体就具有了基于家族伦理的合理性。所以我们看到，中国历史上尽管改朝换代不断，却从来也未能触动专制政体的一根毫毛。

从秦到清长达两千多年，中国的国体都是单一制的帝国。无论古今中外，凡是帝国，其政体必定是专制的，但是，专制政体并非千篇一律，而是具有多种多样不同的形式。

（一）孤家独夫余一人——皇帝（皇后、皇太后）独裁

皇帝是帝国最高的统治者，故自称“孤家”、“寡人”，这一称谓意味着帝国的政治是一种寡头政治。寡头政治在中国有着悠久的传统，商朝时商王就自称“余一人”了。

为了神化皇帝，慢慢地“龙”和皇帝就结合在了一起，皇帝成了真龙天子，他的后代就成了龙子龙孙。其实皇帝也是人，他们有的是很能干的强人，例如秦皇汉

武、唐宗宋祖；有的是很普通的庸人，例如西汉的元成哀平；有的多才多艺却不是治国之才，例如李后主、宋徽宗；有的很荒唐却不是亡国之君，例如明武宗（正德）、明世宗（嘉靖）和擅长做木工的明熹宗（天启）；而有的就是傀儡，例如东汉的献帝；甚至是白痴，例如西晋的惠帝。按照皇帝的个人品行可以把他们分为多种不同的类型，其中有一类为暴虐型。暴虐型皇帝也就是通常所说的暴君，例如夏桀和商纣，孟子斥之为“一夫”，也就是独夫民贼。

尽管中国传统的观念是“男尊女卑”，但是实际上历代都有一些女强人执掌政权，垂帘听政、临朝称制的皇后和皇太后多达 19 人，而武则天还成为唯一的一位女皇帝。女性当皇帝并不意味着妇女的解放，无论男人当皇帝，还是女人当皇帝，专制政体的性质都没有改变。皇帝或皇后、皇太后独裁是专制体制最普通的政治模式，也是我们通常所理解的专制政体的模式。

（二）莫把开明当民主——开明（明君、贤相、清官、廉吏）专制

在古希腊语里，“民主”一词是由“人民”与“权力”两个词构成的，因此具有“人民的权力”或“人民的统治”的意思。在古汉语里也有“民主”一词，《尚书·周书·多方》曰：“天惟时求民主，乃大降显休命于成汤，刑殄有夏。”“乃惟成汤，克以尔多方，简代夏作民主。”“诞作民主，罔可念听。”但是这里“民主”的意思并不是指“人民的权力”或“民治的政府”，而是“人民的主子”和“为民做主”的意思。中国人对“民主”的理解与西方人的理解完全是两回事。

中国人缺乏民主的意识，显然是和自古以来缺乏民主的传统有关。由于中国从酋邦时代开始就一直处于专制政体之下，所谓“共和”只是专制的一种变态与例外，而春秋时代还残存的一点点“国人民主”的意识早已烟消云散，因此在说到“民主”的时候人们只能举出周公吐脯、太宗纳谏、包公断案、海瑞上疏的例子，似乎这些就是“中国式民主”了。明君、贤相、清官和廉吏自古以来受人称颂，他们虚心纳谏、从谏如流，爱民如子、为民请命，“当官不为民做主，不如回家卖红薯”的誓言令人感到他们简直就是“人民代表”。其实，明君、贤相、清官、廉吏与昏君、奸相、贪官、污吏都是专制政体的产物，他们的区别在于前者是开明专制，后者是独裁专制，清正廉明与独断腐败只是色彩的不同而不是性质的区别。

人们往往把开明专制误解为民主，其实开明专制只是专制的一种形式，是专制政体所能达到的最高境界与最佳目标。儒家憧憬的“天下为公，选贤与能”和尧、舜、禹的禅让就是这种开明的专制，因为尽管在禅让之前四岳可以发表意见，但是四岳并没有表决权，而尧、舜却拥有最后的决定权，至于民众更是完全处于无权地位。早在

五帝时代中国就已经形成了由最高首脑拍板决定的专制体制，只是因为离开氏族社会还不久，族人的主权还没有完全被剥夺而已。

如果说商周时代的族人、国人还拥有被咨询的权利的话，那么到了帝国时代，无论国人还是野人都成了编户齐民——编制在户籍上的老百姓，编户齐民只有服从的义务，而无表决的权利，甚至连表态的权利也被剥夺了。这是编户齐民和国人、族人最根本的区别，因此被马克思称之为“东方的普遍奴隶制”①。无权的编户齐民只能期望明君、贤相、清官和廉吏来保护自己的利益，但是如果出现昏君、奸相、贪官和污吏，他们也毫无办法而只能忍耐，只能像久旱的灾民盼望下雨那样盼望圣君贤相，等待别人来为他们谋利益。正如马克思在《路易·波拿巴的雾月十八日》中所说的那样：“这样，法国国民的广大群众，便是由一些同名数简单相加形成的，好像一袋马铃薯是由袋中的一个个马铃薯所集成的那样。数百万家庭的经济生活条件使他们的生活方式、利益和教育程度与其他阶级的生活方式、利益和教育程度各不相同并互相敌对，就这一点而言，他们是一个阶级。而各个小农彼此间只存在地域的联系，他们利益的同一性并不使他们彼此间形成共同关系，形成全国性的联系，形成政治组织，就这一点而言，他们又不是一个阶级。因此，他们不能以自己的名义来保护自己的阶级利益，无论是通过议会或通过国民公会。他们不能代表自己，一定要别人来代表他们。他们的代表一定要同时是他们的主宰，是高高站在他们上面的权威，是不受限制的政府权力，这种权力保护他们不受其它阶级侵犯，并从上面赐给他们雨水和阳光。所以，归根到底，小农的政治影响表现为行政权支配社会。”② 柳亚子先生曾经生动地描绘过专制统治下的这种顺民、臣民、子民的形象：“那时候的百姓，要他东就东，要他西就西，没有一点自主权。还有一般迂儒，来拍皇帝的马屁，立出种种荒谬绝伦的邪说，说什么‘普天之下，莫非王土；率土之滨，莫非王臣’。又说什么‘君使臣死，不得不死’。任他把你浑身剁做肉酱，不敢喊一声冤、叫一声痛；任他把你的妻女来抢夺，还要三跪九叩首的谢恩。”③

因为没有言论自由，所以民众就只能用歌谣来抒发心中的积怨，这种民谣继承了《诗经》中《国风》的传统，并且通常采取童谣儿歌的方式，浅显易懂、朗朗上口，

---

① ［德］马克思：《政治经济学批判》（1857—1858 年手稿），《马克思恩格斯选集》（第 30 卷上册），人民出版社 1995 年版，第 489 页。

② ［德］马克思：《路易·波拿巴的雾月十八日》，《马克思恩格斯选集》（第 1 卷），人民出版社 1995 年版，第 677～678 页。

③ 张木丹、王忍之：《辛亥革命前十年间时论选集》（第 2 卷下册），生活·读书·新知三联书店 1963 年版，第 813～814 页。

因此能像风一样到处传播。汉朝朝廷有专门负责采风的使者，定期到民间收集民谣交给乐府谱上曲后演唱给皇帝听，以便让皇帝了解民情民心，这样就在正史中也记录保留了不少这种民谣，例如东汉时长安城中流行的民谣：“城中好高髻，四方高一尺；城中好广眉，四方且半额；城中好大袖，四方全匹帛。”民谣也被用来进行诅咒和预言，这就是谶纬。陈胜起义、黄巾起义、王莽和刘秀都利用过谶纬，但是到了隋朝连谶纬书也被烧光了。

（三）挟天子以令诸侯——权臣（外戚、宦官）专权

在君臣共和同享天下的模式中君与臣是互相尊重的，这取决于双方的实力均衡与道德情操，但是在历史上我们常常看到君的力量太弱，甚至往往还是个不谙世事的儿童，而臣的力量太强，于是就出现了权臣独掌大权、挟天子以令诸侯的局面，或者是大权旁落，由外戚、宦官擅权。这几种情况都为正统的史学家们所痛恨，他们怒斥其为“奸臣当道”、为“牝鸡司晨”、为“阉竖乱政”。

把权臣、外戚和宦官掌权说成是“篡夺”，这完全是正统论的观念在作怪。正统论始于班固。班固为了维护刘氏的正统地位，非说王莽是“闰统”，不承认他当过皇帝，也不承认新朝，硬是把王莽列入“外戚列传”，而不把他列入“本纪”。可是为什么皇帝只能由姓刘的人当，而不能由姓王的人做呢？事实上，权臣当道的原因往往是因为皇帝平庸无能，而权臣却是出色的政治家和管理专家，他们往往能把国家管理得很好，例如东汉末的曹操、三国蜀汉的诸葛亮、东晋初的王导、晋孝武帝时的谢安、宋神宗时的王安石、明神宗时的张居正等。不过有很多权臣却不顾国家安危，一味地利用手中之权谋求私利，他们就是被时人和后人痛骂的“奸臣”，例如秦朝的赵高，东汉的董卓，东晋的桓温，唐朝的李林甫，北宋的蔡京、高俅，南宋的秦桧、贾似道，明朝的严嵩、马士英等。

“忠臣”与“奸臣”都是民众和后人对权臣的褒贬，也只是色彩的区别，而不是性质的不同。帝国的性质是“朕即国家”，忠君等于爱国，从这一点看，奸臣倒是时时、事事、处处与皇帝保持一致的，因为他们始终投皇帝所好，始终让皇帝感到非常舒服，而忠臣却老是违背皇帝的旨意，犯颜直谏必定忤逆龙鳞，尽管他们都是为了维护皇帝的利益，可是却让皇帝感到如同芒刺在背，连李世民这样的明君也曾咬牙切齿地想杀掉魏征，更何况其他那些平庸之辈？综观历史，忠臣多半没有好下场，例如西汉的晁错、宋朝的岳飞、明朝的于谦等。

外戚和宦官并非个个都是坏人，例如西汉的卫青和霍去病，明朝的郑和和王承恩都不坏，但是一般说来，外戚和宦官掌权总会造成政治的腐败和政局的动乱，最严重的就是东汉、唐朝和明朝。这是因为外戚既不是政治家，也不是管理专家，而只是一批凭借裙带关系登上政治舞台最高层的暴发户，所以往往表现得特别骄横与贪婪，例如东汉的窦宪、邓骘、梁冀和唐朝的杨国忠。宦官出身低微，大多没有受过良好的教育，有的还是文盲，他们在生理上受到摧残，心理上多半有些变态，所以往往表现得特别凶狠与狂暴，例如东汉的左悺、具瑗、张让，唐朝的鱼朝恩、仇士良，明朝的汪直、刘瑾、魏忠贤等。外戚和宦官掌权的时期，皇帝常常成为他们的傀儡，所以政局往往比权臣当道更黑暗。

无论是权臣还是外戚、宦官掌权，政体的性质都是一样的，独裁专制的体制并没有因为掌权人的不同而发生变化。

（四）尾大不掉土皇帝——地方专制

从秦到清的两千多年间并不始终都是大一统帝国，期间有过汉民族内部的分裂，如三国、五代十国，也有少数民族和汉民族之间的分裂，如十六国东晋、南北朝、辽金西夏宋。由于长期以来我们一直把统一作为价值取向，因此无论是古代的史学家还是现代的史学家，总是歌颂统一、谴责分裂，总是认为统一是进步、分裂是倒退，其实这都是站在皇帝的立场上拥护皇帝集权、反对地方分权的一种看法。

实际上在地方上建立独立政权的那些统治者仍然都是说一不二、各霸一方的土皇帝，地方上并没有因为分权独立而获得自治，民众也没有因此而得到丝毫权利，就此看来，所谓统一或者分裂，并不是政体的专制与民主的区别，只不过是由谁来实施专制和实施专制的范围有多大的问题。因为权力归谁，利益就归谁，所以我们大可不必去偏袒集权的一方或者分权的一方。

我们对分裂往往抱有一种偏见，总把多个政权并存的状态说成是“乱世”，仿佛那是一个黑暗时代，其实统一和分裂各有利弊。统一时期社会安定，有利于经济的复苏与发展，但是也容易滋生腐败与控制人身；分裂时期多个政权并立，容易发生战争与社会动荡，但是却有利于相互竞争与百家争鸣。所以我们看到分裂时期并不都是暗无天日的时代，例如三国魏晋南北朝就是一个人才辈出、知识产品十分丰富的时代。

另一种情况是地方长官凭借武力割据一方，例如东汉末的军阀割据和唐中期的藩镇割据。这种割据状态是皇帝权力松弛、割据者利欲熏心造成的。割据的军阀不仅丝毫没有改变专制的政治体制，而且还常常会造成社会的动荡不安，例如西汉的吴楚七国之乱、西晋的八王之乱、唐朝的安史之乱和清初的三藩之乱等。无论从哪方面看，这种动乱都是有害无益的，所以凡是头脑清醒的皇帝总是要竭尽全力削藩，以防尾大不掉，例如西汉的文帝、景帝、武帝，清朝的康熙等。

（五）绿林好汉山大王——暴民专制

在帝国的专制体制之下，民众完全处于无权地位，他们对于社会不公只能忍受，等到实在忍受不下去的时候就只能铤而走险起义造反，啸聚山林，成为绿林强盗。从陈胜吴广到太平天国、义和团，大大小小的民众暴动数以千计，旧史家斥责其为暴民土匪，新史家赞美其为农民起义，其实在这些造反者中鱼龙混杂，既有不堪剥削压迫的民众，也有打家劫舍的强盗；既有反抗暴政的义士，也有浑水摸鱼的痞子；既有随波逐流的群氓，也有装神弄鬼的教主，一律称其为土匪强盗或一概称其为农民起义，都失之偏颇，犯了以偏概全的毛病。

这些从主流社会分离出来的人群占据了一座山头或者攻克了一座城池与专制政权对抗，但是在他们控制的范围内和群体中所实行的仍然是专制体制，只要看看陈胜怎样对待旧日的伙伴和洪秀全、杨秀清怎样自相残杀就可以知道了。起义者鱼龙混杂、良莠难分，许多人本来就不是什么农民，例如黄巢、洪秀全是落第秀才，李自成是士兵，张士诚是私盐贩子，孙恩、卢循是士族，张鲁、张角、方腊、钟相、杨幺是教主，杨秀清是巫师，刘邦、宋江是地主出身的小吏，屈指算来也就是陈胜、樊崇和朱元璋是贫苦农民出身了，然而即使是农民也未必都是善良之辈。他们一旦取得了军事上的胜利，也就自己当起了皇帝，或者拥戴别人做皇帝，对于农民而言，没有别的选择。

农民不是新的生产力的代表，他们是地主的基础，农民造反剥夺地主的土地后只会自己当地主，农民起义推翻皇帝后也只会自己当皇帝。就个人素质而言，造反者中有的人明智，有的人粗鲁，有的人清醒，有的人糊涂，如果他们的行为与表现有什么不同，也是个人品行所致，而不是他们的阶级属性。

绿林好汉反抗主流社会，两者的立场是对立的，利益是冲突的，但是他们的政治体制却一样都是专制的。绿林好汉反抗主流社会的行为是非法的、暴力的、恐怖的，正如《韩非子·五蠹》所说："侠以武犯禁。"由于主流社会的残暴与腐败，绿林好汉和侠客大盗往往会博得人们的同情，但也仅仅只能同情其合理而已，是绝对不能认为他们这样做是合法的。

（六）地头蛇与黑社会——流氓专制

在从秦到清的帝国里，政府的触须只伸到县一级，县以下的乡村社会是由地缘组织——乡里保甲和血缘组织——宗族家族控制的，城市社会由于缺乏类似于欧洲中世纪的市民阶层和资产阶级，其结构与乡村没有多大区别，也是由地缘组织街坊里甲和血缘组织家族以及模仿血缘组织组成的行会商会控制的。这些地缘组织和血缘组织、仿血缘组织是城乡社会的主控系统，在其之外还常常存在着超地缘、超血缘的隐形控制系统——地痞、流氓、泼皮、恶霸、无赖，他们生活在社会的阴影之中，形成了一个黑社会。这些乡村恶霸或市井无赖如果只是单独作恶，例如令韩信受胯下之辱的恶少年和《水浒传》中的牛二，那不过是一些社会的渣滓，但是他们如果组织起来，那就成了黑社会。

在中国的社会里这种黑社会组织通常要借用民间宗教作为组织徒众的凝聚剂，又要模仿血缘关系作为维系其群体的纽带，因此往往表现为具有邪教色彩的仿血缘组织。例如北魏利用大乘教起义的法庆，南朝自称皇帝的唐寓之，结拜弟兄的梁山好汉宋江，明朝自号龙华帝王的无为教教首刘天绪，清初创立龙华会的张进斗，清前期创立清水教的王伦，清中期改建天理教的林清、李文成，一直到清末民初的一贯道、青洪帮、袍哥会等。由于他们的政治立场常常是反政府的，因此长期以来也被误解为是农民起义，其实并非如此。

黑社会最喜欢奉关公为保护神，特别讲究忠义。忠义作为一种意识形态，其实质是要求徒众无条件地服从，而这正是专制统治最需要的东西。事实上黑社会内部法纪严酷，手段残忍，等级森严，要绝对服从首领，虽然它本身的存在是对主流社会的一种挑战，但是在其内部却是不容许存在一星半点的挑战。黑社会是主流社会的叛逆，是对主流社会的反动，但是它的政治体制比主流社会的独裁专制有过之而无不及。所以，我们不要以为反对专制的就都是好的，很可能它比所反的专制更加专制，地头蛇、黑社会和流氓专制就是如此。

四、集权专制政治对中国文化的影响

由于独裁专制是中国几千年来政体的常态，共和政体只是一种例外，而国人民主已经成为遥远的过去，在人们心目中连依稀的记忆都不存在了，因此历史留给我们的就只有独裁专制的传统，这样就给中国社会带来极其巨大的负面影响。

（一）崇尚孝道却无人道

在中华帝国，专制的原则从朝廷一直渗透到社会的每一个细胞——家庭，所以“君要臣死臣不得不死，父要子亡子不得不亡”就成为几千年来通行的格言。

孝敬父母、尊敬长辈，这本来体现了人与人之间的亲情，提倡孝道本来无可厚非。然而到秦汉帝国建立之后，原来“忠于民而信于神”的“忠信”观念变成了危身事上、尽力致功、无条件服从皇帝的“愚忠”，孝道也从“亲亲”、“敬长”变成了无条件服从父母的“愚孝”，以至于出现了把“郭巨埋儿”、“割股疗亲”之类非人道的行为吹捧为至孝。难怪从康有为、谭嗣同以来许多思想激进的志士仁人猛烈地批判孝道，陈独秀尖锐地指出：“父为子纲，则子于父为附属品，而无独立自主之人格矣。”“三纲”只是片面地强调义务，其实质是一种不平等的道德，它们的危害在于：“一曰损害个人独立自尊之人格；一曰窒碍个人意志之自由；一曰剥夺个人法律上平等之权利；一曰养成依赖性，戕贼个人之生产力。”[①] 吴虞痛斥郭巨“活埋其子，大悖人道”[②]，鲁迅则大声疾呼：“救救孩子！”[③]

学者们普遍同意中国社会存在着“家国同构”的现象，也就是说国是一个放大了的家，皇帝就是民众的家长、族长；家是一个缩小了的国，家长、族长就是家族里的皇帝，然而这种家庭宗族里的专制被蒙上了一层尊祖敬宗、论资排辈、敬老爱幼、长幼有序的温情脉脉的面纱，使人很难识破它专制的本相。

（二）男尊女卑奴役妇女

两千年来中国的家庭也越来越走向专制，家庭专制一方面表现为孝道——少年儿童的权利被剥夺，另一方面表现为男尊女卑——妇女的权利被剥夺。

从《诗经·国风》中大量的情歌可以知道，先秦时代的妇女是比较自由的。汉代妇女改嫁再婚并不受歧视，唐代的妇女也是从政多多、悍妇频出，可是宋代以后妇女地位就日益下降，“身死事小，失节事大”，贞节牌坊越立越多，脚越缠越小，尽管女性祖先受到普遍的尊重，但是妇女的地位却是越来越低了。女性的婚姻全凭父母之命、媒妁之言，一个“命”字，就说明女性全无自主权利，其婚姻只能成为父母、家族利益的牺牲品。这种禁止年轻人自由恋爱和家长包办婚姻，正是剥夺青年恋爱与婚姻的自由与权利的产物，是专制制度在家庭和婚恋上的表现。

从《诗经·国风》中保存下来的大量情歌可以知道，先秦时代的婚恋比后来要自由得多，而原始社会的性关系更加自由，那么这种反封建的婚恋形态怎么会出现在封建社会之前呢？人们常常不明就里地把《梁祝》、《西厢记》、《罗汉钱》等戏曲当做反封建的作品，实际上梁山伯与祝英台是“中学生早恋”，梁山伯还有同性恋之嫌；张生和崔莺莺“私订终身”是婚前性行为，而且他翻墙头爬进女生宿舍也违反了校纪校规；虽然张木匠打老婆属于家庭暴力，是不对的，但是小飞蛾结婚后还与旧情人藕断丝连，属于婚外情，也是不对的。

---

① 陈独秀：《东西民族根本思想之差异》，《新青年》第1卷第4号。
② 吴虞：《说孝》，《吴虞集》，四川人民出版社1985年版。
③ 鲁迅：《狂人日记》，《呐喊》。

（三）师道尊严棍棒教育

就像在家庭里妇女和儿童的权利被剥夺一样，在学校里学生的权利也被剥夺了。专制体制在学校里表现为师道尊严的理念和棍棒教育的行为。

自古以来，中国人只讲师道尊严而不讲生道亦尊严。师道为什么尊严？因为师道是顺着君道、父道延伸而来的。“一日为师，终身为父”，于是，“师傅”就成了“师父”，师道就被比附为父道，而且在“天地君亲师”的排序中忝列第五位，于是师道也同君道、父道一样尊严起来了。中国国家的特点是家国同构，“忠”、“孝”二字实为一理，“移孝作忠”，在家为孝子，在朝为忠臣，“忠臣出于孝子”，无论在国还是在家，从来都只有君道和父道的尊严，绝无臣道和子道的尊严可言，师道亦然。从表面上看，“师道尊严”似乎并不错，实质上是剥夺了学生的主权。

专制体制都是靠暴力来维持的，学校教育也同样诉诸暴力，古代的私塾先生案头都有一把戒尺，就是用来打学生的。使用棍棒来进行教育，还美其名曰“棒头底下出孝子”。在教育界也充斥着暴力，体罚学生的行为屡见不鲜，而用罚抄书、罚背书等方法变相体罚更是司空见惯了。

更有甚者是对学生的思想控制。明清两代在太学里都立有卧碑，规定在学生员，当以孝悌忠信、礼义廉耻为本，必先敬师亲友，养成忠厚之心，以为他日之用。有干预时事，有伤教化者，杖一百，发边地充军。自从秦始皇焚书坑儒、东汉党锢之祸以来，屡兴文字狱，腹诽亦有罪，禁止思想自由和学术自由，这些都是专制体制在思想、文化、教育领域里的表现。

（四）不反专制却反封建

自从严复把 Feudalism 译为“封建”以后，一百多年来我们对“封建”的理解与诠释都搞错了①。欧洲的 Feudalism 是一种在中世纪实行的等级制度，在中国类似的政治制度是先秦时代的“封邦建国”，简称“封建”。商周时代之所以要采取分封诸侯的“封建制”或曰“分封制”，正如柳宗元《封建论》所说：“彼封建者，更古圣王尧、舜、禹、汤、文、武而莫能去之。盖非不能去之，势不可也。”那是因为以“小邦周”灭了“大邑商”以后，人口较少的周人难以控制幅员辽阔的商人疆土而不得不采取的办法，这和蛮族入侵灭了东罗马帝国后的情形一样，所以实行的办法也类似。

---

① 日知：《“封建主义”问题》，《世界历史》1991 年第 6 期；叶文宪：《封建与“封建社会”新论》，《浙江学刊》2000 年第 4 期；冯天瑜：《“封建”考论》，武汉大学出版社 2007 年版。

封建的本质是贵族分权，而专制的本质是君主集权。君主集权的过程是一个武力征服与兼并的过程，并不是一个人心向背与道德、理性的过程。在中国，这一过程发生在春秋战国时期。齐桓公“兴灭国、继绝世”代表了封建的传统，而晋、楚两国“灭国置县”则代表了兼并的趋势。旧传统和新趋势的冲突集中表现为各国的变法竟然也是势不两立、你死我活。商鞅、吴起之辈代表大权独揽的君主与企图继续分权的贵族展开了殊死搏斗，并非代表地主阶级与奴隶主阶级进行“阶级斗争”。儒家的“王霸之道”、“治平之术”，墨家的“尚同”、“尚贤”，法家的“要在中央、四方来效”，都是在为君主集权出谋划策、设计蓝图，他们之间互相批评攻讦只是为了“竞争上岗”，只有主张“小国寡民”的道家在维护着古老的封邦建国的传统。没有任何理由和证据可以证明他们分别代表着不同的阶级。战国七雄实质上已经建立了区域性的君主集权国家，秦始皇的统一只是把自己权力掌控的范围从关中扩大到全国罢了。集权的皇帝通过委任的郡守县令把自己的触角伸到全国每一个角落，而不再依靠各主一方的诸侯。尽管分权的贵族和集权的皇帝之间的斗争仍有反复，但是秦始皇毕竟开创了一个新的时代，这个时代不再以“封建”为特色，而是在自己的旗帜上写下了两个大字——“专制”。

后来的史学家和思想家基本上都是御用学者，都自觉地站在皇帝的立场上拥护集权专制而反对贵族分权。他们抨击贵族分权为“封建割据”，并把这种贵族分权的状态斥为“乱世”。其实我们可以看到，在大一统的时代，思想往往遭到禁锢，“工商食官”、“学在官府”，经济与文化虽然也很繁荣，但是绝对没有人权与自由可言，而诸如春秋战国、魏晋南北朝等“乱世”却都是思想文化异常活跃的时期，而且地方经济也非常繁荣，因为在那些时期，政治上的专制解体了，思想、文化、经济方面的限制也放松了，所以反而出现了百家争鸣、百花齐放的局面。关于这一点，连 20 世纪初的新文化运动也搞错了。那些中国新文化的先锋高喊“反帝反封建”的口号，并把棍子打在孔夫子的身上，口口声声要“打倒孔家店”，却放过了最应该反对的独裁专制，结果脏水没有泼掉，反而把澡盆里的孩子倒掉了。

独裁者的贪婪与欲望是无止境的，只要有可能，他们总想把整个中国统统装入自己囊中，实现海内一统，而“统一”这个字眼又是如此美好与迷人，因此自古以来人们一直在“统一”的旗号下自觉不自觉地维护着专制。

国家的统一固然是美好的，但是以牺牲人民主权为代价去实现统一却是丑恶的。燕太子丹为了苟延残喘不惜重金礼聘荆轲去刺杀嬴政，但是在张艺谋执导的电影《英雄》里作为荆轲化身的无名和残剑为了“天下”却分别自首与自杀了。刺客是恐怖分子，当然算不得英雄，但是把独裁专制的秦始皇奉为“为了天下”而不是为了私欲的最大英雄，其潜台词就是要人们放弃反抗，忍气吞声地接受独裁专制。助纣为虐、为虎作伥，这就是电影《英雄》的思想性恶劣之所在。

（五）专制造成奴性人格

由于独裁专制是中国政体的常态，几千年来人们对它已经习以为常了，“入鲍鱼之肆久而不闻其臭”，甚至错误地认为政体就应该是独裁专制的，换成民主反而觉得不习惯，就像《法门寺》里的贾桂，只知道下跪，让他站着反倒手足无措不自在了。这样久而久之就造成了中国人一种恶劣的性格——奴性。

鲁迅先生曾经用他那支犀利的笔针砭中国人的劣根性，奴性就是其中之一。人的性格并不是与生俱有的，而是环境造成的。由于人是有意志的，因此人格与环境的关系并不是简单的因果关系，同样的环境可以造成迥然不同的人格，不同的环境也能造成相同的人格。所以几千年来一以贯之的专制政体一方面造成了不屈不挠的反抗精神，另一方面也造成了逆来顺受的奴才性格。中国的专制政体之所以能够延续几千年不变，表现出一种“超稳定”的状态，一方面是因为独裁者的强大，另一方面是因为民众的奴性——他们居然心甘情愿地接受了专制。欧洲人说“生命诚可贵，爱情价更高。若为自由故，二者皆可抛”，但是中国人却说“食、色，性也”，“民以食为天”，“好死不如赖活”，这就使得近代那些接受了西方思想、试图拿自己的生命来敲响警世钟的志士仁人的宏图伟愿都变成了一厢情愿的单相思。当戊戌七君子被绑赴刑场引颈就戮的时候只是引来了一帮看杀头的看客，“我自横刀向天笑，去留肝胆两昆仑”的豪言壮语付诸东流，烈士的鲜血只被用来做了治痨病的人血馒头。

由于中国自古以来一直十分缺乏民主的传统，因此当人们实在不堪忍受专制而不得已铤而走险用暴力来反抗暴君的时候，他们自己就会变为一伙暴民，地痞、流氓、邪教、黑社会是独裁专制的，啸聚山林的绿林好汉也是独裁专制的，李自成进京后进行拷掠、张献忠在四川滥杀无辜就是一个明证。“舍得一身剐，敢把皇帝拉下马”听起来好像很豪壮，但是做起来却是无政府主义和恐怖主义，或者就是把混乱无序、无法无天当作革命与民主，例如“文革”初期红卫兵在“红色恐怖”的旗号下进行打砸抢和践踏人权、蹂躏人格就是如此。暴民专制是独裁专制的另一种变态，独裁专制的主体换了，但是独裁专制的本质并没有变，这是极其可悲的。

中国是个文明古国、礼仪之邦，但自古以来却只讲究“君君臣臣父父子子”的等级秩序，尊卑长幼之间的不平等被看成是天经地义的事情，从来也不知道还应该保护妇女与儿童，从来也不认为礼仪应该是童叟无欺、老少皆宜的。我们传统的文明礼仪与国际通行的惯例是很不接轨的。

自主学习

1. 中国古代的地理条件与生态环境有哪些特点？
2. 中国文化有哪些特点？它是由地理条件与生态环境决定的吗？
3. 小农经济是中国古代社会的经济基础，它对中国文化产生了哪些影响？
4. 宗族主义是中国古代社会的基本结构，它对中国文化产生了哪些影响？
5. 集权专制是中国古代政治的最大特点，它对中国文化产生了哪些影响？

延伸学习

1. 公元前4世纪，古希腊的亚里士多德认为地理位置、气候、土壤等影响个别民族特性与社会性质。希腊半岛处于炎热与寒冷气候之间而赋予希腊人以优良品性，故天生能统治其他民族。法国启蒙哲学家孟德斯鸠在《论法的精神》一书中，将亚里士多德的论证扩展到不同气候的特殊性对各民族生理、心理、气质、宗教信仰、政治制度的决定性作用，认为“气候王国才是一切王国的第一位”，热带地方通常为专制主义笼罩，温带形成强盛与自由之民族。他的理论被称为“地理环境决定论”。请谈谈你对此理论的看法。

2. 有人看到了中国与欧美的文化差别，认为欧美的文明是海洋文明、蓝色文明，而中国的文明是大陆文明、黄色文明，你认为有道理吗？中国也有漫长的海岸线，为什么中国文明不是海洋文明与蓝色文明呢？请谈谈你的看法。

第二章　中国文化的发展历程

中国文化悠远浩博，源远流长，从孕育发生到恢弘壮大，如同长江和黄河来从天际、浩荡入海一样，经历了漫长曲折、波澜壮阔的发展历程。这一历程既是物质文化、精神文化不断积累、发展和日渐丰富的历程，也是“人不断解放自身”、走向文明演进高峰的历程。本章将中国文化的发展历程，分为上古、中古和近古三个大的阶段。史学上关于上古、中古和近古的上下限的断定，争议颇多。本章的分期，以战国以前的中国历史为上古，以秦汉至隋唐为中古，而将宋元明清看作近古，与史学意义上的分期并不完全一致。

第一节　上古：中国文化的形成

战国以前的中国历史文化，包括史前时期、殷商西周和春秋战国三个阶段。

一、史前时期

古人类学研究及考古发现已经证明，中国是人类与世界文明的发源地之一。早在约170万年前，中国境内就有了早期人类活动。1965年，考古学者在云南元谋上那蚌村发现元谋直立猿人化石，即是中国境内最早的人类活动的历史确证。此后，关于中国境内早期人类活动的丰富材料相继发现，从北京猿人（约50万年前）、早期智人阶段（约20万年至4万年之前）到晚期智人阶段（距今1万年之前），直到新石器时代，清晰而完整地勾勒出人类起源与进化的各个环节。根据人种学的分类，中国人属于蒙古人种。从元谋人、蓝田人，再到山顶洞人，现代蒙古人种所具有的典型体征，如颧骨高突、铲形门齿、印加骨、额中缝等，在明显的进化趋势中一脉相承。中国文化正是在这种伟大的进化过程中产生的。

考古发现表明，中华文化在中国大地上的发生，从一开始即呈多元状态，不仅是黄河流域，在长江流域、珠江流域，甚至东北、华北，都有旧石器和新石器文化遗址的广泛发现，这种遍布全国的文化遗址，就像黑夜中布满天宇的璀璨星光，照亮了史前时期中国大地上暗昧的天空。

（一）物质文化

远古时期，文化的产生首先表现为工具。在旧石器时代，中华先民靠天然或简单加工的石块与弓箭，作为采集果实和狩猎的基本工具。这一时期，具有划时代意义的文化创造是火的使用。根据考古发现，至少从北京猿人开始，中华先民就已能够熟练地使用火，并保存从自然界取来的火种，这宣告了人类与动物的最后诀别。对此，恩格斯曾经这样说过："就世界性的解放作用而言，摩擦生火还是超过了蒸汽机，因为摩擦生火第一次使人支配了一种自然力，从而最终把人同动物界分开。"[①] 他甚至认为，可以把火的发现"看作是人类历史的开端"[②]。从大约公元前7 000 年开始，中华先民进入了新石器时代。这个时期，磨制得较为精致的石器取代了打制粗糙的石器，农业、畜牧业取代了狩猎采集，成为首要的生产部门，陶器也在生产实践中得到了广泛使用。迄今为止，我国发现的新石器时代文化遗址，有七八千处之多，诸如仰韶文化（前5000 年至前 3000 年；1921 年发现于河南）、红山文化（与仰韶文化大致同时；1935 年发现于辽宁）、大汶口文化（前 4500 年至前 2500 年；1959 年发现于山东）、良渚文化（前 3300 年至前 2250 年；1936 年发现于浙江）、马家窑文化（前3000 年至前 2600 年；1923 年发现于甘肃）、龙山文化（前 2800 年至前 2300 年；1928 年发现于山东）等，都是其中最有代表性的。从旧石器时代到新石器时代，标志着原始物质文化取得了重要的发展。

（二）观念文化

原始观念文化，主要以原始宗教和原始艺术为代表。

原始宗教主要包括自然崇拜、生殖—祖先崇拜和图腾崇拜三种形式。由于受认识自然水平和能力的限制，中华先民将许多无法解释的自然现象都归为神灵意志的体现，由此产生诸多的崇拜形式。

自然崇拜，是对自然物和自然现象的崇拜，如风雨、雷电、土地、山川、太阳等，是先民最原始的宗教崇拜之一。《礼记·祭法》云："山林、川谷、丘陵，能出云，为风雨，见怪物，皆曰神。"从仰韶、屈家岭等文化遗址出土的陶器上，往往有

---

① 《马克思恩格斯选集》（第 3 卷），人民出版社 1972 年版，第 154 页。

② ［德］恩格斯著，于光远等译编：《自然辩证法》，人民出版社 1984 年版，第 91 页。

表现太阳图形的纹饰，有些地方新石器时代的岩画上，则清晰地出现了太阳神的形象。古代民间长久流传的“地母”传说，古文献所载“郊祀社稷，由来久矣”（《汉书·郊祀志》），则透露出先民对土地的崇拜。

生殖崇拜是先民出于对自身繁衍的强烈关注而产生的。无论是红山文化遗址发掘的丰乳肥臀的陶塑女神像，还是分布广泛的男性生殖崇拜物，或者新疆呼图壁县境内的生殖岩画，都透露出先民崇祀生命的庄严情感。与生殖崇拜相关，先民还有对创造生命的祖先崇拜。在先民的意识中，女性是创造生命的决定力量，由此被作为创世神、始祖神加以膜拜。女娲补天的创世神话，反映的就是女性崇拜。

图腾崇拜是相对高级的宗教形式。原始人一般都固执地相信自己的氏族与某一类动植物之间存在特殊的关联，从而将其视作本氏族的标志加以膜拜。图腾崇拜的对象，既可以是实有自然物，如鱼、鸟、龟、蛇、马等，也可以是龙、凤、麒麟等人们运用抽象思维、概括能力创造出的虚拟存在物，其中龙在后来更成为整个中华民族的图腾。

总体来说，原始宗教反映了当时低下的社会生产力水平，起着协调人与自然关系的作用，在物质文化与精神文化之间也起着补充作用，是原始观念文化的主流。

原始艺术主要是陶塑、陶绘、雕刻等。在距今4 000年的河南密县池北岗、新郑裴李岗新石器时代文化遗址中，发现有陶塑猪头。半坡文化遗址则出土有陶塑人头像，耳垂部位甚至还有穿孔，说明当时人们已有在耳朵上悬垂饰物的习俗。陶绘往往以动、植物图形为素材，有鱼形纹、圆点勾叶纹、三角形、方形、菱形图案等。此外，原始雕刻也有诸多的发现，像大汶口墓地出土的象牙筒花瓣交错，结构别致；河姆渡遗址出土的双鸟纹骨，线条流畅，姿态生动。而新疆呼图壁县内的生殖崇拜岩画，以及江苏连云港锦屏山的将军崖岩画，气魄宏大，粗犷中透露出人类童年的活泼与天真。

（三）史前社会组织

史前时期，人与人之间的相互关系主要表现为男女通婚以及受此制约的氏族关系，其组织形式则包括原始群、家族、氏族、部落和部落联盟等。

同世界其他民族一样，与古猿分途后的中华先民在婚姻关系上经历过血亲杂交、血缘群婚、族外婚、对偶婚等阶段；在社会组织形式上，经过了母系氏族、父系氏族阶段。母系氏族阶段大致形成于旧石器时代晚期，贯穿整个新石器时代。当时中华先民已转入相对的定居生活，原先的血缘家族为氏族公社所取代，同时形成了族外婚制，并由此前的血缘群婚转向对偶婚，形成了比较确定的夫妻关系，而互相通婚的两个氏族就形成了部落。氏族内部，生产资料及财产归集体公有，部落首领由有威望的年长妇女担任。中国上古神话中的女娲氏、庖牺氏、神农氏、有巢氏、燧人氏，是这一时期中华先民创造的神。

父系氏族社会已进入铜石并用时代，随着社会生产力的进一步发展，私有制开始萌生，传说中的五帝①即生活在这一时期。关于五帝是否实有其人，虽然争议很多，但大体可以说，他们是史前社会华夏、羌、夷、狄、苗、蛮等氏族部落的首领或图腾。随着社会生产的发展，氏族部落经由不断地迁移、分化和组合，逐步形成了部落联盟。部落联盟推举首领的方式，是著名的禅让制。相传唐尧在位 70 余载，衰落之际，看中了贤而有才的舜，经多方考验，遂传位于舜。舜在暮年，亦依此例，将首领之位禅让于治水有功的禹。这种权力嬗递的方式，体现了当时的制度文化。

二、殷商西周

大约在新石器时代晚期，氏族部落联盟在经由漫长的兼并融合之后，逐步完成了向国家的过渡，夏、商、周三个统治集团依次占据了中心统治地位。在中国早期的历史上，夏、商、周是关键性的时期：有文字记载的信史从这一时期开始，国家在这一时期开始形成，影响中国历史的诸多文物制度的基础也在这一时期奠定，中国文化的特殊面貌在这一时期开始形成。

根据考古发现及传世文献，夏商周时期的文化明显地体现出从神本文化到人本文化的态势。

（一）殷商神本文化

商部落发祥于山东半岛，起初以游耕农业为主。约在公元前 14 世纪，商王盘庚迁都，由奄（今山东曲阜）迁至殷（今河南安阳）。在长期稳定的条件下，商人的文明水平得到了显著提高，其中一个重要的事件便是甲骨文字的出现，它标志着古代中国进入了文明时代的门槛。

受史前原始思维的影响，殷商尊神重祀，体现出强烈的神本文化的特色。《礼记·表记》即云：“殷人尊神，率民以事神，先鬼而后礼，先罚而后赏，尊而不亲。”殷墟出土的十多万片甲骨，几乎全是祭祀、占卜的记录，可见殷人宗天尚鬼风气之盛。

---

① 古代关于五帝的名称说法不一，比较通行的说法是指黄帝、颛顼、帝喾、唐尧、虞舜。

殷人的神鬼信仰主要是自然神信仰和祖先神信仰。根据卜辞记载的占问内容，殷人的神灵观念分为“天神”、“地示”、“人鬼”三类①，其中作为“天神”之一的“帝”或“上帝”，是殷人信仰中最高的神，作为至上神，“帝”最主要的职责是管辖天时，影响年成。他与人、鬼的不同之处在于并未被人格化，故而不享受祭祀的牺牲，也不直接接受人间的诉求，人间的诉求要靠死后升天的殷人的先公先王向帝转达。

为了听命于上帝、按鬼神意旨办事，殷人以卜筮来决定自己的行止，占卜因此成为殷王室生活的重要内容，事无巨细，皆先卜而后行。商王既是政治上最高的统治者，又是最高祭司。此外，商人还频频举行规模盛大的祭祀活动，表示对鬼神的敬意。

殷人的宗教信仰，处于自然宗教的多神信仰阶段，是当时人类思维水平尚处于蒙昧阶段的反映。随着人们实践经验、心智水平和能力的提升，这种以尊神重鬼为特色的神本文化，逐步向以人为本的文化过渡。

（二）周人的文化维新

“周”曾是偏处渭水以北的黄土高原、长期附属于商的部落。经过数百年的经营，约在公元前 11 世纪，利用商王室的腐败，起兵讨纣，最终战而胜之，建立起周朝。

“周虽旧邦，其命维新。”（《诗经·大雅·文王》）周朝建立后，对殷商的制度虽有因袭，但多有文化上的“维新”。这种“维新”，首先表现在建立完备的宗法制度，包括嫡长子继承制、分封制和宗庙祭祀制度。这种宗法制度，强调伦常秩序、注重血缘身份，兼备政治权利统治和血亲道德制约的双重功能，把家族制度政治化，不仅确定了古代中国社会结构的基本特征，对后代集权政治体制的固化也产生了极其重要的影响，并进一步渗透进我们民族意识、民族性格和民族习惯之中。如果说中国传统文化具有宗法文化的特征的话，那么这种特征正是从西周开始形成的。

其次，周人的“维新”还表现为“制礼作乐”，即确立礼制及与之相配合的情感艺术系统。“礼”，繁体作“禮”，《说文》示部云：“禮，履也，所以事神致福也，从示从豐。”又豐部云：“豐，行礼之器也，从豆，象形。”可见，“礼”最初有祭祀神灵的宗教之义。而周公“制礼作乐”的礼乐，则超越此义，提升至完整的制度与文化的建构，囊括国家政治、经济、军事、文化一切典章制度以及个人的道德修养和

① 陈梦家：《殷墟卜辞综述》，中华书局 1998 年版，第 562 页。

行为准则规范。《礼记·曲礼》即云："道德仁义，非礼不成；教训正俗，非礼不备；分争辩讼，非礼不决；君臣上下，父子兄弟，非礼不定；宦学事师，非礼不亲；班朝治军，莅官行法，非礼威严不行；祷祠祭祀，供给鬼神，非礼不诚不庄。""礼"在形式上体现为"仪"，即各种礼节与仪式。按周制规定，各级贵族祭祀、朝聘、用兵、婚丧，都要遵循严格的与其等级身份相应的礼节仪式，以体现上下尊卑之别；在内容上，"礼"则包括"亲亲"与"尊尊"。"亲亲"强调家族伦理中父为首的原则，"尊尊"则强调政治伦理中君为首的等级原则。

周人推行的种种制度，如礼制、宗法制、分封制等，实质上渗透着强烈而自觉的伦理道德精神，其要旨在于"纳上下于道德，而合天子、诸侯、卿大夫、士、庶民，以成一道德之团体"。[①] 他们认识到，"天命靡常"（《诗经·大雅·文王》），人间的福祉祸患，非出自神的意志，只有"克明俊德"、"敬德保民"，才能维系政治统治，避免重蹈夏灭殷亡的历史覆辙。周人的文化维新，奠定了中国传统文化中德治主义、民本思想与忧患意识的致思取向。

三、春秋战国

公元前770年，在西部夷人犬戎的进逼之下，周平王由丰镐东迁至洛邑，历史进入春秋战国时期。其时周天子权威失坠，礼崩乐坏，王纲解纽，社会的剧烈动荡和裂变，不仅为文化的重组提供了机会，更是催生、助长了士阶层的兴起，使他们从原先所属的贵族阶层中分化出来，转而成为专事于精神文化创造的独立群体；同时由于"天子失官，学在四夷"，原先世守专职的朝廷文化官员也散落民间，他们凭借知识聚徒讲学，著书立说，一时学派林立、诸子蜂起，出现了百家争鸣的恢弘局面，"道术将为天下裂"（《庄子·天下篇》）。春秋战国遂成为中国文化的"轴心时代"[②]。

春秋战国时期的诸子之学，西汉司马谈曾概括为阴阳、儒、墨、名、法、道德六家。西汉时刘歆又将诸子归为儒、墨、道、名、法、阴阳、农、纵横、杂、小说十家，排除属于文学范畴的小说家，后人称为"九流"。其实就思想成就而言，仍然主

---

① 王国维：《殷周制度论》，《观堂集林》卷一〇，河北教育出版社2003年版，第232页。

② "轴心时代"是德国哲学家卡尔·雅斯贝斯描述人类历史时提出的著名命题。他在1949年出版的《历史的起源与目标》中指出，公元前800年至公元前200年之间，古希腊、以色列、印度和中国几乎同时诞生了伟大的思想家。苏格拉底、柏拉图、释迦牟尼、孔子、老子等，都对人类的终极关怀提出了独到的思想，人类一直依靠这一时代所产生的思考创造一切而生存。他将这一时代称为人类文明的"轴心时代"。见魏楚雄、俞新天译：《历史的起源与目标》，华夏出版社1989年版，第14页。

要是司马谈所概括的六家。

诸子之学，“起于时势之需求而救其偏敝”①，具有“救时之弊”的文化目的性。由于社会地位、思考方式等方面的差异，在学派风格上也具有鲜明的个性特征。

儒家学派由孔子所创立，其学说以“仁”为体，以“礼”为用，以“中庸”为思想方法，以维护礼教纲常与秩序为社会政治思想。“仁”是儒家学说的核心。孔子认为“仁者爱人”，把“爱人”作为“仁”的原则，看做是人必备的美德，又以“仁”为人性的表现。孔子关于“仁”的思想，旨在通过提升人内在的道德的善，把外在的社会伦常规范转化为内在的自觉要求。由此，孔子又非常注重“礼”，主张“非礼勿视，非礼勿听，非礼勿言，非礼勿动”（《论语·颜渊》），认为“礼”是社会成员维护社会和谐及等级秩序的责任和义务。与此相关，孔子还强调“正名”，即辨证礼制等级的名分，严守“君君、臣臣、父父、子子”的等级秩序。儒家学派在孔子之后一分为八，其中比较重要的有“孟氏之儒”、“孙氏之儒”，代表人物分别为孟子、荀子。孟子承袭曾参、子思一系，主要继承孔子“仁”的学说，提出“性善论”，培养浩然之气，行仁政、王道。荀子主要承袭仲弓一系，基于“性恶论”，发展孔子的礼学，强调加强礼法，维系社会秩序。孟子、荀子对孔子接受上的差异，反映了战国时期面对纷乱的社会，儒家思想的分化，折射出后代统治者治理天下时两种不同的统治方术。

道家，又称道德家，以老子、庄子为代表，是以“道”为学说的核心范畴的学派。与儒家通过道德伦理的建设以维系社会秩序的致思取向不同，道家的致思重点在于探求天道，并以天道推衍世道、人道。他们的天道观，主要包括以下内容：①道是天地万物之本，“道生一，一生二，二生三，三生万物”（《老子》第42章）；②“道法自然”，即道在本质上是自然的，故无所效法；③天道“无为而无不为”。基于此，道家强烈批判儒家的仁义礼制思想，视礼为“忠信之薄而乱之首”，认为应该顺应天道，绝圣弃智，绝仁弃义，从而实现无为而治。道家还由对社会、理性、文化的否定转而追求个体的价值；尤其是庄子，深切关注人性在社会中的异化，着力寻求人性回归的途径与方式，实现个体对生命的完成和精神对生命的超越。他以“齐万物，一死生”的相对主义观点看待天地万物，超越一切固有价值，最终达到个体的解放和精神的自由。如果说儒家的思想带有鲜明的人文主义色彩的话，道家思想归根到底则是自然主义。

法家起源于春秋时齐国的管仲和郑国的子产。此后，李悝著《法经》，商鞅推行

① 梁启超：《中国古代学术流变研究》，《饮冰室合集·专集》，中华书局1989年版。

法治，申不害、慎到等又相继提出重“术”、重“势”的思想，至战国末期，韩非子始集法、术、势之大成，以为“帝王之具”，从而建构起一套以集权专制为核心的思想体系。法家的根本主张在“法治”，力主强化法令刑律，使民“畏威如疾”，以达到富国理乱的目的。他们排斥儒家的人文主义与道德理想主义，否定巫术宗教的作用，也不注重历史及理性的价值与依据，完全从现实的实用目的出发，靠严刑峻法治理天下，认为只有严酷的法令才能约束人的行为；而在文化政策上，法家则主张“以吏为师”、“以法为教”，实行文化专制主义。法家是战国时的“显学”，韩非子的学说成为秦一统天下、建立封建专制集权的基本政治理论。秦汉以后，儒术独尊，但法家仍然或隐或显地发挥着效应，历代统治者多采取“霸王道杂之”，即儒法并用的统治术，法家也成为后代封建政治重要的思想资源之一。

墨家的创始人是墨翟，其信徒多系直接从事手工业的社会下层平民，“以绳墨自矫”、“日夜不休，以苦为极”（《庄子・天下篇》）。墨家的核心思想是“兼爱”，这种思想不同于儒家的“仁爱”，一方面，“兼爱”不分等差、远近、亲疏，是平等的、普遍的爱。同时，“兼爱”又以“交相利”为前提和基础，既互爱，又互利。从兼爱出发，墨家还主张非乐、非攻、节用、尚贤等，典型地反映出当时小生产者、小私有者保护自我利益的性格。墨家当时与儒、道皆为显学，但不同的是，墨学在秦汉以后，由于失去了学派发展的适宜氛围，遂逐步从中国思想文化领域消失了。

除儒、道、法、墨之外，先秦诸子还有阴阳家、名家等。邹衍为代表的阴阳家，以金、木、水、火、土五种元素相生相克的消长模式，解释事物的运动发展，以及社会人事的变化，从时间、空间的流转变化去把握世界，表现出独具特色的思维方式。名家又称刑名家，以公孙龙、惠施等为代表。这一学派脱离社会现实，探讨“名”（概念）与“实”（实际）的关系问题，具有较浓郁的思辨色彩，对古代逻辑的发展贡献很大。

孔、墨、老、庄等先秦诸子，是我国文化史上第一批百科全书式的学者，他们以巨大的热情与高度的智慧，开宗立派，编撰《易》、《书》、“三礼”、《春秋》等中国文化的“元典性”著作，对宇宙、社会、人生作了极其深刻的追索和思考，建构了中国古代思想文化的基本格局，也对人类文明的发展作出了创造性的贡献。

第二节　中古：中国文化的发展与隆盛

公元前221年，秦王嬴政经过多年的兼并战争，终于完成“吞二周而亡诸侯，履至尊而制六合”的统一大业，中国的历史文化进入了秦汉统一时代。国家的统一与强盛，在文化史上具有划时代的伟大意义。一方面，国家一统，结束了群雄争霸的历史，极大地促进了多元文化的整合，尤其是经过400余年的文化建设，形成了全社会强烈的文化认同心理，标志着中华文化共同体的初步形成。同时，中国文化从东、南、北三个方向与外部世界展开了多方面、多层次的交流，尤其是丝绸之路的开辟，更架起了中外文化交流的桥梁。经由丝绸之路，中国文化传播至西亚乃至欧洲，西域和印度文明也得以传入我国。正是这种双向的文化交流，塑造和展现了统一帝国时代中国文化的宏阔壮大与灿烂辉煌。

一、秦汉：文化一统

秦王朝在建立统一帝国之初，通过废除分封制、实行郡县制等一系列政治制度变革，建立起高度统一的中央集权。与此同时，秦始皇还出台了一系列以“统一”为原则的文化举措，改变战国时“田畴异亩、车涂异轨、律令异法、衣冠异制、言语异声、文字异形”① 的局面，即所谓“书同文”（以秦篆为统一文字）、“车同轨”（统一车辆形制与道路宽窄）、“度同制”（统一度量衡制度与货币）、“行同伦”（制订秦律，推行严刑峻法）、“地同城”（废除封建邦国之制，打破地区壁垒）。这些统一的文化制度的确立，虽然是为了强化专制集权统治，但也有力地增进了秦帝国版图内各区域人们在经济、文化生活乃至文化心理方面的共同性，为中华文化共同体的最后形成奠定了重要的基础。

汉武帝时期，为了适应封建大一统政治局面的需要，董仲舒针对汉初“儒道互黜”、“百家殊方”的情况，坚决主张“罢黜百家，独尊儒术”，并提出德、刑并用而以德政为主的统治思想，主张充分发挥“礼乐教化”的作用。他以“六经”为指针，高举“崇儒更化”的旗帜，寻求到一种与地主制经济、宗法—专制君主政体相吻合的文化形态。其独尊儒术的主张，不仅为汉武帝所接受，更是确立了后世以儒为宗的政治文化模式，被以后两千余年专制体制奉为圭臬，有力地维护了封建专制统治。

在“独尊儒术”的文化政策下，儒学成为汉代文化学术的主流，《诗》、《书》、《礼》、《易》、《春秋》被尊为五经，朝廷设立“五经博士”，并推行“以经选官”的选官制度，天下学士靡然风从，形成了专门的传经、注经之学——经学，直到清代，经学一直都占据着官方哲学的地位。

---

① （汉）许慎：《说文解字》叙。

汉代的经学，有“今文经学”与“古文经学”之分，它们围绕经书在文字、版本及真伪等方面的问题展开激烈争论，进而引出在学术观点及研究方法上的重大分歧。概括地说，今文经学的特点是政治的，讲阴阳灾变附会时政，在经典的字里行间寻微言大义，不免陷于穿凿。古文经学则是历史的，讲文字训诂、明典章制度及经文本义，又不免陷于繁琐。东汉后期，郑玄等经学家，兼综今、古，遍注古、今文群经，经今古文的门户之争，遂渐趋消弭。

经学既是维护汉代集权体制的官方哲学，在朝政崩坏、纲纪废弛时，又成为守护儒家思想文化价值的清流之士批判朝纲的理论资源。东汉后期，朝纲紊乱，士人通经致用的入官之阶为宦官、外戚所阻，一时“匹夫抗愤，处士横议”，他们“激扬名声，互相题拂，品核公卿，裁量执政”，发起了大规模抗议宦官、外戚专权的浪潮。许多士人虽在“党锢之祸”中惨遭杀害，但他们激浊扬清、慷慨赴死的浩然正气，惊天动地，可歌可泣，成为专制体制下抗拒暴政的光辉旗帜。清人赵翼曾称赞说：“东汉士大夫以气节相尚，故各奋死与之搘拄，虽湛宗灭族，有不顾焉。”①

二、魏晋南北朝：乱世中的多元文化

汉末的黄巾军暴动及董卓之乱，使久已摇坠的汉帝国终于土崩瓦解，秦汉400余年天下一统的格局宣告结束，一场长达近400年的战乱又由此展开。先是魏、蜀、吴三分天下，中间西晋虽曾短暂地实现统一，但仅昙花乍现，随着五胡乱华，西晋灭亡，中国又陷于南北分割状态。北方，先有十六国割据，后又有北魏、东魏、西魏、北齐、北周等政权的嬗递。南方，则有东晋、宋、齐、梁、陈诸王朝的轮替。经久的战乱与割据，打破了秦汉时期政治、思想与经济的一元体制，儒学独尊的文化模式也随之崩解。在这种乱世的格局中，文化重新呈现多元发展的局面。

（一）魏晋玄学

学术文化，与时消长。东汉后期，面对统治阶级的腐败、名教危机的深化和社会的大动乱，儒家“不周世用”的局限日益凸显；党锢之祸的发生，更进一步动摇了儒家作为国家意识形态的基础。正是这种日趋严重的政治、经济、文化与社会危机，使当时上层的文人逐步摈弃对社会的认同，转而寻求个体的独立与意义，将心灵超越

---

① （清）赵翼著，王树民校证：《廿二史札记校证》（订补本）卷五《汉末诸臣劾治宦官》，中华书局2001年版。

与精神自由作为人生的取向，由此而刺激了老庄思想的回归，玄学正是在这一文化背景下产生的。

“玄学”之“玄”，源自《老子》“玄之又玄，众妙之门”，因阐发《周易》、《老子》、《庄子》中的玄理而得名。玄学由王弼、何晏等创始，他们祖述老庄，既倡导以无为本，又主张“举本以统末”，以沟通有与无即现象与本体之间的关系，建构起一套“贵无”论哲学思想体系。以嵇康、阮籍等竹林名士为代表的自然派玄学家，则将个体的生命存在放在了全部思考的中心地位，着力于通过探讨自我意识与本体的关系，“越名教而任自然”，在对现实伦理的否定和批判中，获得超越的精神境界与安身立命之道。裴頠则站在维护名教的立场，力主“崇有”，反对“贵无”论的“虚诞之弊”，强调维护社会制约的必要性。郭象作为玄学的集大成者，又超越了“贵无”与“崇有”的褊狭，提出“独化”论，认为天地万物不假外物，“块然而自生”，“独化于玄冥之境”。他的“独化”论玄学思想着力探讨和解决两个问题：一是名教与自然的关系问题。这个问题本是玄学的基本主题，但“贵无”派和“崇有”派往往各执一端，将“名教”与“自然”截然二分，并未能真正处理好二者的关系。郭象则在本体论的层次上力主名教即自然，自然即名教，强调超越的“玄冥之境”不在名教之外，就在名教之中。二是如何使人在现实中实现超越。一方面，郭象否定嵇康、阮籍的自然派玄学观，指出现实是不能超越的；另一方面，也同样否定裴頠着眼于现实的玄学观，指出现实是必须超越的。他借助于庄子的思想，把个体的自为放在首位，主张通过克服名教的异化，使“万物皆得性”，人人皆得以“极小大之致，明性分之适”[1]，逍遥游放，任性自得，在现实中完成对现实的超越。这种超越，本质上是内在的自我超越，反映了在名教政治不可动摇的前提下中古士人的心路历程。

玄学源自原始道家，但不是简单的重复，而是在魏晋时期特定的历史文化语境中对老庄思想的重新阐发，是对道家思想的新发展，因此被称为新道家。作为魏晋时期主流的学术思潮，玄学在中国文化史上具有重要的地位，对中国文化产生了深远的影响：一是玄学作为本体论哲学，对“本末”、“有无”及其相互关系的分析，具有高度的谈玄析理的色彩，提升了中国哲学的思辨水平和分析能力。二是玄学逍遥游放、任情适己的人生观，深刻影响并铸造了中国知识分子清、虚、玄、远的生活情趣，成为他们在专制体制下调适自我、寻求精神超越的重要依托；而代表玄学人生观的“魏晋风度”与“名士风流”，他们身上所体现出的以玄心、洞见、深情与妙赏为内容的人格美，更是后世知识分子追慕的理想人格的典范。三是玄学“得意忘言”的

---

① （晋）郭象：《庄子注》卷一《逍遥游》。

思维方法以及对形神关系的讨论，是我国古代文艺美学的重要内容，对此后的诗歌、书法、绘画等都产生了重要的影响，促进了中国古代文艺重写意而轻写实、重神理而轻形骸的审美品格和冲淡闲雅、空灵简约的艺术精神的形成。

（二）文化的冲突与整合

魏晋南北朝时期中国社会的动荡，引发了不同思想派别与种族之间的文化冲突与整合。这种文化的冲突与整合，主要表现在两个方面：一是儒、释、道三教的合流，二是胡、汉文化的碰撞与融合。

儒、释、道三教之间的冲突与整合，是由魏晋南北朝时期道教、佛教势力的不断发展而引起的。原本东晋以后，玄、佛合流已成为士大夫生活中的显学。与此同时，道教也从民间宗教升格为官方认可的宗教，在门阀士族中广泛传播。道教在形成过程中不仅以道家思想为重要渊源，也积极调和儒学，将儒家伦理思想纳入到教义、教规之中。譬如葛洪在《抱朴子》中便认为道教“磨砺贪浊”，有助于教化，而儒家倡导“忠孝和顺仁信”，也有助于成仙，并说“道者内以治身，外以治国”，“治身则身修长，治国则国太平”。范文澜在描述儒道关系时，也指出：“儒家对道教不排斥也不调和，道教对儒家有调和无排斥。”①

佛教作为外来宗教，在传入我国之初，曾与黄老并祠，被视为中国流行的神仙方术之一种。魏晋南北朝时期，佛教得到了广泛传播，势力也日益扩大，由此受到了儒、道的强烈排斥，被攻击为“夷狄之教”。佛徒一面参与论争，同时为了弱化矛盾，也尽力将佛教教义同儒家、道教思想协调起来，认为佛、道同本共源，“道则佛也，佛则道也”②，佛与儒、道“虽三训殊路，而习善共辙”③。这种调和，加速了佛教的中国化，也为佛教在中国的发展打下了深厚的基础。最显著的例子是梁武帝和周武帝，梁武帝以儒治国，同时又以佛修身，虔诚信佛，以帝王之尊而三次舍身入寺；北周周武帝于建德三年（574）更是下诏设通道观，定员 120 人，合儒、释、道三教于一体，这象征着在政治意识形态层面上儒、释、道三教合流的完成，也标志着中国传统文化以儒家为本位，儒、释、道三足鼎立的文化格局的正式形成。

中国文化史上的儒、释、道合流，总体上有两个过程，第一个过程是主要是魏晋南北朝时期佛、道二教攀附儒家，认为佛道可以“辅助王化”，站在佛、道自身的立场，提出“三教合一”、“平等三教”、“三教并用”等主张，这主要是政治意识形态

① 范文澜：《中国通史简编》（修订本，第 2 编），人民出版社 1949 年版，第 442 页。
② 《南齐书·高逸传·顾欢传》。
③ （南朝宋）宗炳：《明佛论》。

的合流。第二个过程是儒家主动吸收佛、道二家的思想成果，提倡三教归儒，最终建立了理学思想体系。这主要是思想理论上的合流，主要发生于中唐至两宋时期（详见本书第五章“中国古代哲学”）。

魏晋南北朝时期文化的冲突与融合，还体现在种族方面。其实早在东汉末年，中国西部、北部生活的许多少数民族就开始向内地迁移，在辽西、幽并、关陇等地与汉族犬牙交错地生活在一起。这样，北方的民族关系就逐渐复杂起来。西晋灭亡，东晋南迁，以匈奴、羯、氐、羌、鲜卑等五个北方少数民族为主，入主中原，在北方先后建立了16个割据政权。十六国的割据局面，后为鲜卑族建立的北魏政权所结束，统一了北方。其后，北魏分裂为东魏、西魏，又分别为北齐、北周所取代。从北魏到北齐、北周，总称北朝。五族入主中原并建立政权，虽然改变了汉族在中原地区旧有的统治地位，引发了胡、汉之间的大规模冲突，甚至是战争和流血，但是站在文化整合的角度看，又具有非常重要的意义：一是促进了胡人的汉化。五族政权出于政治需要，多积极地推行汉化政策，比如重用汉族人才，借鉴汉族的政治、经济制度，设立太学，大兴儒学等，不仅巩固了政权，也保存和发展了汉文化。二是异族文化与汉文化的碰撞与交流，不仅为汉族文化带来了强健而朴野的精神和活力，使中国文化得到多向度的发展和深化，同时更重要的是促进和加深了中国各民族之间的交流与融合，为中华民族共同体及中华文化共同体的最后形成奠定了重要的基础。

三、隋唐：中国文化的隆盛时代

隋唐结束了中国此前近400年的分裂割据状态，重新进入天下一统时代。经历了几百年的积累和发展，中国封建经济在隋唐时期达到了顶峰，中国文化在经历了萌芽和发展之后，也在隋唐走向了成熟，进入了气势恢弘、如史诗般壮丽的时代。

（一）兼容并包、有容乃大的文化气派

隋唐时期，为了发展社会经济，保障国家的长治久安，统治者制定和实施了一系列政策：经济上改造了北魏以来的均田制，强化土地国有制，实行租庸调制，进一步解放农民；实行科举制，排抑门阀士族，为广大庶族知识分子提供平等参与国家政治的机会，调动他们的积极性与创造性。正因如此，农业生产与经济在隋唐时期得到了迅速恢复和发展，社会生产力也得到了极大的解放；尤其是唐代，经历从唐太宗“贞观之治”到玄宗的“开元盛世”的120多年，经济繁荣，国力强盛，更是达到了整个中国封建社会历史的巅峰，唐王朝也一跃而成为当时世界上最强盛、富庶的国

家。杜甫《忆昔》诗“忆昔开元全盛日，小邑犹藏万家室。稻米流脂粟米白，公私仓廪俱丰实”，即是对开元盛世的真实写照。伴随着经济的繁荣与国力的强盛，唐代文化也出现了欣欣向荣和全面发展的局面，并表现出明朗、高亢、热烈、奔放的时代精神和泱泱大国独有的海纳百川、有容乃大的宏伟气魄。

这种宏伟的文化气魄，首先体现在唐王朝开明的统治思想上。有唐一代，在意识形态上以儒为主、兼取百家，奉行儒、释、道三教并行的文化政策。这种开明的文化政策，为唐代文化的发展提供了较为宽松、和谐的思想环境，赋予了唐代文化以开放与自由的精神。南唐张洎《贾氏谭录》载，中唐时，李德裕门人韦瓘撰小说《周秦行纪》，称唐德宗为“沈婆儿”，后嫁名牛僧孺以构陷。事发为宪司所覆，唐文宗览之，笑曰：“此必假名僧孺，是贞元中进士岂敢呼德宗为沈婆儿也?”事遂寝，竟不复追究。由此可见唐代统治者的开明、通达与唐代文化开放的氛围。

唐代文化的宏大气魄，还突出体现在立足于中华主体文化，以恢宏的胸襟与气度，广泛吸收异族、异域文化。唐太宗曾说过：“自古皆贵中华，贱夷狄，朕独爱之如一。”（《资治通鉴》贞观二十一年五月条）太宗的这种思想，为其后继者所继承，玄宗朝李华说过：“国朝一家天下，华夷如一。”（《寿州刺史厅壁记》）这种去华夷之防、一视华夷的思想，是李唐对异族、异域思想文化的基本立场。一方面，通过和亲等政策兼容南北，和谐民族关系，积极推进胡、汉民族的交往与文化的融合；另一方面又贯通中外，广泛汲取外域文化。无论是南亚次大陆的佛学、历法、医学、音乐、美术，还是中亚的音乐、舞蹈，抑或是西亚和西方世界的袄教、景教、摩尼教、伊斯兰教、医术、建筑等，如同“八面来风”，从唐帝国开启的国门奔涌而入，形成五光十色、灿烂辉煌的盛景，以至于当时的长安成为胡汉、中外文化汇聚、交流的中心，成为具有盛大气象的世界性大都市。

唐代文化海纳百川、兼收并蓄的伟大气魄，培养了唐人宏阔的胸襟和眼界，赋予了他们以自由和创新精神，使他们能够跨越不同民族、国度，以超越的胸怀与勇气，不断开创唐代文化的新境界。

（二）盛世辉煌的文学艺术

文学艺术各个门类所取得的辉煌成就，是唐代文化繁荣的重要标志。

首先是唐诗。虽然王国维《宋元戏曲史·序》中曾言“凡一代有一代之文学：楚之骚，汉之赋，六代之骈语，唐之诗，宋之词，元之曲，皆所谓一代之文学”，但若就每一时代文学的文化意义及其影响来说，毫无疑问应当首推唐诗。在很大程度上，正是因为唐诗，中国才有了“诗歌的国度”的称号，唐诗理所当然地成为诗国高潮。闻一多说过："一般人爱说唐诗，我却要讲'诗唐'。诗唐者，诗的唐朝也。懂得了诗的唐朝，才能欣赏唐朝的诗。"① 所谓"诗唐"或"诗的唐朝"，着重说的是唐朝是一个诗性的时代，诗在唐朝具有迥异于其他时代的意义，对于唐人来说，诗就是生活，生活就是诗。生活的诗化与诗化的生活就像并蒂的莲花，紧紧地联系在了一起！一方面，诗歌空前绝后地渗透到了社会生活的各个方面，举凡用到文字的地方，唐人都会用诗去表现；举凡有人类的地方，唐人也都留下了诗，即便是"乡校、佛寺、逆旅、行舟之中"（白居易《与元九书》），也都处处有诗。诗歌还大量地被谱写成歌曲，传唱于宫掖、市井，乃至于边塞。另一方面，诗歌创作不是诗人的专利，社会各行各业，无论"士庶、僧徒、孀妇、处女"还是"女童、马走之口"（白居易《与元九书》；元稹《白氏长庆集·序》），都参与到诗歌创作活动中，"行人南北尽歌谣"（《敦煌曲校录·望无行》）、"人来人去唱歌行"（刘禹锡《竹枝词》），成为唐朝独有的文化风景。正是如此，仅清人所编《全唐诗》即收录2 300余家的48 000多首诗，其中既有李白、杜甫这样的"双子星座"，也有王维、王昌龄、白居易、李商隐等为代表的一批诗歌巨匠。正是他们照亮了诗朝、诗国的星空，奏响了中国乃至世界文化史上的绝唱！

除了唐诗以外，唐代在其他文学艺术门类上，也都取得了极高的成就。

例如书法，原本在魏晋六朝时既已开始走向美的自觉，在唐代也达到了高峰，可谓众体皆工、名家辈出。像李阳冰的篆书、李邕的行书、"颠张（旭）狂（怀）素"的草书等都是诸书体的代表。唐代书法，最以楷书为代表，先是欧阳询、虞世南、褚遂良、薛稷，有"初唐四家"之称；中后期又有颜真卿、柳公权，前者气势雄伟，结体丰伟，开创了书法的新格局；后者遒媚刚健，点画骨鲠，更将唐楷推至极致，像诗坛中的李杜一样，成为书坛一代宗师。诚如苏轼所言："至唐颜、柳，始集古今笔法而尽发之，极书之变，天下翕然以为宗师。"（《书吴道子画后》）

再如绘画，唐代绘画延续了魏晋以来的绘画传统，仍然以人物画为主。阎立本即是初唐重要的人物画家，而盛唐时的吴道子，壮年时既已驰名京洛，曾创制300多幅壁画。他"出新意于法度之中，寄妙理于豪放之外"，以"莼菜"型富有韵律感的线条的创造，表现人物衣褶起伏转折等复杂结构，尤其是衣带自然而奔放的飘舞效果，人称"吴装"或"吴带当风"，从而获得了"百代画圣"的美誉。除了人物画，更具有文人审美情趣的山水画在唐代也发展成为独立的画科，出现了李思训、李昭道父子

① 郑临川记录，徐希平整理：《笳吹弦诵传薪录——闻一多、罗庸论中国古典文学》，上海古籍出版社2002年版，第74页。

等以山水画著称的画家，诗人王维也因为擅长画山水，而得到苏轼“画中有诗”的称赞。唐代的山水画为山水画在后世的发展奠定了基础。壁画也在唐代达到了很高的艺术水平，据统计，唐窟今存200余个，其中又最以莫高窟为代表，体现了全盛期唐代壁画高度的艺术成就。

另外，唐代文学中，散文也成果丰硕。韩愈、柳宗元为复兴儒学而发起的散文文体、文风变革，确立了散文新的审美风范，对宋元及其以后的散文，产生了深远的影响。雕塑、建筑、音乐等艺术较之前代，也皆有较大发展，共同衬托了唐代文化全面辉煌的盛景。

“充实之谓美，充实而有光辉之谓大。”（《孟子·尽心下》）唐代即是所谓“充实而有光辉”的文化繁盛时代。有人曾以“盛世的平庸”描述唐代的思想状况①，但若就文学艺术来说，则可谓盛世的辉煌！苏轼《书吴道子画后》云：

> 君子之于学，百工之于技，自三代历汉至唐而备矣。故诗至于杜子美，文至于韩退之，书至于颜鲁公，画至于吴道子，而古今之变、天下之能事毕矣！

这反映了中国文化发展至唐，不仅进入到一个阶段性的集大成阶段，显示出灿烂的风采与不可复制的辉煌，同时更形成了影响后世的规范性的审美范型。

（三）粲然文备的学术思想

唐代除了文学艺术之外，在思想、学术等其他领域也取得了重要的成就。

首先是经学的一统。隋唐时期，中国重新建立了统一的中央政权，为适应大一统政治体制的需要，经学作为意识形态也进入了“统一”时代。在此之前，经学经历了魏晋时期的“郑（玄）、王（肃）之争”，以及南北朝时期的南北分立阶段。在隋代，南北方经学合流并存，《毛诗》、“三礼”、《孝经》、《论语》流行郑玄注本，这是北学的特点，同时流行《易》的王弼注本、《书》的孔安国传本以及《春秋》的杜预集解本，这是南学的特点。陆德明的《经典释文》便反映了这一时期的学术风尚。唐朝开国后，为适应帝国一统之需要，唐太宗“以经籍去圣久远，文字讹谬”，于贞观四年（630）下诏，命颜师古等考定五经，于贞观七年（633）颁行天下；同时诏

---

① 葛兆光在《中国思想史》（第2卷）中，以“盛世的平庸”描述初、盛唐时期的知识与思想状况，复旦大学出版社2000年版。

令孔颖达等编撰《五经正义》，于高宗永徽四年（653）正式颁行天下，从而标志着经学在结束了分立状态后，重回到了政治生活的主导地位，成为唐王朝的统治思想。只是需要指出的是，唐代经学的一统并未改变儒、释、道多元并行的文化格局，儒家也并未因此像汉代那样获得独尊的地位，相反，在士大夫知识阶层以及民众一般的信仰中，佛、道倒是具有了超乎儒家的影响力，我们从韩愈的《谏迎佛骨表》、唐武宗的"会昌灭佛"中都能看到这一点。

其次是佛教的中国化。佛教在与儒、道的合流过程中，逐步地融入到中国文化中，成为中国文化的重要组成部分。这种中国化或本土化完成的重要标志，是在隋唐时期出现了形形色色的佛教宗派。这些宗派特别注重法脉的传承，或编撰传法谱系，或对于佛教的各种经典提出自己的评判标准，以确立自己在佛法传承中的正统地位。这些佛教宗派，主要包括天台宗、三论宗、法相唯识宗、净土宗、律宗、华严宗、禅宗和密宗，其中以天台宗、华严宗和禅宗影响最大，最有中国特色。尤其是慧能所代表的禅宗，因为修持方法简易直接，主张"见性成佛"、"一悟即至佛地"，不仅在当时风行天下，相继形成了菏泽宗、石头宗、洪州宗等派别，晚唐五代时又有所谓沩仰、临济、曹洞、云门、法眼"五宗"，加上临济下形成的黄龙、杨岐两派，史称"五家七宗"，禅宗遂成为中国佛教的主流，对中国文化产生了深远的影响。比如寒山子、拾得的诗为中国诗歌开出了新的境界；禅宗坐禅、参禅的方法，也普遍为中国士大夫所接受；禅宗的白话语录，为宋明理学家的语录开了先河；南宋陆九渊、明代王阳明等人的心学思想，也是直接得益于禅宗"明心见性"顿悟理论的启发。

再次是史学。唐代初期，出于以史为鉴的目的，朝廷设立独立的修史机构——史馆，并形成一套以史官为主体，以监修国史为主导的修史制度，并主持修撰《梁书》、《陈书》、《北齐书》、《周书》、《隋书》五史。后又以太宗御撰的名义修《晋书》，以私修官审的方式修《南史》、《北史》。八史的修撰，是唐代史学的重要成就，同时史馆制度也多为后世所沿袭。另外，刘知几的《史通》，是我国第一部史学理论著作，全面总结了此前史学发展的历史，系统阐述了关于史书的体例、内容、编撰方法及史学批评的原理、方法等方面的主张，建立了比较完整的史学理论体系，在学术史上具有重要的地位。

第三节　近古：中国文化的延续与演变

近古时代，中国封建社会政治、经济结构发生了巨大而深刻的变化。一方面，随着作为制约皇权势力的门阀士族阶级告别历史舞台，君主政治已经取代先前的贵族（门阀士族）政治，君主政治所依赖的庶族地主经济与小自耕农经济逐步成为社会经济的主体，封建集权的专制体制愈加强化。另一方面，城市商业贸易、手工业等经济活动的日趋活跃与不断发展，某些新的生产关系的萌芽开始在封建制度母体内出现，缓慢而渐进地冲击、动摇封建体制赖以维系的政治与经济基础。中国传统文化在这种无法克服的矛盾中，也在不断地变化，并最终在西方强势文化的冲击下，随着封建集权体制的解体而走向终结。

一、两宋：理学建构与市民文化的兴起

由唐到宋，虽然只间隔了短暂的几十年，但在文化性质与精神上，却存在着很大的差异，形成了迥异于“唐型文化”的“宋型文化”。

所谓唐型文化，大体说来，是指立足中华文化主体，广泛汲取外来文化，体现为开放、外向、热烈和自由的文化精神。李白诗歌、裴旻剑舞与张旭草书，有唐朝“三绝”之称，它们摆脱拘束、激情洋溢、任情纵放的共性特征便很好地传达了唐型文化的精神。宋型文化相对来说则是固守本位文化，排拒外来文化，表现出封闭、内倾、收敛、沉潜的文化取向。[①]

从唐型文化转变到宋型文化，是唐宋之际中国社会之变的结果。钱穆说：“论中国古今社会之变，最要在宋代。宋以前，大体可称为古代中国，宋以后，乃为后代中国。秦前，乃封建贵族社会。东汉以下，士族门第兴起。魏晋南北朝定于隋唐，皆属门第社会，可称为是古代变相的贵族社会。宋以下，始是纯粹的平民社会。除蒙古满洲异族入主，为特权阶级外，其升入政治上层者，皆由白衣秀才平地拔起，更无古代封建贵族及门第传统的遗存。故就宋代而言之，政治经济、社会人生，较之前代莫不有变。”[②]

（一）理学的建构

由于统治者实行“崇文抑武”的政策，优渥知识阶层，极大地促进了教育、文化、科技的繁荣，宋代文化继唐代的隆盛之后，因此仍然得以处于全面繁荣的时代。

---

① 傅乐成：《唐型文化与宋型文化》，中国通史教学研讨会编：《中国通史论文选》，华世出版社 1979 年版，第 350 页。

② 钱穆：《理学与艺术》，《宋史研究集》（第 7 辑），台湾书局 1974 年版，第 2 页。

王国维即这样说过："天水一朝人智之活动与文化之多方面，前之汉唐，后之元明，皆所不逮也。"[1] 陈寅恪也说："华夏民族之文化，历数千载之演进，造极于赵宋之世。"[2] 将宋代文化看作是中国封建社会的高峰！不过，若就宋代文化最重要的标志而言，仍然不能不说是理学体系的建构。

理学是儒学经过汉唐经学阶段之后，为应对佛、道对封建政治思想基础的冲击，适应封建集权体制的政治需要，立足于儒家自身的道德伦理思想，同时吸收道教的天道观念和佛教的哲学思辨与心性学说之后发展而来的。理学因此具有很强的政治伦理学说的色彩，维护社会政治伦常秩序也因此成为理学的重要文化功能。理学家强调"理"或"天理"的普遍性、绝对性，视之为贯穿自然、社会与人的普遍法则、当然法则，认为"宇宙之间，一理而已，天得之而为天，地得之而为地，而凡生于天地之间者，又名得之以为性"[3]，将儒家伦理思想与哲学整合为一，将传统儒家的"天人合德"发展为"天人一理"。在理学家看来，理作为人道的主宰，具象化为人世间的纲常伦理："天理流行，触处皆是。暑往寒来，川流山峙，'父子有亲，君臣有义'之类，无非这理。"[4]"天理只是仁义礼智之总名，仁义礼智便是天理之件数。"[5] 将维系社会秩序的纲常伦理绝对化，从最高本体性的层次上确认儒家礼治秩序的合理性。

当然，理学不仅只有作为社会意识形态的政治伦理意义，它的另一层更为基本的意义是，作为内圣之学，有一整套严密、完整的关于道德的学说。它将传统儒家内圣与外王并重的经世构想，转化为以内圣为主，修身养性，从而更富有道德理想主义的色彩。理学主张"立人极"，以圣贤人为理想人格，将成圣作为人生最高追求。正因如此，理学推崇"圣贤气象"，着意探寻"孔颜乐处，所乐何事"。为此，在伦理实践上，理学主张通过主静、立诚、居敬来修身养性；通过格物致知来"穷天理、明人伦、讲圣言、通世故"，体认并实践道德原则，从而把外在的社会伦常规范建立、安顿在主体内在的主动欲求之上，变"他律"为"自律"；有了这种"自律"，方有诚意—正心—修身乃至齐家、治国、平天下的功业。

理学是宋代以后封建王朝的统治思想和专制集权体制的思想基础，对于中国封建社会后期的历史，产生了极为深远的影响。

---

① 王国维：《静庵文集续编·宋代之金石学》，《王国维遗书》（第5册），上海古籍书店1983年版。

② 陈寅恪：《邓广铭宋史职官志考证序》，《金明馆丛稿二编》，生活·读书·新知三联书店2001年版，第277页。

③ （宋）朱熹：《晦庵先生朱文公文集》卷七〇，四部丛刊本。

④ （宋）程颢、程颐：《二程遗书》卷一八，上海古籍出版社1992年版。

⑤ （宋）朱熹：《晦庵先生朱文公文集》卷四〇，四部丛刊本。

（二）精雅、细腻的士大夫文化

与宋型文化总体上内向沉潜的趋向相应，两宋的士大夫文化也表现出精致、典雅、细腻的品格。比之唐代士人热切地向往事功、追求理想，宋代士大夫普遍消解了用世的热情，政事之暇，更多地肆力学问，将志趣与兴味转向以读书、著书为中心的精神文化的创造、欣赏和研究上来，融鉴赏之趣味与研究之趣味、思古之情与求新之意于一体。评书题画，听琴对弈，焚香煮茗，玩碑弄帖，吟诗作对，谈禅论道，游赏山水，几乎寄托了宋代士大夫的全部生命，占据了宋代士大夫的大部分日常生活。我们从“身入群经作蠹鱼，断编残简伴闲居”（黄庭坚《读书呈几复二首》之一）、“矮纸斜行闲作草，晴窗细乳戏分茶”（陆游诗《临安春雨初霁》）等诗句中，不难体会到宋代士大夫精神志趣之所在。就对精神文化的欣赏而言，宋人的兴味可以说远超唐人。像欧阳修晚年以《集古录》一千卷、藏书一万册、琴一张、棋一局、酒一壶，加一己于其间，因号为六一居士；赵明诚、李清照夫妇品鉴书画金石，赌酒、烹茶、赛诗，也都是这种兴味的显著表现。王国维论宋代的金石学曾云：

> 汉唐元明时人之于古器物，绝不能有宋人之兴味，故宋人于金石书画之学乃陵跨百代。近世金石之学复兴，然于著录考订皆宋人成法，而于宋人多方面之兴味反有所不逮，故虽谓金石学为有宋一代之学，无不可也。①

其实这种鉴赏的兴味，不止于金石，而是涵盖了一切精神文化领域。正是依仁游艺，宋代士大夫往往有多方面的才能，成为通才甚至全才。像欧阳修既是文学家，又是史学家、金石学家，王安石诗、文兼擅，也精通经学、禅学。尤其是苏轼，不仅在诗、词、文的创作上，独领一代风骚，在书法、绘画、经史、禅学等方面也都有精深的修养！

书卷的熏染、艺术的陶冶和学术的浸淫，使宋代士大夫处于极浓郁的人文氛围之中，其意识指向也随之由外向内，由自然世界转向人文领域。体现在诗歌创作中，便是琴棋书画、笔墨砚台、金石古玩、园林亭馆等人类心智活动的产物，占据了宋诗意象的突出地位，以至于即便是作为自然意象的山川风物，也都带有鲜明的人文化的倾向，“以真为画”，“以物为人”，人与自然之间的关系更多地通过文艺作品或人文产品来建立。正是在丰富的人文旨趣的浸润之下，与诗歌传统相区别，宋诗在很大程度

---

① 王国维：《静庵文集续编·宋代之金石学》，《王国维遗书》（第5册），上海古籍书店1983年版。

上不是用以反映现实或抒情言志，而是作为诗人吟咏情性、寄托高情雅致的载体，具有了自适的心理功能。所以，我们在宋诗中很少听到盛唐那种热情奔放、高亢昂扬的青春歌唱，但也同样很少听到晚唐那种穷愁酸涩的寒蝉之声与秋虫之鸣，入耳的全然是“动而中律”、清亮渊沉的“金石丝竹之音”。说到底，这是宋代士大夫在庄、禅哲学及儒家思想过滤与淘洗之后所形成的艺术化的人生态度造就的结果。

宋词也是颇能体现宋代士大夫这种审美情趣的文学形式。词起源于市井歌谣，因文人的介入而渐趋于雅化。比之传统的诗歌，词“别是一家”，侧重于展示人的心灵世界、情感世界，表现人的心灵世界的深邃、细腻和丰富，而不是广阔的社会生活。故而从体制上说，词往往精雅小巧，词境通常尖新、狭深，而抒情细腻、含蓄，尤长于表达某种幽约、朦胧、深邃的情感意绪，所谓“诗之境阔，词之言长”也。所以，我们能从词中感受到宋人对某种心灵情境精深透妙的观照，对某种人生况味或情感意绪纤细入微的辨察与品味。正因如此，词在审美风格方面偏于阴柔、婉约，苏轼、辛弃疾虽然曾以诗、文为词，试图打破词与诗文之间的界限，创制有“阳刚”、豪放之美的豪放词，但在两宋词坛上，仍然只是别调，并未改变婉约词作为两宋词坛主流的格局。归根结底，这也是由两宋士大夫文人审美心理和情趣决定的。

（三）市民文化的兴起

以社会阶层而论，文化有上层文化与下层文化之分。中国文化从上古到中古，上层文化一直占据了绝对主导地位，文化活动的主体，几乎毫无例外地属于统治集团的士大夫群体；虽然有乐府诗等民间文化、文艺的创造活动，但作为“采诗以观民风”的产物，主要是为了满足某种政治的需要，因而这种文化创造活动，并未获得独立的意义和地位。但是到了中唐尤其是北宋之后，这种情形有了改变。其时，城市经济不断发展，渐趋繁荣。以此为基础，都市内市民阶层开始崛起并不断壮大。据统计，当时北宋的都城汴京（今河南开封）、南宋的都城临安（今浙江杭州），以及成都、建康（今江苏南京）等城市人口规模都达到十万以上。柳永笔下杭州“烟柳画桥，风帘翠幕，参差十万人家……市列珠玑，户盈罗绮、竞豪奢”（《望海潮·东南形胜》），便是对杭州人烟稠密、富足与繁华的真实描绘。

市民阶层作为相对独立的文化群体，有着自身独特的审美情趣与文化需要，而都市市井文化正是适应这种需要而产生的。两宋时期，市井文化最直接、最外在的表现形式即是在瓦舍勾栏演出的百戏技艺。“瓦舍”是市民文化固定的演艺场所，又称瓦子，取其“来时瓦合，去时瓦解”、易聚易散的特点，各色艺人自设专供演出的圈子——“勾栏”，竞相献艺。宋代市井文化活动名目繁多，约有百种，从大的方面说，分为说唱、杂技、乐舞、戏剧等类。宋代百戏从艺者人数众多，据说靖康之变仅汴梁一地被掳至金的“京瓦艺人”、“教坊乐人”即有万余之多[①]。而且，宋代艺人的演出，不是单纯的献艺供乐，而是一种商业性的活动。各行各业的艺人都有自己的行会组织，如绯绿社、遏云社、清音社、同文社等，说明市井文化规模和影响已经非常大。

两宋时期市井文化，较之士人情调和贵族趣味，固然不免俚俗，但因为反映了新的经济生活，充分满足了市民的欣赏趣味和需要，不仅成为宋代文化的重要组成部分，而且也具有旺盛的生命力，随着市民阶层的壮大而不断地发展。

二、辽夏金元：游牧文化与农耕文化的冲突与融合

宋元之际，中国历史重又进入到民族关系复杂的阶段。宋王朝缺少汉唐帝国对外的威慑力，几乎从立国之始便受到外患的困扰，长期与北部、西部的辽、西夏、金等游牧民族政权相对峙，而宋王朝最后为金元所灭，更是暂时中断或改变了汉族文明的发展进程，使中国历史文化的发展在这里拐了一个弯。

（一）游牧文化与农耕文化冲突的双重效应

10 到 11 世纪，汉族的北宋与契丹族所建的辽、党项族所建的西夏，形成新的“三国鼎立”局面。12 世纪前叶，辽与北宋相继为女真族的金所灭，金与南宋又形成了南北对峙，直到 1279 年，蒙古族的元统一全国。

站在中华文化整体的角度看，北方各民族对宋人世界的长期包围与轮番撞击，固然限制、制约了汉族文化的发展，但也产生了正面的文化效应。一方面，北宋因这种被动挨打而生的忧患，南宋因国破家亡而生的忧患，渗透于宋代文化的各个层面。范仲淹的庆历新政、王安石的变法，都是在这一背景下进行的；李清照及辛弃疾、陆游、岳飞的忧患与悲愤之作，宋末文天祥的英雄绝唱、谢翱的兴亡之叹，也都是这一背景下的产物。另一方面，各游牧民族在这种冲突中，也从汉文化中汲取到了丰富营养，提升了他们的文明水平。契丹文字，即是“汉人陷蕃者以隶书之半，就加增减”（《五代会要》卷二九《契丹》）而成。在辽国，孔子受到朝野普遍的尊崇。汉籍文献《史记》、《汉书》、《贞观政要》等被翻译成契丹文字，广为传播。对于宋代文学作品，尤其是柳永、苏轼的诗词，辽人更是普遍喜爱，甚至宋初的白体诗及柳永词等也

① （宋）徐梦莘：《三朝北盟会编》卷七七。

传入辽国。同时，契丹文化也有传入北宋者，《异国朝》、《四国朝》、《六国朝》、《蛮牌序》、《蓬莱花》等番曲，皆传于辽国，在北宋流行一时。在西夏，《论语》、《孝经》、《孟子》、《尔雅》等皆有本族文字译本。官制体系逐步以汉制代替番制，仿宋制实行科举，策试举人，几乎全方位地接受了汉文化。至于金国，更是因为北宋灭亡时“中原文献实并入于金”①，而受到汉文化更深的影响。在金国，儒学被奉为正宗道统，汉籍经典被普遍要求学习，汉族的许多典章制度也在金国推行。金代官方曾刊刻北宋王禹偁、欧阳修、王安石、苏轼、秦观、张耒等人的别集。北宋许多文人在金国都有追随者，其中尤以苏轼、黄庭坚最为突出。“百年以来，诗人多学坡、谷”②，影响了金一代文学。金人对汉文化的整合，使汉文化在新的条件下渗透、延展于女真族之中，以至于在中国北方创立了一个“人物文章之盛，独能颉颃、宋、元之间”（王世贞《归潜志序》）的文化天地。

13 世纪，成吉思汗统率蒙古大军从草原而来，扫荡了整个欧亚大陆，金、南宋和西夏王朝在这种扫荡下逐一崩溃，取而代之的是元世祖忽必烈在中华大地上建立的统一的大元政权。蒙古入主中国，在汉文化的影响下，改革漠北旧俗，“行中国事”，统治体系与文物制度大幅度汉化，程朱理学甚至在元代一跃而成为官学，深刻影响了明清的思想文化。在军事上取得胜利的蒙古族，在文化上又一次重演了征服者被征服的历史。

宋元之际的游牧文化与农耕文化之间的冲突与融合，使各民族文化之间交融的深度和广度不断拓展，促进了中华民族的融合与中华文化的发展。

（二）中外文化的大交流

元代是我国历史上疆域空前扩大的帝国，“其地北逾阴山，西极流沙，东尽辽左，南越海表。……东南所至，不下汉唐，而西北则过之，有难以里数限者矣”（《元史·地理志一》），为中外文化的交流提供了坚实的基础。正因如此，中国文化在汉唐之后又一次与外域文化展开了规模宏大的交流。

首先是异族文化的输入。

由于元帝国对欧亚大陆的征服，中国西部和北部的边界实际上处于一种开放状态，为中亚、西亚各民族文化进入中国创造了条件，阿拉伯、波斯及中亚的穆斯林，以及基督教、摩尼教徒大规模迁居中国的情况，诚如陈垣所云：

---

① 《四库全书总目》卷一九〇《全金诗提要》。

② （金）元好问：《赵闲闲书拟和韦苏州跋》，《元好问全集》卷四〇。

> 元代版图最广，括有中亚细亚全部，故当时回教各国，及基督教、摩尼教流行之地多隶之。种人来往频繁，散居中国内地者众。①

尤其是伊斯兰教的信徒，迁居的规模更大，以至于形成了“回回遍天下”（《明史·西域传》）的态势。基督教，元人称为也里可温。也里可温分为景教与罗马天主教两派。景教在中国内陆广设教堂，教徒广泛分布于中国多个区域。天主教则主要在元大都及其周边区域，教徒发展至3万余人。

不仅是中亚、西亚，随着欧亚大陆的沟通，欧洲人也接踵东来。1275年，意大利旅行家马可·波罗来到中国，仕元17载。回国后，所著《马可·波罗游记》极言东方帝国的繁华、富足，打开了西方人了解中国的一扇窗口，使中国从此成为西方人心目中遥远的梦想。

随着来华人数及频次的增加，一些异邦的先进科技，比如当时处于世界领先水平的阿拉伯天文学、数学等，也开始传入我国。元代天文学家郭守敬制定的《授时历》，即是在发展中国传统天文学的基础上，充分吸收了阿拉伯天文学成果而发明的。《授时历》以365.2425天为一年，比地球绕太阳公转一周的实际时间只差26秒，与目前国际通行的公历完全相同。

元代的中外文化交流还包括中国文化的对外传播。当时，中国四大发明中的火药与印刷术，分别经由阿拉伯、波斯和埃及传入欧洲。中国的历法、数学、瓷器、茶叶、丝绸、绘画等，也经由不同途径在俄罗斯、阿拉伯与欧洲世界广为传播。不仅如此，大量有着伊斯兰教、基督教或摩尼教等不同宗教背景的人，在“元军先定西域，后下中原”之后，无论是“从军者、被俘者、贸易者”，都纷纷从中亚、西亚接踵而至，自由杂居，中国“平昔所想望之声明文物，尽触于目前”，“故一传再传，遂多敦诗书而说礼乐”②，传扬儒学、佛老、文学、美术、礼俗及女学等方面中国文化，从而在受中国文化熏染之后逐渐地“华化”，体现了中国文化作为先进文化的强大吸引力和影响力。

三、明清：传统文化的总结

梁启超《清代学术概论》云：“佛说一切流转相，例分四期，曰生、住、异、

---

① 陈垣：《元西域人华化考》卷二《儒学篇·基督教世家之儒学》，上海古籍出版社2002年版。

② 陈垣：《元西域人华化考》卷一《绪论》，上海古籍出版社2002年版。

灭。”[①] 文化的发展演变也大体遵循这一规律。在经历了从形成、发展到高潮诸阶段之后，中国传统文化到了明清时期，随着它所赖以维系的封建制度的没落，也无可挽回地走到了衰落的最后阶段。当然，另一方面，明清也同时在为传统文化向近现代文化的转型准备着条件。

（一）空前严厉的文化专制

明清是中国君主专制制度最为严厉的时代。朱元璋开国之初，即废除了 1 000 多年的宰相制度和 700 多年的三省（中书省、门下省、尚书省）制度，将军政大权独揽于一身，建立了高度垄断的专权体制。在思想文化领域，也奉行空前严酷的文化专制政策，导致思想文化界陷入到“万马齐喑”的压抑局面中。

明清的文化专制，最主要的表现形式就是文字狱。朱元璋因为出身贫苦农家，出过家，又以红巾军起家，与士大夫阶层有着难以弥合的裂痕，并对“僧”、“贼”（或谐音）等字眼相当敏感，“往往以文字疑误杀人”，大批儒生与士大夫因文字而遭横祸。赵翼的《明初文字之祸》列举了很多这类案件：浙江府学教授林元亮以《谢增俸表》“作则垂宪”诛；北平府学训导赵伯宁以《万寿表》“垂子孙而作则”诛；福州府学训导以《贺冬表》“仪则天下”诛；祥符县学教谕贾翥以《正旦贺表》“取法象魏”诛；尉氏县教谕许元以《万寿贺表》“体乾法坤，藻饰太平”诛。据《闲中古今录》载，杭州教授徐一夔贺表有“光天之下，天生圣人，为世作则”等语，帝览之大怒，曰：“生者僧也，以我尝为僧也。光则剃发也。则字音近贼也。”遂斩之。礼臣大惧，因请降表式，帝乃自为文播天下[②]。除了表笺，朱元璋也颇留意诗文。据钱谦益《列朝诗集》等载，明初诗人高启被腰斩，与其《题宫女图》诗不无关系，其他如陈养浩、张信等被杀也都与诗文有关。朝廷为密集文网，还大量使用特务手段，特务机构厂（东厂、西厂、内行厂）、卫（锦衣卫）以士人为重点侦伺对象，“飞诬立构，摘竿牍片字，株连至十数人”（《明史・刑法志》）。清代，文字狱更盛。文人往往因为“疑似影响之词，横受诛戮”。据统计，清入关 268 年，文字狱共有 160 余起。庄廷龙《明史稿》案、戴名世《南山集》案、吕留良《文选》案等，均是康雍时期轰动全国的大案。高压环境下，士大夫阶层普遍怀有忧谗畏讥、惴惴不安的心理，龚自珍“避席畏闻文字狱，著书都为稻粱谋”（《龚定庵诗集・咏史》），便是这种心理的真实写照。与明代多以一言而起文祸不同，清代的文字狱往往与士人反

---

① 梁启超：《清代学术概论》，上海古籍出版社 1998 年版，第 2 页。

② （清）赵翼著，王树民校证：《廿二史札记校证》（订补本）卷三二，中华书局 2001 年版。

清或讥讪朝政有关，有较强的政治色彩。

除了推行文字狱，在文化领域制造恐怖之外，明清时期的文化专制还表现在强化思想控制，以程朱理学为正宗，剪除“异端”。明清时期，程朱理学作为正统思想，被置于绝对至尊地位，凡“言不合朱子，率鸣鼓而攻之”。乾隆年间，朝廷借编纂《四库全书》的机会，在全国范围内作了一次大规模的图书检查，凡是“有诋触本朝之语”的明季野语，宋人言辽金元、明人言元的著作中“议论偏谬”者，以及明末朝臣及文人的著作，都在查禁之列，全力剪除危及君主专制体制思想基础的“异端”学说。《四库全书总目提要》在《凡例》中更是开宗明义地宣称：“离经叛道、颠倒是非者，掊击必严；怀诈挟私、荧惑视听者，屏斥必力。”据统计，《四库全书》在纂修的过程中，共禁毁书籍 3 100 多种，151 000 多部，销毁书版 8 万块以上，规模几等于《四库全书》。中国文化在秦始皇焚书之后，又一次遭遇了巨大的浩劫。

严厉的文化专制，不仅限制了士大夫阶层的思想自由，滞碍了思想文化的正常发展，也严重地束缚了学术。清代极盛于乾嘉时期的考据学，便与这种文化专制政策的影响密切相关。

（二）早期启蒙主义思潮

明清思想文化领域，一方面是空前的文化专制主义，程朱理学占据统治地位；另一方面，随着社会形势的变化，又出现了具有个性解放意识的人文主义思潮。这种人文主义思潮的哲学思想基础是王阳明的心学。王学以“致良知”为核心，认为“心即理”、“心外无理”，高扬人的主体性，突出人在道德实践中的主观能动性，否认人为地用外在规范管辖“心”、禁锢“欲”的必要性。这种思想冲击了以程朱理学为正宗的统治思想，带有一定的解放意义，在明代中后期引起了极大的反响。他的门生王艮和泰州学派的传人李贽，极端地放大“心即理”，并从中引申出心灵之“有善无恶”，为放纵自我、追求完全与绝对的自由、自然和自适留下了相当大的空间，使王学带有了标榜“我心即佛心”的禅学色彩。黄宗羲在《明儒学案·泰州学案》中这样概括他们的思想：“吾心须是自心作得主宰，凡是只依本心而行，便是大丈夫。”“平时只是率性而行，纯任自然，便谓之道。……凡先儒见闻，道理格式，皆足以障道。”他们肯定人欲的合理性，追求自我的自然发展，反对一切的偶像崇拜和教义的束缚，以批判的精神去对待传统，表现出鲜明的叛逆勇气和精神，掀起了明代后期个性觉醒、人性复苏的人文主义思潮的序幕。

正是在泰州学派思想的影响下，明代后期一些思想家、文学家纷纷张扬不顾天理而求世俗爱好的个人的情欲。汤显祖、袁宏道等将“情”与“理”对立起来，主张顺从人的个性和满足人的欲望，极力宣扬“情”的解放，把“目极世间之色，耳极世间之声，身极世间之鲜，口极世间之谭”（袁宏道《与龚惟长先生书》），作为人间追求的真乐。与这种个性意识与人的自我价值的觉醒相应，文学家更多地将目光引向“穿衣吃饭”、“百姓日用”，写“时俗”、写物欲、写性爱，出现了一批如《金瓶梅》等为代表的世情小说及戏曲作品，有力地冲击了当时的封建礼教，使明清文学较之传统文学具有了更鲜活、生动和丰富的色彩，洋溢着更加鲜明的市井气息。

明末清初，黄宗羲、顾炎武、阎若璩、王夫之等一批思想家以及方以智、戴震、颜元、焦循等人，也从不同侧面与程朱理学展开论争，甚至将批判锋芒直指君主专制，也促进了人们思想的解放。如黄宗羲即将至高无上的君主看做是“独夫”，认为“为天下之大害者，君而已矣”[①]；顾炎武则区分“国家”与“天下”两个概念，认为“国家”指的是一家一姓的王朝，而“天下”则是万民的天下；而王夫之甚至主张“公天下”，认为天下不是一姓之私产，反对“以天下私一人”[②]。比之泰州学派冲击、动摇君主专制体制的思想基础，这些思想家则将锋芒更为直接地指向了君主专制本身，无疑更为深刻。

明清时期的这一启蒙主义思潮，近于欧洲文艺复兴思潮，二者都是在出现了资本主义生产的萌芽的基础上而兴起的，文艺复兴反对神学蒙昧主义、禁欲主义，与明清启蒙思潮中追求个性解放、肯定人欲亦有相通。但是，文艺复兴思潮最后为近代欧洲初步确立了宪政体制，而明清的启蒙思潮却无法突破封建专制制度，提出新的社会方案，只能说这是历史的局限！

（三）传统文化的大总结

作为中国封建历史的最后阶段，明清两代进入了中国文化的总结时期，一如人之将死而清理传承祖上的家产一样。

这种总结首先体现在大型图籍典册的编纂上。明清两代统治者均耗费巨大的人力、物力，对几千年浩如烟海的文物典籍加以收集、整理，编纂了类书《永乐大典》、《古今图书集成》、《渊鉴类函》、《佩文韵府》、《骈字类编》、《子史精华》等，大型字典《康熙字典》，丛书《四库全书》、《皇清经解》、《皇清续经解》，以及佛藏、道藏等。成书于明永乐年间的《永乐大典》收入典籍总数达七八千种，多出前代类书五六倍。据缪荃孙等考证，《永乐大典》辑佚书有近600种，其中120本没有

---

① （明）黄宗羲：《明夷待访录·原君》，中华书局1981年版。

② （明）王夫之：《黄书·宰制》，中华书局1956年版。

传本，许多宋元典籍赖以传世，具有极高的文献价值。《永乐大典》编成后毁于大火，后又经八国联军抢掠，散佚海外，今仅有残卷存世。1984 年，中华书局将所征集到的 797 卷影印出版，是目前为止收罗最为齐全的《永乐大典》辑佚本。《古今图书集成》是我国现存规模最大的类书，共 10 000 卷，目录另 40 卷，内分 6 汇编、32 典、6 109 部。《康熙字典》是世界上最早的字数最多的字典，《四库全书》是我国历史上规模最大的丛书，全书收书 3 740 部、79 018 卷，分装 36 000 多册，对于古代文献典籍的保存和流传有巨大的贡献。此外明清时期也出现了一批古代科技方面的巨著，如：李时珍的《本草纲目》，代表了当时世界在药物学和植物分类学方面的先进水平；潘季驯的《河防一览》，总结了历代治理黄河的经验；徐光启的《农政全书》，总结了我国自古以来的农学理论，以及元明两代的农业经验，是我国古代最完备的一部农学著作；宋应星的《天工开物》，是一部关于生产工艺技术方面的百科全书。这些著作，代表了封建社会晚期科学成就的高峰。

其次，明清对古代文化的总结，还体现在对古代文献的整理上。乾、嘉时期，以戴震、惠栋、钱大昕、段玉裁等为代表的一批学者，受文化专制制度及明末清初学风转变的影响，对中国古代文献进行了大规模的整理和考据，他们“辨章学术，考竟源流”，通过训诂笺释、版本鉴定、文字校勘、辨伪辑佚等方法和手段，对两千多年来流传下来的文化典籍进行了规模宏大而又系统深入的整理和总结，“其直接之效果：一、吾辈向觉难解难读之古书，自此可以读、可以解；二、许多伪书及书中窜乱芜秽者，吾辈可以知所别择，不复虚糜精力；三、有久坠之绝学，或前人向不注意之学，自此皆卓然成一专门学科，使吾辈学问之内容，日益丰富”①，对我国传统学术文化的保存和传承，作出了巨大贡献。

（四）西学东渐与中断

纵观中国文化史，对中国文化产生最大影响的中外文化交流有两次，一是佛教的东传，一是明清时期的西学东渐。

16 世纪，马丁·路德倡导新教，罗马旧教受到重大打击。旧教中人组织耶稣会，将目光投向中国，先后派遣西班牙人沙勿略、意大利人范礼安、罗坚明、巴范济和利玛窦（Mathew Ricci）来华，从此拉开了西学东渐的序幕。其中利玛窦是传播西学最有影响的人物。他于 1582 年来到中国，传播西学和天主教。他非常注重顺遂中国礼俗，并着手将西学中国化。其《天主实义》、《畸人十篇》等，引用儒家思想论证基

① 梁启超：《清代学术概论》，上海古籍出版社 1998 年版，第 48 页。

督教义，深契儒理，影响很大。他还译介了数学、建筑、测量、历法以及神学、伦理学、音乐、绘画等方面的西学著作。据统计，从利玛窦来华，到1775年耶稣会解散，传教士共译书437种，内容涵盖人文社会科学、自然科学各方面，开阔了国人的视野，促进了中国对外部世界的认识和了解。徐光启、李之藻、方以智、黄宗羲、顾炎武等都不同程度得益于外来的科技知识。遗憾的是，由于接任利玛窦耶稣会会长的龙华民对中国文化粗暴无礼，激起了中国士大夫的强烈不满，导致天主教几次遭禁，并最后解散，西学东渐几近中断。其后虽有英国传教士马礼逊（Robert Morrison）作为第一个新教传教士来华，出版中文书籍与刊物，传播西方文化，其中第一部《华英字典》和中文版《圣经》，被传教士奉为圭臬，为林则徐、魏源等了解外部世界提供了重要的资料。但是随着鸦片战争的爆发，西方文化在坚船利炮的支持下，强势地进入我国，中华帝国被强制地带入到半封建半殖民地社会，中国传统文化在血与火的洗礼中，也被推入到一个蜕变与新生的新的历史阶段。

自主学习

1. 春秋战国时期的“百家争鸣”，在中国文化史上具有怎样的地位？

2. 怎样正确认识作为传统文化的主流意识形态的儒家学说对中国文化的深远影响？

3. 怎样看待历史上两次大的中外文化交流对中国文化的影响？

4. 怎样理解中国传统文化明清时期逐步走向衰落？

延伸学习

1. 德国哲学家莱布尼茨在《中国近事序言》中说：

人类最大的恶源于人类自身……人与人相互为狼……在已经遭受了许多自然灾害的同时，我们仍然还自己加剧自己的痛苦，似乎还嫌痛苦不够……如果说人类在对这种恶还有救药的话，那么中国人较之其他的国民无疑是具有良好规范的民族。他们在其庞大的社会群体中所取得的成功比较团体的创始人在其小范围内所达到的要大得多。他们极为尊长、敬重老人。孩子对父母双亲的关心与敬奉犹如宗教礼节，即便是因一言一语而伤害父母感情的事情在中国出现，也几乎闻所未闻，如或有之，也将如同欧洲的杀亲之罪一样受到严惩。此外，同辈之间或者相互关系不深的人们之间也都彼此尊重，礼貌周全。这对于我们这些不习惯于受规矩约束的欧洲人来说，简直有些低三下四，但对中国人来说，却已习以为常，并且很乐于遵守。

莱布尼茨从西方人的视角描述了“礼”在中国社会的作用及其对人类的意义。遗憾的是，随着社会的发展，现代社会所追求的平等、自由，留给“礼”的空间越来越小。在你看来，传统文化中具有核心意义的“礼”，在现代社会还有提倡和弘扬的价值吗？

2. 葛兆光的《中国思想史》认为7世纪中叶至8世纪中叶（即唐代前期），处在“盛世的平庸”之中，认为知识在那个时代逐渐教条与简化，思想则更趋向于装饰和表面，信仰的边界开始模糊与混乱。

这种思想上的“盛世的平庸”，与文学艺术在唐代“盛世的辉煌”形成了鲜明的对比、反差，你是否认同“盛世的平庸”这种说法，又如何看待当时思想与文学艺术发展的不平衡现象？

第三章　中国语言文字

语言文字是人类文化的重要特征。它们既是人类文化的主要载体之一，本身也是人类文化的重要组成部分。世界上各个国家与民族的语言纷繁复杂，据统计，约有3 500种，大致可归纳为九个语系，其中汉语属汉藏语系。中国自古就是多民族的国家，语言文字种类繁多。历史上，中国境内汉族以外的许多少数民族都拥有自己的语言和文字。现今我国56个民族的语言，分属于汉藏、阿尔泰、南亚、印欧和马来—波利尼西亚等五个语系。汉语是中国使用人口最多、分布地域最广，同时影响也最大的语言，更是中国文化的主要载体，它们对中国文化的传承、发展和传播作出了重要贡献。要全面了解中国文化，就必须了解汉语言文字的历史、特点及其文化功能。

第一节　汉语的历史与特点

一、汉语的历史

语言随着时代的发展而演变，词汇、语音和语法等语言要素，在不同历史时期都会有不同程度的变化。在语言的三要素中，语法的变化最慢，其次是语音，变化最快的是词汇。汉语有着悠久的历史，在其漫长的历史发展过程中，语音、词汇和语法等都发生了很大的变化。

汉语语音由声母、韵母和声调三方面组成。语言学家把汉语几千年的历史划分为四期，即晋代以前的上古时期、北宋以前的中古时期、清代以前的近古时期以及17世纪以来的现代时期，在汉语发展的每一个阶段，汉语语音的声母、韵母和声调都发生过很大的变化。

声母方面，从上古到中古时期，出现了重唇音分化出轻唇音、舌头音分化出舌上音等声母演变现象，即汉语史上所谓“古无轻唇音”、“古无舌上音”。中古到近古阶段，声母最重要的变化是浊音清化。发音时声带颤动的是浊音，声带不颤动的是清音，唐宋以前的浊音声母到元代变成了清音。韵母方面，最主要的变化是入声韵尾的消失。古代入声有［-p］、［-t］、［-k］三种韵尾，今天的闽语、粤语方言还保留着这三种入声韵尾。在北京话里，韵尾逐渐消失，大约到元代时，入声韵尾已经彻底消失了。声调方面，学者们对先秦时代的声调有不同的看法，有人认为有四声，只是与后来的四声不同；有人认为只有平、上、入三声，而无去声；也有人认为只有平、入两声。齐梁间有了平、上、去、入四声的运用。普通话的调类，即阴、阳、上、去四声，在元代已经形成。

汉语声母、韵母系统发展的主要趋势是经过一段繁化丰富时期后逐步简化。根据音韵学家的研究，声母在先秦两汉时期有33个，隋唐时期33个，宋代21个，元代25个，明代21个，在现代汉语普通话中则有声母21个。韵母系统的发展，据兼综南北古今之音的韵书以及古人用韵情况，韵母在先秦时期有151个，隋唐时期113个，宋代107个，元代48个，明清时期40个，在现代普通话中韵母只有39个。

汉语语音的变化是有系统性的。一方面，声、韵、调的变化互相影响、互相制约。例如，声母的变化常常是由于韵母的不同，韵母的变化常常是因为声母发音部位的不同。另一方面，语音的变化往往是整个系统中符合某一个条件的一律发生变化，例如原来的-m韵尾在北京话中全部变成了-n韵尾，没有例外，如“甘”由gam变成了gan，“三”由sam变成san等。

汉语发展变化最快的是词汇。随着社会的发展，新事物不断产生，新词也不断产生，总的词汇量逐渐积累增多。殷商时代的甲骨文，根据现有甲骨文字典，已发现的字在5 000个以上。汉代文字数量增长很快，东汉许慎《说文解字》收字9 353个，六朝时的《玉篇》收字22 726个，清代的《康熙字典》收字则达47 035个。考虑到古代汉语相对现代汉语而言单音节词多的特点，字数的增多既是词汇增多的直接体现，也反映了新词汇的大量增加需要更多的字来满足组词的需求。

从历史的发展来看，词汇量的增多主要有两个契机，一是社会变革。越是社会变革时期，词汇积累的速度越快。如先秦时期的百家争鸣，思想的繁荣直接推动了汉语词汇的大发展。另外，像近代洋务运动、现代民主革命和社会主义革命时期，以及当代改革开放、社会转型时期等，都是词汇积累的高峰期。二是对外文化交流中必然的语言接触。美国语言学家萨丕尔在他的《语言论·言语研究导论》中说：“语言像文化一样，很少是自给自足的，交际的需要使说一种语言的人和说临近语言的或文化上占优势的语言的人，发生直接或间接的接触。”这样的语言接触是词汇量增多的重要途径。汉语在其发展过程中，不断吸收外来词丰富自己的词汇。远在汉代，汉语就吸收了不少外来词，如骆驼、琵琶来自匈奴；葡萄、苜蓿、狮子、玻璃来自西域；和尚、袈裟、菩萨来自梵语。历史上，汉语有两次引进外来词的高峰，一次是唐代，来自南亚次大陆的佛教文化对中国文化形成较大的冲击，许多词汇应运而生，如烦恼、方便、平等、现在、轮回、结果、圆满、觉悟、世界等，它们已经慢慢融化于我们日常生活中。另一次是20世纪以来直至现今对西方语言词汇的大规模吸收，这一时期汉语吸收的外来词较以往任何时期都更多。西方的人文思想、科技成果不断涌入中国，伴随而来的名词术语多得不可胜数，如模特、沙发、马达、咖啡、啤酒、摩登、吉他、芭蕾、幽默、歇斯底里、同志、解放、劳动、文化等。长时间自我更新组合并吸纳融入外来词语，如今的汉语词汇已经极其丰富，在20世纪80年代，《汉语大词典》收词即达37万之多，而大量的方言词汇、口语词汇尚未收入在内。

汉语词汇数量增加的过程，同时也是汉语词汇由单音向复音发展的过程。上古汉语的一个显著特点是单音词多，而汉语的音节总共只有400多个，随着汉语词汇量的增加，若还以单音词为主，那就只能不断增加旧词的义项，或是创造更多的同音词，这势必造成表意与理解的困难。因此，汉语词汇逐渐从单音词为主的情形向复音词为主的方向发展。现代汉语的单音词基本上是历史上单音词的传承，复音词绝大多数是在单音词基础上将不同单音词作为组词的词素结合而成的。秦汉以前的汉语词汇里只有少量复音词，此后逐渐增多，唐宋以后新词的增加主要是复音词尤其是双音节词的增加。现代汉语不仅保留了汉语在各个历史时期产生的大部分复音词，更创造了大量新的复音词，复音词的数量已经大大超过了单音词，其中占绝大多数的是双音词。

相比较而言，在语言的三要素中，语法具有很大的稳定性，但也并非一成不变。汉语表达语法关系主要靠虚词和语序这两种手段，汉语语法的发展演化也主要体现在这两方面。

虚词是汉语非常重要的语法手段，也是语法发展过程中变动较大的部分，汉语虚词中表示关系的连词、介词和一部分助词，大多是由实词虚化造成的。“了”、“着”、“过”这几个动态助词就是由实词虚化而成的。“了”在秦汉时期已经出现，西汉王褒《僮约》篇说“晨起洒扫，食了洗涤”，“食了”按我们今天“吃了”来理解固然也可以，不过，在王褒的时代“了”有实实在在的“完了”的意思，而非不能单独使用的虚词。但“了”这种附于动词之后的用法，已经逗开虚化为动态助词“了”演变之路。此后，由于“了”经常附着在动词之后，渐渐地失去了独立性与实在意义，到唐宋之际，便虚化为一个加在动词之后表示状态完成的助词了。动态助词“着”、“过”也是在唐宋之际由动词虚化而来，这些虚词的产生意味着汉语语法里有了用于动词后纯粹表示语法意义的语言成分，它们的出现使得行为动作及事物状态表达得更加准确细致，增强了汉语语法的表现力。

汉语语法在语序上的出现的一个重要变化是处置式的产生。处置式即现在所谓

“把”字句或“将”字句，是汉语语法特有的一种句式。这种句式通过“把”或“将”来使动词的宾语提前，表示对特定的宾语进行处置。上古时期汉语语法里没有处置式，要表达后来用处置式表达的意思，只能用一般的动宾结构来表达。如《史记·项羽本纪》中对“破釜沉舟”的描述——“皆沉船，破釜甑，烧庐舍”。要准确翻译成现代汉语，最好用处置式——“把船都弄沉，将饭锅、饭碗都砸烂，把房子烧掉”。到了唐代，处置式开始流行，但还不是很成熟，处置意义的表达还不明确，文人写作中也仍然习惯用一般动宾结构，如韩愈《原道》谈及对佛家的处置办法时说“人其人，火其书，庐其居”，不用处置式，几乎难以将这一连串指令性很强的语句翻译成现代汉语。宋元以后，处置式的动词前后有了表示处置结果等意思的词语，如《窦娥冤》张驴儿说“你把我老子都药死了”，动词“药”前有“都”，后有“死了”，具有更加明确的处置意义，与一般动宾结构有了更加明确的区别而不能任意互换。处置式的产生也成为汉语语法日益完善和现代化的标志之一。

汉语发展史上有一种非常特殊的文化现象，就是在相当长的时期内言、文是脱分的。从自然语言的发展看，汉语口语经过上古、中古、近古和现代四个阶段，有一个渐变的过程。但是，在1919年五四运动以前。汉语正统的书面语一直用的是文言，也就是一种以先秦口语为基础形成的泛时性书面语，这种书面语模仿先秦经史文献，相当固化。一般人把文言称为古代汉语。古代汉语（文言）和现代汉语（白话）是时代距离很远的汉语不同阶段的语言，两者的差异是显著的，但它们不但有纵向的传承关系，而且有每个时代书面语与口语的横向相互影响，所以它们之间的关联十分明显，是彼此沟通的。古今汉语语法有一部分完全一样或大同小异；另一部分虽有差异，但也可以看出演变的痕迹，找到历史的渊源关系。至于词汇和语义，虽然会随着时代的发展而变化，但基本词汇是相当稳定的，古今没有鸿沟。例如《论语·子罕》：“子曰：‘知者不惑，仁者不忧，勇者不惧。’”翻译成现代汉语是：“孔子说：‘聪明的人不迷惑，仁德的人不忧愁，勇敢的人不畏惧。’”这句话的词语意义和语法结构与现代汉语大体一致，不同的地方只有两点：第一，“知（智）、仁、勇”三个字加“者”后，组成名词短语，指具有这三种不同品质的人；第二，单音词到现代汉语中都能以双音词来对应：“惑”对应为“迷惑”，“忧”对应为“忧愁”，“惧”对应为“畏惧”。不过，我们可以看到，即使是这两点相异之处也是可以沟通的。“者”在古代汉语里是一个代词，可以和任意一个动词或形容词组成名词性词组。在现代汉语里，它虽已不是代词，随意组合的能量已经减弱了，但是用它组成的名词仍有不少，如“读者”、“记者”、“学者”、“弱者”、“老者”……这是在构词法中保留着的古代汉语遗存。很多单音词尽管已双音化了，但原来的古汉语单音词却成了现代汉语的构词语素，甚至还保留着原来的意思。这些都说明，汉语是世界上最具有悠久历史又最富于稳固性的语言之一。古代汉语是现代汉语的源头，对于学习、理解和研究现代汉语来说，古代汉语知识是不可缺少的。

二、汉语的特点

按照语言的亲属关系，世界上的语言可以大致分为印欧语系、汉藏语系、闪－含语系、乌拉尔－阿尔泰语系、高加索语系、达罗毗荼语系、马来－玻利尼西亚语系、南亚语系以及其他一些语群和语言，汉语属于汉藏语系。汉语是汉藏语系中最古老的一种语言，历史悠久、优美深邃，具有极其丰富的文化内涵。相对于其他民族语言，特别是非汉藏语系的语言而言，汉语在语音、词汇、语法等各个方面均有十分鲜明的特色。

首先，汉语自古以来就一直是有声调的语言。古代汉语有“平、上、去、入”四声，现代汉语普通话有“阴平、阳平、上声、去声”四个声调。声调是音节在音高方面固定的变化形式，每一个声调都有一定的调值，不同声调的音节组合成词句篇章，无论是说出来还是读起来，都具有旋律很强的音乐感，抑扬顿挫、跌宕起伏；兼之汉语音节以元音为主，充当声母的都是单辅音，韵尾辅音只有声带震动的鼻音“n”、“ng”，没有噪音大的塞音、塞擦音和擦音“t”、“p”、“c”、“s”、“g”、“k”等，发音响亮，乐音成分多，因此汉语听起来悦耳动听。近体诗、词曲、四六文等就是充分发挥汉语这些特点形成的中国特有的文学样式。除此以外，声调还可以区别意义，是汉语构词的一种手段，同一个音节由于声调的不同就可以表示不同的意义。如“ma”，阴、阳、上、去不同的四个声调可以对应“妈”、“麻”、“马”、“骂”四个单音词，“美丽”和“魅力”，“领域”和“图圄”，“北京”和“背景”，“时间”和“事件”，等等，都是声调不同从而构成不同词语。即使是同一字形同一音节，声调的不同也会产生不同的词义，如“数数”，前一个读第三声，表示清点的动作，后一个读第四声，则表示数目。汉语声调变化的这个特点与非汉藏语系的语言很不相同，如英语单词读音无论如何变调也不会造成不同的语义。汉语声调变化的这种造词功能大大减少了同音词，限制了词的音节数目和长度，对汉语学习非常有利。无声调的语言则无此优点，只有将有限的音节向一个方向不断排列来造词，词的音节数量相对较多，不便识记。

其次，与大多数语言都以词为基本单位不同，汉语是以词素为基本单位的语言，只需少量的词素进行不断排列组合，就可以造出数量庞大的词汇。学习汉语的人只要掌握几千个常用汉字代表的词素，就可以用它们遣词造句进行写作了。据统计，3 000个常用汉字的出现频率占整个汉字出现频率的99%。老舍《骆驼祥子》共有107 360个字，但用作词素的单字只有2 413个。而使用以词为基本单位的语言的人则需要掌握大量的词汇，还要面对新词不断增加的问题。而代表词素的汉字数量稳定，大大低于庞大的汉语词汇数量，只要掌握了有限的汉字所代表的词素，就可以顺利掌握这些词素组合成的数目庞大的词汇。

最后，汉语语法相对简洁。汉语主要靠虚词和语序来表示语法意义，与印欧语系的语言相比，汉语不那么重视词法，不太讲究词的时、体、格、数、人称等形态变化。如汉语表达不同时间概念，只要用不同的时间词来表示就可以，而印欧语系的语言如英语，就要对动词进行进行式、过去式、完成式等时态变化，为了表达明确的时间，还需加上时间状语词，相比之下，汉语在这方面无疑要简洁得多。又如，英语讲究主语、谓语等在数、人称等形式上的一致，自然也就由此派生出很多问题，单数形式的主语用什么形式的谓语，复数名词主语用什么形式的谓语，可数名词、不可数名词主语的谓语形式等，汉语不讲究主、谓语形式上的一致，也就省去了这方面的种种规定。

从音义对应的角度来看，汉语的特点是一个音节对应于多个词（语素）。因为多词同音，所以单凭语音会产生理解的歧义，在某些特殊的情况下，单凭听到的语音无法领会语义。在社交场合，很多人在口头介绍自己姓名时，往往要作补充说明，如张姓在说完“我姓张”后，会加上一句“弓长张”或“立早章”。语言学家赵元任曾拟《石室诗史》来说明汉语的这一特征：“施氏，嗜狮，誓食十狮，氏时时适市视狮。十时，适十狮适市；是时，适施氏适市。氏视是十狮，恃矢势，使是十狮逝世，氏拾是十狮尸，适氏石室。石室湿，氏拭室。氏始试食十狮尸，食时，始识是十狮尸实十石狮。试释是事。”全篇只用了一个音节“shi”，如果不写成书面形式，只靠口语表达则让人无法理解。

第二节　汉字的演变与特点

一、汉字的历史

文字是语言的表象，是语言在视觉上的延伸。作为中华文化的重要载体和标志，汉字与埃及圣书字、古代苏美尔文字、原始埃兰文字和克里特文字等同为世界上最古老的文字，也是现今仅存的方块表意文字，具有顽强的生命力，经甲骨文演变至今仍然被广泛地使用着，是中华民族的通用文字。

汉字的产生是中国文化发展的一件大事，因此，汉字的起源问题一直备受关注，自古就有不少有关汉字起源的说法，影响很大的有结绳说和仓颉造字说。结绳说见于《周易·系辞》记载："上古结绳而治，后世圣人易之以书契。"许慎的《说文解字》承认结绳与汉字起源有某种关联："神农氏结绳为治，而统其事。"实际上，结绳无法准确完整地记录事情，更无语音功能，并不具备文字的性质。但是，结绳记事的动机与效用确实与创造文字的想法一致，因此结绳记事对于文字的产生应当有所启发。

比较而言，古人更愿意相信仓颉造字说。传说仓颉是黄帝的史官，生而能书，先秦典籍已有仓颉造字的记载："古者仓颉之作书也，自环者谓之'厶'，背厶谓之'公'。"（《韩非子·五蠹》）《吕氏春秋·君守》则说："奚仲作车，仓颉作书。"战国秦汉间的启蒙书就叫《仓颉篇》，仓颉无疑成了先民心目中的职能神。有关仓颉造字后"天雨粟，鬼夜哭，龙为之潜藏"的神话描述，也体现了古人对于文字有一种特别敬畏、珍惜的心理，而这种心理的产生与汉字象形、指事等造字方式密切相关。汉字不像表音文字那样只是纯粹的符号，人们相信它与其指代的事物之间有密切的关系，具有符咒一样的魔力。直到明代的通俗白话小说中，还有专门教导人们爱惜字纸的篇目。不过，从理性来看，数量众多、结构独特的汉字不可能由一个人创造出来，尤其是大量异体字的存在，更能说明汉字集体创造的事实。但是，在汉字产生、演变的过程中，也一定出现过像仓颉这样的人来从事汉字的收集整理以及改造推广的工作。

到目前为止，汉字产生的确定时间还难以断定。现在能够提供的考古根据，最远的是河南舞阳贾湖出土的刻在龟甲和个别石器上的20多个刻符，时间是公元前6000年左右，属新石器时期的早期，这一时期应为汉字起源的上限。至于汉字起源的下限，那就是甲骨文产生的时代了。发现于河南安阳西北小屯村一带的甲骨文多为殷商王室的占卜文字，故又称"甲骨卜辞"，是殷商后期（前14世纪—前9世纪）王室用于占卜、记事而刻在龟甲和兽骨上的文字。甲骨卜辞已经是能够完整记录汉语的文字体系，据此推算，这个体系形成的开端应当不晚于夏商之际。《尚书·多士》记载西周初年周公的话说："惟殷先人，有册有典，殷革夏命。"就是说，商人在灭夏时，已经有了记事典册，如果没有相对成熟的文字体系，根本不会出现"有册有典"的情况。夏代是古史文献记载里中国第一个有完整世系流传下来的朝代，据此，汉字字符开始积累的年代，似可估计为夏初，也就是公元前2100年左右。这样，汉字起源的过程就是从公元前6000年左右至公元前2100年左右。

在汉字从产生到如今的漫长时间里，汉字始终处于不断的渐进式演变之中。书写材料的变化，行款格式的调整，实用目的与审美趣味的不同追求，尤为突出的行政指令的强制实施，等等，都会造成汉字形体结构的演变。今天所能见到的最早的汉字是殷商甲骨文，此后汉字历经西周金文、春秋金文、篆书、汉代隶书和魏晋以来的楷书的演变。汉字的历史变化主要表现在书体和构造两个方面。

甲骨文是刻在龟甲兽骨上的文字，字体与书写工具、材料有直接关系。甲骨文一般是用刀刻在坚硬的龟甲（主要是龟的腹甲）、兽骨（牛的肩胛骨为主）上，因此笔画短促有力，线条瘦硬明晰，笔法有方有圆、有肥有瘦，字的大小随笔画多少而异，参差不同。从结构来看，甲骨文已是相当成熟的文字体系，汉字“六书”中的象形、指事、会意、形声等结构方式在甲骨文中已经具备，这说明当时人们已经懂得用已有的字作构件创造新的字，这为汉字系统的进一步完善奠定了基础。但是甲骨文毕竟还处在汉字发展的早期阶段，有些汉字构形还保留着古文字的原始性，不少字的字形尚未固定，同一个字可以有很多种写法，文字书写时的置向不定，可左可右，可上可下，如“卜”字中的短线条或在左、或在右，或朝上、或朝下。有些字的构件还不固定，如“牢”字的字形，画的是一个牢圈形，牢圈中可以是一头牛，也可以是一只羊，还可以是一匹马。一个字往往有多个形体，形成异体字。甲骨文的书写行款还很不固定，有直书，有横书，有右行，有左行，其中以从上而下直书左行为主。

金文是殷周时期铸在钟鼎等青铜器上的文字，古人称铜为“金”，故称金文；又青铜器分礼器、乐器，礼器以鼎居多，乐器以钟居多，故金文又称“钟鼎文”。现存最早的金文属于商代中期，内容简短，到了商代晚期的帝乙、帝辛时期，才出现较长的铭文，但也仅有 40 余字。西周时期金文进入全盛期，这一时期的金文篇幅都比较长，毛公鼎的铭文共 32 行，499 字，是现存最长的青铜铭文。金文一般是先刻在型范上，再翻铸到青铜器上的，因此线条肥厚粗壮、圆浑丰润，字形庄重美观，大小趋于一致，排列越来越整齐。金文中形声字大量增加，异体字相对减少，结构趋于定型，这说明金文比甲骨文更成熟。

篆书是大篆、小篆的合称，大篆是春秋战国时通行于秦国的字体，传为太史籀所创，所以又称“籀文”。因收入大篆的《史籀篇》久已亡佚，现藏故宫博物院唐初出土的秦国鼓形石刻文字，就成了大篆字体的代表，因此大篆又称“石鼓文”。大篆由金文演变而来，笔画比金文更均匀，结构更齐整。小篆又称“秦篆”，是嬴政灭六国后推行“书同文”政策所采用的字体。小篆的书写完全线条化，象形性减弱，字形规整匀称，笔道圆润顺畅，现存《泰山刻石》为小篆代表作，传为李斯亲笔。从构造来看，小篆一方面异体字大量减少，构件的写法趋于一致，同一个构件在不同的字中、在一个字中的不同位置写法基本一致；另一方面形声字大量增加。这些都说明小篆已经形成了相当严密的文字体系，小篆也成为汉字古文字阶段的终结者。

隶书的出现是汉字发展的一个重要转折点，标志着汉字脱离从甲骨文到小篆的古文字范畴，进入今文字时代。传统说法是，隶书是秦代为了应付当时繁忙的官狱事务而创造的简便字体。隶书的得名，一说是认为这种字体应用于徒隶之事，另一说是这种字体为徒隶所造。不管哪种说法都透露出这个信息：隶书是与庄重典雅的篆书相对的一种通俗字体。汉字从篆书演变为隶书这个变化在汉语发展史上被称为“隶变”，根据考古的发现，隶变从战国晚期已经开始，到西汉时隶书已经是成熟且通行的正式字体。隶变主要有两方面：一是改连笔为断笔，变圆转曲顺的笔画为平直折转的笔画，彻底变汉字的形象描绘为符号书写，字形由长圆变为方扁，方便了书写，但汉字也基本失去了象形性，出现了“方的太阳”；二是简化、合并了部分偏旁部首。为了书写的快捷，小篆中单字的写法和作为部首时的写法相同，隶书则为了布局的需要而改变原来的写法，偏旁与原字写法不同的情况非常普遍，原本不同的偏旁部首因为隶变而变得混同，许多偏旁部首被省减或合并。隶变后汉字的形体结构发生了显著的变化，而从隶书到现代文字，形体几乎没有变化，所以隶变是古今汉字的分水岭。

楷书是对隶书加以改进的字体，保存了隶书的结构，变隶书的波挑为平直，字体方正端庄，书写方便。楷书大约兴起于东汉末年，流行于魏晋，成熟于隋唐。唐楷已经彻底消除了隶书的笔意，笔画横平竖直，结构紧凑，气韵流畅，形体端庄优美。唐代也出现了一大批书法名家，尤其是颜真卿的楷书，达到了书法艺术的顶峰，被苏轼看作是“集大成”者。楷书吸收了行草书便于书写的优势，形成了相互配合的笔形系统。楷书的横笔改为收锋，“撇”改为尖斜向下。“点”是笔程最短的笔画，楷书的“点”比以往任何字体都更丰富。“提”和“钩”是在书写便利这一要求的促动下，笔画相互呼应而逐渐形成的。楷书结构严谨，便于识读，同时又笔形配合，便于书写，因此历千年而不变，成为近代文字中最为通行的字体，现存中国古代典籍，除了作者手稿外，都用楷书誊写或刊刻出版。在楷书基础上形成的专供印刷用的大小一致、笔画粗细均匀的宋体字以及后来的仿宋体、黑体，都只是楷书的变体。

草书与行书是汉字的两种速写体。草书起源于秦汉之际，由隶书连笔快书而成。东汉赵壹《非草书》说：“盖秦之末，刑峻网密，官书烦冗，战攻并作，军书交驰，羽檄纷飞，故为隶草，趋急速耳。”早期草书带有隶书的意味，横画上挑，撇、捺分别，仍沿袭隶书法式。传说汉章帝特别喜爱杜度的草书，令其奏章也用这种字体，故名“章草”。章草在结构上，或省去字形的一部分，或省并笔画，仅留字形轮廓，书写简便。在用笔上，由于讲究快速，笔画圆转相连。不过，章草每个字的笔画自成一体，不与旁近相连，这与后来的今草通篇笔画相连一气贯通不同。在章草基础上演变而来的今草，字的形体极度简化，笔势纵横奔放，一气呵成，便于快速书写，但字形过于简单，偏旁混淆，没有固定法式，也使它难以辨认，流行不广，没有成为通用字体，本为满足书写快捷的实用目的而产生的草书，反而作为书法艺术的一种而为后人所喜爱。行书则是介于草书与楷书之间的一种字体，既有楷书便于认识的优点，又兼草书书写快捷的长处，"趋变适时，行书为要"（孙过庭《书谱》），自诞生一千多年来，已经成为人们日常用得最多的字体，现代人的手写体基本都是行书字体。

二、汉字的特点

根据文字记录语言的方法，语言学家将世界上的文字分为两个大类型：表音文字和表意文字。文字符号代表词语中的音来拼写口语中的词，这样的文字属于表音文字；不直接或者不单纯表示语音，而是用一系列的文字符号来记录口语中的词或者比词更小的语素，这样的文字是表意文字。关于汉字的类型，学界一直有两种看法：一种意见认为汉字是世界上唯一现行的表意文字；另一种观点是汉字是表意与表音相结合的意音文字。本书认同后一种观点。

从汉字结构上看，在汉字六书中，形声字是造字能力最强、产量最大的造字方法。形声字的出现意味着汉字突破了纯表意的造字局限，代表了汉字的发展方向。《说文解字》所收汉字中，形声字占 80% 以上，在现代汉语中，形声字的比例超过 95% 。形声字的造字方法是根据所表示词义的事物类别选定形符，也叫"意符"，再取一个与所记录语词读音相近的字作为声符，然后构成新字，如鲁迅就根据《故乡》中少年闰土的描述造出一个形声字"猹"。著名结构学家蔡方荫授课时为图方便，用笔画较少的"人工石"三字代替"混凝土"，后来"人工石"三字被合成一个字，即现今广泛应用于各类建筑书刊资料中的"砼"，也是形声字。正因汉字以形声字为主，20 世纪 50 年代以来不断有学者提出，汉字应该是表意和表音相结合的意音文字。另外，汉语中有部分词语本来没有记录它们的汉字符号，为了记录它们而借用了一个读音相同或相近的字来充当，这就是六书中的假借，如象形字"而"，本义为胡须，音同而借用为连词"而"；又如"我"，从戈，本义为一种锯齿状兵器，借用为相同读音第一人称代词"我"。在这种情况下，汉字甚至完全成为表音文字。作为表意文字，汉字并非汉语的附属物，本身即有丰富的文化意蕴。如果不从记录语言的符号这个外部规定出发，立足于文字本身，根据汉字本身构造所使用的符号的性质来判断的话，更不难得出汉字是意符音符文字的结论。

当然，强调汉字是意音文字、具有表音的性质，并不是说汉字将彻底放弃表意功能最终演变为表音文字。在漫长的发展演变过程中，汉字也在不断采用新的方式，维护个体符形和整个符号系统的表意功能。例如，当汉字记录的词所指的事物发生变化后，汉字总是及时调整它的义符，以适应事物的特点。“砲”本是用石头做进攻武器，所以义符从“石”。火药发明后，形体改为从“火”的“炮”。“州”本像水中陆地的样子，后来在书写过程中变得不象形，就再加义符“水”来增加意义信息。汉字这种据意构形的特点一直没有改变。

就形体的特点而言，汉字是方块平面结构，占有宽与高二维空间，在一个二维平面上构形。而所有拼音文字都由字母按发音顺序排列为线性结构，只占有宽度一维空间。所以汉字的信息量更大，构形更灵活，两维度的空间为汉字构件的结合提供了许多区别的因素，除了不同的构件可以组合成不同的汉字以外，相同的构件也可以构成不同的汉字，如“木”、“林”、“森”是构件多少的差别造成的，“叶”与“古”、“呆”与“杏”是构件位置不同造成的，小篆“比”、“从”、“北”、“化”的差别是构件置向不同造成的。这些在两维空间内造成的区别与拼音文字由字母线性排列而结合是不一样的。除了造字功用之外，汉字的构形特点与拼音文字相比，还特别具有构图美感。汉字呈方块结构，字的内部结构讲求方正匀称，字形整齐划一，在漫长的历史发展过程中，人们不断追求汉字书写时的各种变化和风格，加上“文房四宝”笔墨纸砚特殊书写工具的使用，形成了丰富多彩的书法艺术。在中国历史上，书法与绘画齐名，享有很高的艺术声誉，这在世界文字中是绝无仅有的现象。

第三节　汉语汉字的文化功能

一、汉语汉字与中国文化的关系

语言文字是一个民族文化的重要组成部分，也是一个民族区别于其他民族的重要标志之一。历史上不乏缺少或放弃自己的文化尤其是自己的语言而为其他民族同化的例子。中华民族文化具有强烈的向心力、凝聚力，这与其始终拥有并保持自己特有的语言文字密切相关。汉语汉字是中华民族的重要标志之一，与中国文化有着极为密切的关系。它们既是中国文化的重要组成部分，同时又是中国文化中其他文化项的载体。

汉语是中国文化的重要组成部分，它的产生意味着中国文明社会的开始。语言是人类区别于动物的主要特征，只有有了语言，人类才可以进行沟通交流，分工协作才成为可能，从而进入有组织的社会生活，脱离自然属性下的蒙昧状态，成为“文化”的人。从这个角度讲，汉语这一文化事象的出现，大大推动了华夏文明的进程，在中国文化中的地位极其重要。历史悠久的汉语与源远流长的中国文化同步发展，见证了华夏文明的成长。不同民族有不同的语言，是各民族不同语言习俗最直接的体现。汉语是华夏民族智慧的结晶，它以自身特殊的文化形式构成了中国文化的重要特征，并派生出更多的文化事象。例如，汉语具有声调变化，随着人们对声韵规律的掌握和运用，在文学创作中产生了最具民族特色的格律诗；汉语同音词多，因此而形成的谐音吉利、谐音避讳等语言习俗，都成为中国文化的重要内容。

汉字也是中国文化的重要组成部分。汉字的出现，是中国文化从史前文化步入“有史时期”的标志。在汉字产生以前，华夏民族曾经历了一个相当长的仅用口语进行交流的时期。后来，随着思想交流的日益复杂，人们迫切需要有一种能够将语言记录下来的东西。经过楔刻记事、结绳记事等方法的探索后，人们终于找到了汉字这种最适合记录汉语的工具。有了汉字，汉民族才有了书面的历史记录，从此进入了“有史时期”。另外，汉字本身就是中国文化的一部分。每个民族的文字都具有自己的特点，不同的文字构造反映着不同的文化内涵，并且各民族都会依据本民族的文字特点形成许多的文化事象。汉民族根据汉字可拆可合的形体特点，造成特有的字谜游戏、算命测字和姓氏避讳中的缺笔避讳；根据汉字二维空间的构形特点，形成了特有的书法艺术，这些由汉字直接衍生的文化事象，使汉字成为整个中国文化系统不可缺少的重要成分。

作为中国文化的主要载体，汉语汉字记录了中国文化，是保存中国文化的代码，也是中国文化传播最主要的媒介，对中国文化的传承与发展起到了无与伦比的推动作用。只有借助汉语汉字这个介质，人类创造的观念文化才能超越时间和空间的局限得以保存、交流与传承，文化发展水平才能不断提高。中国传统文化灿烂辉煌，若没有汉语汉字这一载体，浩如烟海的中国古代文化典籍根本不可能出现。中国文化历经浩劫，每次劫难都伴随着对文化典籍这种汉语汉字的物态产品的洗劫与禁毁，锋芒甚至直接对准汉语言文字，给中国文化带来巨大的创伤，这也从反面说明了汉语汉字对于中国文化发展具有深远的影响。汉语汉字也是中国文化对内、对外最重要的传播工具。中国幅员辽阔，方言众多，汉语共同语的形成、汉字的统一，使得汉语汉字能够超越方言的局限，让各方言区的人能够顺利交流，这对促进民族文化的发展、促进统一的汉族文化的形成起了重要作用。历史上，汉族人口多次向远方迁徙，并不断与其他民族文化接触，汉语汉字承载着文化传播的使命，在文化交流与民族融合中发挥了无可替代的作用。

除了作为载体对中国文化的发展起推动作用外，作为中国文化组成部分的汉语汉字本身对中国文化的发展也产生了深远的影响。举其要者，例如，汉语汉字对中国人的思维方式有潜移默化的影响，而人是文化行为的主体，这样，汉语汉字就以间接的方式自然而然地推动了中国文化的发展。语言是思维的工具，汉语富于声调变化、语法简洁的特点，使得汉语具有音乐的美感，而在严谨性上有所欠缺则影响到人的思维，导致人们往往对生动的追求超过对准确的需要，首选以情动人，其次才是以理服人。汉字表意的功能则更有助于形象思维的培养，这使得古人在表述概念时，往往采取具体形象的方式而不是抽象的表现概念。这些思维方式对于中国文化的发展具有内在的、深层次的影响。

反过来，中国文化对汉语汉字的发展演变也有很大的影响。语言文字作为文化的载体，文化的发展或迟或早要推进语言的变化。例如，中唐时期传统儒学深陷危机，为复兴儒学，韩愈等人倡导文体、文风变革，首先要求向秦汉文学习语言，新创的“古文”语言成为后世书面语的典范。进入现代社会，随着“德先生”、“赛先生”进入中国，开启民智的要求越来越迫切，文言文不再适应文化发展的需要，言文脱节严重阻碍了新文化的发展与传播，陈独秀、胡适等领导的新文化运动大力倡导白话文写作，白话文取代文言文，实现了言文一致。无论是古文运动还是白话文运动，动因都不在语言自身，而是出于文化发展的推动。相对而言，在语言的各要素中，文化发展对词汇的影响最明显，词汇常常会因社会生活和社会思想的变化而变化，这种变化的时效性很强，像伴随科技的发展，新词语的产生与流行几乎与之同步。中国文化对汉字的影响也十分显著，如秦统一天下后实行“书同文”政策、新中国成立后推行《简化汉字方案》，都是在一定文化背景下发生的。

二、汉语汉字的文化意蕴

除了作为中国文化的载体外，汉语汉字也是中国文化的重要事象，它们总是在特定的历史文化条件下产生，在它们所记录的文化内容之外，本身还具有丰富的文化意蕴。

在语言的各要素中，词汇最为敏感，它直接反映社会生活的变化，忠实地记录了人类文化的发展进程，与文化的关系最为密切。“任何文明语言中的词都保留着原始人林莽生活的痕迹”[1]，汉语词语的发源、词汇的发展等与汉民族先民的生产、生活与社会观念等密切相关，积淀着丰厚的文化内涵。从词语的产生来看，汉语词源意义包含了中国古人的传统观念。例如，“卑”、“俾”、“婢”、“稗”是一组同源词。“卑”，《说文解字》的解释为“贱也，执事者”，意思是指身份、地位低下，又引申出次要、不正式之义。“俾”、“婢”、“稗”都从卑得声，“俾”的意思是“门侍人”，即门役，有人说是“如寝门之内竖，是阍寺之属”，段玉裁不赞成这个说法，但从词源来看，“阍寺”一说不为无据；“婢”，《说文解字》：“女之卑者也”；“稗”，《说文解字》：“禾别也”，段玉裁解释说是“谓禾类而别于禾”，形似而无实，不在五谷之列，孟子说“五谷者，种之美者也；苟为不熟，不如荑稗”，对“稗”的地位揭示得很清楚。从这里我们不难发现，“俾”、“婢”、“稗”这组同源词的命名深受古人尊卑观念的影响。稗为别禾，那么真正的“禾”在先民观念里是什么样呢？《说文解字》：“禾，嘉谷也，二月始生，八月而熟。得时之中，故谓之禾。”古人认为，禾苗是天地万物和谐的产物，冷暖中，刚柔适，阴阳调，内外平，上下通，始有禾的成熟，所以禾苗是自然协调的象征。这是中国社会进入农耕时代所产生的观念，体现了先民崇尚自然、和合万物的审美心理。以“禾”为源词的词汇，如“龢”，《说文解字》：“龢，调也”，八音克谐的完美境界；“盉”，《说文解字》：“盉，调味也”，五味调和的最美享受；“和”，人和、事和，社会人际关系的美好状态，都是带有鲜明的和合文化精神的褒美之词。然而，这种观念的另一面，则是对变革、创造、更新的抗拒和反感，这可以从另一组派生词中反映出来。表示“变化”、“创新”、“超越”等意义的词，常常发展出贬义的派生词来：“为”（作为）派生出“伪”（欺伪）；“化”（变化）派生出“讹”（讹误）；“作”（初创）派生出“诈”（诡诈）。这是古代和合文化保守的一面。

文化的发展变化直接记载在各个时代的词汇中。某一时代某一领域词汇的密度反映了该领域与文化核心的密切程度，也反映出人类对这一领域的认识深度，设词密度高就说明对这一领域的分析度高。各类词的密度又是不断发生变化的，每类词的密度的变化反映了文化的变化。畜牧业时代，有关马、牛、羊的词语很多，如《说文解字·牛部》有一系列为区别不同毛色的牛而造的词：“牻，白黑杂毛牛”；“犡，牛白脊也”；“犥，牛黄白色”；“犉，黄牛黑唇也”；“荦，驳牛也”。古代为不同毛色的牛专门造词，一方面是由于放牧和役使的需要，更主要的是不同色牛毛可以选作旌

① ［法］拉法格著，罗大冈译：《革命前后的法国语言：关于现代资产阶级根源的研究》，商务印书馆1964年版，第2页。

旗，作为部落的标志。因“物”从“牛”从“勿”（“勿”是旗）。而祭祀时太牢用牛则必须纯色。《说文解字·牛部》：“牲，牛完全。”“牷，牛纯色。”这些文化事象使牛的毛色格外重要，以至于必须用不同的名词来进行分别。而今天那些不同毛色的牛依然存在，但随着畜牧时代的逝去，畜牧业逐渐远离了文化核心，人们对动物的关注程度降低，动物之间的细微差别失去了区分的必要，这些专名不再需要，多数成了“死词”。即使偶尔需要对这些事物进行区分，只要用一个偏正词组就可以表达了，不需要专门设词。

汉字的建构也蕴涵着丰富的文化信息。文字是否起源于八卦尚无定论，但古人在创造汉字时有过“仰则观象于天，俯则观法于地，观鸟兽之文与地之宜，近取诸身，远取诸物”（《周易·系辞》）的经历则是确定无疑的。“近取诸身”是人们创造汉字的重要原则。姜亮夫在《古文字学》中对《周易·系辞》的这个说法作了进一步阐发，他说：“整个汉字的精神，是从人（更确切一点说，是人的身体的全部）出发的，一切物质的存在，是从人的眼所见、耳所闻、手所触、鼻所嗅、舌所尝出发的（而尤以“见”为重要）。故表声以殸，以箫管（即音），表闻以耳（听、闻、聪等），表高为上视，表低以下视，画一个物也以与人感受的大小轻重为判，牛羊虎以头，人所易知也，龙凤最详，人所崇敬也。总之，它是从人看事物；从人的官能看事物。”① 据学者申小龙考查，在甲骨文中，有关动物类的字占17%，有关植物类的字占15%，有关天象的字占9%，有关地理的字占7%，有关战争的字占8%，其他衣带裘帛等衣服类字占1.7%，宫室京高等居住类字占6%，舟车往来之行走类字占3.6%，典册教学等文化类字占1.4%，鼓磬喜乐等娱乐类字占1.7%，鬼祟祝祀等宗教类字占3.6%，大小智敏等数目、性质类字占3.6%。唯有关于人类自己及周围人的字最多，占20%以上。可以说，汉字的创构充分体现了中华民族思维意识中的“以人为本”的思想。

除了集中反映先民的价值取向外，从汉字的字形构造中还可以看到一些古代社会的生产生活方式。例如“男”字，《说文解字》：“男，丈夫也。从田力，言男用力于田也。”“力”是耒的象形，“男”字就是一个人手执耒耜在田间劳作，说明在古人观念里，农耕是男子的当然之事，这反映进入农耕文明以后，男子由于体力的优势而成为农耕生产的主要承担者，并由此带来了社会地位的提高。相反，女子由于生理条件的限制，无法胜任繁重的农耕劳作，只能退出生产领域而以操持家务为主，这个变化在“妇”字上有很清晰的体现。在甲骨文里，“妇”字右旁是一个长跪女子的形象，

① 姜亮夫：《古文字学》，浙江人民出版社1984年版。

左旁是扫帚的形状，表明其服侍丈夫操持家务的身份。《说文解字》说："妇，服也。从女持帚，洒扫也。"所谓"服也"，是说在男权主导的社会与家庭中，女子在总体上须服从于男子。在汉语词汇中，有许多表示颜色的词，在造字时字都用"糸（细丝）"作义符，这就反映了汉民族特有的丝绸文化。自古以来。中国因生产丝绸而著称于世，许多事物与丝织业发生关系，人们对颜色的认识与丝织染色的发展密切相关，因此很多记录颜色的字就用"糸"作义符，如"红"、"绿"、"紫"、"绯"、"绛"、"缙（帛赤色）"、"缇（帛丹黄色）"、"缁（帛黑色）"和"缥（帛青白色）"，汉字形体所反映出的颜色与丝织的关系是其他民族没有的文化现象。

自主学习

1. 汉语的特点是什么？
2. 汉字具有怎样的性质和特点？
3. 简述汉字的演变过程。
4. 汉语汉字与中国传统文化之间具有什么关系？
5. 汉语汉字具有怎样的文化内涵？

延伸学习

1. 鲁迅认为"汉字是愚民政策的利器"，"汉字也是中国劳苦大众身上的一个结核，病菌都潜在里面，倘不首先除去它，结果只有自己死"，断言"汉字不灭，中国必亡"；1951 年，毛泽东指出："文字必须改革，必须要走世界文字共同的拼音方向。""汉字是一种落后的字体"，"必须要改革成像拉丁文那样"。季羡林则认为："中华文明之所以能延续至今，汉字起了巨大的作用。读古文必须读繁体字，中国文化的信息都在那里面。""汉字简化及拼音化是歧途，祖先用了几千年都没感到不方便，为何到我们手里就抛弃了？追求效率不是简化字的理由。"你怎么看待汉字简化、拼音化问题？

2. 历史上，汉语言汉字对中国文化的传播起了重要作用。中华民族创造了灿烂辉煌的古代文化，吸引很多周边国家通过学习汉语言汉字来了解中国文化。在公元前或公元 1 世纪，汉字逐渐向境外传播，北至朝鲜半岛，南至越南，东至日本。在汉字传入这几个国家之前，他们还没有创造自己的官方文字。汉字传入以后，在很长的历史时期内，这些国家就用汉字作为记录语言的工具。例如，汉字在汉代传入越南后，被确定为越南的官方文字，历时 1 000 多年。文字被借用的同时也带来语言的吸收，朝鲜语、日本语、越南语这三种语言，受汉语影响极大，他们的语言中都有大量的汉语借词。例如，日本直到明治维新前夕，很多与西方有关的表示新概念的词语还是从中国传入，魏源《海国图志》中的一些词语如“铁路”、“新闻”、“公司”、“国会”等，都在日本产生了广泛的影响。越南语从汉语借去的词，至少占整个越语词汇的一半以上。朝鲜人直接学习用汉字写成的“四书”、“五经”。朝鲜语中的汉语借词，约占朝鲜语词汇的60%。尽管这三个国家的语言不同，但长期、大量地借用汉语言文字，对其文化精神、思想方式、道德观念、文学艺术趣味和风俗习惯等还是产生了重要影响，从而形成东方文化的许多共同特点。但因各国语言有其不同特点，借用汉字来记录总有诸多不便，后来日本、朝鲜、越南分别仿照汉字创造出属于自己的文字。日本起初借用整个汉字来记录日语，或借用汉字的字形字义，读音仍用日语；或形、音、义一起借入。公元 9 世纪，日本人在汉字的基础上自创字母，叫做假名，有片假名和平假名两种。片假名是采用汉字、取其片断的方式形成的；平假名是在盛行草书的平安时代，简化草书形成的。这样，日本文字就变成了汉字和假名混合的文字。朝鲜创制了谚文，谚文是音位文字，字母近似汉字的笔画，每个音节拼成一个方块，19 世纪后期，汉字谚文混合体成为正式文字，汉字写词根，谚文写词尾。现在朝鲜虽已不用汉字，但朝鲜语中存在大量汉语借词的事实并未改变。13 世纪，越南创造了自己的文字“字喃”。字喃是用汉字偏旁和会意、形声等汉字构造方式新造的字。近代，随着中国政治科技的落后，西方文化在全球的传播，汉语汉字在海外的影响受到很大冲击。20 世纪 80 年代以来，随着中国在世界经济、政治地位的提高，在世界上又掀起了一股学习和研究汉语言文字和中国文化的热潮。为了给世界各地的汉语学习者提供规范、权威的现代汉语教学并提供最正规、最主要的汉语教学渠道，中国国家对外汉语教学领导小组办公室在世界各地设立了推广汉语和传播中国文化的教育和文化交流机构——孔子学院（Confucius Institute）。全球首家孔子学院 2004 年 11 月 21 日在韩国首尔成立，目前孔子学院已在 106 个国家的 350 多个教育机构落户，中小学孔子课堂达 500 多个，成为推广汉语教学、传播中国文化的全球品牌和平台。著名学者余英时谈及孔子学院时说，孔子学院推广语言有两种作用，第一是经济的作用，“另一个是政治的，政治的就是统战”。

结合历史上汉语言文字在传播中国文化中的作用，谈谈你对余英时观点的理解以及当下汉语言文字传播中国文化的看法。

第四章　中国古代宗教

和其他人文和社科领域的基本概念一样，宗教一词的界定历来众说纷纭、观点林立。的确，宗教作为一种极其复杂的文化现象，很难给出一个确切的定义。目前，学术界一般倾向于从以下三个角度给出定义：或以信仰的对象为中心来规定宗教的本质；或以信仰主体的个人体验为宗教的基础和本质；或以宗教的社会功能来规定宗教的本质。① 此外，梁漱溟先生曾提出判定是否为宗教的两个前提条件：“（一）宗教必以对于人的情志方面之安慰勖勉，为他的事务；（二）宗教必以对于人的知识之超外背反，立他的根据。”② 从梁先生的角度出发，我们可以断定中国古代的宗教除了原始宗教外，主要包括道教和佛教，而儒学主要契合第一条，视为一种准宗教或更为合适。显然，宗教属于信仰范畴，自从人类摆脱愚昧以来，宗教就与人类密切相关，既是人类文化不可或缺的一个重要组成部分，更在人类社会生活中有着非常显著的作用和影响。③

第一节　原始宗教和信仰

和世界其他民族一样，宗教在我国有着极为悠久的历史，早在人类尚未摆脱野蛮、进入文明社会或者刚刚进入文明社会的发展初级阶段，宗教就在人类的社会生活中占据重要地位。

---

① 参见何光沪：《多元化的上帝观：20 世纪西方宗教哲学概览》（增订版），中国人民大学出版社 2009 年版，第 1 ~4 页。

② 梁漱溟：《东西文化及其哲学》，商务印书馆 1999 年版，第 97 页。

③ 基督教、伊斯兰教和佛教一样都属于外来宗教，但佛教后来中国化，基督教、伊斯兰教基本保持原教义，不能视为中国传统文化的产物，故本章不作介绍。

一、原始宗教的出现

人类一开始并没有任何宗教，即便是原始宗教，其产生也是以人类的自我意识为前提。大概在3.5万年前，早期人类终于完成了自己的整个进化过程，具有了思维能力，能意识到自己的存在，可以将自己即人类和其他动物、植物即自然界相区分开，这就为原始宗教的萌生提供了条件。当具有思维能力的人类向自然界施加影响并改变自然界时，人类的文明便诞生了。所以费尔巴哈指出："宗教根源于人跟动物的本质区别——意识。"① 这里的"意识"可以理解为人类的生命和自我意识，这种生命和自我意识又是人的思维能力发展到一定阶段后的必然结果。

目前考古发现的原始宗教可以上溯至石器时代，此时的原始宗教也是人类解释自然界的手段之一。在不同的历史时期，社会生产力的发展阶段不同，人类掌握和积累的知识总量不同，对自然界和自然现象的理解和解释也有所不同。在人类社会的早期，由于社会生产力相对低下，人类只积累了极少量的常识和经验，为了生存的需要，人类只有结成为一个个比较稳定的血缘集团，凭借简陋的工具和集体的力量，共同与自然界作斗争。此时的人类，面对千姿百态、气象万千的自然界和自然现象，恐惧和希望并存，却因为知识匮乏，难以从理性层面予以合理的解释，只有将人类的生命和自我意识投射到自然界，把自然界设想成和自身类似具有生命意识的，同时其能力又远远越过人类自身的某种生命体，从而加以膜拜和祈祷，希望其帮助和保护自身的生存，这就有了原始宗教。

从今天的角度看，原始宗教固然有着一定的愚昧内容，但原始宗教同样是社会发展到一定阶段后人与自然界斗争的产物，反映出特定历史时期人与自然界的关系。更为重要的是，由于原始宗教形成于人类社会的初级阶段，某些宗教行为和宗教意识会积淀在人类的心灵深处，或者附着在某种文化现象上，成为后人理解人类自身某些特殊文化现象的一把钥匙，同时也对人类社会的后期走向产生潜移默化的影响。即便随着生产力的发展和知识的积累，人类解释和改变自然界的能力越来越强大，原始宗教的某些要素仍会留存在人类的潜在意识中。

原始宗教的形态尚未发展成熟，不像后世宗教那样具备系统、完整的教义和组织，主要表现为各种自然崇拜、鬼魂崇拜、图腾崇拜、灵物崇拜、生殖崇拜和祖先崇拜等，此外还有各种原始巫术、原始禁忌等。

---

① ［德］费尔巴哈著，荣震华译：《基督教的本质》，商务印书馆1984年版，第29页。

二、原始宗教的内容

和世界各民族一样，中华民族的先民们同样有着丰富多样的原始宗教，但在上述原始宗教的诸多表现形式中，地位最为重要也最为发达的要数祖先崇拜。

祖先崇拜又常常和鬼魂崇拜、生殖崇拜等混杂在一起。鬼魂崇拜的理论依据是万物有灵和灵魂不死，实际上是原始人类不能理解生死、睡眠、做梦等现象，于是设想有一种独立于身体之外、不随形体死亡而消失的精神实体，即灵魂。特别是当亲人或部族中有能力、有威望的领袖和英雄死后，出于对逝者的怀念，原始人认为死者的肉体虽然消失，但灵魂不会毁灭，而且具有超人的能力，只要以陪葬、祭祀等方式安慰祖先，或者以虔诚的方式取悦祖先，祖先就会保佑自己甚至整个部族的安全。例如，商人祭祀的重点主要在祖先神，根据甲骨文记载，商人对其祖先上甲一王就有 1 100 多次祭祀记录，这说明商人对和自己有着直接血缘关系的祖先神感到一种本能的亲近，认为祖先神肯定会不遗余力地佑护自己。祖先之所以重要，是因为我们都是祖先的后代，所以生殖崇拜乃至对生殖器的崇拜在世界各民族中都很常见。在欧洲各地都曾出土过各种怀孕女性的裸体雕像，人类学家认为这和祈求生育相关。类似的雕像在我国也有，辽宁凌源牛河梁红山文化女神庙遗址中出土过真人大小的女神头像和小型孕妇像。时至今日，尚有少数人还对类似生殖器的自然景观加以膜拜，如江西龙虎山有一岩洞酷似女阴，被叫做“羞女岩”；广东丹霞山有一巨石状如男根，被称作“阳元石”，有时被当做祈求生子的对象。

祖先崇拜对中国社会的影响是广泛而深远的。就本质而言，祖先崇拜是一种血缘关系，祖先崇拜的盛行，说明在华夏民族的早期发展史上，氏族公社的血缘关系还没来得及被彻底打破，新的国家形式就已经建立起来了。如侯外庐先生所论，西方是从“家族到私产再到国家，国家代替了家族”，而中国古代是“由家族到国家，国家混合在家族里面，叫做社稷”。[①] 此后，中国的社会结构仍然摆脱不了血缘因素的影响，民众常聚族而居，族长在宗族居首领地位，每一宗族都有自己的祠堂，逢年过节都要举行隆重的祭拜祖先的繁杂仪式。谱牒之学也异常发达，返乡认祖、叶落归乡成为每一代背井离乡者的共同心愿。由宗族推而广之，整个国家也可以看成是一个大家族，天子、皇帝即是最大的族长，由此形成家国同构、政族合一的中国国家特点。

除了祖先崇拜外，自然崇拜在中国远古时期也占据重要地位。自然崇拜包括对日

① 侯外庐等：《中国思想通史》（第 1 卷），人民出版社 1957 年版，第 11 页。

月星辰、风云雨雷和名山大川等的崇拜。自然界周而复始着日出月落、昼夜更替、四季轮回，中间夹杂着风雨雷电，还有令人望而生畏的高山、奔流不息的大河，先人们认为在这些自然景观和现象的背后，都有一个主宰其运行的神灵在起作用。因而，这种自然崇拜是多元的，某个人类共同体很可能会同时崇拜多个不同的自然物。自然崇拜的对象多为自然物，抽象且缺乏亲近感，于是原始人类加以人格化，自然崇拜就成了自然神崇拜。例如日月崇拜，在山东大汶口和河南新郑新石器时期的文化遗址出土的彩陶上，都绘有太阳纹和月亮纹的图案；在内蒙古阴山地区人们还发现远古遗留下来的拜日岩画图，礼拜者高举双手，或者双膝跪地高举双手向太阳作顶礼膜拜状。文献如《山海经·大荒南经》称："东南海之外，甘水之间，有羲和之国，有女子名曰羲和，方浴于甘渊。羲和者，帝俊之妻，生十日。"又如在众多新石器时代的遗址中，考古专家经常发现用石块砌筑或用泥土夯筑的方形或圆形的祭坛，由于天圆地方是中国人的传统观念，这类祭坛祭祀的对象很可能和天地有关。一直到商代，商人所祭祀的"帝"或者"上帝"，首先是一个自然天象的主宰，可以令雨、令风，由于风调雨顺是农业丰收与否的重要前提，所以商人同时把"帝"视为农业神。

原始人与鬼神、祖先进行沟通的手段是原始巫术。对原始人来说，仅仅对神鬼、祖先进行膜拜是远远不够的，更重要的是要知道神鬼、祖先的想法，甚至最干脆的就是拥有像神鬼、祖先一样的神通和超自然能力，这就需要借助巫术的力量了。巫术的施行者一般采用比拟、模仿、象征等手法，并且要借助某种灵物法器来实施，大体上可分为敬神和驱鬼两大类，有祈求、占卜、诅咒、禁忌、灵符、厌胜等不同的表现形式，后来的道教就在一定程度上了吸取这些手法。传说远古时期，巫职并不固定，每个人都可以借助巫术和鬼神进行沟通，换言之，此时整个社会在神权方面是平等、自由但无序的。到五帝中的颛顼时代，"绝地天通"，普通人被取消与鬼神进行沟通的资格，只有专业的巫觋阶层（男巫师称"觋"，民间俗称"神汉"；女巫师称"巫"，民间俗称"巫婆"）才能与鬼神、天帝和祖先沟通。颛顼的这次宗教改革对后世产生了深远影响，巫觋阶层此后成为统治者阶层的一部分，他们不仅掌握着敬神驱鬼的方法，而且掌握着最早的医疗、天文、历史、歌舞等技能和知识，而巫觋阶层的最高首领，也是掌握最高权力的王。如学者指出："自天地交通交绝之后，只有控制着沟通手段的人，才握有统治的知识，即权力。于是，巫便成了每个宫廷中必不可少的成员。事实上，研究古代中国的学者都认为：帝王自己就是众巫的首领。"① 在神权至上的时代，谁掌握了与神沟通的权力，谁就能掌握最高统治权。在中国传统社会中，

---

① ［美］张光直：《美术、神话与祭祀》，民族出版社 1999 年版，第 33 页。

君权神授同样是保证统治者权力合法性的最主要手段之一，因此必须要禁绝普通民众随意与神沟通。当然，此后随着社会的进一步发展，民间的“神汉”、“巫婆”仍然存在，成为民间百姓与神之间的桥梁，但对官方而言，此类民间巫觋总属于毫不留情打击的对象。

第二节　传统文化孕育的道教

道教是中国土生土长的一种宗教，它源于我国原始社会时期的信仰和巫术，因而和我国传统文化的结合相当紧密。

一、道教的起源和发展

战国时期，首先在齐国、燕国地区出现一些方士，他们号称能与神仙来往，掌握长生不死之法，常人只要服食他们炼制的仙丹，即可羽化成仙。战国后期，邹衍将古老的五行说与阴阳思想相结合，创立阴阳五行学说，这一学说很快被方士吸收采纳。秦汉时期，秦始皇因方士无法真的拿出长生丹药，一怒之下坑杀数百名方士，但方士的手段却颇为高明，既渲染神仙不死之术，又高谈谶纬预测未来，故而仍然受到后世帝王的青睐，在民间也极具影响。秦末的陈胜起义、刘邦起事，要借助术士之言；王莽代汉、刘秀称帝，同样得谶纬之助。到东汉时期，本为官方尊奉的道家黄老无为学说流入民间，黄帝、老子成为民间祭拜对象，于是，黄老信仰加上原有的神仙信仰、阴阳五行和谶纬法术，就成为早期道教的共同组成部分。但这一时期的道教尚未完全成形，还与域外传来的早期佛教混杂在一起。

作为一种较为完整意义上的宗教，道教的成型可以追溯到东汉后期。一般来说，宗教的正式产生要满足这样几个基本条件：“第一要形成特定的宗教信仰，第二要形成特定的宗教理论，第三要形成特定的宗教活动，第四要形成特定的宗教实体。”①东汉时期，这几个条件大体都已具备，特别是《太平经》（又称《太平清领书》）、《周易参同契》、《老子想尔注》这三本书的出现，可以视为道教信仰和道教理论形成的标志，而东汉后期的五斗米道和太平道则可以视为道教活动和道教实体出现的标志。

---

① 任继愈：《中国道教史》，中国社会科学出版社 2001 年版，第 8 页。

宗教因为是一种精神信仰，因而具有较强的社会凝聚和组织作用，而东汉后期社会政治腐败所导致的严重社会危机，也反过来促进了宗教组织的形成和发展。东汉顺帝时，沛国丰（今江苏丰县）人张陵（又称张道陵）到四川鹤鸣山修行传道，教人悔过，又以符水咒法为人治病，由此得到周边民众的拥护。受其道者皆出五斗米，以义舍、义米、义肉互相周济，故称之为“五斗米道”，官府则蔑称为“米贼”。张陵部众都以《道德经》为主要经典，还有教规戒律，组织完备。张陵去世后，被弟子尊称为“张天师”，因此五斗米道又称“天师道”。此后，张陵之孙张鲁自号“师君”，率众在汉中建立起政教合一的政权，前后存在30余年。太平道产生于东汉灵帝时期，钜鹿（今河北平乡）人张角依托道士于吉等人所传的《太平经》创立太平道并设立组织，利用经书中的善恶承负、周穷救急等社会政治思想发动民众，兼以符水和中草药为贫困无力治病的民众看病，因而深得人心，十年间发展到数十万人。汉灵帝中平元年（184）三月，张角等发动黄巾起义。

黄巾起义是中国历史上第一次利用宗教思想来发动民众、反抗官府的起义，一度声势浩大，但在统治者的严酷镇压下最后归于失败。太平道也因为曾被张角等利用为思想武器，遭到统治者的严厉取缔，最后中绝。与太平道迥异，五斗米道虽为张鲁借用建立政教合一政权，但仅为地方割据之一，后来又归降曹操，不像太平道那样对统治者有着直接危害，因而得以流传下来。曹操对张鲁采取既拉拢又限制的策略，封张鲁为镇南将军、阆中侯，食邑万户，始终享有高官厚禄，张鲁诸子也大都封侯。同时曹魏又把张鲁和大部分教众由川陕迁徙到关陇、洛阳、邺城等地，天师道遂在北方中原地区得到广泛传播，并渐渐得到上层贵族的欢迎。张鲁之子张盛后迁居于江西龙虎山，宋元时期，朝廷都封号为“天师”，天师道成为道教一大派系，号称正宗。东晋南迁，天师道又随之播传于江南地区。陈寅恪先生的《天师道与滨海地域的关系》一文指出，东晋南北朝的许多门阀士族，都是信奉五斗米道的世家。王羲之家族即其中之一。当时最有影响力的是杜子恭一派，在江南世族大姓中拥有不少信徒。同时，天师道在下层民众中也广为流传。杜子恭的弟子孙泰时，吸引大量下层民众加入天师道，影响力极大，后被会稽内史谢輶杀死，其侄子孙恩借机在东南地区发起反对晋王朝的斗争，前后历时13年才被镇压下去。

道教自东汉末产生后，虽发展到大江南北，但道教的理论教义和佛教相比，仍粗糙简陋，且组织涣散。更严重的是，道教屡屡成为下层民众反抗统治者的有力工具，这引起了一些道教理论家的警觉。以魏晋南北朝时期的葛洪、陆修静、陶弘景和寇谦之等为代表，对道教教义进行改造和充实，使之更趋理论化、系统化，再加上宫观制度的建立和戒律制度的完善，道教正是在这一时期发展演变为完备成熟的宗教，并从主要传播于民间的道团上升为官方承认的宗教。葛洪是东晋时期的道教理论家、医学家和炼丹家，著有《抱朴子》一书，系统总结早期道教的神仙理论，主张炼食金丹为成仙之路，成为道教丹鼎派的奠基人。陆静修和陶弘景分别为南朝刘宋、齐梁时人，陆静修侧重于整顿道教组织，如确立三会日制度、整理道民名藉、禁止道官自行署职。陶弘景则对道教的养生修炼理论颇有贡献，并为道教建立神仙谱系。陶弘景还是道教上清派的重要传人，他长期居住茅山，故人们将陶弘景以后的上清派称为茅山宗。寇谦之则在北魏统治者的支持下，整顿组织，增订戒律，并引入儒家礼教，使得北方道教由一个不尽符合统治者口味的民间宗教，转变成符合统治者需要并受其控制的官方宗教。寇谦之改革后的天师道，也可称为新天师道。魏晋南北朝后，道教基本成为一个教义充实、仪式固定、组织健全的成熟宗教。

唐代统治者为自抬身份，与老子李耳攀上亲戚，道教因此大受唐朝廷扶持。唐玄宗开元二十一年（733）令士庶家藏一本《道德经》，贡举人加试老子策。唐代的道教理论也进一步完善，涌现出成玄英、司马承祯、杜兴庭等著名道士。宋代是道教的又一个繁荣期，由于统治者的亲身提倡，如宋徽宗曾自称“道君皇帝”，道教理论研究进一步深化，各种道教书籍层出不穷，据统计，现存《道藏》、《续道藏》共收录道教书籍计 1 470 余种，其中宋人编著者 210 多种，接近 1/5。此外，宋代道派林立，符箓派有茅山、阁皂山、龙虎山三大宗派，内丹派有神霄派、天心派，南宋初又兴起太一、大道、全真等派。在内丹诸派中，全真派创立时间晚于太一、大道诸派，但传教过程中坚持儒、释、道三源同流，因而社会基础广泛。元初，王重阳的弟子丘处机又以 72 岁高龄，历时两年多到达今阿富汗北部觐见成吉思汗，全真教声誉大振，逐渐成为北方第一大教派。蒙古人对待各类宗教的态度其实是平等的，元成宗大德八年（1304），元廷敕封张陵第三十八代孙张与材为“正一教主”，主领三山符箓，这意味着道教中的符箓诸派以天师道、龙虎宗为中心，汇聚形成堪与全真教派抗衡的正一教派。

由明至清，道教开始停滞衰落。明清道教仍分为全真、正一两派，相比之下正一派更为活跃，与权贵关系更为密切。朱元璋借助宗教起事，但立国后对宗教多加抑制。当然，明代仍然有不少帝王信奉道教、服食金丹，即便有数位皇帝因此而死，但依然热衷于此道。明清时期，礼部下设道录司，是中央管理道教徒事务的官署，府、州、县则设道纪司、道正司、道会司，各级道官一般由道士充任。民国时期，随着西方科学和民主思想的传入，道教继续衰落，道团组织涣散、人才凋零，建国以后道观土地多被没收，更使得道教组织的生存和发展陷于困境。直到“文革”以后，道教的发展才重新走上正轨。

二、道教的教义和神仙谱系

道教的主要理论来源之一是先秦时期的道家学说，因此道家学说中的道也成为道教一切教义的根本出发点和基本信仰。要注意的是，道教和先秦时期的道家学说关系紧密，但两者并非一回事。道家是先秦时期众多的学术流派之一，尊黄帝、老子为创始人，战国时期的著名人物还包括庄子、列御寇、惠施等人。道家思想的核心是道，视道为宇宙的本质、万物的始源，也是世界运行的最高法则。道家崇尚自然、反对斗争，有着强烈的辩证法特色，政治上强调无为而治、与民休息，道家思想在汉初一度成为影响西汉统治者的重要社会思潮。汉武帝独尊儒术后，道家思想不再成为官方认为的主流思潮，但仍然在中国传统文化中占据重要地位。

道家从哲学层面视道为世界本原、主宰者，而道教则从宗教层面视道为宇宙万物的本原和主宰者，宇宙万物运行的规律，无所不在，无时不存。道教最早的经书之一《太平经》称："夫道何等也？万物之元首，不可得名者。六级之中，无道不能变化。元气行道，以生万物，天地大小，无不由道而生者也。"① 这说明道教创立之初，即以道为宇宙和万物的本原，道在道教整个理论系统中，实居于最核心地位，道教所有教义教理，均由此阐发而来。由道衍化为三元，三元分别为第一混洞太无元、第二赤混太无元、第三冥寂玄通元。三元化生出三宝，即从混洞太无元化生出天宝君，从赤混太无元化生出灵宝君，从冥寂玄通元化生出神宝君，如此三元即三宝。三宝君分别治于三清境，天宝君治在玉清境，即清微天；灵宝君治在上清境，即禹余天；神宝君治在太清境，即大赤天。这样，三宝又称三清。三宝君、三清的全称为玉清元始天尊、上清灵宝天尊、太清道德天尊（太上老君），同为道教至高无上之尊神。三天尊同时还是传给世人道教经书的祖师，天宝君说十二部经，为洞真教主；灵宝君说十二部经，为洞玄教主；神宝君说十二部经，为洞神教主。实际上，道教将全部经书分列"三洞"，此说始自南朝刘宋的陆静修。

大体而言，道教的宇宙观不够缜密，相比之下，道教的承负观、生死观影响中国人更为深远。

和佛教广为流传的因果报应观类似，道教也有天道循环、善恶报应的承负观。《周易·坤·文言》称"积善之家，必有余庆；积不善之家，必有余殃"，《道德经》第七十九章也谓"天道无亲，常与善人"，这可以看成承负说的思想渊源。《太平经》

① 王明编：《太平经合校》，中华书局1960年版，第16页。

在解释现实社会中行善者反得恶、行恶者反得善的社会现象时，认为由于天道循环，今人所受到的凶吉祸福归结于祖先的行为善恶，即前人有恶，后人无辜受过，是为承负。同样，前人为善，后人亦受福荫。不仅个人如此，推广至家族，甚至社会、自然都如此。人遭遇的祸福虽然处于天道循环的承负过程中，但人作为生命个体并非只能被动接受，人可以通过行善积德、尊奉神灵、修习道术等后天努力，帮助自身和后代脱负止厄，免遭先人积恶之厄，进而修身守神、内修外养，达到长生久视的仙人之境。葛洪更声称“欲求长生者，必欲积善立功”，要做到“慈心于物”、“仁逮昆虫”、“赈人之急，救人之穷”等，“如此乃为有德，受福于天，所作必成，求仙可冀也”。[①] 道教的承负观沿袭和发展了中国传统的善恶报应伦理观，并深深影响了中国普通民众日常行为中的善恶倾向和选择。

道教的神仙观对中国人同样影响深远。道教是一种重生恶死、以生为乐，进而追求长生不死即神仙之术的宗教，又因为人的寿命并不取决于包括天命在内的外部因素，而在于自身，因而人只要修性养生、安神固元，即按照道教所宣称的那一套修炼之术修炼，就能长生久视，最后得道成仙，故道教的生死观又与神仙信仰紧密联系。道教因为尊奉不同的修炼方法而形成不同的派别，主要可分为丹鼎派和符箓派。秦汉魏晋时期丹鼎派盛极一时，术士纵横，号称能炼长生不老金丹和点石成金，秦皇汉武、大姓名士，都是早期丹鼎派的信徒。后世归纳为三种烧炼术：神丹、金液和黄白。但炼丹成本巨大，且所用原料砷、铅、贡常有剧毒，容易致人死命，因而隋唐以后丹鼎派不再强调炼外丹，转倡炼内丹，包括吐纳、服气、导引、守一、存思、辟谷以及体育锻炼等手段，典型如全真教派。内丹之说至少可以强身健体、延年益寿，因而很得中国人的信服。符箓派与古代巫术有着密切联系，传行符箓科仪并斋醮祈禳，以念咒、画符、施法等方法为民众祈福驱魔，实际操作时辅以推拿、按摩、魔术和各类中草药物等，施之有效、简单易行，特别是在缺医少药的下层民间社会有着深厚基础。汉末太平道、五斗米道都属于符箓派，五斗米道后成为主流，后衍化为龙虎山正一道。魏晋时出现灵宝、上清诸派，宋末符箓诸派汇集于正一派。

道教信奉的神仙实际上由神和仙两部分组成。道教分宇宙为大罗天、三清境、四梵三界三十二天，共计三十六天，各天皆有帝王、辅助之神，还要再加上日月星辰、风雨雷电诸神。仙则是凡人得道的结果，可以想见，随着社会的发展，道教勾画出的仙人还会随之增多。因此之故，道教的神仙谱系非常庞杂。至高神当然是三清即元始天尊、灵宝天尊和道德天尊（太上老君），分居玉清境、上清境和太清境三种仙境。

---

① 王明：《抱朴子内篇校释》卷六，中华书局1986年版，第126页。

道教宫观多筑有三清殿，以元始天尊居中，但论三者出现之先后，则老君最早、灵宝最晚。民间熟悉的玉皇大帝则为三清之化身，两者关系就如先无极后太极一样，所以玉皇为诸天之帝、仙真之王，有征召四海五岳之神的权力，万神皆班列其下。次于玉皇大帝的有勾陈上宫天皇大帝，掌天地人三才，主人间兵革；紫微北极大帝，掌天地经纬；后土皇地祇，掌大地山河、阴阳生育，这三者与玉帝合称四御。除天帝外，尚有诸大神，包括十方诸天尊、圆明道母天尊（即北斗星）、三官大帝（天、地、水）、真武大帝、南极寿星、东岳大帝，以及英雄神和文化神如关帝、文昌，守护神如城隍、门神、灶神和土地神，行业神和特定功能神如蚕神、财神、瘟神等，还有凡人修炼后成的仙如八仙、张陵、王重阳、张三丰等，其谱系可谓包罗万象、应有尽有。

三、道教和中国传统社会

鲁迅先生在 1918 年 8 月 20 日所写《致许寿裳》信中称“中国根柢全在道教”，意思是道教体现了中国传统文化的特点，从研究道教入手，可以窥得中国传统文化的内核所在。鲁迅先生此论是站得住脚的，因为道教是中国土生土长的一种宗教，是中国传统社会的产物，比较原汁原味地保存和体现了中国传统文化的要义和特色。

可以认为，道教就是中国传统社会的产物，这突出体现在道教有着诸多理论来源。如前所述，道教借用了道家的很多概念和理论，从老子、庄子、邹衍、《吕氏春秋》和《淮南子》那里，吸取了道家学者关于自然和社会、人生的诸多观点，以至于道教在尚未成熟的秦汉时期，常以黄老道的名义出现。除此之外，道教还“采撷了流传于古代中国尤其是流传于楚文化圈的种种神话，将它们改造、排次，构筑了一个等级森严、名目众多的神祇谱系”，“将古代中国尤其是楚文化圈内盛行的山川日月星辰鬼神祭祀发展为斋醮产仪，将巫医的膏唾、祝咒，民间的臂著五彩、悬苇画鸡、桃印桃符、治邪驱鬼等等发展为禁咒、符箓、印镜等法术；它还吸引了当时自然科学（主要是化学及医药学）的成果，一方面把导引等健身术与自己的理论相结合，另一方面神化丹铅方药，构筑了所谓‘内丹’、‘外丹’学说”。[①] 可以说，道教正是在中国古代道家思想的理论基础上，吸取远古鬼神崇拜、民间巫术活动和早期自然科学知识等而形成的，道教教义之所以显得驳杂不够系统，原因正在于此。

此后，早期道教即东汉太平道和五斗米道，利用道家中关于天道无私、财富共享等观念，加上民间巫术的强大心理暗示力量，一度成为普通民众与官府相抗衡的思想

① 葛兆光：《道教与中国文化》，上海人民出版社 1987 年版，第 19 ~ 20 页。

武器，直到东晋时期的孙恩起义仍然以五斗米道为号召。但经过魏晋时期葛洪、陆修静、陶弘景和寇谦之等人的大力整顿，规范道教组织和科仪，剔除道教理论中容易被利用与统治者对抗的相关理论和思想，使得道教对抗世俗王权的色彩日益淡化。魏晋以后，道教已经和官方完全保持一致，日益成为一个较为纯粹的宗教组织。

道教对中国社会的影响包括上层、下层两个方面。道教的修道成仙之说主要针对占统治地位的社会上层人士，他们享有各种政治和经济特权，生活富裕，拥有闲暇时间，如何更长久地享受人生正是他们最关注和希望的，因而历代道士都能够在统治者阶层中找到知音，秦皇汉武、唐宗宋祖，还有成吉思汗、明太祖等，无不对道教尊重有加，都希冀道教能够延长自己的生命。至于那些因迷信和服食金丹琼液而误了卿卿性命的帝王将相，更是大有人在。在包括普通民众在内的社会中下层人士中，道教的养生健体、道德说教和心理慰藉功能则有着巨大的影响力，特别是明清以后，代表着正统道教的全真、正一两大派别虽日趋衰落，但道教的多神崇拜、强身健体、积善承负等观念却进一步深入民间社会，普通民众把自己无法解决的现实问题诉诸神仙，以此求得一种心理上的安慰。正是因为道教和中国的民间社会有着极其紧密的联系，所以原来流传民间的诸神，如雷公、土地、关帝、城隍、门神、妈祖、财神、药王等，一一被吸纳进道教的神仙谱系。

道教中蕴涵有多种自然科学的知识，这是众所周知的。著名学者李约瑟指出，“道家哲学虽然含有政治集体主义、宗教神秘主义以及个人修炼成仙的各种因素，但它却发展了科学态度的许多最重要的特点，因而对中国科学史是有着头等重要性的。此外，道家又根据他们的原理而行动，由此之故，东亚的化学、矿物学、植物学和药物学都起源于道家，他们同希腊的前苏格拉底的和伊壁鸠鲁派的科学哲学家有很多相似之处。”① 中国古代并无严格意义上的化学学科，道教的金丹家们是在长期的炼丹试验活动中，积累了大量和物质性质、化学反应规律相关的经验认识和思想，尽管今天的化学学科证明其中有着大量的谬误，但科学的发展正是从错误中一步步走出来的，其学术价值是不容否定的。当然，道教教徒从事自然试验的目的是修仙炼丹，这就决定了道教在自然科技领域内不可能催生近代意义上的自然科学。此外，道教对哲学、文学等人文艺术学科也有着不容忽视的贡献，从六朝到明清，涌现出数量众多的以道教为背景或取材于道教的小说和诗歌，还有不少作者从道教中获得灵感并创作出优秀作品，如李白笃信道教，常与道士交往，这些经历对他的浪漫主义诗风不无裨益。

---

① ［英］李约瑟：《中国科技史》（第2卷），科学出版社1990年版，第175页。

民间社会的各类节俗活动也常常与道教有关。道教神仙的诞辰，如正月初一，元始天尊的诞辰（民间或为冬至日），正月初九的玉皇诞辰，本为道教庆典，但随着道教的流行，影响日渐扩大，逐渐成为民间社会的节俗之一。道教有庆祝三官大帝（天、地、水）诞辰的三元节，分别为正月十五上元节、七月十五中元节和十月十五下元节，此后上元节演变为元宵节，中元节演变为鬼节。春节作为国我最盛大的节俗，道教的影子无处不在，如敬灶神、贴门神、贴桃符、燃爆竹等。

第三节　佛教及其中国化

由于受到地理环境的限制，古代中国在文化领域鲜有和异质文化相交流、碰撞的机会，而佛教是从印度传入的外来宗教，是极少数能够与中国文化进行同层次对话、交流的异质文化之一。佛教自东汉时期传入我国后，对中国文化起到了极其重要的促进作用，同时，佛教在中国传统文化的熏陶和影响下，也成为不同于印度的中国化的佛教。

一、早期佛教及其基本教义

佛教创立于印度，是东方乃至世界文明史上的一桩大事。印度佛教自创立到衰落，大致经历了原始佛教、部派佛教、大乘佛教、密教等时期。原始佛教指释迦牟尼（前565—前485）创教及弟子传承时期，这一时期佛教的教义明确，教团内部意见统一。释迦牟尼顿悟成佛后，提出原始佛教的基本教义：四谛、八正道、十二因缘。四谛指苦、集、灭、道，苦谛指宇宙人生的本质为苦，包括生、老、病、死诸苦和求不得苦、怨憎会苦、五蕴阴苦；集谛指造成人生苦难的种种原因，主要是对人生欲望的追求；灭谛指断灭产生世俗苦难的根源，最终达到理想境界即涅槃；道谛指达到理想境界的修行方法，可概括为八种，即八正道。八正道包括正见、正思维、正语、正业、正命、正精进、正念、正定，主要是从身（行为）、口（语言）、意（思想）三个方面对人们的日常生活作出规定，也可以概括为戒、定、慧“三学”。十二因缘从缘起出发，说明人生本质及其流转过程，世间一切事物都是因缘而起的假象和幻影，其起源即是无明，即愚昧、贪欲。十二因缘实际上构成业报轮回的基础，人们要摆脱这种业报轮回，唯有从根源上灭无明，而要灭无明，唯有通过佛教修行。佛陀由缘起又提出三个著名命题：诸行无常、诸法无我、一切皆苦（后改为涅槃寂静），称“三法印”，亦为佛教基本要义。

在佛陀去世一百余年后，佛教内部因为对教义和戒律的理解不同而分裂成不同部派，大概形成18部派（或为20部派），这就是部派佛教时期。原始佛教的教义较为平实朴素，注意力集中在人生苦难问题上，即人生说教和道德修养领域，而部派佛教则转向哲学思辨，试图囊括全部宇宙人生问题，建立完整的宗教神学体系。再至公元1世纪左右，大乘佛教兴起。为了显示自己的正统地位，大乘佛教将之前的原始佛教和部派佛教贬称为小乘。乘者，载也，大乘佛教称小乘佛教只能自救自度，唯有自身才能普度众生，实现自利利他，故称大乘。大乘佛教把释迦牟尼完全神格化，并把个人的修行目标由阿罗汉提升到佛，提倡自我解脱之余，要帮助无量众生。大乘佛教在印度的发展历经三个时期：公元1世纪至5世纪初，是大乘经典和中观学派形成期；公元5世纪至7世纪是瑜伽行派产生并发展期；公元7世纪至13世纪，大乘佛教密教化走向衰落。13世纪末，印度受伊斯兰教国家入侵，佛教被毁，直至19世纪末，佛教才由斯里兰卡倒传回印度。

佛教初传入中国当在两汉之际。“在西汉末年和东汉初年，西域与中国内地，以及西域人与汉人之间的交往基本上是一直进行着的。正是在这种交往中，印度的佛教通过西域传到中国内。”① 我国典籍中关于佛教的最早记载出现在《三国志》卷三〇《乌桓鲜卑东夷传》裴松之注引《魏略》称：“昔汉哀帝元寿元年，博士弟子景卢受大月氏王使伊存口受《浮屠经》。曰复立者，其人也。《浮屠》所载临蒲塞、桑门、伯闻、疏问、白疏间、比丘、晨门，皆弟子号也。”景卢在《魏书·释老志》中作秦景宪，浮屠即佛陀（Buddha），《浮屠经》指描述释迦牟尼事迹的佛经，复立即复豆，也是佛陀之意。大月氏因受匈奴压迫，于公元前130年左右迁入大夏地区（今阿富汗阿姆河以南），接受原大夏国的佛教信仰，此后不久，《后汉书》就载有明帝夜梦金人、顶有光明，于是遣使往天竺访问佛法，携沙门摄摩腾、竺法兰东还洛阳，建白马寺供奉，又译出我国现存最早的汉文佛经《四十二章经》。这应当是佛教传入中国的确切记载。

佛教在中国的流传，大体而言可分为三个阶段：魏晋以前为输入时期，以翻译佛经为主；两晋南北朝为传播时期，佛教学者在研究各佛经的过程中，形成各种学派和师派；隋唐为兴盛时期，并形成与印度不同、具有中国文化特色的佛教宗派。

魏晋以前，佛教在中原地区得到一定程度的流传，此时佛教和早期道教的黄老道、神仙方术有所混淆。《后汉书》卷四二《楚王英传》载“楚王诵黄老之微言，尚

① 任继愈：《中国佛教史》，中国社会科学出版社1981年版，第90页。

浮屠之仁祠”，同祀黄老与佛陀，说明当时世人尚不熟悉佛教，误以为与黄老道同。而佛教初入中国，立足未稳，也可以借黄老拓张影响、吸引信徒，两者互张声势、相得益彰。这一情形，与明代传教士利玛窦初入中国时，将天主教相关教义主动附会儒学颇有相似之处。大致到东汉末三国初期，佛教与道教开始分途，到西晋时，佛教发展迅猛，影响力日益扩大，佛教教理又反对长生不死的神仙，与道教针锋相对，这才与道教发生冲突抵牾。西晋惠帝时，天师道祭酒王浮常与沙门帛远论争，愤而作《老子化胡经》，伪称老子入天竺化为佛陀，以诋毁佛教，此后道佛两家之间冲突不断。

魏晋南北时期，佛教在中国获得了广泛流传。皇帝和达官贵族带头信仰佛教，天竺僧人佛图澄、鸠摩罗什先后被北朝后赵石勒、石虎和前秦苻坚尊为国师。北魏时全国佛寺达到三万余所，出家僧尼达二百余万人。据《洛阳伽蓝记》记载，北魏首都洛阳的永明寺，就有房舍一千余间，居住外国沙门三千余人。南方自孙吴政权优待佛教后，佛教在江南亦取得显著发展，隐隐与洛阳呈分庭抗礼之势。南朝梁武帝时，仅建康一地就有寺庙500余所，僮尼十余万人，梁武帝萧衍还先后四次出家入寺，以示对佛教的重视。同一时期，佛经翻译也蔚为大观，后秦国主姚兴击败后凉，迎鸠摩罗什入长安，为其提供一流的国家译场——长安逍遥园西明阁，又在全国范围内遴选佛教学者，协助罗什译经。罗什在姚兴支持下，于长安主持译经十余年，这一时期的中原佛学，呈现出空前繁荣景象，为之后中原佛学的发展奠定了良好基础。

与此同时，魏晋六朝时期的佛教学者在钻研佛教经典的过程中，形成各种学派师派，如专研《大般涅槃经》的涅槃学师派、讲习《成实论》的成实师派、钻研《十地经论》的地论师派、研习《楞枷经》的楞伽师派和阐发《摄大乘论》的摄论师派。其中，影响最显著的要数般若学和中观学。般若学属于大乘佛教，般若系梵语音译，意译为“智慧”，全称“般若波罗蜜多”，是大乘所谓“六度”即布施、持戒、忍辱、精进、禅定、般若之一。般若学传入中国时，正是玄学兴盛的时代，般若学和玄学都带有较强的思辨特色，两者互相呼应、彼此激励，此时，佛教就不再和秦汉时流行的神仙方术纠缠在一起，转而与玄学合流。一些著名僧侣既以玄学来论述般若学，又借用般若学来发挥玄学，导致般若宗形成不同学派，即“六家七宗”之说。其中影响较大的包括以道安、慧远为代表的本无宗，以支遁为代表的即色宗和以支愍度为代表的心无宗，尤以道安、慧远影响最甚。再到晋宋时期，著名佛教理论家和佛经翻译家鸠摩罗什将印度大乘佛教中观学派龙树大师的理论传入中国，进一步发展了般若佛学的空宗理论。但罗什去世以后，以抽象思辨为主要特征的般若中观学说渐趋消歇，佛教学者受到儒学实用理性的影响，更多关注当下现实人生，为隋唐时期的宗派佛教奠定了理论基础。

二、佛教的中国化和禅宗

从严格意义上讲，佛教的中国化自佛教传入中国、与中国原有思想文化接触的第一天起就已经开始，佛教学者在理解、阐释佛教中的相关理论和思想时，必囿于自身固有的儒、道思想和名词概念，不可能脱离自身的传统文化背景。故“所谓中国佛学，既不同于中国的传统思想，也不同于印度的思想，而是吸取了印度学说所构成的一种新说”①，当然，中国佛教的根在中国而不在印度。隋唐时期为中国佛教发展的鼎盛时期，这一时期佛教的中国化也表现得尤为显著。

隋唐时期的帝王颇支持佛教的发展。北周武帝厉行灭佛后，隋初佛教的状况并不容乐观，经隋文帝大力提倡，新建佛寺、修治故像、缮写经书，还兴建舍利塔，佛教才迅速恢复元气并取得进一步发展。更为重要的是，隋唐时期的佛教寺院经济实力强大，享有免税特权，拥有庄园、土地、当铺等，这更助长了佛教声势，也为隋唐时期宗派佛教的建立奠定了物质基础。

隋唐时期是佛教的全盛期，各佛教宗派主要有天台宗、三论宗、唯识宗、华严宗、律宗、净土宗、禅宗等。其中，唯识宗又名法相宗，由玄奘及其弟子窥基创立。玄奘佛学造诣精深，游学印度 17 年之久，在印度期间接受瑜伽行派护法一系的学说，归国后编译《成唯识论》一书，把瑜伽学派的唯识学说精炼成新的理论系统，一度盛行，但不久即告中衰。净土宗因专修往生阿弥陀佛净土的法门而得名，亦名莲宗，始于东晋慧远，但创立者一般认为是唐代善导。该宗教义较为简单，修行者自身只要称名念佛、观想念佛，再加上弥陀的愿力为外缘，内外结合即可往生极乐净土，中唐以后流行广泛，对中国民间社会影响深远，以致其他各宗后来也都兼修念佛法门。上述宗派佛教中，最能体现中国化特点的当然要数禅宗，禅宗是中国化的产物，也是中国独有的宗派。

禅是梵语的简化音译，全译为“禅那”，或称“禅定”，意谓以安静打坐的方式，深入思考佛法，最后领悟大智慧而得解脱，所以是佛教各派都不可缺少的一种修持方法。通常认为，禅宗始祖是南朝梁由印来华的达摩，但禅宗史研究指出，其时达摩禅只是当时流传的大小乘禅系的一家，禅宗的真正创始人，当为弘忍弟子惠能，即禅宗概念的真正含义，是指惠能系统的南宗禅。惠能（638—713）是广东人，俗姓卢，其父被贬官至岭南新州（今广东新兴县），不久去世。故惠能家道贫困，未受过良好

---

① 吕澂：《中国佛学源流略讲》，中华书局 1979 年版，第 1 页。

教育。唐龙朔元年（661），惠能赴湖北黄梅参礼五祖弘忍。弘忍去世时，实际上并未指定具体某位徒弟为衣钵传人，座下弟子神秀后来在北方传禅，一度声誉广被，弟子众多，据张说《大通禅师碑铭》称，武则天曾遣使迎请年过九十的神秀，并予以高度礼遇。神秀去世后，唐中宗亲自送葬至洛阳午桥，赐谥号“大通禅师”，并下令于嵩山之辅山顶为建十三级浮屠。因为得到官方的认可，北方禅宗更能代表达摩禅的正统所在。而惠能则回到南方创立南宗禅，至开元二十二年（734）惠能弟子神会在河南滑台大云寺无遮大会公开向北宗发难，争夺嫡传正宗之位，南北禅宗从此形同水火。

惠能所建立的南宗禅，与之前的达摩禅有某种继承关系，但又不停留于对印度佛教经典进行义理阐释、思想分析的程度，与之前南北朝各家禅学都有区别，“它是汉民族以自己的思想方法和生活方式建立起来的，具有极其鲜明的民族文化色彩”①，是中国佛教创造和革新的产物，完全可称之为中国化的佛教。它否认传统意义上的禅定，不视禅定为获得智慧的必由之路，而把禅解释为自心本性的自然任运，直指个体的主观精神和心理状态。同时，惠能大力提倡顿悟成佛，不立文字、不重禅定，既抛弃传统佛教的浩繁经卷和深奥义理，又反对念佛得往净土的简单信仰方式，这实质上为佛教开辟出了一条平民化的路向，对禅宗未来的发展是至关重要的。以后的事实表明，惠能的努力极富前瞻性。隋唐以来，中国民间社会的活力日益增强，平民化的禅宗富有浓厚的世俗生活气息，与普通大众的社会生活、日常行为结合紧密，因而获得强大生命力，禅宗成为中国流传时间最长、范围最广的宗派佛教。惠能的说法语录也因此被奉为《坛经》。在佛教中，只有佛说的法才能被称为经，中国佛教僧侣的说法语录被公开奉为佛经的，只此一家。

五代以后，佛教的流传以禅宗为主，再加上净土、华严、天台诸宗也有所发展，但总体上呈现衰微之势，强调儒、释、道同源合义。元代虽有成吉思汗青睐全真教的先例，但后继统治者对佛教同样青睐，特别是忽必烈即位后，在坚持平等对待各类宗教的前提下，对藏传佛教有所偏爱。忽必烈以西藏名僧八思巴为帝师，并在修缮寺庙、大作佛事等方面投入巨资。元末出现民间秘密宗教白莲教，糅合弥勒信仰和其他宗教，并为农民起义所利用，于是明清两朝对佛教控制甚严。清朝因为是满洲女真所建，对藏传佛教中的喇嘛教格外重视，清代宗教中，唯有喇嘛教盛极一时。

直到清末近代，伴随着居士佛教的兴起，佛教又有复兴趋势，禅宗、天台、华严甚至唯识诸宗都重新引起人们关注。近代以来，中国的传统农业社会逐步解体，传统

---

① 潘桂明：《中国佛教思想史稿》（第2卷），江苏人民出版社2009年版，第589页。

文化在吸取西方文化的同时，自身也试图对千年未变之局提出应对之策，于是佛教应运复兴，并以革新自身的姿态吸引了大批民众。特别是近代居士、学者研究佛学之风盛行，为佛教界提供了众多才智之士，如康有为、谭嗣同、章太炎、梁启超等都对佛学有独到造诣，一些学者还在著名高校学府中讲授佛学，如许季平、梁漱溟、汤用彤、熊十力等，佛学遂进入中国哲学史和思想史领域，并成为其重要组成部分。同时，佛教积极谋求自我更新，早在辛亥革命前，太虚大师就力倡佛教改革，结合当时盛行的社会改良思潮而提出人间佛教之说，并主张宗教革新是中华民族走向近代的重要一环。此后，佛教界人士积极举办佛教教育、推动慈善活动，并组建各类佛教团体，深入到民间社会的方方面面。

三、佛教与中国传统文化

佛教对中国传统文化的影响是深远的。古代中国人处于一个相对封闭的地理环境之中，疆域虽然很大，但东和东南临大海，西接雪山高原，西南高山丛林环绕，北面沙漠戈壁无限，再加上无论是北边的匈奴、胡人，南面的山越、夷人，还是西面深眉隆鼻的中亚民族，文明发达程度较之中原华夏民族都有所不逮，所以古代中国人自以为居天下正中、汉民族文化程度高于周边四夷的正统观很难被撼动。汉民族文化自身的发展也因为缺少与异质文化的碰撞和交流，自先秦诸子百家争鸣盛况后，就呈现出某种衰败迹象。直到佛教传入，中国文化才第一次遇到强有力的冲击，难能可贵的是，印度佛教本身也在不断地推陈出新，给中国文化不断输入新鲜血液，更对中国以儒、道为主体的固有文化造成一种刺激，促使两千年来中国传统文化不断地吐故纳新、向前发展，此诚如柳诒徵所论："印度文化之输入吾国，而使吾国社会思想以及文艺、美术、建筑等皆发生种种之变化。且吾民吸收之力，能使印度文化变为中国文化，传播发扬，且盛于其发源之地，是亦不可谓非吾民族之精神也。"①

佛教传入之初极大地冲击了中国人的天下正统观。作为一种自成系统的完整理论体系，初传入中国时的佛教认为，中国未必是世界的中心，汉民族文化也未必是世界上最先进的，换句话说，最高的真理、最优秀的人物、最正确的生活方式在佛教而不在汉民族文化那里。除此之外，佛教还否认传统中国皇权的至高无上性，宣称宗教权力可以和世俗王权并立。东晋名僧慧远著有《沙门不敬王者论》，否认出家有违忠孝，认为出家者比普通人以精神解脱为志，不拘泥于世俗利益，有着更高的志向追

---

① 柳诒徵：《中国文化史》，大百科全书出版社 1988 年版，第 345 页。

求。在当时士家大族的支持下，东晋恒玄称帝后下《许沙门不致礼诏》，放弃了要求沙门礼敬王侯的主张。

初期佛教的上述主张与中国传统文化有着难以调和的冲突，后来佛教有所妥协，渐渐和主流的儒家学说和意识形态保持一致，但佛教对中国社会仍然有着巨大的影响。佛教的理论严密且完整，思辨哲学的倾向十分浓厚，还有逻辑学（因明学）的成分，因而佛教在隋唐以前对上层社会中的士族、隋唐以后则对士人阶层有着强大的吸引力，进而对不注重思辨、缺少形式逻辑的中国传统文化构成一种重要补充。从汉末至唐宋，中国传统文化屡屡能摆脱教条、推陈出新，佛教功不可没。对中国下层社会的普通百姓而言，佛教的因果报应、六道轮回观念影响深远，尤其是因果报应说，中国传统的积善积恶、余庆余殃和道教的承负说，都不会落到自己身上，而佛教则认为生命只是在前世、今世、后世中不停地轮回，善恶果报最终都要落到自己身上，这对普通民众的日常行为有着强大的的道德震慑和规范作用。

佛教对中国的语言、文学、绘画、音乐、建筑、雕塑、园林以及民俗等都具有显著的影响。直到今天，我国语言文字中仍然有着大量的佛教名词，如世界、实际、现象、因缘、觉悟、解脱、顿悟、众生、六道、有情、无情、净土、彼岸、刹那、三生、衣钵、涅槃、菩萨、罗汉等。还有不少成语都源自佛教，如六根清净、大慈大悲、生老病死、心猿意马、唯我独尊、不可思议、冷暖自知、菩萨心肠、大千世界、天龙八部、当头棒喝、借花献佛、呵佛骂祖、痴人说梦、五体投地等，极大地丰富了我国的语言文学宝库，使汉语言的表现力更加灵活强大。唐代禅宗兴起后，强调个体的心对外界万物的决定作用，极大地激发了艺术家的灵感和主观能动性，顿悟说主张直觉式思维方式，对意境论等美学理论的形成有直接的催化作用，因此，禅宗对唐以后中国的艺术思想有着至关重要的深远影响，几乎所有的艺术领域内都可以找到禅宗的痕迹。

当然，佛教在影响中国传统文化的同时，自身也被逐渐地同化。陈寅恪先生曾精辟地指出："释迦之教义，无父无君，与吾国传统之学说，存在之制度，无一不相冲突。输入之后，若久不变易，则决难保持。是以佛教学说，能于吾国思想史上，发生重大久远之影响者，皆经国人吸收之过程。其忠实输入不改本来面目者，若玄奘唯识之学，虽震动一时之人心，而卒归于消沉歇绝。"[①] 确实如此，如佛教早期与传统主流观念相抵触的观点，尤其是出家人不敬王者的观点，在后世基本无处觅踪，这是中国传统社会中王权独大所造成的必然结果。又如唐代玄奘师徒创立的唯识宗，其学术

① 陈寅恪：《金明馆从稿二编》，上海古籍出版社 1980 年版，第 251 页。

兴趣和治学道路非常严谨，采取的是概念思考、逻辑推论的思想方法，这使得唯识宗无法实现中国化、民族化，在玄奘师徒去世后即默默无闻。还有普通百姓最为熟悉的观世音菩萨，原为男子身，《华严经》称“勇猛丈夫观自在，为度众生住此山”，早期佛教中的观音图像也是男子形象，但南北朝时已出现观音为女性之说，唐宋后观音为女性已经被普遍接受。观音形象由男而女的转变原因，不论作何种解释，当都和国人的价值观念和审美品位有着直接关系。

第四节　中国古代宗教的功能和特征

在中国传统社会中，宗教具有不可替代的重要功能，无论是心理层面还是社会层面。可以说，宗教是中国传统文化的一个重要组成部分。由于中国社会的发展历程与西方社会迥异，因而中国古代的佛教、道教的特征和西方基督宗教也有较大不同。

一、中国古代宗教的功能

对当今人类社会来说，宗教或许并不能说是必不可缺的，但宗教的存在有助于一个社会的良性发展，基本上是可以成立的。因为作为一种信仰，宗教有助于改善人类的精神境界，尤其当近代宗教信仰的自由原则被确定后，宗教对人类社会的促进作用更加明显。和其他国家一样，佛教、道教在中国社会中起着重要作用。

宗教的功能一般可归结为心理功能、道德功能、文化功能、政治功能和社会功能。

心理功能主要指宗教作为一种信仰，可以给人们的心理带来某种慰藉。宗教和科学的最大不同在于，前者用一种非逻辑的方式回答人们用理性无法解释的人生根本问题，后者则用逻辑的方式理性解释自然界诸问题。而人不仅是一种物质存在，也是一种精神存在；不仅是理性存在，也是情感存在。因此，宗教可以解决精神领域、情感领域的相关问题，而在自然界大显身手的科学在这一领域却束手无策。科学可以回答宇宙和人体是由什么构成的，却无法回答人生的意义和目标；科学可以判定人类死亡的标准，却无法消除人类对死亡近乎本能的恐惧，这就是为什么西方社会的科学技术高度发达，但基督教依然盛行并在社会生活中发挥重要作用的原因所在。

道德功能主要指宗教的道德教化功能。道德是法律的基础和前提，如果说法律是以强制手段防止人们行恶，那么道德则主动要求人们行善，所以道德和法律一起构成良好社会的双重基础。但道德教化不能靠强制灌输的手段，教化一旦和强制手段相联系，就会沦为苍白的说教。宗教的道德教化借助的是信仰的力量，世界各国宗教的最重要教义之一都是劝人为善，并借助于佛祖、神仙、鬼怪、上帝，即神的威力要求人们行善。因为佛教和道教的影响，中国人历来深信因果轮回报应、头上三尺有神灵，这对中国人的日常行为形成一种有效的道德约束。

文化功能是指宗教对艺术文化的影响。无论是西方基督宗教国家、中东的伊斯兰教国家，还是东南亚的佛教国家，宗教都对本国的艺术文化产生过重大影响，如果抽去宗教，这些国家的文化传统将成为无源之水。我们一般都认为基督宗教和近代科学水火不容，实际上这两者之间的关系非常复杂，至少基督教在欧洲近代科学诞生过程中曾起过不可忽视的重要作用。至于佛教、道教对中国艺术文化的影响，前文已有介绍，这里不再赘述。

政治功能是指宗教对政治的影响。宗教因为具有强大的精神力量，统治者常用作巩固统治的工具，以君权神授来解释其政权的合法性，掩盖背后的强权逻辑，如唐代统治者认老子为祖、宋代统治者屡屡册封道教首领。而对民间社会而言，宗教同样可以用来发动下层社会的普通民众，进行反抗斗争，这在中外历史上都很常见，在中国社会尤其明显，如汉末的黄巾起义、元末的白莲教起义、清代的义和团和太平天国运动等，无不借助于宗教，主事者既是军事领袖，更是宗教领袖。

最后是社会功能。佛教和道教从劝人向善出发，承担了社会救济和慈善功能，是我国古代公益事业的主要推动者之一。我国最早的官办慈善机构之一，南北朝时期的六疾馆，就因齐文惠太子、竟陵王萧子良信佛好释才成立，专为贫困无钱治病的下层民众施药。

二、中国古代宗教的特征

上述五项功能，世界各国的宗教都有体现，只不过或彰显或隐没，程度不同而已。除此之外，中国古代的宗教另有其特征所在，这是国为中西方社会走的发展之路大不相同，社会环境既然大异，作为文化产物的宗教也就具备相应的特征。和西方的基督教相比，以佛教、道教为代表的中国古代宗教具有以下两个显著特征：

其一，宗教权力始终无法和王权抗衡。纵观欧洲基督教的发展史，可以看出基督教自公元4世纪被罗马帝国确立为国教后，在与王权的对抗中曾长期占据上风，欧洲诸国国王的加冕典礼一般都由教皇主持，世俗王权必须有代表神权的教会确认，才能取得合法性。11世纪末，教皇格列高利七世与德皇亨利四世发生激烈冲突，最后亨利四世不得不冒着风雪严寒，前往意大利北部的卡诺莎城堡向教皇悔过。教皇的权力在13世纪英诺森三世时达到顶峰，当时欧洲不少国王均向其称臣纳贡。此后，欧洲走向政、教分离之路，教皇和教会的权力退回到宗教信仰领域，但仍然在人们的社会和政治生活中发挥着至关重要的影响，终至形成“上帝的归上帝，恺撒的归恺撒”的二元格局。

这种情形在中国传统社会中是不可能出现的，因为中国社会历来王权至尊，社会上从无可以制约王权、限制王权的另一方力量。中国的佛教、道教领袖，绝不可能冠以教皇之称，三国时建立政教合一政权的张鲁，既是宗教领袖，又是世俗领袖，所以称为“师君”。但在投降曹魏后，便改称“天师”，这个称呼仅仅是宗教意义上的。再到朱元璋时，连“天师”称谓也不同意。洪武元年（1368），朱元璋召龙虎山张陵第四十二代孙张正常入朝，削去其“天师”之号，封为“真人”。同样，佛教在东晋虽有慧远提出沙门不敬王者之论，但只存于南北士族兴盛、皇权不够强大的特殊历史时期，以后佛教仍然作出了依附王权的历史选择。历史上有“三武灭佛”之说，分指北魏太武帝灭佛、北周武帝灭佛和唐武宗灭佛，期间寺院铜像被毁无数，庙宇田产尽数没收，佛教元气大伤，这更说明佛教根本不可能和世俗王权正面对抗。所以在中国的宗教史上，只有帝王册封宗教领袖和著名人物，从无宗教领袖为帝王加冕之说。

其二，中国古代宗教信仰的超越性较为淡薄，相比之下，实用性更为明显。基督宗教自中世纪奥古斯丁起，就已经确立起上帝之城至真至善、地上之城充斥罪恶，因而人们应该否定现实世界、追求上帝天国的超越性传统，此后这一特点基本未变，基督宗教虽然派别众多，但共同特点是对上帝的虔诚信仰不变。而我国的佛、道均受到儒家肯定现实世界的强烈影响。道教自两晋南北朝经大力整顿后，以修道成仙为最高旨趣，但即便成仙，也没有脱离现实世界，现实世界和神仙世界是互通的，恰恰相反，神仙比起凡人，可以不受限制、更自在地享受现实世界的种种好处。佛教的超越性显然比道教要突出得多，但是禅宗兴起后，在走向平民化、通俗化的同时，强调佛性即人性、佛道即人道，这就解构了诸佛菩萨的神圣形象，最后必然走向呵佛骂祖，此时，佛教信仰的超越性也所剩无几了。

宗教的超越性受到削弱的结果，其实用性、功利性一面就会取而代之。所以当基督徒步入教堂时，是去做礼拜、赞美上帝、忏悔自身的罪过，他们唯一指望的是通过自己虔诚的祈祷清洗自己身上的原罪，在面对世界末日那天，上帝能够拯救自己，而不是向上帝许愿，请求上帝让自己在世俗世界中生活得更舒适。而我国普通民众对佛教和道教的崇拜，一些人的虔诚之心绝不亚于任何宗教徒，但这种崇拜更大程度上是出自一种获得帮助的期盼，升官、发财、得子，或风调雨顺、国泰民安，这些就是中国人膜拜佛祖神仙的主要动因，带有一种强烈的功利性和实用性。很少有中国人走进寺庙，是为求人生解脱、忏悔自我。正因为如此，中国人对宗教常抱有宁可信其有、不可信其无的态度，亵渎神灵还在其次，说不定哪一天还得前去求助神灵，而且，中国人对不同的宗教可以兼容并信，可以同时崇拜不同系统的佛祖、菩萨、神仙、鬼怪等。

自主学习

1. 什么是宗教？宗教和信仰这两者之间是什么关系？
2. 原始宗教和现代宗教有什么不同？
3. 道教与道家有什么区别和不同？
4. 佛教是如何中国化的？佛教的中国化是必然的吗？
5. 中国古代宗教的功能和特点是什么？

延伸学习

1. 东晋时期，名僧慧远撰有《沙门不敬王者论》，如下文：

在家奉法，则是顺化之民。情未变俗，迹同方内。故有天属之爱，奉主之礼。礼敬有本，遂因之而成教。……

何者？夫厚身存生，以有封为滞，累根深固，存我未忘。方将以情欲为苑囿，声色为游观，耽湎世乐，不能自勉而特出。是故教之所检，以此为崖，而不明其外耳。

……

出家则是方外之宾，迹绝于物。其为教也，达患累缘于有身，不存身以息患；知生生由于禀化，不顺化以求宗。求宗不由于顺化，则不重运通之资。息患不由于存身，则不贵厚生之益。

……是故凡在出家，皆遁世以求其志，变俗以达其道。变俗则服章不得与世典同礼，遁世则宜高尚其迹。夫然者，故能拯溺俗于沉流，拔幽根于重劫；远通三乘之津，广开天人之路。如令一夫全德，则道洽六亲，泽流天下。虽不处王侯之位，亦已协契皇极，在宥生民矣。

慧远站在出家者的立场上，以理论方式阐释了“沙门不敬王者”的理由，请就此谈谈你对佛教与皇权、中国文化三者之间关系的理解。

2. 有人说儒学是宗教，也有人说儒学不是宗教，你认为儒学是不是宗教？理由是什么？

第五章　中国古代哲学

通常认为，哲学探讨的是关于整个世界及其发展的最普遍、最一般规律，这里的整个世界包括宇宙自然、社会人生和人类思维，如张岱年先生认为："哲学是研讨宇宙人生之究竟原理及认识此种原理的方法之学问。"[①] 相比较而言，中国古代哲学研究的内容主要包括三大部分：宇宙论，目的在于探求世界之道理；人生论，目的在于探求人生之道理；知识论，目的在于探求知识之道理。但需要明确的是，中国古代没有明确的哲学概念，也没有像西方那样形成一门正式的学科。只是从上述哲学所包括的内容来看，中国古代的哲学意识和思想是颇为丰富的，尽管中国古代的学者在阐释宇宙、人生和知识论或谓方法论时不具备清晰的条理，有时其论证手段还具有非理性、非逻辑的色彩，但这正说明中国哲学自有其特色，与欧洲、印度哲学都有所不同。

第一节　中国古代哲学的发展阶段

大体而言，中国古代哲学有三个较为重要的发展时期，分别是春秋战国时期、魏晋时期和宋明时期。

一、先秦子学与哲学

德国思想家雅斯贝斯（Karl Jaspers，1883—1969）在20世纪中期曾指出，公元前800年至公元前200年可以称为一个"轴心时代"，这一时期世界各大陆的几种主要文明，包括地中海、印度恒河和中国华北，都在思想和文化领域出现了重要突破，以至于每当这些民族面临文化发展的关键时刻，都会回转身到这一时期去寻找相关的理论和思想资源。雅斯贝斯所谓的"轴心时代"，对应的正是中国先秦时期的春秋战

① 张岱年：《中国哲学大纲》，江苏教育出版社2005年版，第1页。

国（前770—前221）时期，此时大一统的专制帝国尚未成型，诸国林立，彼此攻战，却在客观上造就了一个学术自由、人才辈出的特殊历史时期。此时，包括孔子、老子以及战国诸子在内的各家各派学者，以宇宙、人生和知识方法为研讨对象，提出了各自的主张和理论。

春秋末年，孔子创立儒家学说，此后中国学术进入到诸子百家时期，先后涌现出儒、墨、道、法、名、阴阳等重要学派，彼此之间既激烈论辩，又互相吸收，由此促进了哲学的繁荣。

儒家创始人孔子的目光主要停留在人类社会，但也提到过宇宙自然，如《论语·阳货》称"天何言哉？四时行焉，百物生焉，天何言哉？"《论语·子罕》又说"子在川上曰：'逝者如斯夫，不舍昼夜'。"天在孔子心目中无疑占有特殊地位，是宇宙的代表。同时，孔子又认为宇宙自然自有其内在的发展规律，而且总是处于一种动态过程，不过，孔子是以一种较为崇敬的心态看待宇宙自然，他更关注的是人类社会，所以他提宇宙自然是为论证、比附人类社会。儒家的宇宙观主要体现在《周易》一书中。《周易》本为占卜之书，但总结归纳了先人关于宇宙自然、人类社会的大量经验和感悟，因而对中国传统文化有着深厚影响，号称"群经之首"。《周易》中列举乾（天）、坤（地）、震（雷）、巽（风）、坎（水）、离（火）、艮（山）、兑（泽）为自然界最基本的八种现象，从经验角度出发对宇宙自然进行了归纳。《周易·系辞传》还称"在天成象，在地成形，变化见矣"，"易穷则变，变则通，通则久"，视宇宙自然为生生不息、有着独立运行规律的客观有机体，万事万物都互相联系，并不孤立存在，宇宙自然因此而日新月异，是一个充满生机的、开放的有机整体。

儒家虽然没有明确提出宇宙万物的本原是天，但天在孔子那里无疑占有足够的分量，在《周易》构建的宇宙图景中，天也是第一位的，因而在某种程度上可以说，儒家视天为宇宙万物的本原。而老子反对把天视为宇宙万物的本原，认为道才是世界的本原和根本法则，人类社会应该以道为效仿对象。《老子》第四十二章称："道生一，一生二，二生三，三生万物。"第二十五章又说："有物混成，先天地生，寂兮寥兮，独立而不改，周行而不殆，可以为天下母。"道本意为道路，引申为事物的规范、准则。尽管老子所说的道较为含糊，后人既可视道为物质性的，又可以视为精神性的，但老子的理论仍然对后来的学者产生了深远影响，道从此成为中国人解释世界本原时的最主要观念之一。老子之后，庄子继承了关于道的思想，并有所发挥。庄子同样认为道派生万物，是万物本根，且道无始无形、无成无毁，而万物有始有形、有成有毁。

中国古代的宇宙论和人生论往往夹杂在一起，或者说论述宇宙生成之目的，就是为人生论作准备，宇宙论是社会人生和道德的基础。人生论的首要目标是探求人在宇宙中的地位，因此探究天人关系就成为中国古代哲学的一个重要取向。商人把天看成是人格化的至上神，认为自己的统治是受命于天，周人继承了这一说法并发展为天命观，把周革商命解释为周人具有道德，更重视人事的成分。周人的天命既是一种宇宙观，又具有浓厚的伦理色彩。商周之际还出现了朴素唯物主义观念，《尚书·洪范》将水、火、木、金、土看成是世界的五种基本物质，并将社会现象与自然现象相比附，这对中国古代的哲学发展产生了深远影响。此后，儒家创始人孔子虽然很少言天，但到孟子时就提出天意与人性相通，《孟子·尽心上》谓："尽其心者，知其性也。知其性，则知天矣。存其心，养其性，所以事天也。"孟子之说成为后世天人合一思想的主要源头之一。老子也认为应该顺其自然，只要道法自然、循道而行，就可以达到无为而无不为；庄子则稍显消极，认为人应顺天听命，即只能俯首听命，不可能去干预。墨家则主张天没有任何意志和情感，人不可能与天沟通，但由于人同样也是自然界的一部分，所以人只有顺应自然界的法则。明确反对上述观点的是荀子，他认为天与人无关，人类社会的兴衰治乱都是人自身行为的结果，因此《荀子·天论》称"大天而思之，孰与物蓄而制之？从天而颂之，孰与制天命而用之？"荀子的观点，代表了哲学史上反对天人合一、提倡天人两分的另一种思潮。

人性善恶之争也是诸子百家的一个热门话题。人性善恶问题之所以重要，在于其涉及政治体制的导向，即性恶论常注重对权力的限制，而性善论则不太重视对权力的防范。孔子没有明确提出人性是善是恶，《论语·阳货》称"性相近也，习相远也"，认为人的自然本性都是一样的，至于这种本性是善是恶，孔子没有说明，他强调的是后天的学习和实践会改变这种自然本性，使得人与人之间呈现出千差万别。到孟子时，明确提出人有善端之说，他举例说人们看到一个小孩快要掉到井里时，会油然而生一种不顾一切地去救这个小孩的想法，这是种没有任何功利性的同情心，也即人之善端，推而广之，人生来就具有仁、义、礼、智这四种善端，因而人类社会的关键就在于大力发扬这种善端。此后，由孟子发端的人性本善论构成儒家仁政学说的理论基础。与孟子持相对观点的是荀子，他认为人生来就具有好利多欲的倾向，诸如目好色、耳好声、口好味、心好利，这些都是人之本性，与人类社会中的礼义道德相违背，所以人性之善都是后天熏染、努力的结果，如《荀子·性恶》称"人之性恶，其善者伪也"。与孟子同时的告子，认为人性本无善恶，人性之所以有善恶，都是后来才有的，告子之论没有专门论述，仅存在于孟子言论中。战国时的道家亦认为性不存在善恶之说，视人性为自然朴素的，仁义与情欲都非性的属性。性善、性恶、性无善恶三种观点，构成中国古代哲学中人性论的主要观点，后世学者讨论人性时，大抵不出这三种观点的范围。

老庄一派另具特色的是其辩证法思想。老子敏锐地注意到天地万物万事都存在着互相矛盾对立又互相克制转化的两个方面，如有无、刚柔、强弱、祸福、曲直等，并提出了著名的“祸兮福之所倚，福兮祸之所伏”这一命题。庄子在此基础上更进一大步，由道的超脱性发挥出万事万物并不具备严格意义的是与非、对与错，如《庄子·齐物论》所称“彼亦一是非，此亦一是非”。在庄子眼里，甚至连主体与客体的差别也不复存在，《庄子·齐物论》中称“不知周之梦为胡蝶与，胡蝶之梦为周与?”庄子的齐万物、齐物我、齐生死、齐是非之说可以说是一种相对主义，但其中所蕴涵的辩证法思想却非常丰富，并达到了很高的水准，对后来的中国文化产生了重要影响。

和西方哲学家高度关注知识问题不同，诸子很少对知识的起源、性质和分类等产生兴趣，但也并非全然空白，墨家在这一领域作出了开创性的探索。《墨经》中把知识界定为“材也”、“接也”、“明也”，获得知识首先要具备认识能力，还要运用这种能力接触外界外物，最后才能获得某种知识。墨家还根据来源把知识分成三类，分别为“闻知”、“说知”和“亲知”，“闻知”指来自传授的知识，包括老师口头传授和书本得授；“说知”指由推理得来的知识，如逻辑推论；“亲知”指亲身观察而得到的知识。除此之外，《荀子》中的《正名》、《解蔽》等篇也对知识的来源和结构等作出了一定辨析。

还有一些学者为了更深入地把握和界定相关问题，注意了概念的规定和分类，进而涉及推理、逻辑等研究。名家学派以擅长论辩著称，内部因观点不同又可分为两派，一派为“合同异”，以惠施为首；另一派为“离坚白”，以公孙龙为首。惠施认为世间万物的差异都只是相对于一定的时间、地点和条件而言，都是暂时的、相对的，所以应该否定差异的界限，这说明惠施注意到了事物的普遍联系和发展。公孙龙则认为万物都是互相独立、互不相干的，甚至于同一事物中的不同属性也是彼此独立的，所谓“离坚白”就是指石之白只能由眼睛所见，石之坚只能由手触所觉，眼不见石之坚、手不觉石之白，所以石之坚、石之白是各自分离的。墨家学派也非常重视名实之辩，墨子本人很善辩，强调名和实必须相符，并在中国逻辑史上第一次提出了辩、类、故等逻辑概念。后期墨家为了驳倒名家的一些观点，从理论上对名作出进一步区别，如把概念分为“达名”、“类名”、“私名”，即普遍概念、分类概念和专用名称，又仔细探讨了论辩的功能、方式和原则，对判断、推理的形式也进行了研究，由此建立了中国古代第一个逻辑学体系，可称为墨辩逻辑学。《墨经》所建立的形式逻辑体系，堪与亚里士多德的形式逻辑相媲美，“墨家思想所遵循的路线如果继续发展下去，可能已经产生欧几里得式的几何学体系了”,[①] 但遗憾的是，先秦以后，墨学即告中绝。

二、魏晋玄学与哲学

公元前221年，秦灭六国建立起我国第一个专制主义中央集权国家。秦帝国虽然不久就分崩离析，但随后建立的两汉王朝基本沿袭秦制。汉初，黄老无为思想一度盛行，到汉武帝时，以罢黜百家的方式，确立儒学为官方认可的主流意识形态。董仲舒为适应王权专制统治的需要，建立起一整套以天人感应思想为核心的、带有神学化色彩的儒家哲学体系。董仲舒沿着先秦时期把天道德化的路子，吸收阴阳五行观念和谶纬学说，建立了一套天人感应学说，其中主要包括天人相副说和灾异谴告说。灾异谴告说是指君王的统治应该推行仁政，这和上天生育长养万民的仁德相一致，否则，上天就会降下灾害来警示君王，直到最后的改朝换代，“国家将有失道之败，而天乃出灾害以谴告之。不知自省，又出怪异以警惧之。尚不知变，而伤败乃至”。[②] 董仲舒煞费苦心的地方在于，他以天人感应理论为君主专制提供合法性解释的同时，也试图对君权作一定程度的限制。然而，董仲舒这套理论的神秘化、伦理化色彩过于浓厚，再加上独尊儒术使得儒学成为官方的附庸，因而到汉末，儒家成为墨守家法师说的经学，日益庸俗化，完全成为维护官方宗法等级制度的工具。

正是在这样的背景下，魏晋玄学援引道、佛学说，以挽救汉代儒学衰落的姿态出现。魏晋玄学是汉末魏初清谈直接演变的产物。东汉末期，宦官、外戚轮流当政，导致朝政腐败，大批士人仕进无门，于是转而品核公卿、裁量执政，形成党锢之祸。入魏以后，清谈中讥评具体时政的因素渐渐淡出，玄学家们先引道入儒，后引佛入儒，对才性四本、儒道异同、圣人标准、言能否尽意、声有无哀乐以及性情、生死等问题展开争论，但中心话题集中在天人关系即宇宙本体上，并在争论过程中形成贵无派、崇有派、自然派和独化派等。

魏晋玄学大体上可分为四个发展阶段，曹魏为开创时期，称正始之音。正始为三国曹魏君主齐王曹芳的年号，时间为公元240至248年，期间主要代表人物有何晏和王弼，道家无为之说引起了他们的强烈兴趣。第二个时期为竹林时期，代表人物为阮

---

① ［英］李约瑟：《中国科学技术史》（第3卷），科学出版社1990年版，第213页。

② 《汉书》卷五六《董仲舒传》，中华书局1962年版。

籍和嵇康等，他们仍然欣赏老庄之学。第三个时期为西晋元康时期，元康为西晋惠帝司马衷的年号，时间为公元291年至299年，代表人物是裴頠、郭象。第四个时期为玄佛合流时期，两晋时期的佛教发展迅猛，玄学与佛教哲学之间有不少共同话语，于是东晋以后，借佛谈玄、引玄释佛成为潮流，由此导致玄学与佛学趋向合流。玄学的表述方式主要为玄学家们重新注释《老子》、《庄子》和《周易》这些经典著作。

魏晋玄学以前的中国哲学，注重的是宇宙生成问题，也即宇宙本原问题，而魏晋玄学关注的却是宇宙本体问题。玄学家认为，世间万物形形色色、杂乱无章，但都是表面现象，在现象背后，必定有一个决定性的本质。早期的玄学家何晏、王弼继承了先秦老子哲学中“有生于无”的思想，在《老子注》第四十章中，王弼称“天下之物，皆以有为生，有之所始，以无为本”。王弼所说的无，并非一般意义上的有无之无，而是指现实世界背后的无形本体，是事物存在的逻辑依据，有形有象的现实世界，不过是这个无形本体的具体体现。王弼贵无论提出后，影响所及，朝野上下竟谈虚无。直到裴頠著《崇有论》加以批判，提出无不能生有，有系自生。郭象在此基础上进一步提出独化论，他充分肯定天地万物都是自然自为、独自生成变化的，否认万物存在一个统一的或是根本性的根源和共同依据，所谓无为也不过是各依其性、率性而动的结果。在郭象看来，事物的发展变化没有任何原因，外不借助于道，内不依赖自身，完全是事物自足其性的自得之果。郭象从根本上否定了事物之间的联系和本质区别，实际上是庄子相对主义的进一步发展，最后落入命定论的窠臼，但郭象的逻辑论证颇为精致，故影响极大，他所提出的“自生”、“自得”、“自尔”等说法也曾风行一时。

由宇宙精神下落到社会人生领域，名教与自然的关系遂成为魏晋玄学家最重要的话题。名教是指儒家礼教，自然则为老庄学所崇尚。总体而言，魏晋玄学除嵇康、阮籍外，大都主张调和儒和道、名教和自然的关系。王弼从他的本体论出发，认为自然为本，名教为末，名教为自然的表现，两者既是本末、体用关系，又是统一的。竹林七贤中的阮籍、嵇康则强烈反对名教，非汤武、薄周孔，嵇康在《释私论》中声称要“越名教而任自然”，[①] 但需要注意的是，阮籍、嵇康之论号召以不隐藏自身欲望为真、为公，确有倡导率真意诚的功效，但他们反感的名教实为司马氏集团所宣扬的那一套儒家礼教，令世人瞠目结舌的激烈言行也大都是针对司马集团统治的，对维护等级纲常的名教本身他们并不反对，和通常的儒家学者同样认为真正的礼乐教化可以移风易俗。郭象赞成统一名教与自然的观点，但他不认同以自然为本、名教为末的调

---

① 戴明扬校注：《嵇康集校注》，人民文学出版社1962年版，第234页。

合方法，而是认为两者本身就是一致的，名教即自然，名教虽为外在规范，实质上是符合人的自然本性的；人本性的自然发挥，也必定符合名教。因此，只要人们各依天性而行，名教所要求的秩序和规范自在其中。郭象从他的独化论、名教即自然的角度出发，进而明确提出内圣外王之说，这一理论对中国社会影响极大。

魏晋玄学之所以能进一步推动中国古代哲学的发展，原因除倚老庄学说为奥援外，后期更受益于佛教哲学。魏晋玄学兴起时，反对的正是汉末经学的官僚化、神学化和庸俗化倾向，所以在一开始就引入老庄哲学，以宇宙本体、名教与自然关系、言意之辨为主题，否定现实世界，以超越的精神世界追求为最高目标，并由此展开对社会人生的深刻反思，同时这种论争又以思辨、逻辑的方式进行，摆脱了官方儒学的经验性的、独断的、绝对的思维方式，可以说，这是中国人精神生活领域的一次巨大进步。而般若学的要旨与老庄追求超越的人生境界实有异曲同工之效。两晋佛学的核心是般若学，般若系梵语音译，意译为“智慧”，般若学的主要经典依据是《般若学》，其要旨是论证现实世界的虚妄不实，世间万物因缘而生，没有固定目标，所以世界的本质是空，即假有、性空，只有通过般若智慧，通过修习而获得特殊智慧，才能体悟永恒和真实，才能获得觉悟和解脱。这样，般若学要求人们放弃对现象世界的执著，转而体验宇宙人生的本质，从而获得最高的精神体验和绝对的自由境界。

正因为两者之间有着诸种相通之处，所以在般若学初入中国时，就出现了佛教学者以老庄哲学来阐释般若学的趋势，如鸠摩罗什门下最杰出弟子之一的僧肇在所著《肇论》中，引用庄子之语来论证精神自由：“然则玄道在于妙悟，妙悟在于即真。即真即有无齐观，齐观即彼已莫二。所以天地与我同根，万物与我为一。”此后随着般若学的进一步流传，魏晋玄学与佛教般若学互为启发、互为影响，不仅般若学有玄学化的迹象，玄学也在同时吸取般若学的思维方式。佛教僧侣借助于玄学理论，对世界本质为空进行不同角度的阐释和理解，由此形成般若学派的六家七宗。六家七宗对世界本质的抽象论证和逻辑分析，也极大地提高了玄学形而上的思辨水准，于是佛经成为名士玄谈的资料，僧侣则借老庄对佛学加以发挥。所以两晋时期玄学名士与僧侣交往普遍，其中不乏王导、谢安、何充、殷浩等朝廷重臣。因此，魏晋玄学以老庄哲学和佛教哲学为背景，这使得玄学能够摆脱汉代经学完全服务于现实政治的肯定性思维方式，在否定现实世界的同时展开对社会人生的反思，进而以精神境界的追求作为最高目标，这种社会批判和精神反思使得魏晋时期成为继先秦诸子时期的另一文化高潮。

三、宋明理学与哲学

魏晋以后，佛教哲学逐渐确立了在中国古代思想领域的相对优势地位。隋唐时期，儒、释、道各有发展，彼此间亦有争斗，但总体而言，以佛教哲学的理论建树最为突出。隋唐佛教中，哲学思想较为突出的是天台宗、唯识宗、华严宗和禅宗。此时佛教涅槃学已经取代般若学，佛教学者都对佛性问题予以高度关注。天台宗、唯识宗、华严宗三派大都认为世界本为空无，一切诸法皆由心生，把复杂多变的世界归结为心之一念、心之一识，只有破除这种主观意识的虚妄，才能认识真实的世界。

佛教哲学的发展亦刺激了道教哲学的发展，使唐代道教的理论水准明显提高。以李荣、成玄英、司马承祯等为代表的道教学者，以传统的老庄哲学为理论资源，同时借鉴、学习佛教的抽象思辨方法，极大地丰富和提高了道教哲学的理论水准。而以韩愈等为代表的正统儒家学者固守君臣父子的伦理原则，在世俗王权的支持下，指责佛教不符合维护纲常名教的需要，但由于这种抨击未触及佛教的理论基础，因此冲击力明显不足。另一些非主流的儒者学者如柳宗元、刘禹锡以气一元论为依据，力主天人交相胜，重新延续了先秦荀子提出的天人两分思想，在中国哲学史上也占有重要地位。

隋唐后期，以惠能为代表的南派禅宗渐渐成为主流，这意味着佛教的彻底中国化。但是，禅宗思想体系的最大特点是弱化佛教的抽象思辨色彩，强调即体即用，成佛或谓解脱的关键不在于遥远缥缈的西方极乐世界即彼岸世界，而在于当下即现实世界，手段就是通过个人直觉式的顿悟而明心见性、见性成佛。可以说，禅宗的盛行意味着佛教形而上的哲学思辨传统告一段落。

直至两宋，理学出现。从哲学史的角度看，程朱理学的建立是重建形而上的哲学思辨体系的成功努力。理学又称道学，泛指以天道性命为主要讨论对象的哲学思潮，形成于北宋，完成于南宋，在随后的元、明、清三朝成为官方正统的、占据主流地位的意识形态。理学主要包括两大派别，程朱理学和陆王心学。程朱理学即狭义的理学，始创于周敦颐，奠基于张载、程颢、程颐，集大成于南宋朱熹，该派以理或天理为最高范畴和理论核心。陆王心学始创于陆九渊，完成于明朝王守仁，该派以心为最高范畴和理论核心，故又称心学。总体来看，理学是以儒家道统思想为核心，充分吸纳佛、老思想中的精华而构建成的一整套思想体系，因而较之于两汉以经学为代表的汉代儒学，显得相当精致、系统。

在世界本原问题上，程朱理学强调天即理，把观念性的理提升为世界本原，理具有寂然不动、无形无象的特点，又可称为道、太极。理并不是纯粹的虚无，带有实际内容，实而不有、虚而不无，但理必须有一个安顿、附着的去处，这就是气。理借助于气这一中介展开各种动静和变化，由此构成世界万物和万物的差异。陆王心学则认为心即理，陆九渊就认为宇宙万事万物之理，必然通过人心来验证，因而人心之理就是宇宙之理的最完满体现，如其所谓“宇宙就是我心，我心就是宇宙”。程朱理学和陆王心学对理的理解虽有分歧，但在理即天理、天理即统治阶层以三纲五常为代表的道德伦理这一点上并无异议，理学的最大特点也正在于此，宇宙观既是最高真理，又体现为社会伦理道德的最终依据。在心性论问题上，程朱理学由其本体论出发，提出天地之性和气质之性，天地之性或称天命之性，专指理而言，是至善、完美无缺的；气质之性由理与气混杂而言，有善，有不善。两者统一于人身，故人生就是要发扬人心中本然的一面即天理，这表现为传统社会中君臣、父子、夫妇等伦理纲常，同时尽力消除人心中不纯的一面即人欲，这指超出生存所需要的物质条件和欲望，也即存天理、灭人欲之说。陆王之学则认为心之本性即是理，即是至善，正所谓“心外无物”、“心外无理”。在认识论问题上，理学家们也都提出各自的看法。如朱熹借用《大学》中“格物致知”之说，提出穷理必须格物，物的理穷得越多，知也就越广，且格物过程有一个积累到贯通的过程，由近及远、由表入里，重重深入、层层递进，最终达到对理的认识。朱熹虽然在一定程度上区分了物我，并要求今日格一件、明日格一件，直至穷尽天下之理，但他所致知追求的对象并非是关于自然万物的客观知识，仍然是与伦理道德同为一体的天理。而王守仁在孟子所说的“良知”基础上提出“致良知”，认为良知即天理，为人心所固有，所以求良知即求之于自心。良知既存于心，知行也就合一，既强调道德意识的自觉性，要求人在自我修养方面下工夫，又重视道德的实践性，要求言行一致、表里一致。

理学形成之初，以攘老斥佛的姿态出现，但实际上，理学充分吸取了佛、老之学，理学家们正是凭借对佛学的熟悉，才完成了儒、道、佛思想的合流大业。二程和朱熹等理学家无一不对佛教进行严厉抨击，指斥佛教自私自利，并与伦理纲常相悖，但同时却隐蔽而有效地吸取佛学思维方式。典型如理学的基本命题“理一分殊”，《朱子语类》卷一八朱熹解释“万物各具一理，而万理同出一原”时称，“万物皆有理，理皆同出一原。但所居之位不同，则其理之用不一”，又说“释氏云：‘一月普现一切水，一切水月一月摄’，这是那释氏也窥见得这些道理”。朱熹所引“水月之喻”当为《景德传灯录》卷三〇所载禅僧玄觉所作的一首偈语诗：“一切圆通一切性，一法遍含一切法；一月普现一切水，一切水月一月摄。”佛教华严宗认为，理统一而不可分割，故万事万物皆可体现理，不仅使世间万物获得逻辑依据，又将佛性贯注入芸芸众生，为一切众生皆可成佛提供理论依据。而理学只不过将代表名教纲常的天理取代佛性，却非但不承认受佛教的启发和影响，反指责佛教违背礼义名教、逃避社会责任，实在没有道理。

宋至明初，程朱理学占据主流；到明中叶王守仁出现后，陆王心学开始盛行。陆王心学过于强调主观意识的能动性，混淆主体与客体、意识与存在的界限，甚至干脆取消两者的对立，这使得陆王心学只偏重于个人道德修养，但个人道德修养缺乏外在标准，进而导致任性废学、流于形式。明清之际的王夫之在某种程度上可以说是中国古代哲学的集大成者，他试图挽救心学流弊，通过对历史事实的文献研究和湘桂少数民族的实地观察，对理气关系、道器关系重新作出解释，坚持理依附于气而存在，反对传统理学家以理为本的观点。王夫之已经初步意识到历史发展自有其内在规律性，这种规律性使得历史发展与人世间的道德伦理呈现出不一致性，但王夫之无法彻底跳出理学家以天理来论证道德伦理的圈子，相反，他还自觉为维护等级社会的道德伦理辩护，因此，王夫之“不能脱出中国哲学的伦理主义的强固传统”。①

鸦片战争以后，中国哲学开始受到西学的强烈影响。随着西方自然科学大量传入中国，近代学者和思想家得以从一个崭新的角度去认识自然和社会。19 世纪末 20 世纪初，严复引入进化论后，认为无论是自然界还是人类社会，都要遵循适者生存之说，这一理论因为契合当时中国人渴盼富强的心态，迅速风行一时，包括康有为、梁启超、章太炎、孙中山等都受到明显影响。辛亥革命后，以李大钊、陈独秀为首的一批激进主义者意识到进化论并不能解决中国向何处去的难题，于是转向马克思主义的唯物史观，由此揭开中国哲学新的一页。

第二节　中国古代哲学的思维方式

两千年来，中国古代哲学流派纷呈、众说纷纭，构成了中国丰富多彩、气象万千的哲学史长卷。从世界角度看，中国哲学也和印度哲学、源于希腊盛于欧洲的西方哲学并列，号称世界三大哲学体系，当然，和西方哲学相比，中国古代哲学具有自己的特色。

---

① 李泽厚：《中国古代思想史论》，天津社会科学院出版社 2004 年版，第 275 页。

一、哲学概念的传入

在中国古代学术史上，并没有哲学一说，没有一位学者用哲学来命名自己的学术体系。所以很明显，哲学一词非国人所创，是一个外来名词。哲学一词源出希腊文，拉丁文写成 Philosophia，据说毕达哥拉斯是首个用该词来指称从事一种专门性质活动的人，但哲学作为一门专门的理论学科，要到苏格拉底、柏拉图和亚里士多德时期才确定下来。Philosophia 一词最早传入中国是在明代万历年间，当时翻译为“理学”，后来还被译为“斐禄所费亚”、“爱知学”、“智学”、“格致学”等。事实上，Philosophia 的中文译名“哲学”是来自日本。19 世纪 70 年代，日本学者西周将 Philosophia 翻译为“哲学”，此后数年，哲学这个中文译名开始得到大家认可并传入中国。

哲学在古希腊可以说是一切有价值的学问的总称，也可以说是一切近代学科的源头，近代西方的各门具体学科都是从哲学中独立、分化出来的，但是，这并不是西方哲学的根本特点。哲学的特点也不是爱智，西方为数众多的哲学家，从来没有人说过他们是智者，因为西方的哲学家从来不曾为别人提供人生的智慧。实际上，我们可以把西方哲学理解为一种以论证为主要特点的思维训练，对事物进行刨根究底、穷追不舍式的追问和论证，目的主要是为了满足人类的好奇心。

从上述角度看，如果说我国古代就有哲学存在也未尝不可。毕竟，对事物作刨根究底、穷追不舍式的追问，人类的这种好奇心是具有共性的，这种好奇心最后就体现为世界或宇宙的本原问题，这恰恰是先秦诸子甚至商人、周人都曾涉及的领域。但与此同时，我们更应该看到，西方哲学更强调的是一种求知的传统，即为知识而追求知识，即为纯粹的求真。西方哲学的这种求知传统可以从两方面理解：一方面，为了知识而知识的哲学不具有任何功利目的，更不预设任何价值立场和态度，与求善无关。古希腊人追求知识的目的，就是为了知识本身，而不是为了给世人提供某种有价值的生活方式或人生观念。也就是说，在希腊人看来，学术和思想凌驾于信仰之上，任何学问，只要是出于某种价值关怀或追求，不管这种价值关怀多么崇高伟大或悲天悯人，都会导致功利性的后果，就不可能成为真正的哲学。正因为如此，西方哲学把过程看得比结论更为重要。另一方面，为了知识而知识的哲学只能也必须采取理性的思辨方式去展开自身。在哲学的领域里，无论是神权还是世俗王权，都没有绝对的权威，也没有任何理论、哪怕是号称的真理可以避免来自人类理性的批评，要想让别人信服，唯有理性地说服。

因此，哲学与逻辑思维、抽象思辨有着极其密切的关系，一部西方哲学史就是欧洲人的思想按照逻辑思维方式不断延伸、推进的历史。在这个过程中，人类思想的自由特质也展现得淋漓尽致，可以凌驾于任何世俗目的和价值观念之上，在知识的天空中自在翱翔。惟其如此，掌握知识的学者才能永远不满足于现实社会中所取得的一切成就，才能永远对现实社会保持一种独立的审视和批判精神，才能永远为现实社会和人类提供前进的动力，指明方向。当然，西方哲学家中也有关注现实社会和人生的倾向，例如苏格拉底和柏拉图都试图用哲学来治国安邦或改造现实社会，柏拉图的"哲学王"构想更为人们所熟悉，近代以来，像马克思、福柯、哈贝马斯等有类似想法的学者大有人在，这些学者虽然关注现实人生，但对社会人生仍然持一种客观超然的第三方立场，在其心目中，并没有事先预设某个价值前提和立场，然后再去论证这个价值前提和立场，而且在探讨问题的过程中，无不诉之于逻辑推演手段，这使得他们最后得出的结论大多建立在理性思维的基础上。

二、中国古代哲学的基本前提

中国古代哲学头绪众多、纷繁复杂，但有两个预设的基本前提或谓价值立场不可忽略，那就是实用前提和道德前提。

这里的实用一词并不带贬义，只是指中国古代哲学有一种服务于现实社会、现实政治的强烈倾向，也可以称之为功利性。如前所论，西方哲学有一种纯粹的、以知识本身为最高追求目标的传统，但这种传统在我国殊为少见。在孔子以前，中国的知识主要由贵族所垄断，所谓"学在官府"，普通民众没有接受教育的机会，直到孔子宣布有教无类，任何下层民众只要有兴趣、有一定的经济能力（交得起学费），都可以跟随他接受教育、学习知识，此后知识才不被少数人所垄断。孔子本人虽然贫困，出身于没落贵族之后，却有一种极其强烈的历史责任感和使命感，要凭借自己掌握的知识为现实社会指出一条光明坦途，这实际上是预设了知识服务现实社会的价值前提和立场，由此引导了中国知识分子达济天下的积极入世传统。明白了上述要旨，就可以理解黑格尔为什么要说"孔子只是一个实际的世间智者，在他那里思辨的哲学是一点也没有的——只有一些善良的、老练的、道德的教训"①。要注意的是，黑格尔说的是"思辨的哲学"，在这方面，孔子确实没有兴趣。

到北宋，大儒张载更把中国知识分子的这种传统高度概括为"为天地立心，为

---

① ［德］黑格尔著，贺麟等译：《哲学史讲演录》（第1卷），商务印书馆1959年版，第119页。

生民立道，为往圣继绝学，为万世开太平”[1]。至于实现兼济天下的途径，无非两条，或者借助于外在的世俗权力，或者借助于内在的道德约束。外在的世俗权力指王权，孔子授徒时宣称“学而优则仕”，明确要求弟子以所学服务于当时的诸侯国君。和儒学并列的另一显学——墨家也说“以学干禄”，都以入仕为首选。掌握知识的士人阶层在服务于王权的过程中，相对容易地获得地位、声誉以及经济上的优厚回报，这更进一步强化了士人的入世精神，而随着王权的日益强大，缺少经济来源的士人的独立意识也渐渐被消解。内在的道德约束指人性的自我规范，这唯有通过道德教化来实现，于是历代正统儒家士人，身在官场就致力于推行道德教化、移风易俗，埋首学问则强调道德人心，企图以道德规范上至天子、下至小民的所有社会成员。

故诚如冯友兰先生所指出，中国古代哲学中，纯粹的为知识而知识，完全立足于逻辑的理论推演的成分并不是主要的，“中国哲学家多未有以知识之自身为自有其好，故不为知识而求知识”[2]。中国古代的学者、思想家对世界万物也充满好奇，也对宇宙自然、社会人生作出了卓有成效的探索，还对人类自身的思维与外部世界的关系有独到见解。但是，在宇宙自然和社会人生这两者中，中国古代的学者、思想家选择了后者，他们研究宇宙自然的目的，是为了论证和阐释社会与人生。因此可以认为，中国古代有哲学，尤其是在先秦、魏晋、隋唐、宋明时期，中国古代的先贤们在哲学领域所取得的成就都斐然可陈，但是，先秦诸子之学、魏晋玄学、宋明理学等本身并不等同于哲学，这是我们需要注意的。同时，我们还应该看到，由于中国社会的发展历程、深层次结构、文化传统都与西方社会迥异，因而中国古代哲学具有自身的一些特点，并不和西方哲学为知识而知识的传统相一致。

道德立场或为中国古代哲学的另一预设前提。中国古代的哲学家和思想家不但预设道德前提，还大都倾向于人性本善，更准确地说，应该是相信人皆有向善的本能和向善的可能，因为有这种本能和可能，所以学者们尤其注重道德教化，这使得中国古代哲学乃至中国传统社会都呈现出伦理化、道德化的显著迹象。

众所周知，先秦时期的孟子主张性善，认为恻隐、羞恶、辞让、是非之心乃仁义礼智之端，即为根本善，每个人生而有之，无须训练就已经具备。但孟子所谓的仁义礼智仅仅是四种善端，他同样认为“人之所以异于禽兽者几希”[3]，因此，孟子所谓性善，并非指人的本能都是善，而是指人异于禽兽的地方在于人有特殊的性质即善，这种善绝非已经完成，或是已然成形，充其量只是一种萌芽，所以孟子称之为

① （宋）张载：《张载集·近思录拾遗》，中华书局1978年版，第320页。

② 冯友兰：《中国哲学史·绪论》，华东师范大学出版社2000年版，第7页。

③ 杨伯峻译注：《孟子译注·离娄章句下》，中华书局1960年版，第191页。

“端”，他很清楚这种善端非常稀薄，以至于人只要稍稍放纵就会湮灭这种善端，所以他最希望看到并全力倡导的，是大力扩充这种善端，最后如火燃泉达一样蔓延拓展，这正如“浩然正气”的培育一样。荀子则主张性恶，认为人生来都贪利多欲，本性中只存在恶的一面，一切善的行为举止，都是后天的教育训练的结果。但荀子认为人性本恶并不影响人可以为尧舜，人人都有为善的可能，特别是经过后天的道德熏陶。可见，孟子的着重点在于扩充人性中善的可能性，旨在正面鼓励人们积极向上、奋发作为。荀子的着眼点在于提醒人们要时时刻刻警惕和防范人性，从反面警示人们积极向上、奋发作为。因此，孟荀二说实有互相裨益之效。孟、荀以后，性善与性恶论在争执中各有发展，但就总体而言，性善论无疑占据上风。到宋明理学时，为了突出人心向善的要求，将人性为分为天地之性和气质之性，前者至善、完美无缺，在人身上表现为道心，后者有善有不善，在人身上表现为人心。道心和人心都统一于人身，不过圣人身上以天地之性即道心为主，普通人则以气质之性即人心为主。因此，理学家要求普通人以道心主宰人心，人心听命于道心，从而实现向善的可能和目标。

不难看出，从先秦诸子到宋明理学家，他们并不否认人性中有恶的一面，但他们一直强调的却都是人性趋善的这种可能和要求，相信可以通过后天的努力和教化，剔除人性中恶的一面，彰显人性善的一面。儒学声称人皆可以为尧舜，禅宗强调人皆可以成佛，都是建立在人性为善或者说人性应该为善的前提基础上。与之形成对比的是西方文化的另一源头古希伯来宗教，它认为人可以得救，但始终不能神化，不可能像神那样完美无缺。人不但不能成为神，而且人的堕落性是随时可能、永无止境的，这种发自对人性中与宇宙中与始俱来的种种黑暗势力的正视和省悟，被学者称为“幽暗意识”。[①] 显然，这种对人性之恶的警醒在中国文化中很少得到正视。

基于人皆有向善的本能和向善的可能这一伦理前提，道德就成为中国哲学体系中不可或缺的重要因素，无处不在，起着沟通宇宙万物、社会人生和个人的重要纽带作用。作为外部世界的天和自然界，不但和人一样具有道德的属性，更是至善的代表，是人世间所有一切的最终依据和指标，这样就借助于外部世界确立了道德的神圣性。士人则以修身、齐家、治国、平天下为座右铭，修身为根本，只要竭尽全力提高自己的道德修养，进而就可以和睦家庭、治理国家。即便仕途不尽如人意，只要保证自身的道德修养，仍然可独善其身，或追求一种孔颜乐处，或怡情山水，保证自身处于一种良好境界。在现实政治领域，更以道德属性去规范和要求君主，即格君心，以为只要保证君主的良好品德，就可以实现国家的良好治理，这就是由内圣而外王。从宇宙

① 张灏：《幽暗意识与民主传统》，新星出版社 2006 年版，第 24 页。

到社会，从社会到人生，都被道德化、伦理化，认为只要道德完善，所有一切社会问题都可以迎刃而解。至于道德的具体内容，则被明确规定为维护统治阶层利益的那套礼教制度，不允许任何人质疑。

人性的善恶取向，至今仍然众说不一，但可以肯定的是，人性是一个复杂的多面体，很难以单纯的善或恶来概括。我们不能只看到人性中善的一面或为善的可能性，就忽略了人性中可以给人类社会带来巨大危害的恶的一面，而且，道德总是表现为一定历史时期和一定社会发展阶段的人们的主观观念和想法，并不具备客观性，因此整个社会的泛道德化，只会对学术的独立和人的自由造成损害。

三、中国古代哲学中的思维方式

由于哲学研究的是关于整个世界的学说，试图从根本上把握关于宇宙自然、人类社会和知识的一般规律，因而从哲学中可以看出一个民族的思维方式和习惯。大体而言，根据中国哲学各家各派的主张和观点，可以归纳出中国古代哲学家和思想家的思维方式有个最重要的特点，即一元思维模式。

一元思维模式在中国哲学中表现为天与人、物与我、自然与社会以及知与行的合一，实质上就是指作为主体的个人与作为客体的外部世界的混同，这与西方的主客体两分正好相反。在一元思维模式中，作为认识主体的个人无法将自身和客观外部世界作严格的区分，也就难以对外部世界作深入的考察和分析，只能以主客体互相融合、渗透的方式，对外部分世界作出经验的、体悟的、直接的推断。

宇宙自然是中西方哲学家都关注的外部世界，但西方人把外部世界与人类自身加以严格区分和甄别，尤其是自然界和人类个体，这两者之间是无法打通、不可逾越的。近代西方哲学较之古代，有一次“认识论转向”，即由离开人的意识和思维、直接断言世界本身，转向以反省人类意识及其与世界的相互关系为出发点，首先关注人类的自身思维，认为我们所谓的外部世界，不过是人类思维的反映，人类的所有知识成果也都是人类思维的成果，由此对思维与存在的二元关系展开深入探讨。又如从语言学的角度看，英文中文化一词即 Culture 来源于拉丁文 Cultura，本意为耕耘、耕作土地，种植、栽培庄稼，培育、饲养家畜，指人类从自然界中谋得物质生活资料的农耕活动和耕作技术，是人类改造自然的一种方式，在这里，主、客体两分的迹象非常明显。

中国古代的哲学家、思想家则有意识地不将主体、客体作清晰界定。如中国传统文化中的诗与画，无论是唐诗还是山水画中，最为崇尚的境界之一就是物我两忘，意境固然有妙不可言之处，但代价是作为个体的人要完全融合在大自然中，完全泯灭自然与人的差别，个体的价值无从体现。这种一元思维模式集中体现在中国古代哲学中最重要的命题之一——天人合一。古汉语中的天有多种含义，但不管是物质之天、自然之天，还是主宰之天、义理之天，天人合一都强调人与天的相通，人与天不是割裂、对立的两者，而是彼此联系、息息相通、关系密切的两者。为此，不惜取消人的主体独立性，否则天人无法相通，而人的主体性一旦被取消，必然导致人归结于天，把人从属于天。天的绝对权威性的树立，要归结于宋明理学，即以理作为天的根本特质，并以理作为世间万物的根本。

由一元思维模式出发，又必然导致直觉思维模式和整体思维模式。由于主客体不分，中国古代的哲学家、思想家擅长从整体上把握对象，以直觉方式作出综合性的判断，不习惯于作充分细致、层层深入的推理论证。在中国古代哲学中，并非没有形而上的逻辑推理，但这种传统相对来说比较薄弱。先秦名家和墨学中的逻辑学要义后世不彰、唐代注重概念和逻辑的唯识学稍扬即黯，即为明证。这既是因为古代哲学的前提是服务于现实世界，因而学者们没有太多兴趣关注和现实世界没有直接关系的抽象思辨，同时也是因为在中国古代的哲学家、思想家看来，要从整体上把握世界，仅靠局部的论证、推理是远远不够的，只有以直觉、顿悟的方式直指本质，以纯粹的感性方式去领悟事物的本质，在刹那间实现主体意识对世界的领悟，实现现实人生和超越世界的冥合，这是事半功倍地真正把握问题的关键。在这方面，中国化的禅宗可以说代表了中国人的典型思维方式。这种思维方式必然具有神秘性、经验性和非逻辑性，以为人类的知识就只存在于感性认识中，它所能达到的最高成就是通过个人体验，实现现实世界和超越世界的统一、个人精神和宇宙精神的贯通，最终获得审美上的愉悦和解脱。但是从真实认识世界和人类自身的角度出发，人类都不能停留在感性经验为主的直觉和整体思维模式，有必要进一步发展到理性思维和逻辑的层次。

最后还要补充的是，先秦时的孟子、唐宋时的禅宗和尚和心学代表陆九渊、王阳明等，代表着中国古代哲学中重视凸显人的主体性的趋势，如牟宗三先生认为“中国思想的三大主流，即儒、释、道三教，都重主体性”。① 但实际上，这种主体意识不是建立在主、客两分的坚实基础之上，而是从人性道德层面，以修身养性的自我修炼方式进行的，只能称为一种道德主体性。道德主体可以脱离现实世界，在纯精神领域获得一种超越性的自由，但是作为与客体二元对立的主体的人，却不可能完全脱离现实世界，人的现实自由既不可能在远离人间烟火处实现，也不可能只落实在精神层

---

① 牟宗三：《中国哲学的特质》，上海古籍出版社 1997 年版，第 4 页。

面，因此，道德主体所导致的只是一种精神自由，与真实意义上的、相对社会制约而言的人的自由没有必然联系。

自主学习

1. 中国古代哲学有哪几个比较重要的发展时期？
2. 魏晋玄学为什么能进一步推动中国古代哲学的发展？
3. 理学和佛学之间有什么内在联系吗？请具体说明。
4. 哲学为什么与逻辑思维、抽象思辨有着极其密切的关系？
5. 请谈谈你对中国哲学所体现出来的思维方式的理解。

延伸学习

1. 黑格尔在《哲学史讲演录》中这样写道：

如果我们说，哲学的出现属于自由的意志，则在哲学业已起始的民族里必以这自由原则作为它的根据。从实践方面看来，则现实的自由和政治的自由之发苞开花，必与自由的意识相联系着。现实的政治的自由仅开始于当个人自知其作为一个独立的人，是一个有普遍性的有本质性的，也是有无限价值的时候，或者当主体达到了人格的意识，因而要求本身得到单纯的尊重的时候。

……

精神必须与它的自然意欲，与它深陷于外在材料的情况分离开。世界精神开始时所取的形式是这种分离之先，是在精神与自然合一的阶段，这种合一是直接的，还不是真正的统一。这种直接合一的境界就是东方人一般的存在方式；故哲学实自希腊起始。

黑格尔的这段论述可以说是对哲学本质的深入辨析，请就此谈谈你的理解。

2. “认识你自己！”据说这是镌刻在古希腊宗教中心德尔斐的阿波罗神庙墙上的一句箴言，也有人说这句话出自古希腊哲学家泰勒斯或苏格拉底。这句箴言不管到底出自何处，深深影响了人类两千多年来的思辨和认识当是不争的事实。

“我思故我在”则是法国哲学家笛卡尔的一句名言，他是这么解释的：“当我愿意像这样想着一切都是假的时候，这个在想这件事的‘我’必然应当是某种东西。”

请就这两句名言谈谈你的认识。

第六章　中国古代文学

中国古代文学自原始歌谣和神话开始，到五四新文化运动结束，时间长达三千余年，涉及诗歌、散文、词、小说、戏剧、文艺理论与文学批评，体裁多、作家多、作品多、流派多、风格多，不同历史时期的时代特征明显，是中国灿烂文化最重要的组成部分，在文化功能实现中具有极为重要的地位。本课程中介绍中国古代文学，有别于中文系专业课程的要求，将中国文学作为文化现象的一种类型加以介绍，重点概述中国古代文学的文化价值、文学典范和文化精神，兼顾各时期代表性的作家作品，以增强了解中国文化的可感性。

第一节　中国古代文学的发展历程

一代有一代之文学，史家早有定评。但代表一代文学成就，体现一代文学特征的品类，并不能涵盖整个时代的文学成就。承认了这一点，我们看待各个时期的文学典范，就不会忽略其他文学体裁或品类的成就。

一、《诗经》与“楚辞”

《诗经》原先只称为“诗”，或“诗三百”，汉代被确定为儒家经典后方称“诗经”。它收录了西周初年至春秋中叶500年间的诗歌305篇（实际上应有311篇，其中6篇有目无辞），按照其产生地域和音乐的特征不同，分为“风”、“雅”、“颂”三部分。“风”是十五国风，是15个地区的诗歌共160篇。“雅”即正乐，是朝廷音乐，在宴饮典礼中使用。诗歌作品有“大雅”31篇，“小雅”74篇。“颂”是宗庙祭祀音乐，分“周颂”、“鲁颂”、“商颂”3部分，共有诗歌40篇。风、雅、颂的另一方面含义是指艺术手法，与赋、比、兴合称“诗六义”。“诗三百”的成书，有“采诗说”、“献诗说”、“删诗说”等。“采诗说”是“男年六十，女年五十无子者，官衣食之，使之民间求诗。乡移于邑，邑移于国，国以闻于天子”①，有一定的可能性。“献诗说”源于汉代班固的记载：“孟春之月，群居者将散，行人振木铎徇于路以采诗，献之太师，比其音律，以闻于天子。”② 献诗是上下沟通的需要，以满足粉饰太平的需要；采诗是了解民情风俗的必要手段，有利于统治政策的制定与调整。而“删诗说”的真实性就不大了，因为孔子删诗而成“诗三百”的说法，只是儒家的美好传说。孔子能够依照“诗三百”的顺序歌咏之，不是问题。但“古者诗三千余篇”，“孔子去其重”③，并将符合音律与教化需要的保留下来，成为“诗三百”，可能性不大。“诗三百”集结编定成书大约在公元前6世纪中叶，早于孔子出生的时间。

“诗三百”在汉代得到了广泛的传播，并上升为儒家经典，成为士子必修的课程。“诗三百”虽经历秦火，但广泛流传于民间，到汉代得以复传。汉代传诗的有四家：齐之辕固、鲁之申培、燕之韩婴、赵之毛苌，根据他们的居住地旧称或姓氏，称为齐、鲁、韩、毛四家。前三家在汉武帝时受到官府的扶持，后者晚出，但解诗时史实联系《左传》、音韵文字多依傍《尔雅》。到东汉末年，儒学大师郑玄为之作笺注，使之大兴。齐、鲁、韩三家，则逐渐衰落。解释《诗经》的内容，传播《诗经》的精神，成为儒生的责任，文人的使命意识在研修儒家经典中逐渐形成。于是，对“诗三百”的实际内容理解诠释与时代环境不可避免地发生了联系，以符合统治意志的需要。所以，对“诗三百”的解读往往发生歧义。我们今天只有客观公正地解析“诗三百”的内容，方能真正了解春秋中叶之前的社会生产生活和社会发展演变，进而对先秦的人，有更为直观的认识。

《诗经》的主要内容有以下几方面：一是反映了周民族的发展历史，歌颂先烈的英勇事迹，主要作品有《生民》、《大明》、《绵》、《皇矣》、《公刘》、《文王》等；二是描写战争、兵役与徭役的作品，如《东山》、《采薇》、《无衣》、《载驰》等；三是再现生产劳动场景和传授稼穑知识技能，如《七月》、《良耜》、《芣苢》等；四是控诉了压迫剥削者的罪行，表达不满情绪，如《硕鼠》、《伐檀》等；五是描写婚姻爱情和家庭生活的作品，是当时社会生活状况的重要记录，如《关雎》、《蒹葭》、《氓》、《桃夭》、《柏舟》等；六是谴责统治者的荒淫无道，如《新台》、《株林》、《墙有茨》等，揭露了统治者光鲜外衣下丑恶的灵魂。

《诗经》的艺术，历来有“诗六义”的定评。《毛诗序》里有对“风”、“雅”、

---

① 《春秋公羊传·解诂》“宣公十五年”，十三经注疏本。

② 《汉书·食货志》，四部精要本，上海古籍出版社1993年版。

③ 《史记·孔子世家》，岳麓书社1988年版。

"颂"的解释:"风,风也,教也。风以动之,教以化之","雅者,正也,言王政之所由废兴也。政有大小,故有小雅焉,有大雅焉","颂者,美盛德之形容,以其成功告于神明者也"。朱熹《诗集传》中有对"赋"、"比"、"兴"的解释:赋是"敷陈其事而直言之也";比是"以彼物比此物也";兴是"先言他物以引起所咏之词也"。[①] 就是说,中国第一部诗歌总集,从文学创作内容到艺术手法,已经形成了现实主义传统,并提倡可以在一定程度上带有批判现实的精神。

楚辞是指以具有楚国地方特色的乐调、语言、名物而创作的诗歌,是屈原在楚地民歌乐曲的基础上创造的新诗体,其明显的特征是"书楚语、作楚声、纪楚地、名楚物",语言上最大的特点是使用语气词"兮",是《诗经》三百年之后出现的诗歌创作高潮,对汉赋的兴起具有直接的引导意义。《楚辞》则是指西汉成帝时刘向编撰的作品集,收集了屈原、宋玉的诗歌 28 首,并将贾谊的《惜誓》、淮南小山的《招隐士》、严忌的《哀时命》、东方朔的《七谏》、王褒的《九怀》以及刘向自己的《九叹》合并收入。东汉王逸补入自己的作品《九思》,成为今天能够看到的楚辞全部作品。屈原的作品除《离骚》外,还有《九歌》(11 篇)、《九章》(9 篇)、《远游》、《卜居》、《天问》、《渔父》,共 25 篇。另有《大招》,或认为也是出于屈原之手。同时的宋玉、景差、唐勒等也是重要的楚辞作家。《楚辞》因其与汉赋的特殊关系,故屈原的作品又称屈赋。现存最早的《楚辞》注本是东汉王逸的《楚辞章句》。

"楚辞"是具有鲜明地方特色的诗歌体裁,它的创造者屈原(约前 339—前 278),名平,字原,是楚国的贵族,担任了楚国的重要职务,积极参与楚国政治制度的制定和外交事务,在政治上主张改革弊政,举贤授能;在外交上赞成联齐抗秦,加强连横。但是,楚怀王听信谗言,放逐屈原。屈原因政治理想不能实现,楚国形势日趋恶化,愤恨奸佞当道,报国无门,自投汨罗江而死。屈原的《离骚》正是在放逐期间创作的。作者以自己为原型,塑造了一个出身高贵、修能全面、正直公允、抱负远大的艺术形象,再现了屈原内修法度、外接宾客、殚精竭虑、忠心事君的功绩和不被信任、放逐流亡的经历,总结了国家兴亡的经验教训,表达了自己九死不悔的决心。通过与群小的对比,强调自己不能同流合污的高尚情操。《离骚》长达2 400多字,是中国第一首政治抒情长诗,也是屈原用意志和生命铸就的华章,透射着坚贞的爱国情怀和执着追求的人格力量,是后世文人学习的榜样。丰富奇特的想象和瑰丽华妙的语言,也永远滋养着后代诗文的创作。

《诗经》的文学成就和现实主义精神主要体现在"十五国风"之中,评论家多以

---

① (宋)朱熹:《诗集传·诗卷第一》,岳麓书社 1994 年版。

“风”代称《诗经》，与《离骚》合称“风骚”，同是中国古典诗歌的源头，更是中国古代文学的文学风格、文学精神源头，是后世作家遵从的典范。

二、先秦散文与汉代辞赋

先秦散文与汉代辞赋，是继《诗经》、楚辞之后产生的又一个文学典范，在文化史上具有重要的地位。先秦散文包括叙事散文和说理散文，主要是先秦诸子的著作和历史著作。

（一）先秦说理散文

先秦说理散文实际上就是先秦诸子散文，各家学派为阐述自己的道理与学术见解而著书立说，形成了“百家争鸣”的学术繁荣壮观局面。诸子散文中，儒家思想学术集中于《论语》和《孟子》。

《论语》记载了孔子及其弟子的言行，由孔子弟子及再传弟子纂录而成，是孔子政治、教育、哲学思想的结晶。孔子政治主张的核心是“仁”，强调“仁者爱人”。教育上提出了“因材施教”、“有教无类”的观点，同时在道德伦理、哲学思辨、人格修养、教化治国、文明礼仪等方面提出了一系列人文精神的概念和要求。就其文体而言，《论语》属于语录体。全书没有专题论述，同一篇中各章之间也无直接关联，但言近旨远、词约义丰、形象生动、说理透彻，思辨的逻辑性和文学的形象性有机结合，成为两千多年来中国知识分子的精神坐标。

《孟子》七篇记录了孟子的谈话，是孟子和其弟子共同编著。全书多采用对话体，长于论辩是其最基本的文学特征，多用比喻、善于推理是其写作技巧，气势浩然、间不容发是其风格特征，平实晓畅、精练准确是其语言特征。

道家学派的《庄子》是继《老子》之后最重要的道家经典哲学著作，在哲学上是道家学派的理论归结，在文学上代表了先秦诸子散文的最高成就。全书分内篇7篇、外篇15篇、杂篇11篇，一般认为，内篇为庄子自己所写，外篇及杂篇是庄子后学所著。《庄子》善于通过形象的寓言故事阐述深奥的哲学道理，想象奇特丰富，文笔恣肆夸张，充满着浪漫主义色彩和幽默讽刺的笔调，对后世的文学语言产生了极大的影响。

《墨子》、《荀子》、《韩非子》、《吕氏春秋》等作品，也是先秦诸子散文中成就较高、影响深远的名作。

（二）先秦叙事散文

先秦历史散文最早见于甲骨卜辞，简短地记录了极其珍贵的历史事件。但文学史上讨论的主要是历史著作，包括国别体、编年体、国别体杂史三类，《国语》、《左传》、《战国策》在文学和史学两方面都具有不可替代的重要价值。

中国古代政权建立中有一个重要的角色——史官，至迟在周代就明确了史官的地位和工作性质，规定朝廷和诸侯均要设立史官，有大史、小史、左史、右史等职，君王诸侯有所言动，史官必须记录，“左史记言，右史记事。事为《春秋》，言为《尚书》”①。

《尚书》是中国最早的记言史书，相传有100篇，今存58篇，其中33篇为今古文《尚书》所共有，其余则是东晋时期伪作的《古文尚书》，没有任何可信度。所谓今文《尚书》，是指汉代广为流传的用通用隶书写成的版本。经过秦火之后，汉代学者经过搜集、校勘、结集并重新书写的为今文《尚书》。而汉武帝时期陆续发现的古本《尚书》依然用籀书写成，33篇作品保留了原书的基本面目，与今文《尚书》误差不大，证明了今文《尚书》的学术价值。《尚书》中最具有文学色彩的作品是《秦誓》。

今存的《春秋》是鲁国的史书。从朝廷到诸侯国均有史官记事记言，应该都有《春秋》，但保存下来的只有鲁国的《春秋》。保存下来的《春秋》虽然记录的是鲁国历史，但也大量记录了周王朝史实与相关诸侯国的事件，可以看做是经过孔子加工编定的以鲁国为核心的春秋历史，即便直接说是鲁国史书亦可。《春秋》记事起于鲁隐公元年（前722），终于鲁哀公十四年（前481），记载了242年的历史，用最简洁的语言记录了当时的重大事件。在正名定分、尊王攘夷思想指导下，往往于一字一词中有所褒贬，表达了孔子的基本政治倾向，是为“春秋笔法”。如“隐公元年”条记载：“郑伯克段于鄢”，仅仅六字，倾向性十分明显。但同样的历史事件，在《左传》中就有绘声绘色的描写，详尽而具有文学性。

相传由于《春秋》的过于简略，许多史实不够清晰，需要为之作传解析，于是有了《春秋》三传：《春秋左氏传》、《春秋公羊传》和《春秋谷梁传》。实际上，《春秋左氏传》简称《左传》或《左氏春秋》，是一部独立的史书，也可以认为是配合《春秋》的史书，其记事到鲁哀公二十七年，比《春秋》下延13年。与《春秋》相比，《左传》记事详载本末及有关传闻逸事，叙事完整而内容丰富全面，文采生

---

① 《汉书·艺文志》，四部精要本，上海古籍出版社1993年版。

动，人物形象饱满，长于描写战争，在正常叙述中往往采用倒叙、插叙等手段法交代因果，以“初”为标记。《左传》的作者为谁，历来有不同意见。司马迁、班固都认为是鲁国史官左丘明。根据书中记载春秋列国政治、军事、外交各方面的活动与纪事年代，《左传》当是春秋时期的鲁国史官所为，并在流传的过程中得到加工整理。现存的注本主要是西晋时杜预的《春秋左氏经传集解》、唐代孔颖达的《春秋左传正义》、清代洪亮吉的《春秋左传诂》等。《左传》不仅是研究春秋历史的重要史料，也是先秦叙事散文的重要标杆。《左传》的文学价值主要表现在：增加了大量的历史史实和传说故事，叙述更加完整；通过事件的描述和人物形象的塑造，多角度展示了作者的历史观和道德观；善于描写战争，详细交代战争的起因、谋划、发展、结局及其影响，对后世纪传体通史和历史演义小说具有直接的影响；叙事中或叙事结束，作者往往用“君子曰”或“孔子曰”加一段评论表明立场，增强了作品的感情色彩；其结构安排充满了戏剧技巧，设置了诸多的悬念与急转，具有极强的感染力。

《国语》是一部成书于战国初期的国别体史书，是各国史料的汇编。但各国所占的比重不一，侧重点也有所不同，原因在于编者所掌握的各国史料有差异。《国语》的记事，起于周穆王，终于鲁悼公，其时间跨度为公元前 990—前 453 年。全书 21 卷，记录了周、鲁、齐、晋、郑、楚、吴、越八国的事件。其中《晋语》多达九卷，并主要记录晋文公的历史，《吴语》记录夫差伐越及吴国灭亡，《越语》记载勾践灭吴的故事，为后世的文学创作提供了丰富的素材和想象的空间。所以《国语》的史料价值和文学价值亦值得重视。

《战国策》，又称《修书》、《国策》、《国事》、《短书》、《长书》等，是战国时代各国史料的汇编，成书于秦汉间，记事上接春秋，下迄秦并六国，时间长达 269 年（前 490—前 221），具体成书于何人，难以稽考，最终由西汉后期的刘向整理，并定名《战国策》，沿用至今。《战国策》的基本内容是记载战国时谋臣策士纵横捭阖的斗争经历和谋划言语，具有外交辞令的精彩和政治军事谋略的精深与狠毒，保存了不少纵横家的言辞与著述信息。全书 33 卷 12 万字，杂记东周、西周、秦、楚、燕、韩、赵、魏、齐、宋、卫、中山 12 诸侯国的军政大事。全书记载 497 事，分别是东周策 1 卷 28 事，西周策 1 卷 17 事，秦策 5 卷 64 事，齐策 6 卷 59 事，楚策 4 卷 52 事，赵策 4 卷 66 事，魏策 4 卷 84 事，韩策 3 卷 70 事，燕策 3 卷 32 事，宋、卫策 1 卷 15 事，中山策 1 卷 10 事。书中集中反映了战国时代的历史风云，也叙述了许多重大的历史事件，但多数作品出自策士之手，不免夸张与虚拟。所以《战国策》的史料价值有所降低，但文学价值大为提升，更反映了“士”这样一个特殊的群体游离了统治阶层之后的特殊历史作用以及对中国社会政治文化和道德观、价值观的影响。

战国时代的策士，在政治上崇尚谋略，强调审时度势，主张举贤授能；在人生观上追求功名显达、富贵利禄；对人品的要求不拘一格、经常变幻，只为自己的目标而奋斗；在价值观上弱化是非而强化了成功失败的意义。《战国策》的文学价值，超越了先秦任何叙事著作。其一，《战国策》塑造了大量鲜明生动的社会各阶层的人物形象，尤其是“士”的形象。其二，创作了大量生动有趣的故事，情节曲折，波澜起伏，想象离奇，具有很强的戏剧性。其三，分门别类的叙写和以人、以事为中心不同的描写手法，丰富了叙事文学的艺术技巧。其四，高超的语言技巧成为后世文学创作学习的榜样。其五，虚构的寓言故事和掌故逸闻，增强了说服力，也形成了诸多哲理性、文学性相结合的成语。其六，铺陈扬厉、夸张渲染的文风使整部作品气势恢弘、汪洋恣肆，成为中国古典散文文气的源头。

（三）汉代辞赋

汉赋是汉代成就突出的文体。赋，本是诵的意思，《汉书·艺文志》谓“不歌而诵为之赋”。荀子的《赋篇》第一次以“赋”名篇，汉人沿用其义，凡辞赋均名为赋。汉代赋早期是对楚辞的继承，称骚体赋，主要表达作者一时一事的感受和个人的情绪，具有一定的抑郁情怀。从西汉中叶到东汉中叶称汉大赋，枚乘、司马相如等人的作品标志着汉大赋的成熟。东汉后期，文人趋向于表达个人生活，形成了言情小赋的创作高潮。

早期的骚体赋作家作品主要有贾谊的《鹏鸟赋》和《吊屈原赋》、司马迁的《悲士不遇赋》、淮南小山的《招隐士》等。西汉中叶到东汉中叶，流行的体式是汉大赋，开阔恢弘、气势夺人，往往采用主客论难的形式铺陈扬厉、夸张恣肆、抑客扬主、解决问题或疑虑，达到认知的同化或思想上的提升。司马相如的《子虚赋》和《上林赋》等，纵横开阖，绮丽摛艳，语言精彩，气势磅礴，具有摄人心魄的力量。枚乘的《七发》，假托楚太子有疾，吴客往视，指出太子的病由是“久耽安乐，日夜无极”造成的，是“纵耳目之欲，恣支体之安”的必然结果，以至于习以为常的音乐、饮食、车马、游观等，虽经吴客夸耀盛赞，仍然不能激发太子的兴趣。越出宫闱，以田猎、观涛提振太子的精神，使其有“阳气见于眉宇间”、“有起色”。最后，吴客提出为太子请如同前代“方术之士有资略者”讲解“天下要言妙道”，终于使太子“霍然病已”。因为枚乘说七事以启发太子，后人模仿其结构形态，称为“七体”。东汉后期，随着帝国的衰弱，文人出路的逼仄，外戚宦官干政，朝政紊乱乖张，文人笔下充满忧郁的情调，出现了张衡及其《归田赋》、赵壹及其《刺世疾邪赋》、蔡邕及其《述行赋》等作家作品，这是一种末世的叹息，更是对社会、人生的深沉思考。

撇开汉赋的演变轨迹，仅仅从内容上来认识，也可以将其分为两大类：一类是言志抒情的小赋，一类是铺陈夸张的体物大赋。文学发展的内在规律和社会发展的外部环境，决定了两汉不同时期作家在体量、内容与风格上的选择。武帝后期，国力强盛，社会繁荣，好大喜功的举动与歌功颂德的文辞相约而至，直接导致了文坛上铺张扬厉的风气。但敏锐的文人还是察觉到社会危机的存在，对君王提出了委婉的讽谏，只是隐含太深，如司马相如的《大人赋》、《子虚赋》、《上林赋》。所以，宋代的刘筠在《汉武》诗中感叹："相如作赋徒能讽，却助飘飘逸气多。"简而言之，汉赋铺张夸耀是汉代社会繁荣、国力强大的盛世气度在文学上的反映，孕育了文学开阔恢弘的气象，对于中国文学积极昂扬的文人精神具有引导价值。

三、唐诗宋词

唐诗宋词，是700年间中国韵文学巅峰时代的典范，辉煌的成就达到了难以逾越的高度，成为后人景仰的丰碑。

（一）唐诗的发展

唐诗一般分为四个时期：初唐、盛唐、中唐和晚唐。

初唐的王绩已经写出成熟的五言律诗，其《野望》的格律和对仗非常严谨："东皋薄暮望，徙倚欲何依。树树皆秋色，山山惟落晖。牧童驱犊返，猎马带禽归。相顾无相识，长歌怀采薇"，写出了诗人由隋入唐后的迷惘心理。稍后的沈佺期、宋之问进一步规范了诗律。王勃、杨炯、卢照邻、骆宾王号称"初唐四杰"，进一步使五、七律成熟并改造了歌行体，结束了六朝淫哇在初唐的延续。陈子昂则在《修竹篇序》中明确提出"兴寄"，主张继承"汉魏风骨"，端正了唐诗发展的方向。贺知章、张若虚、刘希夷、张继等也是初唐的重要诗人，以创作实绩奠定了唐诗走向高潮的基础。张若虚的《春江花月夜》淋漓酣畅，写尽了古今离别情，祭奠了流逝的青春，又赞美了富有情趣的青春。贺知章的《回乡偶书》脍炙人口。刘希夷的《代悲白头翁》中"年年岁岁花相似，岁岁年年人不同"，平实流畅而深沉哀婉，难言之情尽在其中而余味不尽。张继的《枫桥夜泊》，不知令多少游子长夜难眠。

从开元进入盛唐，以王维、孟浩然为代表的山水诗派和以高适、岑参为代表的边塞诗派是盛唐精神的集中体现，祖咏、裴迪、常建、储光羲、王之涣、王昌龄、李颀、王湾是盛唐重要的山水诗和边塞诗作家。王维的《山居秋暝》、《终南山》、《送元二使安西》、《汉江临泛》、《使至塞上》、《相思》、《九月九日忆山东兄弟》，孟浩然的《望洞庭湖赠张丞相》、《过故人庄》、《春晓》，常建的《题破山寺后禅院》，所奉呈的模山范水审美享受和深沉的人生思索，将自然风光与社会人生扭结起来，赋予了诗歌更灵动的精神。王昌龄的《出塞》、《从军行》，王之涣的《凉州词》、《登鹳雀楼》，高适的《燕歌行》，岑参的《逢入京使》、《白雪歌送武判官归京》、《走马川行奉送封大夫出师西征》，所展现的大漠豪情与边塞风光，以及诗人建功立业的雄伟志向与缠绵悱恻的儿女情怀相交织的复杂心态，不仅把盛唐边塞诗的创作推向高潮，同时开拓了唐诗的深度和广度。李白和杜甫更是把唐诗推上了不可逾越的巅峰，被称为中国诗歌史上的双子星座。他们的作品，几乎每一首都是精品，故王安石曾说李杜诗不必选，皆是上品。

"安史之乱"的爆发不仅使中国封建社会发生了转折，也使诗歌发生了变化，中唐诗坛明显缺乏盛唐的精神气象。钱起、卢纶、吉中孚等"大历十才子"的创作，反映了这段时间唐代诗人精神物质两匮乏的现实。从贞元到元和形成了中兴的气象，韩孟诗派、新乐府运动、后山水诗派把唐诗推向了又一个高潮，李贺也是中唐的一个重要诗人。以韩愈、孟郊为代表的诗人，学习杜甫"语不惊人死不休"的精神，讲究艺术的精练和语言的藻缋。孟郊的《游子吟》、韩愈的《左迁至蓝关示侄孙湘》，不仅是个人的一时感受，而且反映了中唐诗人的生命意识，有类于东晋文人对于生命与人情的思索。元结和顾况的诗歌创作有意识地学习杜甫的现实主义精神，稍后的李绅以两首《悯农》奠定了其诗歌史上的地位。白居易在《与元九书》等书信中明确提出文章诗歌当有为而作，起到"补察时阙，泄导人情"的作用，并将新乐府运动推向高潮，写出了大量带有批判现实主义精神特征的作品，如《轻肥》、《卖炭翁》、《买花》、《长恨歌》、《琵琶行》等，社会的弊端、个人的喟叹、百姓的灾难和君国的忧患尽见于诗人的笔下。刘禹锡、柳宗元、韦应物、刘长卿等诗人的山水景观描绘，糅合了个体生命在巨大的自然力量和复杂的社会力量面前那种无奈与自我安慰。中唐时期虽然也有大量的山水诗，但往往寄托了诗人对历史纵深的思索和对现实的忧虑。中唐的诗歌被称为唐诗的再盛，但已经缺乏盛唐诗坛超越自我的积极进取精神，增强了个人的忧郁情怀述说。刘禹锡的《西塞山怀古》、《酬乐天扬州初逢席上见赠》，柳宗元的《江雪》，韦应物的《滁州西涧》，刘长卿的《逢雪宿芙蓉山主人》等作品，不论谈论历史故事还是描写眼前景观，"我"都在其中。

晚唐时期，诗坛充斥着今生已矣、盛世不再、往日不可追、来日难期待的梦幻般的黄昏情调，"小李杜"（李商隐、杜牧）的出现以及温庭筠、罗隐、陆龟蒙、皮日休、杜荀鹤等人的诗篇集中反映了晚唐诗人的心态。但是，晚唐诗坛的不少名篇，受到读者的高度评价，也容易引起心灵的共鸣。杜牧的《江南春》、《山行》、《寄扬州韩绰判官》、《齐安郡后池绝句》、《过华清宫绝句》、《赤壁》、《泊秦淮》、《题乌江亭》等，一时一地一景一胸怀，寄意遥深，并非流连花草鸟兽。李商隐不幸陷入牛李两党斗争的夹缝中，诗歌的蕴意难以用几个字表述，“无题”成为最佳的选择。

（二）唐诗的辉煌成就

唐诗数量之多，超越了前代的总和。据新编《全唐诗》统计，留传至今的尚有55 000余首，普遍颂习的作品也在千首以上，仅仅绝句就有10 000多首，还有不少作品在历史的长河中消失，已经无法统计。

唐诗的作家上自君王将相，下至贩夫走卒，各行各业，无所不包。自具风格的大家数十，更有诗仙李白、诗圣杜甫这样的诗坛双子星座。杜甫流传下来的作品有1 400多首，白居易则有2 800余首，这是大家。也有不少诗人虽留传的作品不多，如张若虚、刘希夷、王之涣、张继等，但以特别的作品或诗句为人们所熟知。当然还有不少诗人留下了作品，但没有留下姓名，成为研究的缺憾。

唐诗全面反映了唐代的社会生活，并将触角伸向了历史，写出了现实的厚重，展示了历史的纵深。有边塞风光的浩瀚，也有山林花草的秀丽；有激荡人心的沙场，也有长吁短叹的深宫，内容之广，难以尽述。杜甫的《咏怀古迹》及《蜀相》等、刘禹锡的《西塞山怀古》等，将历史的回音与现实的危机相参照，是诗人忧患意识的艺术体现。杜甫的诗歌就是时代的记录，全方位反映了那个时代的风貌特别是“安史之乱”的全过程，人称“诗史”。

唐诗诸体皆备，是中国古典诗歌的集大成。五古、七古、歌行取得了卓越的成就，律诗更体现了诗人深厚的功力与高超的技巧。五绝、七绝、五律、七律、排律的创作成就，令后人叹为观止。尤其是杜甫的律诗，代表了律诗的最高成就，“杜律”因而成为律诗的衡量标准。

唐诗的风格是多样的，每一位大家、名家都有自己的风格。但总体上说，以杜甫为代表的现实主义诗歌创作影响最大、成就最高。虽然诗人的侧重点各有不同，但多少带有批判讽喻，吟叹基本植根于现实的真实。而以李白为典型的浪漫主义诗人，是唐诗积极昂扬精神的标杆。

唐诗的主要倾向是积极向上的，不论是积极用世的进取者，抑或高蹈的隐退者，对社会人生、对大好河山、对时代环境在主体方面都充满了欢乐与欣赏的情绪，以充满激情的诗句再现大漠豪情、绮丽山水、诗意生活。因此，唐诗的气度是恢弘的，诗人的气质是刚毅阳光的、向往建功立业的。诗人在生活上任适，气质上任侠，行为上任意，咏叹上任气，一种自由昂扬愉悦的情绪充彻于整个诗坛。

唐诗的艺术技巧达到了前所未有的高度。诗歌的意象选择、谋篇布局、遣词造句、意境构造、句法结构、景物描写、情感表达、平仄对仗等，手法技巧炉火纯青而又清新自然、不见雕琢。

唐诗的审美与六朝异趣，欣赏的是健康壮实的美。在“文章四友”到“初唐四杰”的诗歌中，已经看不到六朝的病态美与凄婉情，代之以乐观健康的审美情趣，并选择相应的审美对象。不论是成功的达官显贵，还是艰辛的凡夫俗子，诗歌意象很少灰色，蓝天白云、高山流水、花草虫鱼、琴剑书画在唐诗中多带乐观的色彩。特别是盛唐，边塞风光与诗酒豪情为孪生，模山范水与乐观惬意相表里，描写的景象是积极健康、充满活力的。即便到晚唐，诗歌中有黄昏落寞情调，出现“夕阳”、“黄昏”、“霜叶”、“烟雨”等带有伤感的审美客体，也不能改变唐诗审美的总体取向。

（三）宋词的发展与成就

宋词承唐五代而来，沿袭了柔媚香艳的风格特征，男欢女爱、离情别趣、翠眉粉黛、歌喉舞姿成为传唱的主题，因而北宋词坛几乎是婉约派的天下。词成型之后的主要功用是宴饮时的歌唱，女性心理、生活、容貌成为主要的描写对象，婚姻、爱情便是最热门的题材。而词本身是音乐的文学，与其相伴的乐曲需要曼妙轻柔，其使用的场合与欣赏的主体，需要柔情万端。宋代文人士大夫丰厚的物质待遇在繁荣的城市寻找到恰当的切合点：歌舞销魂。宋太祖鼓励臣下纵情享乐，不必热衷于权力。于是，以士大夫为主流的消费群体被培育出来，或勾栏，或酒楼，或宅第，香粉阵阵，妙声绵绵，竹肉相发，不舍昼夜。直到南渡，风气依然极盛，面临亡国的危险，“朱门沉沉按歌舞”仍然不是个别现象。

北宋初期的主要词人或经历了五代的乱世，或局促一隅，词作数量不多，质量一般。如潘阆的《酒泉子》、寇准的《江南春》、林逋的《相思令》等，总体艺术水平不高。直到宋真宗后期与仁宗前期，富贵闲雅的晏殊词、情谊缠绵的晏几道词、别有忧虑的范仲淹词、堂庑特大的欧阳修词、雅俗并重的柳永词、婉转艳丽的张先词、境界独特的宋祁词，方形成了宋词的创作高潮。晏殊的两首《浣溪沙》既有闲愁，也有寄托。其一谓：“一曲新词酒一杯，去年天气旧亭台。夕阳西下几时回？　无可奈何花落去，似曾相识燕归来。小园香径独徘徊。”其二谓：“一向年光有限身，等闲离别易销魂。酒筵歌席莫辞频。　满目山河空念远，落花风雨更伤春。不如怜取眼前人。”而晏殊的《蝶恋花》中描写的情态，被王国维称为成就大学问大事业的第一境界。词曰：“槛菊愁烟兰泣露，罗幕轻寒，燕子双飞去。明月不谙离恨苦，斜光到晓穿朱户。　昨夜西风凋碧树，独上高楼，望尽天涯路。欲寄彩笺兼尺素，山长水阔知何处？”晏几道的《临江仙》、《鹧鸪天》、《浣溪沙》等作品，或描写词人复杂的内心世界，情深意切而又婉转曲折，或深入到歌女的灵魂深处，透过轻浮的生活和浪漫的举止，呈现内心的真正痛苦寂寞与悲哀。欧阳修的《踏莎行》、《玉楼春》、《浪淘沙》是离情别绪的婉转表达，而《朝中措》、《临江仙》等则是士大夫生活的另一个层面。他的《望江南》虽写蝴蝶，实际上讽刺了社会上追名逐利的现象。宋祁的《玉楼春》“东城渐觉风光好，縠皱波纹迎客棹。绿杨烟外晓寒轻，红杏枝头春意闹。　　浮生长恨欢娱少，肯爱千金轻一笑。为君持酒劝斜阳，且向花间留晚照”，王国维说著一“闹”字境界全出了。此后的苏轼、柳永、秦观、黄庭坚、贺铸、周邦彦等词人，将长短句的创作推向了辉煌。

“靖康之乱”改变了宋代文学的总体风格，爱国抗敌成为南宋诗歌最重要的主题，也是南宋词坛的主旋律。北南宋之交，李清照、陈与义、叶梦得、朱敦儒、岳飞、李纲、赵鼎、李弥逊、张元幹、刘子翚、张孝祥等，写出了时代的最强音，为词坛巨龙辛弃疾的出现奠定了基础。辛弃疾的词代表了南宋爱国主义文学的最高成就。早于辛弃疾的陆游，也是南宋重要的词人。女词人李清照生活在官僚家庭，自幼读书能诗文，两首《如梦令》写出了她的少女情怀。婚后短暂的离别、别后的相思，李清照直接用词记录表达，如《一剪梅》、《醉花阴》等。经历了战火惊恐与颠沛流离，李清照不仅失去了家园，也失去了丈夫，失去了自己的生活，在《永遇乐》、《声声慢》等作品中有着详尽淋漓的深情泣诉。《武陵春》：“风住尘香花已尽，日晚倦梳头。物是人非事事休，欲语泪先流。　　闻说双溪春尚好，也拟泛轻舟。只恐双溪舴艋舟，载不动，许多愁。”叶梦得的《八声甘州》用典别有期待：“故都迷岸草，望长淮依然绕孤城。想乌衣年少，芝兰秀发，戈戟云横。坐看骄兵南渡，沸浪骇奔鲸。转眄东流水，一顾功成。　　千岁八公山下，尚断崖草木，遥拥峥嵘。漫云涛吞吐，无处问豪英。信劳生空成今古，笑我来何事怆遗情？东山老，可堪岁晚，独听桓筝。”他的另一首《水调歌头》则写出了词人对中流砥柱的呼唤：“秋色渐将晚，霜信报黄花。小窗低户深映，微路绕欹斜。为问山翁何事，坐看流年轻度，拚却鬓双华。徙倚望沧海，天净水明霞。　　念平昔，空飘荡，遍天涯。归来三径重扫，松竹本吾家。却恨悲风时起，冉冉云间新雁，边马怨胡笳。谁似东山老，谈笑静胡沙!”朱敦儒的《相见欢》于流浪中不忘国家的灾难：“金陵城上西楼，倚清秋。万里夕阳垂地大江流。　　中原乱，簪缨散，几时收？试倩悲风吹泪过扬州。”多年后的朱敦儒依然牵挂着沦为阶下囚的徽、钦二宗。《临江仙》：“直自凤凰城破后，擘钗破镜分飞。天涯海角信音稀。梦回辽海北，魂断玉关西。　　月解重圆星解聚，如何不见人归？今春还听杜鹃啼。年年看塞雁，一十四番回。”岳飞的《满江红》充满了英雄气与壮士心："怒发冲冠，凭阑处、潇潇雨歇。抬望眼，仰天长啸，壮怀激烈。三十功名尘与土，八千里路云和月。莫等闲、白了少年头，空悲切。　靖康耻，犹未雪。臣子恨，何时灭。驾长车、踏破贺兰山缺。壮志饥餐胡虏肉，笑谈渴饮匈奴血。待从头收拾旧山河，朝天阙。"张元幹的《贺新郎·送胡邦衡待制赴新州》将怨怒、不解与忧虑融为一体："梦绕神州路，怅秋风，连营画角，故宫离黍。底事昆仑倾砥柱，九地黄流乱注？聚万落千村狐兔。天意从来高难问，况人情老易悲难诉！更南浦，送君去。　凉生岸柳催残暑。耿斜河、疏星淡月，断云微度。万里江山知何处？回首对床夜语，雁不到、书成谁与？目尽青天怀今古，肯儿曹恩怨相尔汝？举大白，听《金缕》。"陆游的《诉衷情》豪迈中又有几分无奈："当年万里觅封侯。匹马戍梁州。关河梦断何处，尘暗旧貂裘。　胡未灭，鬓先秋。泪空流。此生谁料，心在天山，身老沧州。"辛弃疾存词629首，与他的诗歌、文章一样，充分展示了这位政治家、军事家的才华与胸襟。南宋中后期的主要词人有姜夔、吴文英、张炎、王沂孙、史达祖、周密、刘辰翁、蒋捷等。姜夔的《暗香》、《疏影》等保留了不可多得的音乐资料。吴文英的《莺啼序》长达240字，是最长的词作。张炎、王沂孙、周密、刘辰翁、蒋捷等词人又一次经历了战火的洗礼，真正体味到亡国的悲苦与伤心，大量作品叙写南宋灭亡与失去家园后的心灵煎熬。张炎的《高阳台·西湖春感》、王沂孙的《齐天乐》、周密的《曲游春》、刘辰翁的《柳梢青》、蒋捷的《一剪梅》和《虞美人》等，抒写亡国的悲痛与对故国的怀念，读之令人心酸。南宋遗民的结社吟唱，在词史上引起不小的轰动，细加研究，也是情怀的别样寄托。

四、元明杂剧与明清小说

元杂剧是中国古典戏剧成熟的标志，也是元代文学的典型代表。文化史和文学史上所说的元曲，包括元杂剧和元散曲两大类，是代表了一代成就的文学样式。元杂剧已经是成熟的戏剧形式，结合了音乐、歌舞、说白、杂技和舞台设计等多种元素，其舞台分类属于歌剧。元杂剧的基本体制是一本四折演一完整故事，一般由一个角色演唱，每折用一个宫调内的若干支曲子组成完整套曲，一韵到底。其角色主要是正旦和正末，正旦主唱的为旦本戏，正末主唱的为末本戏。有的剧本还加有楔子，放在开头则交代故事的缘由，放在折与折之间则起到连接过渡作用。元杂剧剧本的基本结构元素是歌词、科、白三个部分。歌词是推动故事情节发展和抒情的主体；科是舞台动作，包括演员的表演和后台的配合动作声响；白指语言，舞台上演员之间的说话，包括对白、独白、旁白和背白等形态。元代前期的杂剧中心在大都（今北京），后期的创作活动中心在杭州。

明清小说的创作，从题材到艺术，从长篇到短篇，从文言到白话，代表了我国古典小说的最高成就，是中国古典小说的极盛时期。不仅长篇小说出现了杰出的“四大名著”，短篇小说的成就也具有集大成的意义：文言小说形成总结性成就的作品《聊斋志异》，白话小说的搜集仿制，保存了大量宋元话本的面貌，创作也推向了新的高潮。其中，冯梦龙的“三言”与凌濛初的“二拍”是最为杰出的作品。

（一）元杂剧与南戏

元代不到百年的时间，杂剧创作取得了突出的成就：有姓名可考者200余人，见于文献记载的剧目有700余种，今存于臧懋循《元曲选》和隋树森《元曲选外编》的作品尚有260余种。戏剧史上称为“元曲四大家”的作家是关汉卿、马致远、王实甫和白朴，或没有王实甫，而列入郑光祖。

中国古典表演艺术的各种因子相结合，吸收宋杂剧和金院本的创作表演技艺，联系清商音乐与民间小调相融合的伴奏技巧，化装与舞台设置的成熟等，是元杂剧兴盛的内部原因。而元朝统治阶层的喜好推动了杂剧表演的兴盛；城市经济的畸形繁荣为戏剧活动提供了场所和经济保障；市民阶层的扩大形成了广阔的市场；知识分子地位下降为杂剧的编剧、导演、表演提供了优秀的人才；大量优秀的女艺人参与戏剧表演增强了杂剧的魅力；元代社会现实和错综复杂的矛盾为杂剧提供了丰富的素材，有利于杂剧题材的选择、提炼、加工。以上条件，是元杂剧全面繁荣的主要保障，推动了元杂剧取得卓越的成就。

首先，元杂剧反映了元代社会的主要矛盾和问题，尤其是公案题材的剧作中最为明显，赞扬了反抗精神，抨击了黑暗势力、落后观念、丑陋习俗和不合理的封建礼教，塑造并颂扬了不畏强暴、敢于斗争、反抗压迫、争取自由的叛逆形象。元杂剧反映的元代社会问题甚多，主要有以下几个方面：民族压迫与种族歧视问题，知识分子问题，妇女问题，社会治安问题，无业游民问题，贪污、酷刑与冤狱问题，高利贷问题等。在元蒙贵族统治下的中国社会，知识分子的出路、生存成为问题，就使中国文化的生命载体出现了消亡的危险。关汉卿的《窦娥冤》最为集中地反映了这些主要问题。穷苦寒酸的儒生窦天章饱读诗书、满腹经纶，却无力为妻子治病而成为鳏夫，带着年幼的女儿难以生存，只好借了高利贷活命。因为还不起高利贷，将女儿端云抵冲给蔡婆婆做童养媳，改名窦娥。窦娥的命运从此改变。赛卢医因为不能归还高利贷，就想到杀了蔡婆婆以逃脱债务，社会治安问题由此可见一斑。救下蔡婆婆的张驴儿父子，得知蔡家两代寡妇、广有钱财，就公然登堂入室，企图霸占她们的人身和财产，可见游民问题之严重。而张驴儿误杀父亲，诬陷窦娥，居然为太守认可。终于，在严刑之下，统治者完成了又一桩冤案，法制何在，天理何在？窦娥觉醒了，向天地发出了责问和怒吼，以三桩誓愿完成了她最后的抗争。窦娥被黑暗的社会吞噬了，作者用幻化的方式为她申冤，不是反抗斗争的发展延续，而是作者的理想甚至是幻想期待。因此，《窦娥冤》具有震撼人心的特别力量。

其次，元杂剧具有反封建礼教的斗争精神，赞美了人性的美，肯定了人的正常情感和合理的精神诉求，是对理学“存天理，灭人欲”思想的否定。元杂剧中爱情婚姻题材的作品，集中体现了这样的思想。《西厢记》、《拜月亭》、《墙头马上》、《倩女离魂》等作品，热情歌颂真诚健康的爱情。《西厢记》中的张生、莺莺，都是出身于封建官僚家庭的青年男女，敢于冲破封建礼教的束缚，大胆地追求自己的幸福。他们没有世俗的门第观念，轻视功名富贵，只为一腔真情，跨越礼教鸿沟，终于在红娘的帮助下实现了圆满的结局。婢女身份的红娘在其中扮演了重要的角色，成为张生、莺莺感情成败的关键因素。她机智聪明，古道热肠，勇于担当，无私无畏，据理力争，随机应变，帮助张生、莺莺使礼教为真情让步，是数百年来活跃在舞台上的光辉形象。《倩女离魂》中的张倩女为了自己心爱的王文举几乎丧命，真情所使，灵魂出窍，追随幸福，终于如愿。此剧虽然情节如同志怪，却是一曲爱情的赞歌。

再次，元杂剧具有明确的情感倾向和是非判断，褒贬分明，反映了大多数人的情感意志和道德观念、政治倾向。在历史剧中，其进步思想与民主精神表达得比较明显。历史上和社会生活中明显有着一些不合理、不合情的教条，有着贤人遭厄的悲剧，元杂剧通过历史故事的演绎和社会生活的艺术再现，用形象和故事情节诠释了进步的思想理念，而不是直接用符号式的台词标榜。《赵氏孤儿》演绎的是历史真实故事，见于《左传》和《史记》，但纪君祥不仅提炼成忠奸斗争的精彩故事，揭露了奸臣屠岸贾的险恶心肠，赞扬了公孙杵臼、程婴的忠贞侠义，张扬了中华文化的道德力量，是非分明，褒贬明确，矛头直指昏君的误国误民也误己的危害，更通过对历史纵深的剖析，替被压迫民族和被压迫人民发出了对故国的呼唤，抒发了压抑已久的民族感情。《单刀会》、《西蜀梦》等作品，也在舞台上展示了元代统治者并不欢迎的历史英雄，使观众获得了替代式情感享受。

最后，元杂剧作为成熟的代言体表演艺术，以通俗的艺术形式传播中国文化，使中国传统文化精神又增加了一个承载、表现的载体和扩大影响的途径。相对于中国传统的文学体裁，戏剧具有特殊的新鲜度和吸引力，在城乡拥有广泛的市场。台上演绎，台下评点，不知不觉间，已经将大量的文化信息传递给观众。马致远的《汉宫秋》安排了王昭君跳江而死的情节，“是要通过这一壮烈行动的描写，来反映当时广大人民不屈服于外族统治的战斗精神和反抗意志”（顾学颉《元明杂剧》），大局为重、国家利益至上的文化精神，已经传播到观众的心里。

南戏是南曲戏文的简称，是在温州杂剧的基础上形成的地方剧种，早年出现的作品有《小孙屠》、《错立身》、《张协状元》等。杂剧盛行之后，南戏一度陷入低谷。但随着杂剧的衰弱，南戏吸取了杂剧的营养，结合市井喜好，出现了创作和演出的高潮。《荆钗记》、《白兔记》、《拜月亭》、《杀狗记》被称作“南戏四大传奇”，高明的《琵琶记》是南戏最高成就的代表。

（二）明代小说

明代是我国古典长篇小说创作的高峰期：长篇小说有“四大奇书”——长篇历史小说《三国演义》、长篇英雄传奇《水浒传》、长篇神魔小说《西游记》、长篇世情小说《金瓶梅》。《封神演义》、《西游补》、《新列国志》等，也是明代重要的长篇小说。《西游记》之后，明代形成了一个神魔小说流派，出现了30部左右长短不一、内容各异的神魔小说作品。一类是《西游记》的续书、仿作、节本、改编本，如《续西游记》100回、《西游补》16回，其作者均不详。仿作中《四游记》系列较为重要，包括吴元泰的《八仙出处东游记传》（简称《东游记》）56回、余象斗的《五显灵官大帝华光天王传》（简称《南游记》）18回和《北方真武祖师玄天上帝出身志传》（简称《北游记》）24回、杨志和（或作杨致和）删节改编《西游记》而成的《唐三藏西游全传》（简称《西游记》）。一类是专门为神仙列传的作品，佛教、道教及民间传说中的神仙形象，均有作品表现，如达摩、观音、吕纯阳、天妃、济颠、太上老君等。代表性作品有朱鼎臣的《南海观世音菩萨出身修行传》25回、沈孟柈的《钱塘渔隐济颠师语录》1卷、邓志谟的《晋代许旌阳得道擒妖铁树记》15回和《萨真人得道咒枣记》15回以及《吕纯阳得道飞剑记》13回等。还有一类是依附历史，描绘神仙灵异，在广大市民中有很大的市场，如许仲琳、李云翔的《封神演义》100回、罗懋登的《三宝太监西洋记》100回等。影响最大、成就最高的当是《封神演义》。此外，明代还有少量小说，如《如意君传》、《绣榻野史》等，剔除色情描写，历史的借鉴意义和文学的导向作用还是比较明显的。明代的短篇小说有白话和文言两个系列，白话小说以“三言”、“二拍”为代表，明代文言笔记体小说也有相当的发展。

（三）清代小说

章回小说发展到清代，尽管由于文化专制下创作自由受到一定的限制，但在康乾盛世里还是出现了代表我国古典长篇章回体小说最高成就的《红楼梦》和代表讽刺小说最高成就的《儒林外史》。还有不少作品在文化史上影响巨大，如署名“西周生”的《醒世姻缘传》100 回、夏敬渠的《野叟曝言》154 回、李海观的《歧路灯》108 回、李百川的《绿野仙踪》100 回、李汝珍的《镜花缘》100 回等。清代章回体小说有四个现象值得注意：一是续书创作。或仿作，如陈忱的《水浒后传》；或假借原书人名而重新创作，如丁耀亢的《续金瓶梅》。二是才子佳人小说创作成风。如张匀的《平山冷燕》、《玉娇梨》、《定情人》，徐震的《合珠浦》、《珍珠舶》、《赛花铃》，名教中人的《好逑传》，云封山人的《铁花仙史》，李春荣的《水石缘》，黄岩的《岭南逸史》等。三是晚清的谴责小说形成一个创作高潮，最著名的是“四大谴责小说”：李伯元的《官场现形记》、吴趼人的《二十年目睹之怪现状》、刘鹗的《老残游记》、曾朴的《孽海花》。四是历史演义和英雄传奇小说再度掀起高潮。褚人获的《隋唐演义》，钱彩的《说岳全传》，文康的《儿女英雄传》，杜纲的《南史演义》、《北史演义》，石玉昆的《小五义》和《续小五义》以及经俞樾修订的《七侠五义》等，在清代小说史上均占有重要的地位。这些作品，不仅是时代的反映、历史的回顾，也是对英雄的呼唤。晚清陈森的《品花宝鉴》、俞达的《青楼梦》、韩帮庆的《海上花列传》等狎邪小说，虽然积极意义无多，但亦是古典章回体小说多元化的组成部分。

《红楼梦》是中国古典小说的巅峰之作，是一部内涵丰厚的作品，展示了一个层次多重又互相融合的悲剧世界。全书的主线是宝玉和黛玉、宝钗的爱情婚姻悲剧，体现了封建礼教对人的严重束缚。围绕着“悲金悼玉”的爱情婚姻悲剧，《红楼梦》还写出了“千红一哭”、“万艳同悲”的“女儿国”的悲剧，对封建社会和文化进行深刻反思。《红楼梦》以贾府的衰落过程为主线，贯穿起史、王、薛等大家族的没落，描绘了上至皇宫，下及乡村的广阔历史画面，广泛深刻地反映了封建末世复杂深刻的矛盾冲突，显示了封建富贵家族的本质特征和必然衰败的历史命运。

《红楼梦》在文学创作上获得了巨大成功，达到了新的境界，塑造出了成群的性格鲜明而又富有社会内蕴的人物形象。曹雪芹就自己对现实世界的感受、体验而塑造人物，突出其真实性；注意写人物性格的多个侧面，甚至是美丑互渗的表现；人物之间相互映照、互为补充，生发出更为丰富、深刻的意思。《红楼梦》彻底地摆脱了说书体通俗小说的模式，极大地丰富了小说的叙事艺术，对中国小说的发展产生了深远影响。首先，采用“草蛇灰线，伏脉千里”、“注此写彼，手挥目送”的方法，使每一个情节具有多方面的意义，故事和画面之间的转换非常自然，不着痕迹。其次，把日常生活中的大小事件错综结合着写，小矛盾凝聚成大矛盾，小事件积累成大事件，波澜起伏，情趣盎然。再次，作者隐退到幕后，由作者创造的虚拟化以至角色化的叙述来叙事，在中国小说史上第一次自觉采用了颇具有现代意味的叙述人叙事方式。在叙述角度上也创造性地以叙述人多角度复合叙述，取代了说书人单一的全知角度的叙述。《红楼梦》继承了我国文学语言的优良传统并加以丰富和发展，达到了炉火纯青的地步。以北方口语为基础，融会了古典书面语言的精粹，经过作家高度提炼加工，形成了生动形象、准确精练、自然流畅、有生活气息和感染力的文学语言。

文言短篇小说则以蒲松龄《聊斋志异》和纪昀《阅微草堂笔记》为代表。

中国古代的文学，从原始歌谣、神话到近代诗歌、小说，经历了3 000多年的发展历程，形成了基本的文化精神，既是中国古代文学的灵魂，也是中国文化的艺术体现，需要从文学活动的整体观照中认识。

第二节 中国古代文学的文化价值

中国古代文学是中国文化的重要载体，以各个时代的作家不同体裁的具体作品传承着中国文化，成为包含中国文化元素最多的文化产品，也是永不枯竭的文化资源。相比于典章制度，文学作品更接近普通百姓；相比于哲学著作，文学作品更容易为读者所接受；相比于道德礼仪条文，文学作品具有鲜明的形象性与潜移默化的教育作用。

一、浩瀚的典籍是中国文学的重要载体

中华民族的先民们，从发出含义固定的声音开始，就已经产生了文学创作。文学活动几乎存在于先民的一切生产生活过程中。今天能够看到的甲骨卜辞中，已经有成熟的文学作品。从此，大量的文学作品得到保留，成为中国文化典籍中数量最为庞大的系列。

今天所能见到的大型丛书中，《四库全书》1 500册、《四库禁毁书丛刊》311册、《四库禁毁书丛刊补编》90册、《四库未收书辑刊》301册、《续修四库全书》1 800册、《四库存目书丛刊》1 200册、《四库存目书丛刊补编》100册，蔚为壮观。而所谓四库，指的是经、史、子、集四类。其中，集部的图书远远超过了经、史、子各类，几乎是经、史、子各类的总和。除了已经搜集到的文集外，散佚的文集不计其数，更有并未印行的文集，在战火和20世纪的文化浩劫中被淹没销毁，或者尚有许

多手写和刻印的家藏本没有进入研究者的视线。这些图书是数量可观的文化遗产，有待于发掘整理。从秦火开始到近现代大大小小不知多少的战争，毁灭了无数文化典籍，但经、史、子类的图书基本上得以保全，而“有碍”的集部图书，却遭到统治者有意识的定向销毁。在历史的长河中，也有不少典籍自然湮灭，更有许多文集因为没有付梓而遗失，或全部，或部分。以《浮生六记》为例，因为沈复无意而为之，没有藏之名山或流芳百世的意思，就是一部记载真实人生经历的自传，仅仅百年后就不见其原著全貌，只能从各种抄本辑校成《中山记历》和《养生记道》。而古代文学的相当一部分作家，同时也是政治家、思想家、哲学家，是中国文化的建设者和传播者。可见，古代文学不论是作家作品或是文学活动，均是中国古代文化的组成部分，也是传承古代文化的重要工具。中国是一个统一的多民族国家，各民族文学都有自身发生、繁衍、发展的历史和突出成就，藏族的史诗《格萨尔王传》、维吾尔族的叙事长诗《福乐智慧》、傣族的《召树屯》、彝族的叙事长诗《阿诗玛》、蒙古族的近代叙事诗《嘎达梅林》等，都是中国文学宝库中闪亮的明珠。少数民族的诸多作家，不仅有本民族语言文字创作的作品，更有用汉语创作的作品，如元好问的诗歌、小云石海崖的散曲等，是中国文化宝库中极为珍贵的财富。

二、漫长的发展过程中建设和丰富中国文化

按照今天文艺理论的基本见解，文学艺术起源于劳动，这是最接近正确的一个答案。原始人类在从事生产劳动的过程中，付出了极大的体力，与今天机械化作业有着本质的区别。于是，在劳作的过程中发出一定的吟唱，以减轻疲劳的感觉。这种吟唱与劳动的节奏相配合，形成了有韵律的声音，就是文学艺术。“今夫举大木者，前呼‘邪许’，后亦应之，此举重劝力之歌也。”[①] 举重劝力，使用的是口号，达到减轻疲劳感和提高劳动效率的效果，证明了文学艺术起源于劳动。但文学艺术是多重因子共同作用的结果，人类的生存也不是只有劳动。所以在劳动中产生文学艺术是正确的，但不能排除人类的本能，即原始的表现欲望和模仿的天性。而在原始部落形成之后，表现敬畏崇拜的各种活动中，也包含了大量的文学艺术因子，对于文学艺术的形成发挥了重要的作用。

先秦文学是指秦以前的中国古代文学，从时间上讲，是从莽莽太古到秦王朝统一。但是记载文学创作的工具是文字，文字的产生又远远晚于文学创作活动的时间，

---

① （汉）刘安：《淮南子》卷一二《道应训》，岳麓书社 1989 年版。

通过文字记录而得以保存的上古文学作品也就相当有限，并且其真实性不断受到怀疑。中国的文字基本定型并大量使用，一般认为是在殷商后期，约公元前14世纪。之后，文字广泛使用并成为文学创作的工具，“作家”的概念也随之出现，文学史的发展则翻开了新的篇章。但在文字记载之前，文学活动早已展开，是先民们集体性的文学活动，是口头创作并口耳传播，所以，得以保存下来的作品极其有限。但西周统治者出于体察民情教化百姓的需要，搜集记录了诸多文学作品，成为中国文学辉煌的开端。先秦文学主要包括先秦歌谣、神话、诗歌和散文等，是中国文学的源头，各种主要的文体肇始于此。

秦汉文学主要包括秦与两汉时期的诗歌、散文、赋、史传文学以及小说，是中国文学发展的承传时期。

秦王朝只有短短的15年，就在农民起义的浪潮中覆灭，在文学史上几乎可以忽略。但从公元前255年始，史学上奉秦为正朔，故此间产生的文学作品归入秦代。最杰出的作品是李斯的《谏逐客书》。两汉400余年，不仅是社会政治经济昌盛的时期，也是封建文化的高涨期。无论是作家的文学素养，还是文学作品的数量、质量，抑或作品的思想深度、艺术水平，都对后世产生了广泛的影响，价值取向、审美风尚、文体样式等方面也成为后世学习的典范。汉代文学的主要体现是诗歌、散文、赋和史传文学。

魏晋南北朝是中国历史长期分裂战乱的时期，给百姓生活和社会发展带来了极大的灾难，造成了无数的人间悲剧。而这样的战乱，开始于公元184年的黄巾起义。在镇压黄巾起义过程中形成的各路军阀为了争夺地盘和战争资源，展开了大规模的战争。其中，官渡之战决定了曹操对北方的实际统治，赤壁之战奠定了三国鼎立的局面，至汉献帝建安二十五年（220）曹操去世，曹丕代汉自立建元，进入三国的历史。随后，蜀汉政权在诸葛亮去世后逐渐衰弱，东吴政权也不及孙权时期强盛，而北方的曹魏政权逐渐向司马氏集团过渡，形成了西晋的短期统一。在“八王之乱”的沉重打击和北方少数民族军队的进逼下，司马氏集团被迫向南方流亡，在南京重新建立政权，史称“东晋”。东晋政权虽然建都南京，当地富庶繁华，歌舞升平，脂粉云集，整个统治集团流行着享乐的生活情调，但随时面临着北方入侵的危险。而政权内部，豪门世族把持朝政，军阀作乱，干预朝政，东晋最终被刘宋、萧齐、萧梁、陈政权取代，史称“南朝”。而北方，匈奴、鲜卑、羯、氐、羌等少数民族纷纷建立政权，统治了黄河流域的大片河山，并逐渐走向统一，形成了北魏政权。公元534年，北魏分裂为东魏和西魏，不久，分别为北齐和北周所取代。公元581年2月，北周相杨坚称帝，建立隋朝，于公元589年消灭陈，完成了全国的统一，结束了长达4个世纪的分裂战乱局面。魏晋南北朝文学是指从建安到隋统一这一时期的文学，这是中国文学的觉醒时期。诗歌、散文、辞赋、小说、文艺理论和文学批评均取得了卓越的成就。

唐代是中国封建文化全面高涨的时期，诗歌创作达到了难以逾越的高度，散文呈现多元化发展的局面，既有传统的四六文杰出成就，又有散文的新局面，韩愈、柳宗元等将散文创作推向新的高峰，小说也取得了卓越的成就，还创造了新的文学样式——词。

两宋文学是指公元 960 年到公元 1276 年间的文学，包括北宋、南宋、辽、金 4 个政权的文学。就两宋历史社会而言，相对于汉唐的大一统局面，北宋与契丹、西夏、吐蕃、大理等政权并存，南宋与女真、吐蕃、大理、蒙元政权并存，整体处于压抑的环境中，时刻面临入侵和亡国的危险。就文学而言，是唐宋封建文化高潮的组成部分，文学创作呈现出承前启后的状态，作家多、作品多，进步与落后、积极与消极对比明显，女性作家占有一定的地位。但两宋的政治、经济、外交和军事形势，总是处于被动和弱小的状态，文人缺乏汉唐那样开阔恢弘的气势，是一种内敛的自我压制的精神状态。尽管社会环境并不有利，但两宋的文学创作依然取得了骄人的成就，并形成了两宋的时代特征。诗、词、小说总结了过去，小说、戏剧开拓了未来，两宋文人的文学、哲学、史学、艺术、自然科学等各方面的修养远远高于前代。所以，就单一文学题材而言，除宋词之外，无一高于其他各代，但综合成就是任何一代无法比拟的。

元代文学是指元王朝统一到明王朝建立这段时期的中国文学。元代文学的主要成绩不仅体现在新兴的文学样式——元曲上，同时还表现在传统诗词的继承和发扬上，并且在元代后期还出现了对后世影响巨大的南戏。

明代文学是近古文学高潮的组成部分，诗文延续了唐宋的传统并多元发展，小说、戏剧成为时代的特色，词曲的发展也取得可喜的成就，并出现了众多的诗文、戏剧流派，精彩纷呈，佳篇如云，成为近代学界研究的热点。

清代是中国封建社会最后一个统一的王朝，也是古代文学的最后阶段，这不仅是时间的分段，也是体裁、风格、文学语言、创作精神等方面明确的割断。清代文学有三个发展时期：从清王朝建立到乾隆中期为清前期；乾隆中期以后到鸦片战争爆发为清中期；鸦片战争爆发到新文化运动为晚清时期，又称近代文学。清代虽是古代文学的最后阶段，却是又一个辉煌的阶段，诗、词、文成就超越元、明，直逼唐、宋；小说、戏剧比肩明代并呈现出更为壮观的场面；文学批评与文艺理论呈现出收官的特征，形成了中国古典文艺理论的归结。

三、睿智的思考是中国文学哲理意蕴的重要表征

哲学家的认识与分析，能产生精辟的论断；文学家瞬间的创作灵感，也是长期积累后在特定环境中多种元素碰撞的火花，就能创作出作者未必然、读者未必不然的作品。中国古代文学中，有大量的作品就是作家解剖生活甚至解剖自己灵魂的艺术结晶，具有文学的和思想的双重价值，文学中的思想，与哲学、伦理学、社会学、政治学中的理性或逻辑思维一样，是中国文化的重要元素，对于多种文化现象形成和文化产品的生产既有引领价值，对认识、继承和传播中国文化也具有提纲挈领的作用。这就是文学中的哲理思维，或者说理趣。

中国古代文学中的哲理思维，至少可以追溯到《诗经》的时代，《鸿雁》中就有生产与生活的关系思考。司马迁的《史记》“究天人之际，通古今之变”，全书贯穿着深刻的历史思索和分析。张衡的《归田赋》探讨了人生的玄妙哲理。魏晋南北朝文人生逢乱世，不少文人莫名其妙地卷入政治斗争而惨遭杀害，于是他们展开了对生死成败的思考，并在诗歌中加以凝练的表白：“人生非金石，岂能长寿考”、“有生必有死，早终非命促”、“对酒当歌，人生几何。譬如朝露，去日苦多”，等等，深思中带有悲凉。在“上品无寒门，下品无势族”的社会中，出身决定人生，因而也就有了不平之鸣。如左思的《咏史》其二“郁郁涧底松，离离山上苗。以彼径寸茎，荫此百尺条”，是艺术化的社会不公现象。随着时代的推移，到宋代，哲理诗的创作达到高潮。虽然不免有语录口号式的作品，但多数诗篇达到了生动的形象性与深邃的哲理性相结合的境界。梅尧臣的《陶者》、张俞的《蚕妇》仅仅20字，就揭示了深刻的社会现实问题。王安石的《游褒禅山记》用亲身的体会指出独立见解的重要性。苏轼的《题西林壁》是认识社会、人生和事物的深刻见解，道出了“当局者迷，旁观者清”简单道理的同时，更指出认识事物本质的途径。杨万里的《夜宿灵鹫禅寺》、《小池》等，思虑深刻，余味悠长。朱熹的《观书有感》两首，将深邃的道理与简单的生活经验结合，阐述了水到渠成的原理。尤其是第二首“昨夜江边春水生，蒙冲巨舰一毛轻。向来枉费推移力，此日中流自在行”，说明苦干蛮干不如先创造条件，条件具备了，事情就容易办成。

文学创作上的哲理化倾向，加强了作为中国文化组成部分中国古代文学的思想深度，同时也容易导致作品的晦涩凝滞，影响文学作品的审美享受。这一点，必须正视。

四、中国古代的文学作品发挥了文化的主要功能

一般来讲，文化的功能主要是记录、传播、凝聚、娱乐、认知、教化、调控等，而文学作品在很大程度上发挥了文化的主要功能。中国社会的发展历程，当然主要见于史书的记录，但史书同时也是文学巨著。《史记》被鲁迅称为“史家之绝唱，无韵之《离骚》”，就肯定了《史记》的史学价值、文学特性和文学的文化功能。赵晔的《吴越春秋》、袁康和吴平的《越绝书》，主观上是叙述吴越争霸的故事，却记录这一段详细的历史，弥补史书的细节缺失。文学发挥文化的传播功能，相比于各种哲学著作或礼仪教条，具有形象明晰、语言通俗、易于记诵的特点，往往能够达到更好的效果。中国文化的发展历史和主要精神，在文学作品中有着大量的记录。孔子强调：“仁人志士，无求生以害仁，有杀身以成仁”[①]，文天祥的《过零丁洋》中有“人生自古谁无死，留取丹心照汗青”的誓言。“诗三百”被尊为儒家经典，孔子有“兴观群怨”之说，指的就是《诗经》具有娱乐、凝聚、教化、调控功能，所发挥作用的方式，往往是“润物细无声”。张英任内阁学士时，桐城老家的邻居造围墙占用了小巷子的通道，家人写信向张英告状，要求他联系地方长官进行阻止。张英的回信只有一首小诗：“千里传书为一墙，让他三尺又何妨。万里长城今犹在，不见当年秦始皇。”接到书信的张家上下立即动手，将自家的围墙拆了重建，让出一条三尺宽的通道。邻家很是羞愧，将新建的围墙也拆了，向内收缩三尺，通道变成“六尺巷”。一首小诗，替代了对簿公堂，巧妙地化解了邻里之间的紧张关系。

第三节　中国古代文学的文化精神

一、关注现实的理性精神

中国古代文学有着自己的鲜明特征。不可否认，中国古代的文学受到儒家思想的滋养，形成了深厚的现实主义传统。但在儒家学说产生之前，原始歌谣、“诗三百”关注的主要对象是现实生活，是衣食住行、战争、婚姻家庭，而不是天上的神仙。尽

---

① 《论语·卫灵公》，十三经注疏本。

管后来受到道家思想的影响，大量作品富有浪漫主义色彩，但仍然是基于现实的一种理想主义表现。

（1）中国古代文学作品关注的重点是人间而不是虚幻的天国，崇拜代表自身理想的可以接触的人间英雄，而不是只能想象的上天神灵。

（2）中国古代文学作品描写的意象基本上源于生活，是实际遇到的对象，即便虚构，也是依赖于曾经的存在。所以作品表现的内容，是身边的人、景、事和与此相关的家国大事。

（3）中国古代文学作品具有传统的忧患意识，包括对自身命运的忧虑、对国家民族的忧虑。从表现原始部落战争的作品到鸦片战争时期爱国主义诗歌创作高潮的出现，忧患意识一脉相承，充满着理性的思考。

（4）中国古代的神话传说，充满着现实的人文精神。表达征服自然的愿望如“后羿射日”、“鲧禹治水”、“女娲补天”、“精卫填海”、“夸父追日”等，期待着自然顺应人的需要而变化。传说中的有巢氏、燧人氏、神农氏、嫘祖、仓颉等，是能力、智慧的化身，并没有脱离人的本质。

（5）中国古代的文学创作，不论是抒情还是叙事，都是以人以及人生存、活动的环境为中心。无论是写神仙还是鬼怪，表现的都是人的情感和愿望，没有离开现实中的人及人的愿望和感情。

不可忽视中国文学中的浪漫幻想，也有从人间想到了天国的作品，如南北朝时期的游仙诗集中爆发，神怪小说大量出现，但实际上这些都是对现实的不满与无奈，是作者的逃避与向往。真正代表中国古代文学成就的，是现实主义的作品，是对现实的理性观察、分析、思考和艺术再现。所以，“诗三百”是现实主义诗歌创作的源头，历代诗歌名家、大家，都是现实主义诗人。代表中国古典诗歌最高成就的诗人杜甫，作品中是大量的社会现实和人生现实，并且充满着对社会人生的理性思索。代表中国古典小说最高成就的《红楼梦》，从宝、黛、钗的爱情纠葛入手，全面反映了封建末世的社会现实，体现了作者对现实社会人生的思考分析。

关注现实，文学创作就不仅反映现实，更作用于现实，所以中国文学强调文学的实用性。子曰：“诵《诗》三百，授之以政，不达；使于四方，不能专对。虽多，亦奚以为？”[①] 不能用诗来处理实际问题，就不是称职的官吏，从另一个角度揭示了文学的实用性。

儒家的创始人已经断定，“诗三百”是可以用于政令、外交，并没有将它作为单

① 《论语·子路》，十三经注疏本。

纯的文学作品。《毛诗序》强调“上以风化下，下以风刺上”，“一国之事，系一人之本，谓之风；言天下之事，形四方之风，谓之雅。雅者，正也，言王政之所由废兴也”，“颂者，美盛德之形容，以其成功告于神明者也”，[1] 注重的是“诗三百”的实用价值。文学作品是“或以抒下情而通讽喻，或以宣上德而尽忠孝”，是“先臣之旧式，国家之遗美”，不可缺少，还是强调文学为现实服务。为人们津津乐道的曹丕名言“盖文章，经国之大业，不朽之盛事”，并没有谈独立的文学，只是将写作当做治理国家的手段而已。即便隋唐以后，依然时有论说。白居易认为，诗歌应该“救济人病，裨补时阙”，“文章合为时而著，歌诗合为事而作”，为政治、国家的大事服务。王安石认为“文者，务为有补于世而已矣”，而不是为文章而文章。

明代初年，宋濂之所以被朱元璋称为开国文臣之首，不仅因为做官和写文章，还因为他致力于道统文学体系的建设。清代桐城派古文声势浩大，其古文理论与统治意志一致，是不能忽视的。“义理、考据、辞章”三位一体，注重文章承载儒家学说，是桐城古文影响全国、兴盛百年的重要原因。

二、文以载道的教化传统

注重文学的社会教化功用，就是借助于文学的承载功能，融入符合统治集团意志思想的内容，在传播中发挥引导、教化社会个体，为群体树立榜样，使整个社会公众的思维、行为纳入统治者预定的轨道。

以诗文为教化手段的文学功用观，是古代最重要的文学观念，在诗歌创作的最初阶段就已经受到统治者的重视。

春秋、战国时期，儒家首先提出诗教，目的就是要以文学作品和文学创作的过程作为人文教化的工具。孔子为“诗三百”定性：“诗三百，一言以蔽之，曰思无邪。”[2] 因为“诗三百”是正面的、积极的作品，所以，学习“诗三百”就可以对社会发挥积极作用，而“诗三百”的教化功能就得到体现：“《诗》可以兴，可以观，可以群，可以怨。迩之事父，远之事君。”[3] 就是说，学习了“诗三百”，接受其中的道理和知识，可以承担起社会的责任，成为孝子忠臣，有利于家庭，有利于国家。从此，文学的教化功能长期受到儒生们的重视，也就奠定了整个古代文学的基本精神。

---

① （唐）孔颖达：《毛诗正义》卷一，十三经注疏本。

② 《论语·为政》，十三经注疏本。

③ 《论语·阳货》，十三经注疏本。

不但儒家重视文学的教化作用，其他各家学派也明白文章的社会功用，文章能够传播自己的观点，可以影响读者。于是先秦诸子著书立说，其目的也都是为了宣扬自己的政治理想和社会设计，体现了对现实政治的强烈关注。

唐宋古文家明确以"文以载道"为依归，认为文学的目的要通过"载道"来提高和完善人的道德理想，进而宣扬政治，服务于社会。而这样的道，并不是单纯指文学作品的内容，更重要的是儒家经典思想和符合统治阶级意愿的学说、观点，目的还是为了教化社会大众安于己分，成为顺民。所以，韩愈强调"养其根而俟其实，加其膏而希其光"。这里的"根"、"膏"就是"仁义道德"，就是圣人之言，也就是儒家学说。宋代理学家认为"文以载道"是指文学的价值在于阐述经典的道理，在于它的社会功利性。欧阳修说，"若道之充盈，虽行乎天地，入于渊泉，无不之也"（《答吴充秀才书》），指出了文章的内涵必须丰富。而内涵就是道，是圣人的思想精神。经过唐宋古文家的论述、明清文人的实践，"文以载道"的观念得到了继承、发扬和践行，文章和诗歌的教化效果也得到彰显。

显然，"文以载道"思想对中国古代文学的发展产生了深刻的影响。从积极的方面来看，为中国古代文学注入了政治热情、进取精神，培养和浇灌了文学家的社会责任感和使命感，使作家重视国家和人民的群体利益。从负面来看，它使文学沦为政治的附庸，从而削弱了其主体意识和个性自由。这种影响不仅体现在文人士大夫的诗文词曲作品中，也体现在小说、戏曲等叙事文学中。

三、写意手法与中和之美

所谓中国古代文学的写意手法，主要指诗歌的艺术手法，侧重于文学意象的内涵精神，而其外在形态、色彩、大小、位置等则处于次要的地位。文学意象的内涵精神，又是通过诗人、哲人的审视分析而加以艺术呈现，明确承载了诗人的审美取向。综观中国古典诗歌，从创作实绩到评论阐述，所追求的美感是中和平实，避免了极端的情感宣泄。

中国古代文学的抒情手法虽然也追求写实，通过花鸟虫鱼等意象传达诗人的情绪，但更高的追求是言外之意、韵外之致。因为言外之意、韵外之致具有巨大容量与可塑性，也即所谓的诗之境界。实际上，还具有很强的隐蔽性，以掩饰文人复杂的心灵世界。古人为文作诗又常常强调"以意为主"、"意在笔先"、"以神统形"，以表现意境为主。梅尧臣论诗，主张“状难写之景，如在目前；含不尽之意，见于言外”①，就是强调写意的灵动丰富，而通过抽象的描绘，难以描述的景观令人产生遐想，使眼前出现诗情画意。唐宋诗词、元代散曲之美，便主要在于意境之美。那种为历代文学家所憧憬的变化莫测、言有尽而意无穷的化境，正是在凝练含蓄的艺术表现形态上才可能达到的目标。

中国传统的诗学，注重中和稳当的审美享受，以符合温柔敦厚的诗教原则，所以文学创作中反对片面化和极端化，要求中正、和谐，无过无不及。表现外在的自然景物如此，宣泄内心的情感意绪也是如此，需要有节制地宣泄情感，而不是把情感表达得过分强烈。因此，中国古代文学在总体上具有含蓄深沉、意味隽永、怨而不怒的艺术特征，与中华民族平和、宽容、偏重理性的文化性格完全一致。从先秦到近代，意气风发的诗歌作品少之又少，正是温柔敦厚、中正平和的审美追求所使然。在中国古典诗歌中，此类的佳篇俯拾皆是。但散文名篇中体现这样艺术风格和审美特征，就比较难以发现，范仲淹的《岳阳楼记》，以一个被贬官员的冷静心态，解读滕宗亮这位同样被贬而重修岳阳楼的精神寄托，内心的郁闷与怨怒难以言表，却又巧妙地怨而不怒地表达出来。“越明年，政通人和，百废具兴”，这是一个“被处分”的官员一年的政绩，其中是非，不言自明。欧阳修的《醉翁亭记》里，描写了一个风流倜傥、酣醉委顿、游山玩水、不务正业的太守。可是在他的治理下，滁州物产丰富、百姓富足、民风淳朴、社会稳定、官民融洽、人人贤达、临溪而渔、酿泉为酒、歌于途中、休于树下、前呼后应、伛偻提携、风景优美、人心安泰，就是一幅“大同”的图画。可是，这也是被贬官员的作为，端稳平实，中正和平之气回荡其间。

四、积极入世的使命意识

中国古代文学中不乏老庄思想，但儒家思想的主流地位不可动摇，并在创作中得到充分的体现。尤其是儒家积极入世和勇于担当的使命意识，在诗词曲文等各种文体的作品中不难发现。在文学走向独立之初，曹丕说文章是“经国之大业，不朽之盛事”，将文章与经邦济国联系起来，肯定了文学在国家稳定、社会进步中的作用。

其实，从《诗经》中的《东山》、《采薇》、《无衣》、《载驰》等篇章，我们就可以看到保卫家园、驰骋疆场的使命意识。屈原的《离骚》在描写自己的挫折与窘困时，并没有忘记国家的存亡和君王的安危。中国古典诗歌的两大源头都充满着使命意

---

① （宋）欧阳修：《六一诗话》，何文焕《历代诗话》本，中华书局1980年版。

识。历代文人也不断强调“立德、立功、立言”，正是中国文人传统的积极入世精神的体现，两汉之后，更成为历代文人表现的主题。或者直接表达用事的愿望，充满了积极的进取精神和豪情壮志，诸葛亮的《出师表》是一种舍我其谁的担当精神。盛唐边塞诗是集中的表现，如王昌龄的《从军行》其四“青海长云暗雪山，孤城遥望玉门关。黄沙百战穿金甲，不破楼兰终不还”。宋代岳飞的《满江红》“待从头收拾旧山河，朝天阙”也正是对建功立业的雄心大志的咏叹。或者为没有作为而忧虑甚至羞愧，孟浩然的《望洞庭湖赠张丞相》表达的急切心情正是如此：“欲济无舟楫，端居耻圣明。”或者于平淡中寄托了郁闷，是用世思想的又一种表达方式，杜甫《南征》的“老病南征日，君恩北望心”、苏轼《记承天寺夜游》的“何夜无月？何处无竹柏？但少闲人如吾两人耳”、辛弃疾《卜算子》的“万一朝廷举力田，舍我其谁也”，潇洒中蕴涵了急切的期待，真正的用意在于“了却君王天下事，赢得生前身后名”。

中国古代文学作品中有多少作品包含使命意识，很难准确统计。但可以肯定的是，有强弱明暗的不同方式，有急切从容的不同程度，有正面抒发和侧面烘托的不同技巧。如同中国文化的多样性，文学作品中的功名观、进取精神、使命意识的表达，也是多样的。

自主学习

1. 结合作品谈谈中国文学的“风骚”传统。
2. 怎样认识中国文学是中国传统文化的重要组成部分？
3. 中国文人怎样在创作中体现中国文化的基本精神？

延伸学习

山居秋暝

王　维

空山新雨后，天气晚来秋。明月松间照，清泉石上流。
竹喧归浣女，莲动下渔舟。随意春芳歇，王孙自可留。

请结合作品谈谈中国文学的审美追求。

水龙吟·登建康赏心亭

辛弃疾

楚天千里清秋，水随天去秋无际。遥岑远目，献愁供恨，玉簪螺髻。落日楼头，断鸿声里，江南游子，把吴钩看了，栏干拍遍，无人会、登临意。　休说鲈鱼堪脍，尽西风季鹰归未？求田问舍，怕应羞见，刘郎才气。可惜流年，忧愁风雨，树犹如此！倩何人、唤取红巾翠袖，揾英雄泪！

以作品为例，谈谈中国文学的使命意识。

第七章　中国古代艺术

艺术是满足人们审美需求的一种意识形态，起源于生活并渗透在生活的各个方面。艺术并不是劳动生产的产物，而是人类创造能力的自由体现，但是它在发展的过程中已经早早地成为一个独立的精神活动的领域。艺术是一个民族精神文明的重要组成部分，随着社会的发展而发展。艺术具有明显的民族性，但是优秀的艺术作品又是全人类共同的精神财富。中国古代的艺术源远流长，最早的艺术作品可以追溯到新石器时代的彩陶、岩画等。

第一节　源远流长的远古艺术

一、陶器上的艺术

人类用泥土烧制成陶器，迈出了改变自然物属性的第一步。人们把黏土烧成陶器的目的是为了生活的需要，而不是为了艺术的欣赏，所以在距今一万年前的江西仙人洞、湖南玉蟾岩、广西甑皮岩等地出土的陶器和距今七八千年的裴李岗文化、上山文化出土的陶器上都没有任何花纹，器物的造型也很不规整，谈不上有什么可以称得上是“艺术”的东西。

距今六千年前，中原地区出现了仰韶文化。仰韶文化的陶器以彩陶为其最大的特色，所以20世纪初刚刚发现仰韶文化时就据此特点把它命名为彩陶文化。彩陶是在红陶表面用黑色绘制花纹，有的地区在彩绘之前先涂一层白色的陶衣作衬底，这样可以使彩绘花纹显得更加鲜明。仰韶文化的彩陶纹饰主要有花卉、动物、太阳等。中原地区仰韶文化的彩陶年代最早，在它的影响之下，周边地区也出现了多少不等的彩陶。各地的彩陶各有特色，但是数量并不多，唯独甘青地区的马家窑文化彩陶最为发达。马家窑文化与仰韶文化有很深的渊源关系，有些器物的形状几乎是一样的，但是马家窑文化彩陶的图案基本上都是由流畅的几何形线条构成的，与仰韶文化迥然不同，形成了自己的鲜明特色。

古代先民在陶器上画上各种各样的花纹图案当然是有目的的，但是他们的目的是什么，我们却无法确知，于是常常有人把画在陶器上的图案猜测成先民的图腾。这是没有根据的，因为在同一时期、生活在同一地区的同一群人使用的陶器上往往同时画有不同的图案花纹，例如，仰韶文化的彩陶上既有鱼和蛙的图形，又有鹿和鸟的图形，还有花朵、蜥蜴、人面、太阳等的图形，如果它们都是仰韶文化先民的图腾，怎么会这样芜杂呢？在新石器时代的陶器上除了画有动物和植物的图样以外，西北地区的马家窑文化彩陶的图案大都是流畅的几何形线条，南方出土的陶器上通常拍印着篮纹、绳纹和各种各样的几何形纹样，海岱地区的龙山文化的陶器表面则是素面的，最多有一些弦纹（平行的线条），其他什么图案花纹也没有。如果陶器上的动物图样是图腾的话，那么这些线条、几何形图案或者朴实无华的素面又意味着什么呢？

我们没有任何证据可以证明新石器时代陶器上的图案花纹是古代先民的图腾。古代的先民之所以要在陶器上装饰各种不同的图案花纹，一定是觉得这个样子很美，它们所反映的只不过是古人不同的审美观而已。不同时代、不同地区、具有不同文化形态的人们根据自己的喜好，采用不同的方式与手法来装饰自己日常使用的陶器和其他器物，这都是由他们的审美情趣决定的，和图腾没有必然的联系。现代人见到这些器物后从自己的角度去看古人，引发出种种揣测与解释，不过是以今人之心度古人之意罢了。

二、青铜器上的艺术

青铜是人类继陶以后创造的一种新的材料，把青铜作为一个时代的标志并不是不可以，但是赋予青铜过于沉重的意义——认为一旦有了青铜就意味着社会进入了一个新的社会阶段——是不合适的。其实，铜在青铜时代是非常珍贵的，主要被用来铸造礼器与武器，劳动者日常生产劳动仍然使用石器，甚至连贵族的生活用具也仍然使用陶器。在生产的领域里是铁器最后取代了石器而不是青铜器，在生活的领域里是瓷器与漆器取代了陶器，简单地用材料的进步来标志社会形态的好处是比较形象，但是坏处是并不符合事实，也是不科学的。

青铜器刚刚出现的时候，人们的铸造技术还很低下，所以只有一些锥、刀、斧、指环、耳珰之类小件铜器。二里头文化（即夏代）先民已经能够铸造爵、斝、鼎、盉等青铜器皿了，但是器形简单，各部分比例也不协调，造型缺乏美感。商代前期的青铜器结构比例仍然不够匀称，但是已经有了简单的图案花纹。商代后期青铜器上的图案花纹已经变得非常复杂，不仅主题纹饰有衬底的花纹，而且主题纹饰上还有花纹，所以被称为“三层花”，器物造型在结构上也变得更加匀称，可以给人以形式上的美感。

商代青铜器上有各种各样的动物纹样和龙纹、凤鸟纹、火纹、漩涡纹、各种几何形纹饰和人面纹等，而最让人感到充满了神秘感的图案是以轴对称为特点的兽面纹，它被叫做“饕餮纹”。《吕氏春秋·先识览》曰：“周鼎著饕餮，有首无身，食人未咽害及其身，以言报更也。”宋代罗泌《路史·蚩尤传》注云：“蚩尤天符之神，状类不常，三代彝器，多者蚩尤之像，为贪虐者之戒。其像率为兽形，傅以肉翅。”饕餮是传说中一种贪婪的怪兽，又传说是蚩尤的形象，把它铸在鼎上是为了告诫敌人，起到震慑的作用。其实仔细观察青铜器上的饕餮纹，虽然它们的样子有点狰狞可怕，但是根据它们头上角的样子可以知道实际上都是以牛、羊为主的动物纹样。

周人的技术水平不如商人，灭商后他们就掳掠商朝的工匠为自己服务，所以周前期的青铜器和商朝后期的青铜器在造型和技术水平方面没有多大的差别。然而周人的信仰观念和审美情趣与商人并不相同，因此当周人独立掌握铸铜技术后，西周中后期青铜器的图案花纹就完全不同于商代青铜器了，有些西周的青铜器图案看来似乎也是“饕餮纹”，但实际上并不是兽面，而是两只相向而立的凤鸟。

现在考古学家已经把所谓的“饕餮纹”统称为兽面纹。李泽厚先生称商代青铜器上的这种充满神秘感的纹饰是体现了一种“狞厉的美”，其实这只是今天的美学家对古人审美观的一种诠释，未必就是古人的想法。有人说饕餮是比喻吃人的奴隶制社会，那纯粹是牵强附会。我们只要比较一下商代和周代的青铜器就会发现，青铜器上的纹饰并不是只有一种风格，也并不是只反映一种意象。多种多样的图案花纹反映了当时人们各种各样不同的审美需求，无法确定地说某种图案或某种花纹一定代表或者象征着什么。

战国以后，铁器多起来了，并出现了用热锻制钢的方法——百炼成钢，于是古人又多了一种制造生产工具与生活用具的材料。但是又有人夸大了发明钢铁的意义，以为一旦出现了铁器，古代社会就摆脱奴隶社会进入封建社会了。其实铁器普及以后只是在生产工具和武器的领域里取代了青铜器，青铜器皿是被更加美观轻巧的漆器所取代，然而在人们日常生活领域里仍然大量使用着用铜材制造的生活用品，例如照脸的铜镜、洗脸的铜盆、熨衣服的熨斗、温酒的镳斗等，特别是大量的铜被用来制造铜钱。铜矿的开采与铜的冶炼技术并没有因为钢铁的出现而衰落，只不过因为普及的缘故使铜器变得越来越朴实无华，然而我们不能因此而认为这是铜器的没落，或者是青铜时代让位给了铁器时代。

第二节　古代艺术的各个门类

一、绘画

绘画是一门抽象的艺术，要把眼睛看到的具体事物用线条、图形、色彩表现出来，并不是处在直立人阶段的元谋人或北京人能够做得到的，一直要进化到智人阶段后期，人类才在岩石上用线条刻画出各种动物的形象和充满神秘色彩的图案。在内蒙古的阴山、新疆的阿尔泰山、宁夏的贺兰山、甘肃的嘉峪关、江苏连云港的将军崖、广西的花山等地都发现了岩画。这些岩画的内容有写实的人物、动物形象，也有充满神秘感的抽象图案。由于年代久远，因此谈不上什么技巧、章法，岩画的确切年代很难断定，但是它们向我们透露出了原始先民的野蛮与粗犷。至于先民们为什么要刻画这些东西？我们只能揣摩猜测。进入新石器时代以后，陶器成了先民们施展绘画才能的载体，在红色的陶器上用黑色和白色的颜料画上花纹图案就成了彩陶，中原地区的仰韶文化就以彩陶而著称。

夏商周时代留下了许多精美的青铜器和玉器。在铸造铜器和雕刻玉器之前肯定需要先进行设计，所以那时候的人们一定已经会绘画，但是他们没能把自己画的东西保存下来，因而我们现在只知道那个时代的雕塑和造型艺术，却无法了解那个时代的绘画水平。

我们现在所能见到最早的绘画作品是战国时代楚国的帛画。1942 年在长沙子弹库一座楚墓中被盗出一块手帕大小的绢帛，中间写着文字，周围画着一圈 12 个形状怪异的人物、怪兽或神灵，其内容应与巫术有关。这幅帛画现为美国私人收藏。1973 年对这座墓进行了发掘，又在棺盖上出土了一幅 37 厘米长、28 厘米宽的画有男子立像的帛画，这幅画和 1946 年在长沙陈家大山楚墓中出土的一幅 31 厘米长、22 厘米宽的画有女子立像的帛画是迄今所见年代最早的人物画。这种放在棺盖上的画叫做“旌铭”，上面画着死者的肖像或者写着死者的名字，出殡时作为丧葬队伍的引导，下葬后就覆盖在棺材上。战国时代画肖像的水平还很低，只能用线条勾勒人物的侧面形象。

战国时代漆器已经非常发达，保存下来的漆器也很多。漆器一般以木做胎，再涂漆髹饰，这样漆器就成了很好的绘画载体。战国漆器主要出于楚墓，并不是别的地方没有漆器，而是因为楚墓密封得特别好的缘故。古代漆器所用的都是天然漆，颜色以红黑两色为主，通常是红底黑花或黑底红花，图案以模仿青铜器的云纹、勾连纹和几何形纹样为主，其间会穿插一些人物、禽兽、鬼怪等反映生活场面或仙境的图画。

战国时代已经能炼钢，因此可以在铜器的表面以刀代笔来刻划图画。现在发现的战国刻纹铜器数量并不太多，但这是一朵艺术的奇葩。

战国时代，宗庙和宫殿的墙上都绘有壁画。屈原所写的《天问》就是他在遭到谗言被放逐后心情惆怅地来到楚国的宗庙，看着墙上画的天地山川、古贤神灵所发出的一系列疑问。不过战国时代的建筑现在已经荡然无存，只有在咸阳的秦朝宫殿遗址里出土了一些秦代宫殿壁画的残片，这是迄今所见最早的壁画了。

汉墓中保存下来的漆器也非常多。汉代的漆器继承了楚国漆器的风格，也是红底黑花或黑底红花，但是漆器上画的图案极其富有动感，就像行云流水一样流畅，这是汉代装饰图案的特点，与战国和隋唐的风格都不一样。

在汉代的砖墓里，墓砖上常常刻画着反映当时社会场景的图案，这种砖叫做画像砖；在用石块砌的墓内和建在地上的墓祠石壁上也往往刻有各种各样的图案，这种石块叫做画像石。画像砖和画像石上的图像形象地反映了汉代的社会生活与汉人的精神面貌。东汉开始流行用小砖砌墓，于是人们就用在砖砌的墓壁上画壁画的方法来装饰墓室。墓葬壁画的内容主要是反映墓主人生前的生活，还有天象、四神、飞升之类内容。汉代已经有纸，但是还不适宜书写，绢帛仍然是主要的绘画材料，所以汉代留下来的绘画也主要是帛画。

汉代之前所有这些绘画作品都没有留下作者的姓名，我们从文献里知道汉朝宫廷里有一位给王昭君画像的画师叫李延寿，但是他也没有留下自己的作品。最早有作品传世的画家是东晋的顾恺之，伦敦不列颠博物馆收藏的《女史箴图》、故宫博物院收藏的《列女仁智图》以及《洛神赋图》相传都是顾恺之画的，但是据杨新先生最新考证，《女史箴图》应为北魏时的作品，《列女仁智图》的年代可能早到东汉，而传世的《洛神赋图》有五个摹本，其中以辽宁博物馆收藏的摹本最具古意。在略晚的南朝画家中与顾恺之齐名的有陆探微和张僧繇，但是他们都没有作品传世。

中国传统的绘画工具是笔与墨，承载绘画的载体是绢与墙，所以中国绘画一开始就形成了用线条来表现绘画对象的风格。三国时代的曹不兴与唐代的吴道子是齐名的画家，都擅长画人物，所画衣纹的线条特别流畅、生动，号称“曹衣出水，吴带当风”，但是曹不兴的作品没有流传下来，现藏于日本大阪市立美术馆的《送子天王图》相传是吴道子画的。

中国的绘画一开始就是为人服务的，人物画是中国绘画的肇始与主流，人物在传统的绘画中始终是中心，而山水树木仅仅只是陪衬，而且画得非常幼稚，即使如

《洛神赋图》这样的大作也是如此。但是在隋代展子虔的《游春图》里，山水树木成了画面的主题，人物反倒成了风景中的点缀，这幅画是现存年代最早的一幅山水画。在唐中宗李显定陵陪葬墓节愍太子李重俊的墓中有一幅“山石风景”的壁画，在新疆吐鲁番阿斯塔那唐代墓葬中还发现过作条屏状布局的花鸟画，这些壁画虽然在技法上还不成熟，但是它们预示着专门以山水、花鸟为主题的中国画即将出现了。

魏晋以来，佛教在中国广泛传播，寺庙里和洞窟中需要绘制大量宗教题材的壁画，这些无名画匠们的作品也是艺术的瑰宝。这些壁画中年代最早是北魏的，由于所用颜色原料的原因，历经一千多年以后色彩都发生了变化，但是线条洗练、画风粗犷，体现了那个时代的特色，而唐代壁画的风格就要比北魏壁画细腻多了。不仅寺院需要绘制壁画，而且达官贵人的墓葬也需要绘制大量的壁画，像乾陵的陪葬墓永泰公主墓和懿德太子墓中都有大面积的壁画，绘制壁画为画匠们提供了施展才能的空间。

中国画最终形成自己的独特风格有赖于造纸术的改进和纸张使用的普及，因为使用宣纸作为绘画的载体，水、墨、纸、笔互相配合，产生出了千变万化的墨趣笔意，这才有了中国画与众不同的独特魅力和各种各样的风格流派。

在唐代的绘画中人物仍然是最重要的主题。传世的唐代名画如阎立本的《历代帝王图》和《步辇图》、张萱的《捣练图》和《虢国夫人游春图》、周昉的《簪花仕女图》和《挥扇仕女图》、孙位的《高逸图》、卢楞伽的《六尊者像》等都是人物画。唐代的统治者来自北方，对马匹怀有特殊的感情，从唐太宗昭陵六骏和唐三彩陶马身上都能感受得到他们的这种情感。唐代画家中也有许多人擅长画马，其中尤以韩幹最为著名，传世作品有《牧马图》和《照夜白》等。韩滉的《五牛图》虽然画的是牛而不是马，但是也应该归入鞍马画一类。

隋代展子虔的《游春图》开创了山水画之先河，到了唐代李思训、李昭道父子的山水画就突破了单纯的勾勒填色，而以遒劲有力的勾斫来表现山石的结构，再填以青绿重彩，显示出富丽堂皇的气派。因为他们的山水画中用浓重的青绿设色，所以后世称之为“青绿山水”。李思训的《江帆楼阁图》和李昭道的《明皇幸蜀图》是他们的代表作。到了宋代王诜、赵令穰又在青绿山水的基础上用泥金勾勒，创造出“金碧山水”的新技法，使山水画更加具有装饰性。北宋王希孟的《千里江山图卷》是青绿山水画的巅峰之作。

五代十国虽然只有 54 年，在政治上是个典型的乱世，但其绘画是衔接在唐、宋两个高峰之间不可或缺的环节。唐末中原战乱，许多中原画家如卢棱伽、孙位等纷纷入蜀，西蜀本来就建有画院，黄筌父子就是西蜀画院的干将，他们共同推动了四川绘画的发展。南唐经济繁荣、文风鼎盛，画院里集中了周文矩、顾闳中、王齐翰、董源等一批知名画家。宋朝统一中国后许多西蜀、南唐画家进入了宋朝的翰林图画院，从而奠定了北宋绘画的基础。

周文矩、顾闳中、王齐翰是五代时期重要的人物画家，周文矩的《重屏会棋图》、顾闳中的《韩熙载夜宴图》和王齐翰的《勘书图》是他们的传世之作。黄筌以画花鸟见长，他的《写生珍禽图卷》现藏北京故宫博物院。

五代是山水画发展的重要时期，并形成了分别表现雄伟的北方峻岭和秀丽的南方山川两大画派。前者以荆浩的《匡庐图》和关仝的《关山行旅图》为代表，后者以董源的《夏景山口待渡图》、《夏山图》、《潇湘图》和巨然的《秋山问道图》、《万壑松风图》为代表。除了荆、关、董、巨以外，赵幹的《江行初雪图》和郭忠恕的《雪霁江行图》都是这一时期的传世佳作。台北故宫博物院里收藏的无名氏的《丹枫呦鹿图》也是五代时期的绘画精品。

在宫廷里设置画院是从五代开始的，北宋太宗雍熙二年（985）正式建立了翰林图画院，收集名画、罗致画家，特别是在精通书画的宋徽宗的推动下形成了风格严谨的院体画。院体画的题材很广，人物、山水、花鸟皆有，宋徽宗自己的作品如《文会图》、《听琴图》、《芙蓉锦鸡图》、《瑞鹤图》、《柳鸦芦雁图》、《枇杷山鸟图》等都可以看做是院体画的典范。

与院体画意趣相反的是文人画。明代的董其昌认为“文人之画自王右丞（王维）始”，其实之所以提出文人画的概念是为了与画匠画、画工画相对而言的，它们的区别并不在于画的内容与技法，而在于画的意境与追求。画匠和画工们作画的目的是为了实用，为了装饰美化环境，为了渲染烘托气氛，而文人们作画并不是为了应用，而是为了陶冶情操、以画寄情，所以文人作画选择的题材往往多是梅兰竹菊、岁寒三友、荷花松石之类，即使画人画景，也是借人寓意、借景抒情。宋代的苏轼、米芾是文人画的积极倡导者，尽管他们画画的技巧不过是业余水平，但是他们对后世文人画的形成起了重要的推动作用。

北宋前期的山水画以李成、范宽最为著名，他们和五代的关仝并称为“三家山水”。李成善画寒林平远之景，传世作品仅《读碑窠石图》和《暗峦萧寺图》两件。范宽的山水画“峰峦浑厚，势状雄强”，传世作品有《溪山行旅图》和《雪景寒林图》等。北宋中期郭熙的山水画与李成齐名，被后世称为“李郭传派”，他的传世作品有《早春图》、《幽谷图》和《窠石平远图》等。南宋王朝建立后重振宫廷画院，集中了北宋画院旧人和江南著名画家，南宋的绘画在继承北宋画风的基础上继续发展。南宋山水画以李唐、刘松年、马远、夏圭为代表，号称“南宋四家”。李唐的《万壑松风图卷》和《清溪渔隐图卷》、刘松年的《四景山水图》、马远的《晓雪山行图》和《寒江独钓图》、夏圭的《西湖柳艇图》和《梧竹溪堂》等都是他们的代表作。五代和宋代画家画山水树木已经不像隋唐画家那样只是简单的勾勒，而是创造出各种各样不同的勾、点、皴、染的方法来表现不同的景观以及“山有三远”（高远、深远、平远）的透视方法，从而奠定了中国山水画的基本格局。

宋代宗教题材的壁画保存下来的远没有唐代洞窟壁画那么多，传世的武宗元的《朝元仙仗图》是一幅长卷，全图以白描的手法画出了神仙的群像，线条圆转流动而富有节奏感，犹存“吴带当风”的意韵，现为美国私人收藏。徐悲鸿先生收藏的《八十七神仙卷》结构与其雷同，但画法更加娴熟，应为在《朝元仙仗图》基础上加工而成的。这种白描稿是寺观壁画的粉本，也就是底稿。

除了壁画以外，唐宋以后佛像画越来越多了。这一方面是因为纸的质量提高并日益普及，另一方面是因为随着禅宗的传播，居家修行越来越风行，居家修行需要大量的铜铸、瓷塑和纸绘的佛像，所以画家们画的佛像也越来越多了。

一方面为宗教服务，另一方面为世俗服务，宋代绘画中一个前所未有的现象就是表现市井小民生活的风俗画兴起了，其中的佼佼者就是张择端的《清明上河图》。南宋时期反映城乡居民生活的风俗画和年节时令的节令画有了进一步的发展，李唐、苏汉臣、刘松年、李嵩、李迪等许多画家都创作过这一类题材的作品，例如李唐的《灸艾图》、苏汉臣的《货郎图》、李嵩的《骷髅幻戏图》、刘松年的《斗茶图》、李迪的《风雨牧归图》、朱锐的《盘车图》、无名氏的《闸口盘车图》等都是宋代风俗画中的杰作。后世的士大夫们认为风俗画太俗，难登大雅之堂，但是这些题材后来被民间画工所继承，在年画中得到很好的发展。还有一类专门描写男耕女织生产生活场面的画，往往画得非常工整，一般命名为《耕织图》，这一类画其实并不是画给民众看的，而是画给帝王看的，以便让他知道稼穑之难，也应该属于风俗画。

在宋代绘画中，儿童题材也比以前多得多，南宋的苏汉臣尤其擅长画婴儿画。多子多福是中国人普遍的愿望，所以儿童生活一直是人们喜闻乐见的绘画题材，无论是在上流社会还是在民间，《百子图》一直是长盛不衰的主题。

与传统的写实手法不同，文人的画作中出现了笔触洗练、造型抽象的写意画风，南宋梁楷的《太白行吟图》和《泼墨仙人图》就是这一类作品的典型代表。从此，中国画里又出现了与工笔写真相对的写意画派。

辽和金分别是契丹族和女真族建立的王朝，但是契丹族和女真族画家学习的都是汉族画家的画风，不过他们画的主题更喜欢表现草原民族的生活，如胡瓌的《卓歇图》、耶律倍（李赞华）的《射骑图》、张瑀的《文姬归汉图》等。

元初的赵孟頫是一代书画大家，他把书法技能融入绘画，使水墨与丹青熔于一炉，把笔墨的描写作用和表现作用成功地调和在一起，集前代之大成而使“识者知其近古”，大胆创新而无矫饰作态的斧凿痕迹，为元末文人画的发展奠定了基础。赵孟頫的画作存世颇丰，著名的有《秋郊饮马图》、《浴马图》、《人骑图》、《鹊华秋色图》、《秀石疏林图》、《红衣罗汉图》等。

元代后期画坛上影响最大的是活跃在江浙一带的黄公望、吴镇、倪瓒、王蒙，被称为“元四家”。他们的画重笔墨、尚意趣，并结合书法诗文，最能体现元代文人画的特色。黄公望的《富春山居图》、吴镇的《渔父图》、倪瓒的《古木幽篁图》、王蒙的《青卞隐居图》都是传世佳作。

元代寺院壁画保留下来的虽然不多，但是山西芮城永乐宫三清殿的壁画是空前绝后的珍品。壁画的内容为《朝元图》，是一幅大型的仪仗朝拜阵容，总共画有289尊天神，其中帝后身高2.85米，最小的玉女身高也有1.95米，所有的神仙分四层排列，拱笏、捧圭、拈花，神情肃穆、场面壮观。寺院壁画不仅可以用来表现宗教的内容，也可以用来表现世俗的社会，像山西洪洞水神庙明应王殿的壁画《卖鱼图》就十分富有生活气息。

在明代前期画坛上以戴进、吴伟为首的“浙派”独占鳌头，但是吴伟去世以后浙派就渐渐衰落，而苏州画家沈周的名声却越来越大。沈周和他的弟子文征明以及唐寅、仇英合称“明四家”。文征明既长寿，弟子又众多，吴门画风几乎笼罩南北画坛，形成了气势宏大的“吴门画派”。明代晚期董其昌成为画坛领袖，以董其昌为首的“松江派”取代了吴门画派的地位。松江派画家以山水画见长，董其昌把他在书法墨法上的造诣运用于绘画，创造出以淡墨、清墨为特色的山水画，显得柔和清淡。

文征明的弟子陈淳把自己深厚的书法功力融入花卉画，充分发挥水墨的特性，创造出了大写意的水墨花卉画。继陈淳之后，徐渭的写意花卉画更加狂纵，笔简意浓，开创了明清以来水墨写意画的新途径，他和陈淳并称为“青藤白阳”。

人物画在明代有衰落的趋势，但是明末涌现出一批风格独具的人物画家，其中最著名的有陈洪绶、崔子忠、丁云鹏、吴彬和肖像画家曾鲸。

清初康熙皇帝特别推崇“四王”的山水画。“四王”是指王时敏、王鉴、王翚、王原祁四人，王原祁是王时敏的孙子，王翚是王鉴的弟子，他们都直接或间接地受到董其昌的影响。“四王”加上吴历和恽寿平又被称为“清六家”，他们继董其昌之后享有盛名，领导画坛，左右时风。王翚和王原祁还一度出入宫禁，煊赫南北，所以他们被视为正统画派。王原祁是太仓人，他和他的弟子被称为“娄东画派”，王翚是常熟人，他和他的弟子被称为“虞山画派”。在吴门画派的影响和徽商财力的推动下，形成了以弘仁（江韬）为首的“新安画派”、以梅清为首的“宣城画派”和以萧云为首的“姑熟画派”。

清初还有四位擅长绘画的和尚：八大山人（朱耷）、弘仁（江韬，号渐江）、髡残（刘介丘，号石谿）和石涛（朱若极），被称为“清初四画僧”。朱耷是明朝宗室，明亡后削发为僧，所画山水多为“残山剩水”，所画鱼鸟每以“白眼朝天”，他的作品多署“八大山人”，形似“哭之”，又似“笑之”，以此来表达自己的心情。弘仁和髡残都是明末遗民，而石涛在明亡时只有3岁，不能算是明末遗民。他在康熙南巡时曾经两次参加接驾，后又赴京积极活动，殷勤地为权贵们作画，并先后与王原祁、王翚合作画画，然而他在北京的发展并不如意，于是在50岁时离京回到扬州，还俗安家，靠卖画为生。石涛的画山水、人物、花鸟俱精，尤其是山水画，以“我自用我法”的精神，“搜尽奇峰打草稿”，画出了激情与气势，深受后人称道。石涛和石谿被并称为“二石”。

清初在南京以龚贤为首的一批画家被称为“金陵八家”，而乾隆年间寓居扬州的汪士慎、黄慎、金农、高翔、李鳝、郑燮、李方膺、罗聘因能不拘陈规、敢于创新而被称为“扬州八怪”。除上述八人外，还有高凤翰、边寿民、杨法、华嵒、陈撰、李葂、闵贞等画家，他们形成了“扬州画派”。扬州画派之所以被称为“怪”，是因为他们的画脱离了“正统”的轨道。清初的扬州是盐商云集的大都市，扬州画派的画家们靠卖画为生，卖画的对象是文化素养参差不齐的市民阶层。为了迎合市民阶层的口味，他们创造出一种雅俗共赏的绘画，突破了元代以来独尊山水的局面，转向久为文人画家忽略的人物肖像、鸟兽鱼虫，并把梅兰竹菊世俗化，甚至释道鬼神也经常出现在他们的作品中。扬州画派在绘画的商品性与文人的自娱性之间游走，实际上这也是文人画家面对商业市场主动作出的调整。

清末上海的海上画派的形成与此相仿。鸦片战争以后流寓上海的画家日益众多，他们靠卖画为生，纷纷公开明码标价，“润笔皆有仿帖”，而扬州画家中只有郑板桥一人公布润格还引起了轩然大波。海派画家中最著名的有任熊、任熏、任颐（伯年），合称“三任”，除了“三任”以外还有赵之谦、虚谷、蒲华、胡远、张熊、吴昌硕等。他们分工专门，题材通俗，主旨浅显，技法更具有商业性，在卖画的过程中逐渐形成了类型化和品牌化的倾向。

与市场化的画家不同，宫廷画家不需要参与市场竞争。随着王翚和王原祁进入宫廷画院供职，他们的弟子与再传弟子相继在画院供职，这样，在康、雍、乾三朝王原祁的画风就成为宫廷山水画的主流风格。在宫廷画院中供职的还有西洋传教士，其中最有名的就是意大利传教士郎世宁。他努力融合中西画法，在绘制肖像和写实作品方面取得了很大的成就。宫廷画家们绘画不必考虑工本，有充足的时间绘制大型画卷来表现宏大的场面和重大的题材，例如王翚主绘的《康熙南巡图》、徐扬绘制的《盛世滋生图》和《乾隆南巡图》、郎世宁等人绘制的铜版画《乾隆平定准部回部战图》，以及后来的《乾隆平定大小金川战图》、《乾隆平定台湾战图》、《乾隆平定苗疆战图》等，以及像焦秉贞的《耕织图册》，丁观鹏的《太平春市图》、《法界源流图》、《皇清职贡图》那样一类反映社会生活和宗教、民族题材的大型画卷。

宫廷画和文人画都是社会上层的雅文化，它们是艺术珍品，但是离民众的生活都很远，而与人民大众朝夕相处的绘画是年画。迄今所见年代最早的年画是南宋刻印的题有“隋朝窈窕呈倾国之芳容”的四大美人木版年画。明清以来各地形成了各自富有特色的年画，其中以天津杨柳青、山东潍坊杨家埠、苏州桃花坞、四川绵竹的年画最为著名，号称“年画四大家”。年画的内容大体可以分为六类：第一类是神马像，诸如门神、财神、灶王、八仙等；第二类是庄稼生活，像春耕图、秋收图、过新年图等；第三类是吉祥画像，如富贵满堂、福禄寿喜、连生贵子等；第四类是怡情画像，像渔樵耕读、春夏秋冬等；第五类是故事画像，诸如廿四孝、梁山伯祝英台等；第六类是戏剧画像，例如唐僧取经、桃园结义等。这些题材都是民众喜闻乐见的，年画的表现手法也符合大众的审美观，富有浓厚的乡土气息。

二、雕塑

雕塑是利用一定的物质材料、运用雕刻或塑造的技巧在三维空间内创造出静态造型的艺术。雕塑可以按材质分为木雕、石雕、骨雕、牙雕、泥塑等；可以按题材分为人物雕塑、景物雕塑、动物雕塑等；可以按目的分为纪念性雕塑、装饰性雕塑、城市雕塑等；也可以按技法分为线刻、浅浮雕、高浮雕、透雕和圆雕等。中国的雕塑源远流长，早在新石器时代早期就已初露端倪，在距今七八千年的兴隆洼文化、大溪文化、河姆渡文化遗址中就发现过极其简陋粗率的雕刻或捏塑的物品。用现在的眼光看，这些东西很难被认为是雕塑作品，而在当时它们实际上也都应该有各自的用途，有的可能是祭品，有的可能是玩具，还有的可能只是闲来无聊捏个小玩意儿又随手扔掉了，并没有一定的目的意图，但是过了几千年被我们发掘出来以后就被当做了先民的艺术品。不过河姆渡文化先民的造型能力明显地要比同时代其他地区的先民强，他们雕刻的木、骨、牙器很难让人相信这些东西竟出自七千年前的先民之手。

到了距今五六千年前的仰韶时代，先民们的造型能力明显地提高了，仰韶文化的人形与鹗形的陶塑、大汶口文化的镂空象牙梳和动物形陶器、红山文化的陶人像与玉雕动物造型都已经非常准确了。再过一千年到了龙山时代，先民们的造型能力更高了，这在凌家滩文化和良渚文化的玉器上得到了充分的表现。良渚文化的陶器通常都做得非常规整，但是也有做成鸟的形状，显得活泼可爱、生机盎然。

夏商周时代雕塑的技艺主要表现在青铜器和玉器的造型方面。《史记·殷本纪》记载："帝武乙无道，为偶人，谓之天神。"虽然我们没有见过《殷本纪》所说的"偶人"，但是在殷墟出土的器物中能见到玉人、石人、石牛等雕刻品。尽管我们不清楚它们的用途，但是能够从中领略到商代工匠的雕刻技巧与水平。

春秋战国时期除了铜器和玉器以外，陶俑和漆器也都反映出那个时代高超的造型水平。《庄子·达生》说："梓庆削木为鐻，鐻成，见者惊犹鬼神。"庄子所说的"鐻"是铸成人形的编钟支架，湖北随州曾侯乙墓出土的铜编钟的支架就是用铜铸成的人形。春秋战国的年代与希腊罗马相当，但是中国先秦时代的雕塑和古希腊罗马雕塑的写实主义风格相比存在着明显的差异，这是文化的区别，而非先进与落后之分。

《汉书·五行志》记载说，秦始皇二十六年统一六国后"销天下兵器，作金人十二"。在商周时代中原地区从未见过有铜铸的"金人"，倒是在成都广汉三星堆遗址出土了年代相当于商代的高达2.6米的青铜立人和宽达1.4米的大型青铜面具，还出土了许多和真人大小相仿的青铜人头像，有的铜人头像上还戴着金面具。据史书记载，匈奴祭天也用金人，汉武帝时霍去病袭击匈奴休屠王部就虏获过休屠王的祭天金人，把它立于甘泉宫金人祠供奉，但是最终还是被毁掉了。秦始皇销天下兵器所铸的12个金人叫做"翁仲"，每个重24万斤。秦朝灭亡后，十二金人被移入长乐宫，东汉末天下大乱被董卓捶破了十个用来铸钱，剩下两个到十六国时被前秦的苻坚销毁了。

秦始皇陵出土的兵马俑无疑体现了秦代雕塑的最高成就。秦始皇陵出土的兵马俑不仅数量多、个体大，而且每个陶俑刻划细腻，脸相与发式无一雷同，服饰上的细节如冠上的瓔珞、衣服上的绳结、腰间的带钩都栩栩如生，就连跪射俑鞋底上纳的针脚也和真的一模一样，实在令人叹为观止。秦始皇陵兵马俑以及其他陪葬物品不仅反映了秦代工匠登峰造极的工艺水平，也反映了秦朝高度集权的统治体制。汉朝帝王陵墓也陪葬兵马俑，但是再也没有如此巨大的规模。汉景帝阳陵出土的陶俑虽然制作得也很精细，但是个头只有热水瓶大小，而且是模制的，显得千人一面。这倒不是说汉代的技术倒退、水平落后了，而是说明人们的丧葬观念正在悄悄地发生变化，而且汉朝的皇帝也比秦朝的皇帝要明智一些，不再那么恣意妄为了。

秦汉时代的陶塑已经能够做得非常写实，石刻的翁仲却做得十分古拙。曲阜孔庙内有座石人亭，里面存放着两个汉代的石人，它们原是立在曲阜东南张曲村鲁王墓前的翁仲，后来移入孔庙，一个高2.5米，胸腹间刻有篆字"汉故乐安太守麃君亭长”，另一个高 2.2 米，胸腹间刻有“府门之卒”4 个篆字。汉武帝时在长安西南开凿昆明池操练水军，在昆明池东西两岸分别立了牛郎和织女的石像。用现在的眼光来看，这两尊石像刻得实在不敢恭维，不知是西汉时雕刻石像的水平太低还是当时的石刻就是这个风格。霍去病墓前的石像是西汉雕刻品的典范，其中既有写实的马踏匈奴、卧虎、卧牛，也有只是根据石块的天然形状稍加雕凿而成的简练抽象的石野猪、石鱼、石蟾蜍。类似风格的石刻在江苏连云港孔望山也有发现。孔望山上摩崖石刻的人像显得那么草率幼稚，山下的石象也是利用一块巨石稍加雕凿而成的。1974 年在四川都江堰出土了一尊 2.9 米高的石像，前襟刻有“故蜀郡李府君讳冰”的字样，衣袖上刻有“建宁元年闰月戊申朔廿五日都水掾”的字样，可知这是东汉时雕刻的李冰像，与西汉的牛郎和织女像相比，雕刻的风格要写实得多了。

东汉时狮子被引进中国，并被中国人视为神兽，于是人们开始用石料雕刻狮子，并把它们放置在墓前守陵，这些陵墓前的石狮无疑是六朝雕塑中最有分量的作品。唐代从唐高宗、武则天的乾陵开始形成了在陵墓前神道两旁立石人石马的石象生制度，从此以后为帝王和达官贵人的坟墓雕刻石像就成为中国石雕艺术的一个主要内容。与希腊罗马人喜欢雕刻人像不同，中国人绘制肖像却极少雕刻人像，至今只在五代前蜀的王建墓中出土了一尊石刻的王建石像，这在历代帝王里也是绝无仅有的。

线刻艺术大概从东汉的画像石和石祠上开始初露端倪，到北魏时已经发展到非常高超的水平。魏晋隋唐时期北方流行用石棺、石椁殓葬，石棺、石椁的外壁打磨光滑后刻上线条流畅的图画，洛阳出土的北魏宁懋石室线刻、孝子故事石棺线刻和乾陵唐代永泰公主石椁线刻是这类线刻的典型代表。

随着佛教在中国的传播，从西域到内地开山凿岩建造了许多石窟寺，佛像与石象生就成为中国古代雕塑并驾齐驱的两大主题。佛教是通过中亚再经过西域传到中国大陆来的，在中亚有个小国叫犍陀罗（今阿富汗境内），它的位置处在中国、印度和欧洲的三岔路口，从罗马传来的雕刻技法和从印度传来的佛教在犍陀罗相结合，形成了犍陀罗具有罗马风格的雕刻佛像的艺术。北魏隋唐时期犍陀罗艺术伴随着雕凿佛像一起传入中国，所以我们看到早期的佛像具有明显的犍陀罗艺术风格，要到宋代以后佛像才渐渐地变成中国化的瘦骨清像。

六朝以后瓷器越来越普及，瓷器的造型是一种实用的工艺，除了用来塑造佛像或者制造陶俑外，专门用于欣赏的瓷雕瓷塑是很少的。在建筑物的木构件或砖石上雕刻图案花纹乃至圆雕作为装饰都是中国工匠的强项。民间用泥塑来做小孩的玩具也一直沿传至今。

三、书法

书法是一门以汉字为表现对象、以笔墨为表现工具的造型艺术。书写文字原先只有实用的价值，并不是一种艺术表现形式。在偃师二里头出土的相当于夏代的陶器和郑州二里冈出土的商代早期陶器上都发现了类似新石器时代的刻画符号，但是还没有发现像殷墟甲骨文那样的文字。

自从 1989 年王懿荣发现甲骨文以来，殷墟出土的甲骨累计已超过 16 万片，这些甲骨片上刻画的不重复的文字有 4 500 个左右，其中已被释读的约占 1/3。甲骨文的主要内容都是记录占卜经过与结果的卜辞，它与陶器上的刻画符号不同，已经能够用来表达系统的信息。甲骨文是一种成熟的文字，但是我们从甲骨文中还看不出可以称之为“书法”的东西。由于甲骨文是我国古代最早的文字，尚且处在文字的童年时代，因此显得粗疏草率，字形不固定、缺乏统一的书写规范、字体的结构变化很大、象形字较多等，这些都是文字尚处于幼稚阶段的特点。

甲骨文是因其契刻在甲骨上而得名的，并不是说商人平时都把字刻在甲骨上，刻在甲骨上的只是占卜的卜辞。《尚书·多士》说：“惟殷先人，有册有典”，甲骨文中的“册”与“典”写作与，都是竹简的象形字，而且在殷墟出土的陶片、甲骨和玉器上也都见到过用笔书写的文字，所以商代应该是以笔为书写工具和以竹简为主要书写材料的，只是年代久远无法保存下来而已。商代晚期的青铜器上开始铸有铭文，我们称其为金文。商代金文的字形与甲骨文相同，从线条的形状来看它是用笔写好后再翻模铸造的，笔触比甲骨文要圆润得多，但是仍然写得草率随意，并不讲究什么书法。

1977 年和 1979 年在周原出土了两批共 290 多片刻有文字的卜甲，文字的写法和商人的甲骨文类似，但是形体极小，只有粟米粒那么大，必须用五倍以上的放大镜才能看清楚。其内容也是卜辞，但是体例与殷墟各期的卜辞都不相同。这些甲骨是周人在商末的帝辛（即纣王）时期留下的，周人灭商以后的甲骨文我们就再也没有发现，看来周人并不擅长占卜也不愿意使用这种文字，但是在周人的青铜器上铭刻的金文倒是越来越多了，而且变得越来越规范和线条化。当时的人们是否把书写镌刻这些铭文当作一种艺术创作？我们现在已经无法得知了，不过现在的书法家确实是把西周金文当作书法艺术来看待的。

常常有人把汉字说成是方块字，其实这是针对后来规范化的汉隶而言的，早期的甲骨文和金文写得并不方正，而是很随意。大概到西周中期，铜器铭文才渐渐变得横竖成行规整起来，甚至把字写在用线条划成的方格内。

商周时代的青铜器铭文字体比较整齐划一，这是因为那时“学在官府”、“工商食官”，识文断字的人基本上都集中在朝廷里，青铜铸造业也基本上为朝廷所控制。然而到了春秋战国时期天子衰落了，各国诸侯纷纷崛起，文化下移，青铜铸造技术也更加普及，各国自己铸造铜器、自己刻写铭文，不仅青铜器的形制发生了很大的变化，而且金文的字形也发生了很大的变化。春秋战国时期金文的书法向着两个不同的方向变化：一个方向是书写得更加规范、工整、典雅，甚至出现了美术化的倾向，后世称为悬针篆、蚊脚篆、蝌蚪文，南方的吴、越、徐、楚等国还流行一种用鸟形来装饰的文字，叫做鸟篆，现代学者把它们统称为鸟虫书；另一个方向是由于各国之人各自书写自己的文字，文字变得五花八门，没有统一规范的字体，而且写的时候快速、粗率、潦草，因此战国钱币、兵器、印玺、器皿上的文字比早于它一千年的甲骨文还要难以辨认释读。正因为这个原因，所以秦始皇在统一中国后要实行“书同文”的改革，把各国不同的写法统一为小篆。

小篆是规范的官方文字，我们现在看到的秦王朝统一度量衡的诏版上的文字、秦始皇巡游各地摩崖石刻上的文字、调兵遣将用的虎符上的文字都是小篆。小篆的前身曾经被称为大篆、籀文，实际上就是我们现在所说的金文。唐初在岐州雍城（今陕西凤翔县）发现了十块战国时代的石碣，上面刻有文字，内容是描写秦王狩猎的场景。因为石碣的形状似鼓，所以这些文字就被称为石鼓文。石鼓文写得很规范，是从西周金文到秦代小篆的过渡。

战国时代各国日常书写时所用的文字并不是严肃的金文，而是信手书写的俗字，现在我们可以从出土的楚简和秦简上见到这种俗字。这种俗体字笔画简化，书写方便，到了秦汉时代就发展成为隶书。据说隶书是秦始皇命下杜人程邈所作，所以历来都有“程邈作隶”的传说，但是《说文叙》说程邈所作的是小篆，而颜师古注《汉书·艺文志》又说“篆书谓小篆，盖秦始皇使程邈所作也。隶书亦程邈所献”。其实所谓“程邈作隶”与“仓颉造字”一样，隶书从战国俗字到秦汉定型也有一个逐步形成的发展过程，绝非一人一时所为。也许因为这种字体是官府中的胥隶们日常记录文书时所用的文字，所以就叫做隶书。

从文字发展的脉络来看，从甲骨文到金文再到小篆，字体的演变是一脉相承的，但是隶书不是延续小篆发展而来，而是承继战国的俗字演变而成的。中国的古文字并不是一条线演变下来的，而是存在着两条线，且这两条线在战国时期是重叠的。甲骨金文经过金文发展到小篆就停止了，尽管做到了“书同文”，但是小篆并没有能够成为一种通用的文字，虽然在最严肃的场合人们都要用小篆来书写，例如碑额和墓志盖，但是它一经定型就凝固了，变成了一种专门用于图章印玺的字体，而隶书却充满了生命活力，发展演变出各种各样的书体，后来的各种书体除了小篆以外都是在隶书的基础上发展起来的。

从小篆到隶书，汉字发生了一个很大变化，这个变化称之为“隶变”。通过隶变，汉字的字形结构变得更加规范了；通过隶变，汉字的笔画特征也一改金文小篆的平直方硬，变成蚕头燕尾、波势起伏，字形也从纵长变为扁宽。由于汉代特别是东汉流行树碑立传，于是遗留下来了许多汉碑，例如孔庙碑、史晨碑、乙瑛碑、曹全碑、熹平石经等。这些汉碑上的隶书都是当时的书法家们写的，所以无不写得整齐端庄、中规中矩。然而汉代日常书写在竹简、木牍上的文字就没有那么认真，例如居延、武威、敦煌、甘谷、银雀山出土的汉简，马王堆汉墓出土的遗策等，就写得比较草率随意，但是显得灵动而有生气。

隶书严谨端庄，但是书写速度太慢，于是东汉时出现了一种草书，魏晋时人称之为“章草”，西晋陆机的《平复帖》是传世年代最早的一件章草作品。草书原是一种起草文书时用的非正式字体，《说文叙》说：“汉兴有草书”，在汉简中常能见到这种简易、快速书写的字，字体仍然是汉隶的架势，收笔也常常带出燕尾的波脚，而且和后来的行草不同之处是两字之间绝无顾盼与牵连。《后汉书·张奂传》引张芝说：“匆匆不暇草书”，说明到了汉末草书已经成为一种公开、合法的字体，但是草书仍然难登大雅之堂，没有一块汉碑是用草书书写的，奏章公文也都不能使用草书。

汉魏之际出现了一个新名词——八分书。为什么叫“八分书”呢？《古今书苑》记载蔡文姬的话说：“臣父造八分，割程隶八分取二分，割李篆二分取八分。”蔡文姬所说的“割隶取篆”是指结合隶书与篆书的特点创制了一种新的字体，这种新字体在东汉熹平瓦罐、吴谷朗碑、魏钟繇书表中都可以见到。八分书与隶书、小篆都不一样，蚕头燕尾不见了，笔画变得更加轻便，实际上已经具备了后来楷书的雏形。

魏晋南北朝时期中国长期处于南北对峙的状态，南北方文化的发展也出现了较大的差异，在书法方面形成了北碑南帖的局面。

北方由隶书发展成的八分书后来被称为楷书。“楷”是楷模的意思，楷书也就是标准书体。北方的楷书变得越来越方正刚健，形成了一种铁划银钩般刚劲有力的书体。曹魏时禁止官员树碑立传互相吹捧，但是东汉以来养成的积习已难改变，于是官员们就把刻好的碑铭放进墓中，这样就出现了墓志。北方的楷书主要是通过墓志铭留传下来的，所以这种楷书书体就被称为“魏碑体”。

南方把章草发展成为行书，这种新的书体写得潇洒酣畅、形似行云流水一般，又称为行草、今草。在这方面作出重大贡献的是东晋的王羲之。王羲之早期的行书代表作是《姨母帖》，字体圆厚沉实，字形拙朴横张，用笔起伏顿挫变化不大，仍然保持着章草的古意。宋代刻帖传世的钟繇楷书《宣示表》是王羲之的临本，在这件作品中他已经去掉了隶书的横向翻挑、飞扬的笔势，字形从横扁趋于方正，整体效果端庄生动、楚楚大方。唐代张怀瓘的《书断》记载王献之曾经对他父亲说："古之章草，未能宏逸，颇异诸体。今穷伪略之理，极草纵之致，不若稿行之间，于往法固殊也，大人宜改体。"所谓"改体"就意味着创新，代表王羲之创新风格的就是《兰亭序》。《兰亭序》笔法结字精巧严密，已经完全没有了前代书家的古拙之气，开创了一代新风。继承王羲之妍美洒脱风格的是他的儿子王献之。《洛神赋十三行》是王献之的楷书代表作。王献之书写的《洛神赋》流传到南宋仅剩下十三行，其字体比钟繇、王羲之更加偏长，笔画细润，布局错落有致，整体风格秀美潇散。王献之的行书代表作是《鸭头丸帖》，虽然只有寥寥两行，但是笔势连绵，纵逸流美。唐代张怀瓘的《书断》认为王献之胜过他父亲的地方就在"行、草之间，逸气过之"。宋代米芾《书史》也说："子敬（王献之字）天真超逸，岂父可比也！"东晋南朝士大夫们崇尚书法，纷纷收藏名人尺牍作为临摹之法帖，所以称为南帖。

东晋是我国书法史上最辉煌灿烂的一个时期，但是这个时期保留至今的真迹只有王珣的《伯远帖》一件了。乾隆皇帝因为收藏有王珣的《伯远帖》、唐人摹王羲之的《快雪时晴帖》和米芾临王献之的《中秋帖》三件稀世珍品而将他的书房命名为"三希堂"。明代董其昌作跋云："王珣潇洒古淡，东晋风流，宛然在眼。"因为王羲之的书法开创了一代新风，所以他被后人尊为"书圣"，而王献之继承了王羲之的风格，他们父子两人也被并称为"二王"。

到了隋唐时代，从北碑南帖中又演变出正楷、草书等不同的书体，并衍生出众多的书法流派，中国的书法艺术由此蔚为大观。

隋朝虽然是一个短暂的朝代，但是在书法上"上承六代，下启三唐"，在融合南北书风、走向统一规范方面起了过渡的作用。

智永和尚是王羲之七世孙，继承了王氏家法，并加以总结整理，使之法度规范、更加系统，传世作品有《真草千字文》。初唐李嗣真的《书后品》评价他为"精熟过人，惜无奇态"。智永的书法开启了以二王为宗、楷法规整的唐代书风。

现藏河北正定龙兴寺的《龙藏寺碑》刻于隋开皇六年（586），碑上刻文，字形方正，疏朗安详，用笔劲挺，开唐代楷书之先声。欧阳修的《集古录》评道："字画遒劲，有欧（阳询）、虞（世南）之体。"康有为在《广艺舟双揖》中称赞道："此六朝集成之碑，非独为隋碑第一也。"

唐初从太宗、高宗、中宗、睿宗到武则天几代皇帝都热衷于书法，尤其推崇“二王”，同时科举考试对书法的要求也推动了书法的发展，因此书法在唐代取得了很高的成就。欧阳询、虞世南、褚遂良和薛稷被称为“初唐四家”，欧阳询的《化度寺碑》、《九成宫醴泉铭》，虞世南的《孔子庙堂碑》，褚遂良的《雁塔圣教序》，薛稷的《信行禅师碑》分别是他们的代表作。

盛唐时期书家辈出，真、行、草、篆都达到了一个新的水平，李邕的行书，张旭、怀素的草书，颜真卿的楷书，李阳冰的篆书都是享誉一代的绝唱。

自从李世民以行书《晋祠铭》刻石后，以行书甚至草书入碑就多起来了。以行书刻碑要求字体结构清晰，用笔简练，李邕的行书正是适应了这个变化，他把王字的纵势长方形变为横势扁方形，并强化了向右上角仰侧的姿态，形成了敦厚宽博的风格。李邕的代表作是《麓山寺碑》和《李思训碑》。董其昌的《画禅室随笔》评价曰：“右军（王羲之）如龙，北海（李邕）如象。”

草书在章草阶段的特点是字字独立，但在“二王”行书如《丧乱帖》、《鸭头丸》中已是行、草相杂，连绵流畅。初唐孙过庭取法王羲之，他的《书谱序》用笔灵活多变，但是仍有章草古意。而到盛唐的张旭和怀素就把草书发展为无拘无束、狂放自如、纵情恣性的狂草。他们的书法被人称为“癫张狂素”。

颜真卿早期楷书代表作为《多宝塔碑》、《东方朔画赞》，晚期代表作有《麻姑仙坛记》、《颜勤礼碑》、《颜氏家庙碑》，行书代表作有《祭侄文稿》、《争座位帖》和《刘中使帖》。颜真卿的楷书端庄大方、沉稳厚重，已经摆脱了晋人书风，形成了一种浑厚丰腴、雄强博大的新风格，人们往往把他的书法与盛唐气派联系在一起。

小篆从秦代形成到唐代已有千年，因为使用得很少，所以精通篆法的人已经不多，民间常见以任意缠绕作篆的所谓“篆书”。李阳冰刊定《说文》，重新规范了小篆的写法，并形成均衡圆滑、线条流畅的风格，《三坟记》是他的代表作。

晚唐书法家中与颜真卿齐名的是柳公权，后世把他和颜真卿并称为“颜筋柳骨”。柳公权以当时风行的颜体为本，远追钟（繇）王（羲之），兼收初唐书家瘦硬妍媚的风气，融会贯通，形成一种结构严谨峻拔、用笔刚劲瘦挺的独特风格。他的代表作是《玄秘塔碑》和《神策军碑》。柳公权的书法严谨规范，为后世提供了一个完备的规范程式，但是也为馆阁体的泛滥留下了伏笔。

北宋书法家中蔡襄、苏轼、黄庭坚和米芾是著名的“宋四家”。

蔡襄擅长各种书体，欧阳修说他是“行书第一，小楷第二，草书第三”。苏轼评价他的书法是：“蔡君谟书，天资既高，积学深至，心手相应，变态无穷，遂为本朝第一。”但是蔡襄过于注重法规，难能尽情畅意，还未能达到宋人倡导的“尚意”

境界。

把“尚意”书风发挥得淋漓尽致的是苏轼、黄庭坚和米芾。清人梁巘的《评书帖》说：“晋尚韵，唐尚法，宋尚意，元、明尚态。”“尚意”的评价来自苏轼诗句：“我书意造本无法，点画信手烦推求。”苏轼主张“出新意于法度之中，寄妙理于豪放之外”，他说自己“吾书虽不甚佳，然自出新意，不践古人”。苏轼这种推陈出新的思想对后世书法产生了深远的影响。

黄庭坚工诗文，与秦观、张耒、晁补之同游苏轼门下，并称“苏门四学士”。他与苏轼开创了“江西诗派”，合称“苏黄”。在书法上，黄庭坚同其师一样力矫“尚法”的唐人因循守旧、不思自振的积弊，但是要想另辟蹊径、争得一席之地又谈何容易。黄庭坚以“随人作计终后人，自成一家始逼真”的勇气，通过不懈的刻苦磨砺、求深务奇，最终借助他那奇崛的艺术语言，开创了一种戛戛独造、生新瘦硬且逸于时代之外的书风。苏轼在《跋鲁直为王晋卿小书尔雅》在称赞他说：“鲁直（黄庭坚字）以平等观作欹侧字，以真实相出游戏法，以磊落人书细碎事，可谓三反。”

米芾天资高迈，但为人狂放怪异，有洁癖，喜奇石，人称“米颠”、“米痴”。他称自己学书是“集古字”，而在创作中追求的是“意足我自足，放笔一戏空”的状态。《蜀素帖》是他的代表作。

宋徽宗赵佶作为皇帝绝不是一个好皇帝，但是在书画艺术方面是一个具有极高造诣的专家。他所创造的“瘦金体”瘦硬利爽，后来用于刻版印刷的宋体字和仿宋体字就渊源于瘦金体。

在元代的书画艺术领域赵孟頫是开一代风气的人物，在书法方面他倡导遵循古法、崇尚二王，反对一味模仿苏、黄、米的肤浅风气。赵孟頫各体兼善，他的楷书被后世称为“赵体”，与唐代大家并称为“欧、颜、柳、赵”。

明代前期由于皇帝的喜好和推崇，“三宋”（宋克、宋璲、宋广）和“二沈”（沈度、沈粲）的书法成为一时之风尚。其中沈度的楷书特别深受明成祖喜爱，金片玉册必命其书。沈度官至侍讲学士，地位显赫，当时的中书舍人、科举士子纷纷模仿效法，以取悦人主，于是逐渐形成了一种工整呆板、千人一面、一字万同、没有个性的书风，后人称之为“馆阁体”。

明中期在吴门画派兴起的同时吴门书派也兴起了，祝允明、文徵明、陈淳、王宠并称为“吴中四名家”。祝允明以草书闻名于世，文徵明的小楷“名动海内”。文徵明德高望重、艺名显赫，为吴门书派领袖，追随者无数，影响非常深远。这一流派的地位一直到万历年间才被以董其昌为首的“华亭书派”所替代。

董其昌才华俊逸，少负盛名，书画俱为一代宗师。董其昌一生孜孜不倦地探求传统笔法，临习了大量的古代法帖，取长补短、汲取精华，成为帖学的集大成者。在师法古人的基础上他也形成了自己姿致古淡、生秀率意的书风。

董其昌的书法在清代初期受到康熙皇帝的青睐，一时间朝野上下趋之若鹜，最终导致以董氏为宗的帖学书法走上馆阁体的道路而式微。与此同时，在考据学派的推动下，金石碑刻受到了重视，碑学书法从郑簠的隶书开始由隶到篆地发展起来。清代的碑学名家除了郑簠外，还有擅长篆书的王澍、独创“漆书”的金农、自称“六分半书”的郑板桥、以隶作篆的邓石如以及伊秉绶等人。乾嘉时期帖学书法也改变只重董其昌的单一局面，出现了以刘墉、梁同书、王文治、翁方纲为代表的“帖学四大家”，以及书风稳健浑厚的梁巘、骨力雄强的钱沣、气息平和的铁保、宕逸恣肆的姚鼐等一批书法家。清晚期重要的书法家有何绍基、赵之谦、吴昌硕等人，中国古代书法到此走到了顶峰。

四、音乐

音乐是通过有节奏、有韵律的乐音在时间上的流动来塑造艺术形象和表达思想情感的一种艺术。音乐可以分为声乐和器乐两大类：声乐有美声、民族、通俗三种唱法，体裁有独唱、齐唱、重唱、合唱、对唱、伴唱等形式；器乐分为弦乐、管乐、弹拨乐、打击乐四类，体裁有独奏、齐奏、重奏、交响乐、协奏曲、奏鸣曲、组曲等形式。

《礼记·乐记》说：“歌之言也，长言之也”，“情动于中，故形于声”。古人认为唱歌是一种特殊的语言，所以音乐的起源可以追溯到与语言同时，但是音乐和语言一样都无法保存下来，所以我们无法知道先民们怎样唱歌，而只能见到他们遗留下来的乐器。我们现在见到最早的乐器是河南舞阳贾湖裴李岗文化遗址出土的骨笛，是在鹤类的尺骨上钻 7 个孔制成的，距今已有 8 000 年了。河姆渡文化的年代比裴李岗文化略晚，距今大约 7 000 年，只出土了钻 1 ~ 3 孔的骨哨而没有骨笛。骨哨只能吹出一些简单的音节，而七孔骨笛已经可以吹出复杂的曲调了。与骨笛几乎一样古老的吹奏乐器是埙，埙是陶制的，外形像梨，临潼姜寨遗址出土了仰韶文化的陶埙，龙山文化遗址也出土过陶埙。陶埙是中国传统的乐器，夏商周三代及其以后的时代都有陶埙，而且几千年来陶埙的外形与结构几乎没有发生什么变化。大概到距今四五千年前的龙山时代出现了两种打击乐器，一种是石磬，另一种是陶鼓。在河南禹州阎砦龙山文化遗址和山西襄汾陶寺文化遗址都出土了打制成形的石磬，表面很粗糙、形状很古朴，但是它们的形状与夏代的石磬是一脉相承的。龙山时代出现的石磬后来成为商周时代庙堂打击乐的核心乐器之一。陶鼓在马家窑文化遗址中发现了不少，形状就像陶制的大喇叭，喇叭口周围有一圈陶钉，这是用来蒙鼓皮的。鼓身上有两个纽，用绳把鼓横挎在肩上击打。陶寺文化不仅有陶鼓，而且有鼍鼓。鼍鼓的鼓腔用树干挖空制成，蒙的是鳄鱼皮。相传黄帝用的就是鼍鼓，所以陶寺遗址出土鼍鼓就显示出它在当时具有非同一般的地位。陶寺遗址还出土了一件断面呈菱形的青铜铃，在其他一些新石器时代遗址里还出土过类似的陶铃，但是陶铃并不能发出清脆的声音，它们究竟是乐器还是明器，还有待研究。

商代的青铜铸造技术已经非常发达，商人能够铸造精美的青铜器，但是青铜乐器还很简单。商代没有钟而只有铙。铙在演奏时是口朝上一手持握一手敲打的，可以由三个或五个大小不等的铙组成一套编铙，在湖南、江西、江苏、浙江等地还出土过单个的大型特铙。当钟出现以后铙演变为钲，只是作为军乐在军队里使用，乐队里就不再有铙了。西周出现了口朝下打击的钟，钟可以根据钟钮的不同分为甬钟与钮钟两类，钟的横断面是橄榄形的，所以敲击隧部（中间）与鼓部（两侧）发出的声音音调不同，这样由大小不等的钟组成的编钟就具有很广的音域。还有一种形似钮钟而断面为圆形的钟叫做镈，南方吴、越、群舒等地还流行一种亚腰形的钟，叫做錞于，西南地区少数民族的钟镈还有把钮做成羊角状的，花纹图案也与华夏族不同，这些都是各个地方的特色。商周时代的打击乐器除了铜钟以外还有石磬，磬的形状经过长期演变后定型为曲尺形的石片，像铜钟一样石磬也可以由大小不等的磬组成一编，编钟和编磬构成了周代庙堂音乐的核心，即所谓的“金石之声”。

商代的打击乐器中还有鼓。虽然鼓的实物遗存现在已经见不到了，但是出土了两面青铜铸造的鼓。这两面青铜鼓并不是实用的鼓，而是贵族墓中陪葬的明器，但是它的鼓皮、鼓钉都模仿真正的鼓，做得惟妙惟肖。甲骨文中“鼓”字的写法是手执鼓槌击鼓的象形字，圆形的鼓面，上有饰物，下有鼓座，正是出土铜鼓的样子。商周时代的吹奏乐器有埙。《国语·周语》记载：“金石以动之，丝竹以行之，诗以道之，歌以咏之，匏以宣之，瓦以赞之，革木以节之。”这里所说的“金”、“石”、“丝”、“竹”、“革”、“匏”、“瓦”、“木”是指古代用八种材料制造的乐器，即所谓的“八音”。埙是陶做的，属于瓦类乐器。

商周时代的庙堂音乐以打击乐器钟、磬、鼓为主，钟鼓之乐在演奏时节奏舒缓、声音洪亮、余音绕梁，给人以一种庄严肃穆的感觉，很适合宗庙和朝堂上的气氛，所以一直到春秋战国时代，庙堂上的乐队仍然以钟、磬和建鼓为主，这从青铜器的刻纹中可以看到。但是打击乐并不适合民间的娱乐，于是春秋战国时期使用管弦乐器的丝竹乐在民间兴起了。丝竹乐欢快活泼，与庄严缓慢的庙堂音乐完全不同，所以孔子斥其为“郑声淫”。《礼记·乐记》说：“桑间濮上之音，亡国之音也。”但是丝竹乐具有强大的生命力，不仅民众喜欢，而且也逐渐被贵族接受，这种变化也是春秋战国所谓“礼崩乐坏”的一个表现。

1977 年在湖北随州发现了战国初期的曾侯乙墓，出土了迄今所见最大、最齐全的一套编钟、编磬和建鼓，同时又出土了排箫、篪、笙、琴、瑟等一整套管弦乐器。曾侯乙墓出土的编磬共 32 件，出土时分为 4 组悬挂在铜质的磬架上，磬架用青铜铸成，立柱是两个长颈怪兽，横梁有上下两层，满饰错金花纹，两端为透雕的龙形。编钟有 64 枚，加上楚惠王赠送的 1 枚特镈总共 65 枚，总重量达 2 500 多公斤，出土时依大小和音高为序编成 8 组，分别悬挂在三层铜木结构的曲尺形钟架上，钟架旁边有两根粗大的撞钟棒和六件 T 字形钟槌，显然这是配套的击打编钟的工具。每枚编钟都能敲击出两个乐音，编钟上的铭文都标明了它的音律和音阶，分为宫、商、角、徵、羽、变宫、变徵 7 个音阶，实测证明整套编钟的音阶结构和现在国际上通用的 C 大调七声音阶属于同一音列。它的音域宽广，从最低音到最高音跨越了 5 个八度，比现代的钢琴只在两端各少 1 个八度，其中心音域 12 个半音齐备，可以旋宫转调。经过试奏证明，用这套编钟能够演奏古今中外多种乐曲，它的音色优美、悦耳动听，和音、复调和转调手法的运用已经相当成熟，从而推翻了“中国的七声音阶是从欧洲传来的”传统说法。排箫是用 13 根长短大小依次递减的细竹管并列制成，再用剖开的细竹管分三道缠缚而成。篪是横吹的七孔竹管乐器，能吹出 12 个半音。笙有 12 管、14 管、18 管 3 种，管内有竹片做的簧片。笙的表面涂着黑漆，上施朱色与黄色的彩绘花纹。琴有 5 弦和 10 弦两种，瑟有 25 弦，都由整木雕成，瑟的尾端雕有蟠龙，侧面彩绘龙凤纹饰。鼓分建鼓和有柄鼓两种，建鼓的鼓身穿在一根木杆上，木杆插在一个青铜鼓座中心的铜管内，青铜鼓座上铸有大大小小数十条互相纠结缠绕的蟠龙，龙身上还镶嵌有绿松石。在楚墓中还经常出土悬鼓，鼓悬挂在凤鸟形的鼓架上，鼓架立在虎形的鼓座上，极富地方特色。

由于春秋战国时期战争不断，音乐的保留与流传都非常艰难，因此孔子的《乐经》早早地就失传了，保存至今的只有记录在《诗经》里的歌词。当嬴政统一中国的时候，商周时代传统的金石之声已经衰落，丝竹乐大行其道。秦王朝二世而亡，接着楚汉相争，其实刘邦和项羽都是楚人，而且刘邦还出身平民，所以当他当上皇帝以后民歌和楚声便堂而皇之地演变成为在朝堂、宴会及祭祀等场合演唱的“相和歌”，以管弦乐队为主体的鼓吹乐也登上了大雅之堂成为宫廷音乐的一个组成部分。马王堆汉墓出土的木俑乐队就由两支笙和三张瑟组成，山东沂南汉墓画像石上百戏的乐队也是既有钟磬建鼓又有管弦乐器。

三国以后中国又进入了一个乱世，由于雅乐主要是由宫廷乐队掌握的，因此在动乱中就很容易失传，汉朝宫廷流行的鼓吹曲与相和歌到了东晋南迁后又基本失传了。这样在南方就以吴越地区的“吴声”和荆楚地区的“西曲”为基础发展成为清商乐，而北方则流行由鼓、角、箫、笛、胡笳等乐器组成的鼓吹乐与横吹乐。

由于在北方建立政权的主要都是胡人，而在南方建立政权的是汉人，因此南方的清商乐就被当时的人们看做是“华夏正声”。清商乐使用的乐器主要有琵琶、箜篌、篪、笙、筝等，与先秦时代的华夏音乐相比，这时的“华夏正声”已经变为以丝竹乐为主而非打击乐为主了。中国本土的琵琶音箱是圆形的，东晋时竹林七贤之一的阮咸就精于此道，所以后来在从西域传来的梨形音箱的琵琶推广后就改称其为“阮”。箜篌是汉代从西域传入的竖琴，也被吸纳为清商乐的主要乐器。汉代流行的瑟通体是音箱，而琴、筑、筝都一半是实木，一半是音箱。东汉末筝的形制由半截音箱改为通体音箱，筝的形体比瑟小，音区比瑟高，声音清脆响亮，演奏技巧又比瑟简单，于是逐渐替代瑟成为主要的乐器，而瑟从此就逐渐消亡了。先秦时代以钟磬为代表的打击乐器也逐渐消亡，但是钮钟的形制被佛教寺院采用来铸造梵钟，而钟磬只是作为仪仗陈列在庙堂上了。

鼓吹乐与横吹乐是从游牧民族的北狄乐演变而来的。《乐府诗集》记载说：“北狄诸国，皆马上作乐，故自汉以来，北狄乐总归鼓吹署。”北狄乐“其后分为二部：有箫笳者为鼓吹，用之朝会道路，亦以给赐，……有鼓角者为横吹，用之军中，马上所奏者是也”。鼓吹乐所用的乐器除了鼓以外，角、笳、短箫等都具有浓厚的北方游牧民族的特色。

经过魏晋南北朝时期的民族大融合，胡文化和汉文化融合成为唐文化。表现在音乐方面，一方面是引进了许多胡人的乐器，例如琵琶和腰鼓，大大丰富了中国的民族音乐，另一方面是把大量外族甚至外国的音乐吸收来作为宫廷音乐的组成部分。隋朝宫廷的九部乐为：燕乐、清乐、西凉、天竺、龟兹、安国、疏勒、康国、高丽；唐朝宫廷的十部乐为：燕乐、清商、西凉、天竺、高丽、龟兹、安国、疏勒、康国、高昌。其中除了燕乐和清商乐以外都是引进的外族或外国的音乐。根据《隋书》和新旧《唐书》记载，传统的清乐乐队配有钟、磬、琴、瑟、击琴、琵琶、箜篌、阮、筑、筝、节鼓、笙、笛、箫、篪、埙等16种乐器；富有特色的龟兹乐队配有竖箜篌、琵琶、五弦、笙、笛、箫、筚篥、毛员鼓、都昙鼓、答腊鼓、腰鼓、羯鼓、鸡娄鼓、铜钹、贝等15种乐器；中西合璧的西凉乐队配有钟、磬、弹筝、掐筝、卧箜篌、竖箜篌、琵琶、五弦、笙、箫、大筚篥、长笛、小筚篥、横笛、腰鼓、齐鼓、担鼓、铜钹、贝等19种乐器；五代前蜀王建墓棺床上刻的伎乐队配有竖箜篌、琵琶、弹筝、笙、排箫、笛、篪、大筚篥、小筚篥、羯鼓、錽鼓、鸡娄鼓、答腊鼓（揩鼓）、毛员鼓、都昙鼓（正鼓）、腰鼓（和鼓）、齐鼓、铜钹、拍板、叶、贝等21种乐器。

唐代还出现了两种用竹片擦弦的新乐器——轧筝和奚琴。南宋陈旸《乐书》说："唐有轧筝，以竹片润其端而轧之，因取名焉。"虽说也叫筝，但形状比筝要小，只有七根弦，用竹片擦弦发音，可用来伴奏歌唱。"奚琴，本胡乐也，出于弦鼗，而形亦类焉，奚部所好之乐也。盖其制两弦间以竹片轧之，至今民间用焉。"奚琴也是外来的乐器，是后来胡琴的前身，只是当时不用马尾弓而用竹片擦弦。

琴这种极具特色的乐器在唐代发展成熟了。传说是神农氏"削桐为琴，绳丝为弦"发明了琴。最初的琴只有5根弦，按宫、商、角、徵、羽5声音阶定弦。考古发掘出土年代最早的琴是战国时代的，西汉初的琴已有7根弦，定型的传世古琴最早是唐代的。操琴是一种高雅文化，虽然几千年来不绝如缕，但是会操琴的人却屈指可数，一个重要原因是因为学习操琴全靠口传心授。虽然汉魏之际就已经出现了琴谱，但是古代的琴谱都是文字谱，唐末出现了用减少笔画组成的符号来记谱的减字谱，以后还有工尺谱，然而减字谱与工尺谱仍然难记难识，这对古琴演奏技巧的传播来说无疑是一大障碍。唐代还出现秦、楚两个操琴的流派，然而与追求庄严肃穆的庙堂音乐和追求热闹欢快的民间音乐都不同，琴乐所追求的是一种简约静谧的审美境界。唐代薛易简的《琴诀》论道："弹琴之法，必须简静，非谓人静，乃手静也。手指鼓动谓之喧，简要轻稳谓之静。"这就决定了操琴只能成为阳春白雪的高雅音乐，而不能成为下里巴人的通俗音乐。

宋元以后"南昆、北弋、东柳、西梆"各地的戏曲声腔普遍兴起，为各种戏曲声腔伴奏的乐器也随之发展起来了。吹管乐器中最古老的笛子几乎被所有的剧种所应用；筚篥也叫管子，在宋代乐队里的地位与唐代的琵琶相同是为首的乐器，所以宋代称筚篥为"头管"；笙在北方的鼓吹乐和僧、道寺院音乐中得到广泛的应用；在明代徐渭的《南词叙录》里还首次提到了唢呐："中原自金、元虏猾乱之后，胡曲盛行……至于喇叭、唢呐之流，并其器皆金、元遗物矣。"可见唢呐也是从北方传入的，但是到明代唢呐作为民间乐器已经流行于南北各地了。擦弦乐器奚琴在宋代已经加入了宫廷乐队的编列，至少在明代已经出现了用马尾弓拉弦的胡琴，以后又演变出专用于梆子戏的梆胡、专用于皮黄戏的京胡、专用于广东戏的椰胡、专用于湖南戏的大筒等，成为各种戏曲声腔的主要伴奏乐器。此外蒙古族的马头琴、藏族的根卡、壮族的马骨胡、维吾尔族的艾捷克等都和奚琴有着渊源关系。明末波斯的击弦乐器萨泰里琴通过海路传入我国的广东一带，被称为洋琴，后来逐渐传入闽浙、江淮、中原地区，也称扬琴，成为戏曲音乐和民间合乐的主要乐器之一。抱弹乐器琵琶在宋代以后其梨形音箱、四弦、十四柱的形制基本确定下来，又出现了新的抱弹乐器月琴，月琴的形制类似于传统的阮。三弦也兴起了，明初三弦已经流传至南方，成为南北方各种不同风格的说唱类戏曲的伴奏乐器。鼓类乐器也有了很大的发展，用于北方说唱音乐的有八角鼓、书鼓，用于戏曲音乐的有堂鼓、板鼓，用于花鼓戏的腰鼓，以及朝鲜族、瑶族、傣族等少数民族用的长鼓等。

我们现在把中国的传统音乐称为“民乐”，其实从它的发展过程可以看到民族音乐并不是一成不变的。老的传统音乐如钟磬消亡了，新的音乐不断地产生，不仅存在着社会上下层音乐的交流与融合，而且存在着对外族、外国音乐的引进与吸收，这样才逐步形成了今天的民族音乐。

五、舞蹈

舞蹈是一种在一定的时空范围内用肢体动作、形体姿势和面部表情来表现的“动感艺术”。舞蹈起源于原始人因为兴奋、欢娱、癫狂而发生的手舞足蹈，人们舞蹈的初衷是为了抒发情感而不是为了表现生活，但是有了舞蹈之后人们就有意识地利用舞蹈的形体语言来表现自己的生活。人们之所以要舞蹈有两个原因：一个是为了酬神，广西花山岩画所画的就是原始部落里人们祭祀时的舞蹈场面；另一个是为了娱人，青海大通县上孙家寨和同德县宗日遗址各出土了一件马家窑文化的彩陶盆，盆沿上各绘有一圈手拉手舞蹈的小人，这是迄今所知年代最早的集体舞形象。

甲骨文中的“舞”字写作，是手持兽尾的舞者形象。“舞”通“巫”，酬神的舞蹈实际上是巫觋在祭祀仪式上所跳的巫舞，即后世所说的“跳大神”。商代去古不远，人们的思想意识还非常原始，凡事都要占卜、求神、祭祀，在祭祀的时候就要跳舞酬神。商代有一种常年举行的重要祭祀叫做周祭，这是每十天轮一遍周而复始的祭祀。周祭时要用“彡、翌、祭、亩、协”五种方式轮流进行，即先用鼓乐、再用舞蹈、再用肉类、再用粮食、最后用各种方式合在一起进行祭祀，其中的“翌”就是手持羽毛跳舞。古代的人们对自然的依赖性很强，遇到旱灾就要求雨，求雨的时候也要跳舞，叫做“雩”。甲骨文中还有一些字，字形像是戴着假面具的人，释作“魌”。这是一种戴着假面具跳的舞蹈，也是一种驱鬼辟邪的巫术，叫做“傩”。傩舞的主角叫方相氏，傩舞一直到现代仍然有孑遗，叫做“地戏”。

《淮南子·齐俗训》说：“当舜之时，有苗不服，于是舜修政偃兵，执干戚而舞之。”“干”是盾牌，“戚”是斧钺，“执干戚而舞”是一种手执兵器的舞蹈，是通过舞蹈来显示军事实力，也就是士兵的武术操练。《山海经·海外西经》记载："刑天与天帝争神，帝断其首，葬之常羊之山。乃刑天以乳为目，以脐为口，操干戚以舞。"陶渊明的《读山海经》诗曰："刑天舞干戚，猛志固常在。"执干戚舞是武舞，持羽毛舞是文舞，这是古代舞蹈的两大门类。周朝建立之初周公制礼作乐，舞蹈与音乐都是周代礼乐制度的重要组成部分。据《周礼·春官宗伯》记载，宫廷里专门管理乐舞的机构叫大司乐，其职责是："乃奏黄钟，歌大吕，舞《云门》以祀天神。乃奏大蔟，歌应钟，舞《咸池》以祭地示。乃奏姑洗，歌南吕，舞《大韶》以祀四望。乃奏蕤宾，歌函钟，舞《大夏》以祭山川。乃奏夷则，歌小吕，舞《大濩》以享先妣。乃奏无射，歌夹钟，舞《大武》以享先祖。"用六种不同的舞蹈配合六种不同的音乐来祭祀六个不同的对象。作为礼乐制度的舞蹈已经不只是为了娱乐与祭祀，它还被赋予了政治与教化的功能，例如规定天子的舞队可用八佾，每佾八人，诸侯只能六佾，大夫四佾，士二佾，按照身份地位而有等差，以显示尊卑贵贱的不同。

春秋战国时期原来地位显赫的旧贵族没落了，一批原来地位较低的新贵族崛起了，因他们的实力很强大，也要享用原来的高级贵族甚至天子的礼仪，例如鲁国的大夫季孙氏居然也"八佾舞于庭"，气得孔子大声疾呼："是可忍孰不可忍也！"这种超越礼制的行为就是所谓"礼崩乐坏"的表现之一。"礼崩乐坏"的另一个表现就是"桑间、濮上，郑、卫、宋、赵之声并出"，这实际上是指民间歌舞的兴起，而且有压倒和取代宫廷歌舞的趋势。

宫廷舞蹈是上层社会的高雅文化，无论是酬神的巫舞、驱邪的傩舞，还是求雨的雩舞，或者严肃，或者神秘，都不像民间舞蹈那样贴近生活。《墨子·公孟》说："颂诗三百，弦诗三百，歌诗三百，舞诗三百。"《诗经》中的诗篇有一部分就是为舞蹈伴唱的歌曲，而其中《国风》的不少歌曲都是情歌。一边唱情歌，一边跳舞蹈，正是青年男女谈情说爱、自由择偶的机会，这就是民间歌舞强大生命力之所在，也就是所谓的"桑间濮上"。在战国刻纹铜器上就有不少描写在桑林里边采桑边歌舞的场面。《诗经·陈风》的《东门之枌》："东门之枌，宛丘之栩。子仲之子，婆娑其下。谷旦于差，南方之原。不绩其麻，市也婆娑。"意思是说：子仲家的姑娘在东门外宛丘上的树下跳舞，连麻也不绩了。《陈风·宛丘》描写人们敲打着鼓与缶、拿着白鹭的羽毛翩翩起舞的场景："坎其击鼓，宛丘之下。无冬无夏，值其鹭羽。坎其击缶，宛丘之道。无冬无夏，值其鹭翿。"《王风·君子阳阳》则描写了男子乐陶陶地手持芦笙和羽毛邀请女子舞蹈："君子阳阳，左执簧，右招我由房，其乐只且。君子陶陶，左执翿，右招我由敖，其乐只且。"桑间濮上的这种舞蹈并不是为了酬神，而是为了娱人。宫廷里的贵族也需要娱乐，酬神的舞蹈过于严肃，于是娱人的舞蹈就应运而生。在殿堂上为祭祀、酬神而跳舞的是巫师，而在宫廷里为娱乐、观赏而跳舞的则是倡优和舞女。在汉代陶俑中可以看到倡优舞蹈的形象，而舞女的形象在战国玉佩中开始出现，到了汉代这种舞女形玉佩就更多了。舞女的形象都是长袖细腰、长裙曳地，这种舞女俑在汉墓中屡见不鲜，她们也就是所谓的“女乐”。

《史记·货殖列传》记载：“中山地薄人众，犹有沙丘纣淫地余民，民俗懁急，仰机利而食。丈夫相聚游戏，悲歌慷慨，起则相随椎剽，休则掘冢作巧奸治，多美物，为倡优。女子则鼓鸣瑟，跕屣，游媚贵富，入后宫，徧诸侯。”中山原是商代的沙丘，是商纣王“大聚乐戏”，酒池肉林“为长夜之饮”的地方。商朝灭亡后许多殷遗民（余民）仍然生活在那里，他们就世代从事倡优和女乐的行当。《吴越春秋》记载：楚庄王初即位时，“淫于声色，左手拥秦姬，右手抱越女”，可见春秋时宫廷里已经有来自各地的女乐。越王勾践得到美女西施，先“饰以罗縠，教以容步”，进行了三年舞蹈训练以后才把她献给夫差，西施凭着自己的美貌与舞姿博得了夫差的宠爱。据《拾遗记》记载，燕昭王时广延国献来两个舞女，一个名旋娟，一个名提嫫，她们擅长跳叫做《萦尘》、《集羽》、《旋怀》的舞蹈，其实“萦尘”是形容她们舞姿轻盈就像萦绕在空中的灰尘，“集羽”是形容她们的舞姿优美得就像在风中飘扬的羽毛，“旋怀”是形容她们身肢柔软得可以盘屈在怀里。楚地的舞蹈在当时负有盛名，至汉初司马相如在《上林赋》里仍然说：“鄢郢缤纷，激楚结风。”鄢是楚地，郢是楚都，“激楚”和“结风”都是指楚地的舞蹈。

贵族们在宴饮时不只是以倡优女乐的表演来娱乐宾客，席间也自己起舞作乐。《诗经·小雅·伐木》是一首描写宴请亲朋的诗，诗中描写在酒足饭饱后亲朋们就“坎坎鼓我，蹲蹲舞我”，击起鼓跳起舞来。《诗经·小雅·宾之初筵》写一群宾客在宴会之初是如何的温文尔雅、彬彬有礼，但是喝醉酒以后就“屡舞仙仙”、“屡舞僛僛”、“屡舞傞傞”，醉态百出了。《诗经·邶风·简兮》描写跳万舞的舞师：“硕人俣俣，公庭万舞。有力如虎，执辔如组，左手执籥，右手秉翟。”“万舞”是舞名，“辔”是马缰绳，“组”是丝织的带子，“有力如虎”是指先跳武舞，然后再跳文舞，“籥”是排箫，“翟”是野鸡羽毛，都是跳文舞的道具。

战国时期舞蹈已经成为百戏的一个重要组成部分，而到了汉代百戏已经发展成为包括歌舞、杂技、角抵、魔术等内容的盛大演出，而在贵族宴饮时则普遍都有音乐歌舞表演助兴。鸿门宴上项庄就是借口没有歌舞助兴而起身舞剑，企图乘机刺杀刘邦。宴饮时表演歌舞在汉代的画像石、画像砖和墓葬壁画中是最为常见的主题。

汉朝宫廷里有两个管理乐舞的机构，一个是隶属于太常的太乐，掌管宗庙祭祀的雅乐，另一个是隶属于少府的乐府，负责搜集民间歌舞加工改编后供皇帝娱乐。桓谭在汉成帝时任乐府令，他在《新论》中说当时的乐府“倡优伎乐盖有千人之多”，可见宫廷里从事音乐歌舞表演的人之多。歌舞声色是贵族生活的一个重要组成部分。汉景帝王皇后的同母弟田蚡“后房妇女以百计”，他自称“所好音乐狗马田宅，所爱倡优巧匠之属”，显然这后房数百妇女中应当有不少是擅长音乐舞蹈的伎人。仲长统在《昌言·理乱》中指责当时社会上层是“目极角抵之观，耳穷郑卫之声……豪人之室，连栋数百……妖童美妾，填乎绮室，倡讴伎乐，列乎深堂。”张禹在成帝时曾出任丞相，他懂音乐，喜好歌舞作乐，经常在后堂饮宴，欣赏女乐表演，直到深夜才罢，而像汉高祖的戚夫人、汉武帝的李夫人、汉成帝的皇后赵飞燕都是技艺高超的舞蹈家。在上层社会的有力推动之下，汉代的观赏性舞蹈种类更多、水平更高了，出现了手持长巾跳舞的巾舞、边踩踏鼙鼓边跳舞的盘鼓舞、围绕七只盘子跳的七盘舞、与武术合而为一的拳舞与剑舞等各种舞蹈。建鼓原来是为舞蹈伴奏的乐器，而击鼓本身也可以成为一种舞蹈。张衡有一篇《舞赋》，其中有一段描写盘鼓舞的表演：“日亦既昃，美人兴而将舞，乃修容而改服。袭罗縠而杂错，申绸缪以自饰。拊者啾其齐列，盘鼓焕以骈罗。抗修袖以翳面兮，展清声而长歌……搦纤腰而互折，娱倾倚兮低昂。增芙蓉之红华兮，光灼烁以发扬。腾娉目以顾盼兮，眸烂烂以流光。连翩络绎，乍续乍绝，裙似飞燕，袖如回雪……同服骈奏，合体齐声。进退无差，若影追形。”盘鼓整齐地排列着，美丽的舞女身着轻薄的华丽服饰，高举长袖掩面而舞。她们的歌声悠扬清越，深深的折腰更显出舞姿的优美。

汉代的王公贵族不只是观赏舞女跳舞，自己也能即兴起舞。汉高祖刘邦在平定英布叛乱后返回长安，路经故乡沛县，在沛宫设宴招待父老乡亲。“酒酣，高祖击筑，自为歌诗曰：‘大风起兮云飞扬，威加海内兮归故乡，安得猛士兮守四方！’令儿皆和习之。高祖乃起舞，慷慨伤怀，泣数行下。”长沙定王刘发是汉景帝的儿子，由于母亲不得宠，因此他的封地既小又贫。汉景帝三年（前154）诸王进京朝贺，刘发遵旨以歌舞祝福皇帝，他故意缩手缩脚地舞蹈，大家笑他动作笨拙，皇帝也感到奇怪，问他为什么这样跳舞，定王回答道：“臣国小地狭不足回旋。”用舞姿来向皇帝讨要封地也算是舞蹈的一种妙用。汉武帝天汉元年（前100）苏武出使匈奴，历尽磨难仍然坚贞不屈。直到汉昭帝始元六年（前81）匈奴与西汉修好，被扣留19年的苏武才被释放回朝。临行前已经投降匈奴的汉将李陵设宴为他饯行，席间李陵起舞唱道：“径万里兮度沙幕，为君将兮奋匈奴，路穷绝兮矢刃摧，士众灭兮名已溃。老母已死，虽欲报恩将安归?”李陵歌舞毕后与苏武诀别。

除了自己即兴起舞，还有宾客之间相邀对舞，叫做“以舞相属”，这是一种礼节性的舞蹈，有点像现代的交谊舞，如果拒绝别人的邀请就是失礼不恭。东汉时蔡邕被人诬陷下狱流放到五原，后遇大赦放归，五原太守王智设宴为他饯行，席间王智起舞属蔡邕。王智是中常侍王甫的弟弟，蔡邕看不起他就不接受属舞，王智遭到轻蔑气得破口大骂。于是王智又诬陷蔡邕谤讪朝廷，害得他不能回京，不得不又亡命吴地12 年。

少数民族的舞蹈在汉代就已经传入内地，例如汉高祖时就已经把“巴渝舞”列为宫廷表演的舞蹈节目。魏晋南北朝时期随着北方游牧民族入主中原，“胡乐”、“胡舞”也纷纷传入中原并被汉人所接受。1971 年河南安阳的范粹墓中出土了一件黄釉扁壶，腹部两面模印“胡人乐舞”图案：中间一人在莲花座上翩翩起舞，右边一人吹笛，一人击拍；左边一人弹奏琵琶，一人双手击钹。五人皆高鼻深目，身穿窄袖广衫，头戴胡帽，足蹬皮靴，舞者所表演的正是后来流行于中土的“胡腾舞”。胡腾舞源于中亚（今乌兹别克斯坦共和国），后随胡商经丝绸之路传入中国。

文化的交流与融合促进了隋唐时代舞蹈的发展。据史书记载，隋朝的九部乐、唐朝的十部乐每一部配什么乐曲、用什么乐器、跳什么舞蹈、穿什么服饰都有规定。隋唐时期不仅继承了前代流传下来的舞蹈，如北齐的“兰陵王”、陈朝的“玉树后庭花”等，而且创作新编了许多舞蹈，如“霓裳羽衣舞”、“菩萨蛮”、“杨柳枝”、“破阵乐”、“剑器舞”、“狮子舞”等，还引进了不少外国和外族的舞蹈，如“胡腾舞”、“胡旋舞”、“柘枝舞”等。唐代把舞蹈按风格特点分为健舞和软舞两大类，此外还有结构严谨的歌舞大曲和具有故事情节的歌舞戏。有名可考的唐代舞蹈就有 100 多个，比前朝后代都要丰富得多。

华夏族自古以来从事农业，人们对土地的祭祀特别隆重，叫做“社”。社祭都安排在春耕前和秋收后，这就是春社与秋社。后来春社渐渐地演变成为元宵节。隋炀帝登基后为了粉饰太平，每年元宵节都要从各地调集散乐百戏到东都洛阳来表演，表演者多达 3 万，戏场绵延 8 里。

到了唐代，民众在节日里自娱自乐的重要方式就是踏歌。踏歌是当时人们极为喜爱的自娱舞蹈，人们手袖相连，联袂而舞，踏地为节，边歌边舞，令人陶醉，使人流连忘返。诗人们写诗描写“踏歌”的情景，如李白的《赠汪伦》：“李白乘舟将欲行，忽闻岸上踏歌声”；顾况的《听山鹧鸪》：“踏歌接天晓”；刘禹锡的《踏歌行》：“春江月出大堤平，堤上女郎连袂行”，“新词婉转递相传，振袖倾鬟风露前”，等等。唐朝宫廷也曾多次组织皇帝“与民同乐”、共度元宵佳节的盛大活动，如唐玄宗开元元年（713），宫廷组织了上千宫女，又从长安（今西安）、万年（今临潼）两地各选出千余妇女，衣罗绮锦绣，饰金银珠翠，在灯轮灯树下，踏歌三日三夜，踏歌场面之壮观、华奢令人惊叹。唐宣宗喜欢自制新曲，常常令女伶数十或百余人“连袂而歌”。

文人学士在看到盛大的踏歌场面后写下了许多踏歌诗词，如崔液的《踏歌》："彩女迎金屋，仙姬出画堂……歌响舞分行，艳色动流光……金壶催夜尽，罗袖拂寒轻。乐笑畅欢情，未半著天明。"谢偃的《踏歌词》："倩看飘飘雪，何如舞袖回……风带舒还卷，簪花举复低。欲问今朝乐，但听歌声齐……裙轻才动佩，鬟薄不胜花……相看乐未已，兰灯照九华。"张说的《踏歌词》："龙衔火树千灯艳，鸡踏莲花万岁春。"张祜的《正月十五夜灯》："三百内人连袖舞，一时天上著词声。"这些诗句把灿烂盛大的踏歌场面、华丽精致的装饰、优美纯朴的舞姿、舞蹈队形的变化一一呈现在读者眼前。

唐人喜爱舞蹈，皇室贵戚、文臣武将能歌善舞的也不少，最有名的就是唐玄宗，他是个造诣颇高的音乐家，而杨贵妃不仅姿质丰艳，而且"善歌舞，通音律，智算过人"，安禄山身肥体胖，但是跳起胡旋舞来却急如飞鸟。贞观十六年（642）唐太宗在庆善宫南门宴请父老，老人们争相起舞向皇帝祝福。除了自娱自乐以外，更多的当然是欣赏舞蹈表演，于是厅堂、酒肆、街头、广场都成了艺人献艺的舞台。在敦煌莫高窟壁画中就可以看到在厅堂、酒肆表演乐舞的场面，舞者有女也有男，而杜甫脍炙人口的《观公孙大娘弟子舞剑器行》描写的就是在广场上看到的剑舞表演。

在敦煌藏经洞出土的唐代文书中发现了一些写卷，1925 年刘半农先生从巴黎图书馆抄辑并发表这些写卷时称之为"舞谱"，其实这些写卷只是用文字记录了舞蹈的节奏和动作而已。相比较而言，明代乐律学家朱载堉编制的舞谱就既有舞名、音乐、歌词，又有舞姿和场记图，内容要完整得多了。

宋代民间的"村歌社舞"空前活跃，当时称为"社火"。范成大的《上元纪吴中节物俳谐体三十二韵》诗云："轻薄行歌过，颠狂社舞呈"，并自注道："民间鼓乐谓之社火，不可悉记，大抵以滑稽取笑。"社火应该是由古老的社祭习俗、百戏表演演变而来的。社火的表演单位是"舞队"，《武林旧事·元夕》说：舞队"其多至数十百队"，"并五夜……诸舞队次第簇拥前后，连亘十余里，锦绣填委，箫鼓振作，耳不暇给"。"舞队"表演的名目在《东京梦华录》、《梦粱录》、《西湖老人繁胜录》、《都城纪胜》里都有记载，而以《武林旧事·舞队》所记最为详尽，计有：大小全棚傀儡、快活三郎、瞎判官、细旦、夹棒、男女竹马、男女杵歌、大小斫刀鲍老、交衮鲍老、诸国献宝、穿心国人贡、孙武子教女兵、六国朝、四国朝、遏云社、绯绿社、胡女、凤阮嵇琴、扑蝴蝶、回阳丹、大乐、瓦盆鼓、焦锤架儿、乔三教、乔迎酒、乔亲事、乔乐神、乔捉蛇、乔学堂、乔宅眷、乔像生、乔师娘、独自乔、地仙、旱划船、教象、装态、村田乐、鼓板、踏跷、扑旗、抱锣装鬼、狮豹、蛮牌、十斋郎、耍和尚、刘衮、货郎、打娇惜等。这些舞队表演的内容属于纯粹舞蹈的并不多，大多是舞蹈化的杂技表演和用舞蹈语言来表演的戏剧小品，可见此时的舞蹈已经在为表现情节和人物服务了，舞蹈正在逐渐地融入戏曲的发展进程之中。

随着宗教的传播和寺院经济的发展，庙会逐渐兴旺发达起来。庙会的日期都选在宗教节日或菩萨生日，但是庙会的形式完全是向世俗学来的，也是高搭戏台演戏，也是舞队巡街表演，叫做走会，甚至求雨也要抬着龙王、城隍的塑像游行走会。元宵社火、庙会走会成为中国民众广泛参与的狂欢节。社火、走会的舞队都是由乡里或行会组织的，在表演时舞队之间要互相竞赛，所以也叫迎神赛会。宋代社火表演的各种民间舞蹈有些失传了，如十斋郎、舞鲍老，有些一直保存至今，如旱划船、踏高跷，而有些发展变化有所创新，如要和尚原是戴大头和尚假面具的舞蹈演变为戴大头娃娃或老头老太假面具的舞蹈，村田乐演变为秧歌舞、狮豹舞演变出不同流派的狮舞，鱼龙曼延演变出各种各样的龙舞。随着人们思想观念的改变，傩舞在清代已经不再受到重视，有些地方甚至让乞丐在腊月二十四装成鬼判沿街跳傩索要钱物，叫做跳灶王，于是傩舞就渐渐消亡了。古老的傩舞虽然消亡了，但是傩舞的许多元素被后起的戏曲杂剧所吸收，例如戏剧中的脸谱就与傩舞的假面有着渊源关系，戏曲中的跳加官、跳无常、钟馗戏等也和傩舞有着不解之缘。

宋代以后城市里出现了固定的演出场所——瓦舍勾栏，虽然在勾栏里演出的也有舞蹈，但是毕竟有情节的戏曲杂剧更能吸引人，所以戏曲杂剧就成为瓦舍勾栏的主角，大量传统的舞蹈技巧被新兴的南戏、杂剧所吸收，明代书刊中有不少木刻舞图如《春秋列国志》的西施舞图、《唐明皇秋夜梧桐雨》的杨贵妃舞图、《茶酒争奇》的舞蹈图、《梅妃惊鸿舞图》等，都在一定程度上反映了当时舞蹈的风貌。舞蹈艺术在戏曲中继续得到发展，但是许多传统的表演性舞蹈因此就渐渐失传了。

明清时代各种戏剧渐渐发展成熟，并且成为宫廷里主要的娱乐形式，于是表演性舞蹈就退居其次，而酬神祭祀的舞蹈更是逐渐变成一种形式与排场了。宋明时代理学盛行，士大夫们在理学的熏陶之下变得越来越道貌岸然，“以舞相属”的风气不见了，臣下以歌舞祝福皇上的场面也见不到了。朱载堉在《乐律全书·律吕精义外篇》中说，宋徽宗大观四年（1110）曾下诏“选国子生教习二舞”，但是人们都“耻于乐舞”，结果此事只能作罢。这和“古人自天子至于庶人，无有不能舞者”完全不同。古人“以学舞为美事”，“自隋以往尚有此风，近世以来，此风绝矣”。朱载堉认为舞蹈对社会、个人都有好处，应该大力推广，为此他专门写了一篇《论舞学不可废》的文章，大声疾呼，但是并没有起到什么作用。明清时代皇帝的集权专制程度越来越强，而舞蹈却越来越衰落了。

自主学习

1. 中国画的特点是什么？汉晋以来出现过哪些主要的画派？
2. 中国古代雕塑有哪些经典之作？它们有哪些超群之处？
3. 书法是中国特有的一个艺术门类，古代先后出现过哪些书体与流派？
4. 中国古代音乐的特点是什么？现今民乐队中用的乐器都是自古以来就有的吗？
5. 中国舞蹈的源头是什么？中国舞蹈与西方舞蹈有哪些区别？

延伸学习

1. 常常有人把陶器上出现的动物图案说成是古人的图腾，你认为这种看法有道理吗？

2. 商周青铜器上常常有繁缛的花纹，而战国以后的青铜器就变得比较朴素，有人认为这意味着青铜艺术退步了，你认为这种看法正确吗？

第八章　中国古代史学

中国文化具有很强的历史连续性，中华民族也是一个重视历史的民族。中国传统学术有经、史、子、集四部的划分，其中，史部书籍数量巨大、浩如烟海。在世界各大文化中，中国文化中史书的存量、历史书写的连续性和对于历史记录的重视程度，都是首屈一指的。梁启超据此认为："中国于各种学问中，惟史学为最发达。史学在世界各国中，惟中国为最发达。"[①] 可见，中国文化中积累了丰富的史学遗产。很多人甚至相信，西方文化的基础在哲学与宗教，而中国人学术和思想的基础则在史学。

第一节　中国古代史学的发展历程

中国古代史学肇始与形成于先秦时期，发展和成熟于秦汉至隋唐时期，两宋至明清时期日益深化并出现了变革的趋势。

一、先秦时期：中国史学的肇始

中国文化肇始与形成于先秦时期，中国史学也如此。这一漫长阶段，细分起来，还可以以文字的产生为界线分为两个时期：前期是传说时期，后期是史学诞生时期。

当人类意识到历史的重要性，并且开始记述过去的经历时，史学就产生了。当然，这时期的史学还是一种很粗糙的形式。我们没法搞清楚具体何时人类产生了历史意识，但可以肯定的是在文字产生之前。这一时期人们记录和讲述历史，依靠的方法是记忆和口传。古人把历史事迹记在头脑中，并且通过口耳相传，一代代传递下去。而盲人因为目不见物，不为外务所迷，所以记忆力最强，同时也因为他们不便于从事其他的生产活动，所以记诵历史知识的工作便多由盲人负责，这类负责记述历史的盲人在中国古书中称为"瞽史"。结绳仅是记事的辅助方法，起一种提醒和帮助记忆的

① 梁启超：《中国历史研究法》，上海古籍出版社 1998 年版，第 10 页。

功能，主要的历史事迹保存在记忆中，并且主要通过口传来传递。

这一时期史学的表现形式是各种各样的传说。我国关于三皇五帝、大禹治水等的记载，就是通过传说流传下来的。司马迁在《史记·五帝本纪》中曾说："学者多称五帝，尚矣。然《尚书》独载尧以来，而百家言黄帝，其文不雅驯，荐绅先生难言之。"这说明关于五帝的记载，是通过传说流传的，所以"其文不雅驯，荐绅先生难言之"。而且传说中夹杂着很多神话的成分，这是因为远古时代神人不分，人们认为很多英雄人物就是神。

文字的产生对于史学发展具有重要的意义。因为有了文字，人们才可以把历史记录下来，并且编纂成史书传之后世。随着文字的产生，中国的史学进入了一个新的阶段。

甲骨文中已经有"史"这个字。"史"之字义，有许慎的"从右持中"说，江永、吴大澂、章炳麟、王国维的"从右执简册"说，劳幹、李宗侗的"从右持钻"说，沈刚伯的"载笔执简"说，王恒余的"从右执笔"说，徐复观的"从右执笔置口前"说等。史字原意，迄无定论。结合"史"字的字义和古书中的记载，可知"史"指的是一种官职，即所谓史官。因此，至少在殷商时期中国已经出现了史官，中国史学进入了史官时代。

周朝不仅王室有史官，到大约周宣王之时，各诸侯国也设置史官。在《左传》、《国语》中记载鲁国有大史、外史，齐国有大史、南史，晋国有大史、左史、史，郑国有大史，卫国有大史，楚国有左史、史，等等。各国史官有名可考者如：晋国有史赵、董狐（《左传·襄公三十年》），楚有倚相（《左传·昭公十二年》）、史皇（《左传·定公四年》），赵有史墨（《左传·昭公二十九年》）。这些史官中有很多是周王室派到各诸侯国的，如《史记》就记载司马迁的祖先是由周王室转到外面的。这些史官虽在各国，但是其身份则属王室，不属诸侯。其时各地史官，各以其所在地发生事变呈报中央王室，并分别报之各地史官，此种制度谓之"赴告"。

春秋战国时期是中国社会的大变动时期，也是中国文化的"轴心时代"。此时的中国史学也有飞跃性的发展。特别是战国诸子，他们往往通过对历史的评论而提出自己的主张和理论，因此在诸子书中集中体现了这个时代关于历史的观念。

孔子是我国春秋末年著名的教育家、思想家、政治活动家，是儒家的创始人，也是我国历史上最早的一位史学家。殷、西周时期，学在官府，史学由史官掌握，历史记载只是政治的一种职能。孔子开了私人讲学的风气，使学术开始流入民间，史学也从此走出了史官时代，进入了史家时代。孔子学问广博，对于历史尤其重视。根据现有的记载，可以知道他对于古代的典章制度和人物事迹有很深的研究。史称孔子"祖述尧舜，宪章文武"，他的很多思想是从历史研究中总结出来的。相传孔子对于诗、书、易等六经都曾有整理，可见孔子是中国的第一个文献学家。

西周至春秋战国时期的历史文献大部分散佚，流传于世的主要有以下典籍，这些典籍堪称中国传统文化的源头。

（一）《尚书》

《尚书》是我国现存最古老的一部典籍，汇集典、谟、训、诰、誓、命等文，基本上是统治者的讲话记录和文告。典是重要史事的记录；诰是君对臣的谈话；谟是臣对君的谋划；誓是王誓众之辞；命是册命或君主的某种命辞。《尚书》反映了商周时期的一些重大政治事件和人物活动，是记言体史书的鼻祖。但是这些记载有重大的缺陷，即没有完全表明时间顺序，这表明此时的史学还处于萌芽状态，历史记录的方法还不够完善。

（二）《春秋》

随着时代的发展，各国逐渐出现了按年代先后连续记载的编年的国史形式，这些国史普遍的称呼是《春秋》。《孟子·离娄下》称："晋之《乘》、楚之《梼杌》、鲁之《春秋》，其实一也。"说明各国的国史各有专名，《春秋》为通称。但是，各国《春秋》都没有流传下来。流传下来的《春秋》是孔子根据《鲁春秋》编写的，该书采用编年体，初步将人物、地点、时间、事件4个因素结合起来记述历史，按年代先后排列历史事件，从中可以看出历史的发展过程，是我国第一部名副其实的历史书。《春秋》也存在很多缺点和问题。首先是记事太简单，每条文字很少，一般只有10个字左右，最少的仅有1个字，如僖公三年夏六月载"雨"。一部包括242年历史的著作，总共只有18 000多字，可以说是只有标题而无具体内容，使人看了无法了解历史事件的因果关系。另外，因为孔子意图通过《春秋》来表现他的政治理想，忽略了历史的真实性，往往为尊者、亲者讳，一字褒贬，这些都影响了《春秋》作为历史书所应该具有的客观性。

（三）《左传》

《左传》是继《春秋》之后的又一部著名史书，作者有争议，一般认为是左丘明。左丘明很可能出身鲁国贵族，并且是一名瞽史，大约与孔子同时。但《左传》所载史实，一直到孔子死后70多年甚至100多年以后，因此可推定《左传》的最后成书应该在战国初年。《左传》在史学史上具有重要地位，是中国第一部比较完备的编年史书。《左传》在体例上还有不少创造，如其在记载史事之后往往有一段"君子曰”来评论史事，这开了中国史书中历史评论的先河，《史记》中的“太史公曰”就是仿效“君子曰”而来。《左传》记载的内容，始于鲁隐公元年，终于鲁哀公二十七年，共255年，集中于战争和政治，但并不局限于此，而是涉及社会的方方面面，经济、学术文化、社会生活、自然现象等在书中都有不同程度的反映。《左传》同时还是一部文学名著，作者善于用简练的文句写出复杂的历史事件，用较少的笔墨把多样化的人物性格生动而形象地刻画出来，在文学史上亦具有重要地位，文史结合也成为《左传》所创始的中国史学传统之一。

（四）《国语》

作者也是左丘明，且与《左传》有很密切的关系，是互补的姊妹篇。三国时人韦昭在《国语解·叙》中就以《左传》为《春秋》内传，而以《国语》为《春秋》外传。全书21卷，起自周穆王，终于智伯被诛，记载了约400年间的历史。从内容上可以看出，《国语》打破了春秋时期各国国史的界限，把周王朝和各诸侯国的历史汇合编排在一起，这与《左传》的编写方法是相同的。但是在体例上，《国语》和《左传》有重大区别：《左传》是编年体，而《国语》是国别体；《左传》以记事为主，《国语》以记言为主。

（五）《战国策》

《战国策》的作者不清楚，今本由汉人刘向编订。所记继春秋之后，讫楚汉之起，包含250年间史事。《战国策》在历史文学方面有不同于《左传》的成就。它善于写辩士的说辞，能以鲜明的形象酣畅淋漓地铺陈形势的利害，说得情理并茂、打动人心。在史事的叙述上，也极尽刻画，有声有色。但《战国策》作者在思想上并不高超，对辩士之说辞，只有欣赏，而提不出批评。

（六）《竹书纪年》

《竹书纪年》是晋武帝时有人盗战国时期魏襄王墓而得到的一部史书，因原书写在竹简上，故称《竹书纪年》。此书上起黄帝，记述夏商周之事，至周幽王为犬戎所灭。之后特记晋国，晋灭后，特记魏国，至襄王二十年，称襄王为“今王”。由此可见，作者很可能是魏国的史官。体裁用编年体，记载简短如《春秋》，是中国第一部编年体通史。书中记载有与一般流行说法不同之处，最著名的有“夏年多殷；益干启位，启杀之；太甲杀伊尹；文丁杀季历；自周受命至穆王百岁，非穆王寿百岁”等，因它提供了一些新材料，一直为后来校订古史者所重视。

二、秦汉时期：古代史学基础的奠定

先秦时期的史学，无论是在历史记载还是在历史观点上，都还显得粗糙，但是这一长时期史学的发展，已经在历史理论上、历史材料上、历史编纂法和历史文学上为一部即将到来的相当完整规模的历史著作准备了必要条件。随着西汉帝国在文帝、景帝、武帝时期迎来全盛，中国史学史上的新时代也由此开启。这个任务是由司马迁完成的。

司马迁，字子长，公元前145年（一说前135年）生于龙门（今陕西韩城），约逝世于公元前87年。司马迁继承父志撰著《史记》一书，在中国史学史上具有突出的地位。《史记》一书在记史的时间范围上、地域的广大性上和内容的丰富性上都是空前的，是一部规模宏大的通史。其时间范围，上起传说中的黄帝时代，下至他所生活的汉武帝时代，跨度达3 000年。地域上，包括了所有可知地区的历史；内容上，包括了政治、经济、文化、军事、各种历史人物等多方面内容。《史记》分本纪、世家、列传、书、表5个部分，因其中本纪、列传部分篇幅最大，后人称其为纪传体。其实，《史记》实际上是综合体，它所包含的本纪、列传、世家、表、书5个部分，每一部分各有分工、相互配合，可称之为“五体结构”。这种五体结构纵横经纬，便于全面展现历史的复杂面貌，因此一出现就不断地为后世史家所效仿，并被历代尊为“正史”。《史记》在历史文学上有很高的成就，被称为“史家之绝唱，无韵之离骚”。

《史记》一书在很多地方都表现出作者的远见卓识。《史记》价值最高的是其中以人物为中心的纪传部分，说明司马迁把人作为历史的中心。同时，从《史记》所记载的人物也可以看出，司马迁在突出帝王将相作用的同时，也注意为各种人才立传，而且注意时势对历史人物的影响。司马迁还非常重视物质生产活动在历史上的作用，如作《平准书》与《货殖列传》专门记述与评论经济问题，这说明司马迁极为重视社会经济的历史作用。

司马迁之后的两汉之际，史学又有了新的发展，主要的成就是皇朝史形式的确立。这是因为到了汉代，皇朝的更迭成为中国历史的重要现象，历史的撰著也自然以皇朝的兴衰始末为中心。

东汉时，班固写成《汉书》。班固（32—92），字孟坚，东汉初扶风安陵人，班彪之子。他在父亲著述的基础上写作《汉书》，前后历经20余年，完成了其中的纪和传部分，表和天文志没有写好，后由他妹妹班昭和扶风马续相继完成。《汉书》的记载以西汉王朝的历史为始终，起于汉高祖，终于王莽，共232年。《汉书》是中国

第一部断代皇朝史，中国此后的“正史”主要就是取法《汉书》的模式。

《汉书》中有4篇纪、6篇表、3篇志和40篇传是在《史记》的基础上写的，其中有的增补了多少不等的材料，有的对原有材料另行编排，有的对原文作了简单的分合，还有的基本上依原文照录。《汉书》依据《史记》的有50多篇，改写的并不多。如果除去技术性的修改，改写的就更少了。但是这不多的改写体现出《史记》、《汉书》在思想上的差异。《史记》在思想和文章风格上都受战国以来思想传统的影响，而《汉书》则体现了两汉经学支配下官方意识形态的影响。

《汉书》在因袭《史记》的同时，也有很多发展和新创造。纪传部分，《汉书》改书为志，废除世家，成为本纪、表、志、列传4大项。纪传部分除了在《史记》原有基础上写的40篇外，有30篇是新创立的。在整体风格上，《汉书》也不同于《史记》，《后汉书·班彪传》称“迁文直而事核，固文赡而事详”，颜师古称《汉书》“宏赡”，白寿彝进而认为《汉书》的特征是“博洽”。《汉书》的“博洽”，首先表现在其所记载的繁多的历史事实和所包含的丰富历史知识，同时也表现在它把前者组成一部断代史的组织才能。总之，虽然《汉书》在体例上和内容上都有很多因袭《史记》的地方，但是也有很多发展和创新，因此在中国史学史上一直马班并称、史汉并举，并称中国史学的双峰和巨擘。

三、魏晋南北朝时期：史学的独立和多途探索

两汉之际的史学在体裁上突出体现在皇朝史的编撰，在史学思想上体现了儒家正统意识形态的影响，略显呆板和沉闷。到了三国两晋南北朝时期，随着汉帝国的崩溃和少数民族的入侵，中国历史进入了大分裂、大动荡的时期，文化上也出现了儒家思想式微、佛道等外界思想流行的情况，中国文化进入了新的探索时期，作为文化一部分的史学也进入了新的探索时期。

魏晋时代史学最重要的发展是史学脱离经学而独立，这种发展可以在目录学的演进中体现出来。史学在两汉时期，完全附骥在经学之下，不是一个独立的科目。在中国最早的目录学著作——刘歆的《七略》中，并无史部的名目，《汉书·艺文志》沿袭《七略》的分类方法，将史部的书籍附于《六艺略·春秋类》之中，这说明当时“史”的独立概念还没有形成。

随着史书数量的增多和史学独立意识的发展，目录学上逐渐出现了独立的史部。晋初之时，荀勖以魏时郑默的《中经》为底本，编成《中经新簿》，他把所有图书分为甲、乙、丙、丁四部，创造了四部分类法，其中丙部包括当时所有的历史著作。荀

勖的四部分类法第一次把历史著作独立成为专部，肯定了史学的地位。后来《隋书·经籍志》同样分四部，以乙部为史部。《隋书·经籍志》中史部的出现，不仅铸成以后目录学乙部的版型，并且象征着史学已脱离经学成为一个独立的部门。

魏晋时期的史学著作，受两汉时期皇朝史的影响，注重在史学著作中贯穿正统观念。由于三国两晋南北朝时期各政权割据、对峙和频繁更迭，出现一大批皇朝，更刺激官方和史家撰写皇朝史，从而出现了皇朝史的撰述高潮，所谓“一代之史，至数十家”。但这一时期的史书散佚非常严重，传世的史书以《后汉书》和《三国志》最为著名。

范晔的《后汉书》以善于整理、排比史事以及对于史事的精深评论而为人称道。陈寿《三国志》则以叙事简洁取胜，但也以过简而留有缺憾。清人李慈铭的《越缦堂读书记》说：“承祚固称良史，然其意务简洁，固裁制有余，文采不足。当时人物，不减秦汉之际，乃子长作《史记》，声色百倍，承祚此书，暗然无华。范蔚宗《后汉书》较为胜矣。”此言确当。因此裴松之《三国志注》备受后人重视，若没有此书，三国史事就太不丰富了。

陈寿、范晔之后，南朝沈约的《宋书》、萧子显的《齐书》，北朝魏收的《魏书》，后来都成为“二十四史”中的成员，但在史学的发展史上并没有突出的价值。

魏晋南北朝时，中国的史学呈现出多途探索的又一特点。《隋书·经籍志》史部分为13类，即正史、古史、杂史、霸史、起居注、旧事、职官、仪注、刑法、杂传、地理、谱系、簿录，共著录史书817部，13 264卷；通计亡书，合874部，16 558卷。这些史书绝大部分出于这一时期史家之手，它们约占《隋书·经籍志》经、史、子、集四部书种数的1/5弱、卷数的1/4强。从数量上看，魏晋时期史学的著作在四部中最多，这说明了当时史学的发达和繁荣。而史部分类有13类之多，其中，尤其以杂传、地理书和谱牒居多，这说明当时史学在编撰体例上和记述内容上都有新的发展和创造。而这些新创造又是和魏晋时代的特点有密切联系的。

四、隋唐时期：史学的初步总结及官方史学的完善

从孔子开始一直到司马迁正式确立了中国史学之后，中国史学稳步发展。两汉之际发展出皇朝史的形式和儒家正统的历史观念；魏晋时代中国史学脱离经学的樊篱独立成一门重要的学科，并在很多方面作出新的探索；到了隋唐时代，伴随着政治和文化的统一，中国史学也迎来了它初步的总结时期。

中国的史学批评出现得很早，但多为零散的、随意的、简短的，其评价标准也往

往是政治的或道德的。随着史学逐步脱离经学而独立，史学评论进一步发展起来，出现了刘知几的《史通》。《史通》的问世，不但使史学批评成为历史学中的一个研究领域，而且为中国史学建立了较为系统的史学理论。

刘知几（661—721），字子玄，彭城人。武则天和中宗时期曾任史官，参与《唐书》、《则天实录》的修纂，最著名的著作是《史通》。《史通》是中国最早的一部史学理论著作，第一次对中国史学作了比较全面而详细的总结，在中国史学史上具有重要地位。刘知几先对史学著作的体例作出全面总结，包括纪传史和编年史的体例、内容及编纂方法，历史的叙述方法和写作技巧，记载和品评历史人物的标准，等等；同时在《直书》和《曲笔》两篇专论中力倡秉笔直书，揭发并斥责了历史的歪曲者和捏造者，提倡“直书”、“实录”的记史求真准则。此外，他还批判盲目崇拜古代、迷信“圣人”的观念，在《疑古》和《惑经》两篇中将批判的矛头直指儒学经典。

唐代还创设了史馆，并形成了一套以监修国史为主导、以各级史官为主体、以本朝国史的修撰为主要内容的修史制度，对后世产生了深远影响。史馆制度为五代诸皇朝所继承。五代之后，虽然修史制度发生较大变化，但唐朝史馆制度的影响仍然极为明显，如宋、辽、金三朝，均设国史院专司修撰本朝国史，国史院有监修国史，例由宰相兼任。这与唐代史馆显然是一脉相承。清朝官方史书的编纂分工趋于细密，设有多种修史机构，其中最重要的实录馆、国史馆不过是将唐朝史馆的职能一分为二。其相沿相袭之处亦历历可按。唯元、明两朝均将修史职能附设于翰林院，而无专门修史机构，但此两朝也例设大臣监修，这仍然是仿照唐制而稍加损益。

后世所谓的“二十四史”中有八部是唐代所修，而其中有六部是官方所修。官修六史，是姚思廉的《梁书》、《陈书》，李百药的《北齐书》，令狐德棻等的《周书》，魏征等的《隋书》和房玄龄等的《晋书》，都撰修于唐太宗时期。还有两部，即《南史》和《北史》，是李延寿私人所撰。唐代之前的正史，全部是私人著作，而此后的正史，除了欧阳修的《新五代史》之外，其余全是官修。可以说唐代是官修正史传统的确立期。

唐代还出现了专门记载典章制度的专史，即杜佑的《通典》。杜佑（735—812），字君卿，唐京兆万年人，出身士族，任职颇多，直至高居宰相。杜佑从唐代宗大历元年（766）开始纂修，经36年撰成《通典》，进献朝廷，很快广为传播，极得赞誉。《通典》共200卷，专叙历代典章制度的沿革变迁，从远古时代的黄帝起，到唐玄宗天宝末年止（肃宗、代宗以后的变迁，有时也附载于注中），分为9类，以食货居首，次以选举、职官、礼、乐、兵、刑、州郡、边防。对于历代典章制度都详细地叙述其源流，同时列入前人有关的议论，并且采用说、议、评、论的方式，提出自己的见解和主张。《四库全书总目提要》说它“详而不烦，简而有要，元元本本，皆为有用之实学，非徒资记问者可比”，指出了《通典》和一般纯资料性类书的不同。

《通典》创立了中国史学上的政书体。以后马端临的《文献通考》，郑樵的《通志》，以及清代官修的《续通典》、《续通考》、《续通志》，《清通典》、《清通考》、《清通志》和《续清通考》，都是仿效《通典》而成，并号称“九通”和“十通”，成为中国史学中一个重要的门类。

五、宋元时期：中国史学的成熟与高峰

两宋是中国皇朝最为衰微的时代，而文化上却是中国文化发展的高峰。宋代在思想领域发展出了“新儒学”，在史学领域也达到成熟并进入高峰阶段。

宋元时期，出现了三部通史著作和三部当代史名著。三部通史著作分别是司马光的《资治通鉴》、郑樵的《通志》和马端临的《文献通考》，三部当代史名著分别是李焘的《续资治通鉴长编》、徐梦莘的《三朝北盟会编》和李心传的《建炎以来系年要录》，它们代表了此时期史学的最高成就。以下简要介绍司马光和《资治通鉴》。

司马光（1019—1086），字君实，陕州夏县（晋属山西）涑水乡人，宋代最伟大的史学家之一，和司马迁并称，号称中国史学上的“两司马”，代表着中国史学的最高成就。《资治通鉴》294 卷，上起周威烈王二十三年（前 403），讫后周世宗显德六年（959），共记 1 362 年史事，是我国第一部编年体通史。《资治通鉴》虽然署名司马光撰，但是得到官府的资助，可以说是准官方的著作。司马光编修该书时，可以自辟官署。在司马光的书局里，有主编、协修、书吏。经过多年努力，宋神宗继位后，司马光进献全书，因其编纂目的是“鉴于往事，有资治道”，故赐名《资治通鉴》。《资治通鉴》有重要两个特点：一是偏重政治史的记载，殊少经济、文化等方面的记载，也缺少对社会中下层人物的关注；二是详今略古。全书 294 卷、1 362 年史事中，战国秦汉 622 年，共 68 卷，约占全书 23%；魏晋南北朝 369 年，共 108 卷，约占全书的 37%；隋唐五代 371 年，共 118 卷，约占全书的 40%。

宋元之际学者胡三省撰《资治通鉴音注》（又称《新注资治通鉴》），突破了前人的注史格局，把注史工作提高到一个新水平。胡三省（1230—1302），字身之，台州宁海人。他注史不仅能训释音义，诠释制度，网罗遗阙，辨正谬误，而且有史事评论。这使《资治通鉴音注》成为一个整体，反映出作者本身丰厚的思想和学识。

宋代史学值得一提的还有新的史书体裁的创立，即袁枢创立的“纪事本末体”。袁枢（1131—1205），字机仲，因喜读《资治通鉴》，觉其文字浩博，但不能集中记

载事件，乃“区别门目，以类排纂，每事各详起讫，自为标题。每篇各编年月，自为首尾”，内容虽然完全抄录《资治通鉴》，但改以记事为中心，名为《通鉴纪事本末》，共42卷，从而创造了纪事本末体的史书体裁。此书出现之前，中国史书有两大体例，一是编年，一是纪传。现在袁枢创出了第三种体例，即纪事本末体。纪事本末体把一件一件的事，分着记其本末，可以救编年和纪传二体之缺失，尽管是袁枢的无心之举，仍然可以说是中国史学上的一个创新。

六、明代：史学的普及化和理学化潮流

明代的史学有一个有趣的现象：一方面史书很多，另一方面却没有出现像前代和以后清代所出现的史学名著，也缺少为后世敬仰的史学大家。明代史学中这种二律悖反的现象，如果辩证地看，可以统一到一个原因上，即中国史学在明代出现的普及化潮流。因为以普及化为特点，所以史书特多、作者特多；也因为普及化的倾向，所以从学术的度看，名著很少。当然在普及化之外，明代史学还有理学化倾向等特点，也可以解释这种矛盾现象。

史学的普及化有两方面的含义：一方面是指史学的普及，这表现在史书的总体数量众多，而且深入到社会基层，不但私人撰史兴盛，而且各级地方政府也参与到史书的撰述中，私人撰史兴盛导致稗史众多，地方政府的参与表现在地方志的蓬勃发展；另一方面是指普及性史学的发展，这表现在以普及历史知识为目的的史钞、史评、旧史改编盛极一时。

明代史学的普及化潮流除表现在史学著述繁富之外，也表现于方志和稗史的兴盛。中国的方志起源于汉代，历经宋元，至明清走向全盛。明清方志超出宋元志书数倍。[①] 据近年出版的《中国地方志联合书目》著录，明代方志有900多种，而其实际撰述之数自然比这要大得多。明朝对全国区域总志编纂的重视，是方志迅速发展的推动力之一。全国总志的频频编纂和伴之以不断向地方的“征志”，推动了府、州、县志的撰修，故张邦政在万历《满城县志序》中指出“今天下自国史外，郡邑莫不有志”。不少州县的志，又不断改修、增修，修志已成为一项社会性很突出的工作。

稗史，泛指各种野史和记载历史琐闻、社会风貌的笔记、杂说。这些书，有的标出“野”、“稗”字样，有的是用“漫笔”、“漫录”、“杂记”、“杂谈”、“杂言”、“杂录”、“随笔”、“笔谈”、“丛话”、“丛谈”等书名。稗史作者众多，很多名不见

---

① 陈光贻：《中国方志学史》，福建人民出版社1998年版，第86页。

经传，表明史学著述意识已经普及到了普通士人。稗史数量巨大，据全祖望说“晚明野史，不下千家”，但多数质量不高。其中，王世贞的《弇山堂别集》、《嘉靖以来首辅传》、《弇州史料》，沈德符的《万历野获编》和谈迁的《国榷》是质量很高的当代史著作。

普及性史书是以普及和传播历史知识为目的的史书。它的流行是以印刷术的推广以及史书数量的大量积累为前提条件的。中国普及性史书萌发于宋代，明代是普及性史书发展的高峰。这种普及性史书的流行与明代的社会条件有一定关系。明代大兴学校，生员数量增加，形成了较大规模的读书人群体和撰书人队伍，再加上明代书坊刻书业的兴旺，为明代普及性史书繁盛提供了社会条件。

和明代史学普及化倾向同时并存的，还有史学的理学化。宋代开创的理学，在元朝逐渐取得了正统地位，至明代更是对官方意识形态和士人思想产生了深刻影响。理学化史学，是指以理学为指导思想编纂历史和评价历史的史学，它强调史学的“义理”功能，偏重史实的评论和价值判断。史学的理学化在南宋时期逐渐兴起，明代前期非常盛行，中期以后逐渐从理学化史学的影响中摆脱出来。其中，方孝孺的正统论是明代理学化史学理论的奠基之作，丘濬的《世史正纲》则是这种正统理论在历史编纂上的体现。

方孝孺（1357—1402），字希直，人称正学先生，浙江宁海人，曾担任明建文帝的老师，“靖难之变”中被杀并灭族。方孝孺是明代理学的开山人物，他对于明代史学的影响主要来自其提出的“新正统论”，它是明代理学化史学的基本理论之一。方孝孺著有《释统》，提出“天下有正统一，变统三”的理论。所谓正统，是指“仁义而王，道德而治”的夏商周“前三代”和“智力而取，法术而治”的汉唐宋“后三代”。所谓变统，是指“取之不正”者，也就是篡臣、贼后、夷狄。“如晋、宋、齐、梁之君，使全有天下，亦不可为正矣。守之不以仁义，戕虐乎生民，如秦与隋，使传输百年，亦不可为正矣。夷狄而僭中国，女后而据天下，治如苻坚，才如武后，亦不可以继统矣。”方孝孺新正统论的提出，标志着正统论进入一个新的阶段。方氏以前，人们谈论正统标准，多从是否“全有天下”着眼，而方氏则从纲常、华夷角度入手，尤其是强调华夷之防思想。

丘濬（1418—1495），字仲深，广东琼山（今属海南）人，官至户部尚书、武英殿大学士、太子太保。他一生参与多部史书的编纂，其中于成化年间编纂成的《世史正纲》是其史学代表作。《世史正纲》32 卷，为编年大事记式通史，体例“本朱文公（熹）《通鉴纲目》、吕成公（祖谦）《大事记》”，内容则“增二书而显其所难明，续其所未尽者也”，间或加以论断，“随事为文，无有义例”，而“凡非所据而据者，虽不明立变统，乃分注甲子、帝年、名谥、死殂，无不依仿逊志（方孝孺）所论故事”。

七、清代：中国史学的总结与嬗变

清代是中国文化的烂熟时期，也是中国文化的整理时期。清代史学最突出的特点是对传统史学的大清理和大总结，同时也孕育出传统史学转变的趋势。王国维曾提出清代的学术分为三个阶段，所谓“国初之学大，乾嘉之学精，道咸以降之学新”。作为清代整体学术一部分的史学，也大致可以分为三个阶段：清初的经世史学、乾嘉考据学和道咸以后的史学。

明清易代，造成巨大的社会动荡，战火的洗礼使学术、思想、文化风气产生巨大的转变。这种转变在史学上表现为对史学研究的重视和经世史风的盛行，这一点在清初“三大家”——黄宗羲、顾炎武、王夫之身上表现得最为明显。

黄宗羲（1610—1695），字太冲，号南雷，人称梨洲先生，浙江余姚人，明末清初著名思想家和史学家，著有《明夷待访录》、《明儒学案》、《明史案》等。其中，《明夷待访录》是一部批判君主专制的史论、政论著作，表现出强烈的批判精神和理性精神，对近代启蒙思想的发展具有很大的影响。《明儒学案》则是一部记述明代学术思想及其流派的学术史著作。卷首总述明代学术特征，以为总纲，以下略按时间先后及学术流派，分为一系列“学案”，讲述明代学者共200余人。这样的一种学术史写法，被后人称为“学案体”，为此后中国史家编写学术史的典型形式。作为一代大儒，黄宗羲重视历史研究的学术倾向影响了浙东地区的学术传统，此后浙东地区史学兴盛，史家辈出，如万斯同、全祖望、章学诚等，被称为“浙东史学”。

顾炎武（1613—1682），原名绛，后改名炎武，字宁人，江苏昆山人，人称亭林先生，明末参加过复社，入清后不仕，以著述终老，主要著述有《日知录》、《天下郡国利病书》、《肇域志》、《音学五书》等。顾炎武提倡经世致用的学风，所著《日知录》32卷，卷1至卷7为经学，即所谓上篇经术；卷8至卷17，即所谓中篇治道；其余为下篇博闻。中篇、下篇之文多与史学有关。《天下郡国利病书》前后纂辑20余年，是一部未完成之稿，今本经后人编次，按明代政区辑录各地有关政治、经济和地理等方面资料，内容丰富，具有很高的史料价值。顾炎武研究学问注重辨明流变、博求佐证，这样的治学思路与方法，对乾嘉考据学的形成有重要影响，被认为是乾嘉考据学的鼻祖。

王夫之（1619—1692），字而农，号薑斋，湖南衡阳人，晚年隐居衡阳石船山，学者尊称他为船山先生，著述成书数百卷，而埋没百余年，后刊为《船山遗书》66种367卷。关于史学者，以《读通鉴论》和《宋论》二书为最重要。《读通鉴论》共37卷，始于秦始皇，终于五代，卷末附有《叙论》4篇。《宋论》共15卷，自宋太祖至于帝昺。这两本书成书于康熙二十六年（1687），是其晚年之作，思想见解已达于成熟之境。《读通鉴论》和《宋论》体现了王船山对历史和史学全面而系统的看法。

清初顾炎武、阎若璩等学者开考据学门径，到乾嘉时期，考据学逐渐成为学术的主流。考据学是一种治学方法，又称考证学或朴学，主要的工作是以考实性认识为目的，对古籍加以整理、校勘、注疏、辑佚、辨伪等。这种治学方法，强调"实事求是"、"无证不信"的治学理念；其研究范围，初以经学为中心，而衍及小学、音韵、史学、天算、水地、典章制度、金石等。乾嘉时期涌现出众多考据学大师和考据学名著，尤其以钱大昕、赵翼、王鸣盛三人为代表，分别著有《廿二史考异》、《廿二史札记》、《十七史商榷》等，后人称之为"乾嘉考据学"。乾嘉时期的历史考据学是乾嘉考据学的一个重要分支，它将宋代以来逐渐发展起来的历史考据学推向了高峰，为后人对于历史文献的研究提供了丰富的资料。

钱大昕（1728—1804），字晓征，又字及之，号辛楣，又号竹汀居士，江苏嘉定人，著作有《廿二史考异》、《十驾斋养新录》等。《廿二史考异》按二十二史的先后，各史又按卷次顺序逐条考订。由于正史的内容几乎无所不包，他的考订也就无所不考。所谓"廿二史"，即是在明末南北监本二十一史之外，增加《旧唐书》一种，比乾隆所定二十四史缺《旧五代史》和《明史》。赵翼（1727—1814），字耘崧，号瓯北，江苏阳湖人，乾隆二十六年（1761）进士，历任广西镇安知府、贵西兵备道。中年以养亲乞归，专心著述。著有《廿二史札记》、《陔余丛考》等。《廿二史札记》凡36卷，论述起《史记》讫《明史》，共24种正史。《廿二史札记》不同于其他"考史"著作之处在于它亦考亦评，在分析史事之时善于运用归纳法，所总结出的现象往往能代表一个时代的特征。如《汉初布衣将相之局》、《六朝清谈之习》、《明内阁首辅之权最重》等条目，都点出当时的时代特征，为后人所称道。王鸣盛（1722—1797），字凤喈，自号西庄，江苏嘉定人，钱大昕的姐夫，著有《十七史商榷》、《蛾术篇》等。《十七史商榷》不仅校勘文字、考释史事和典制，而且对历史人物、历史事件、史书及其作者进行评议。

吕思勉说："清代考据家之书，钱辛楣的《廿二史考异》，最善校正一事的错误；王西庄的《十七史商榷》，长于钩稽一事的始末；赵瓯北的《廿二史札记》，专搜集一类的事实，将其排比贯串，以见其非孤立的现象而发生意义。”①

清代中期，除考据学盛极一时、名家辈出外，史学理论领域也涌现出一位大师级人物，那就是章学诚。章学诚（1738—1801），字实斋，浙江会稽人。他一生主持纂修《和州志》、《永清县志》等多种方志，著有《文史通义》、《校雠通义》等书，一生著述被后人辑为《章氏遗书》。《文史通义》是继《史通》之后，中国史学史上又一部重要的史学理论著作。余英时评价说：“倘以历史理论专家而言，则刘知几与章学诚可为代表人物。刘氏《史通》和章氏《文史通义》同被国人推为评史的杰作。若进一步分析，则《史通》所讨论的问题仅限于史籍的各种体裁，如纪传、编年之类的利害得失以及历史方法论等等，至于对史学本身及其有关各方面作有系统的哲学性思考，则两千余年来，我们只能举出章学诚一人，而《文史通义》一书也是惟一的历史哲学专著。”②

具体来说，章学诚的史学理论有以下几个方面值得注意：①在经史关系上提出“六经皆史”论，强调史学的经世功能；②强调史学著述中“记注”和“撰述”的区别；③提出“史德”概念，丰富了中国史学中关于史家素养的理论；④对“别识心裁”和“通史家风”的强调；⑤强调校雠学“辨章学术，考镜源流”的功能，并以这种方法从事学术史的研究。此外，章学诚的方志学理论也值得注意，他认为方志是史书，不是地理书，并对地方志编纂提出了很多创见，很多论断至今仍具有参考价值。

清代同时又是一个官方史学复振并达到鼎盛的时期。元朝游牧民族入主中原，统治时间短暂，官方史学简陋。明代更放弃了国史等史籍的纂修，官修史学明显呈现出衰颓之势。清代则重复唐代官方史学之盛，修史之馆极多，涉及内容广泛，且质量较高，其代表作品为《明史》和《四库全书》。

清顺治二年，即入关后第二年（1645），即下诏纂修《明史》，但当时政局不稳，修史并无进展。康熙十八年（1679），清廷开博学鸿词科，取中 50 名，授翰林院编修、检讨等官职，并开局修《明史》，由博学鸿词科 50 人任纂修官。万斯同以私人身份参与修史，《明史》略具规模。康熙末年，修成《明史稿》，由总裁官王鸿绪署名进呈。雍正元年（1723）重开史局，以王鸿绪《明史稿》为蓝本修改增订，雍正十三年（1735）修成，乾隆四年（1739）印行。从顺治二年下诏修史，到最终修成，《明史》纂修历时 95 年，是二十四史中历时最长的。在二十四史中，《明史》纂修体

---

① 吕思勉：《中国史籍读法》，《史学四种》，上海人民出版社 1981 年版，第 79 页。
② 余英时：《论戴震与章学诚》，生活·读书·新知三联书店 2004 年版，第 239 ~ 240 页。

例整齐完备。

《四库全书》则是清乾隆年间编撰的一部大型丛书，按照经、史、子、集四部分类收集了古今重要典籍。《四库全书》保存了中国历代大量文献。所据底本中，有很多是珍贵善本，如宋元刻本或旧抄本；还有不少是已失传很久的书籍，在修书时被重新发现；也有的是从古书中辑录出来的佚书，如从《永乐大典》中辑出的书有385种。在修《四库全书》的同时编撰的《四库全书总目》，分别为著录及存目的1万多部书籍撰写提要，即有对书籍作者、内容、版本、流传状况的叙述，更考论书中得失，辨订文字增删，是古代目录学之集大成的著作，至今对研究中国学术文化仍然具有重要的参考价值。不过，由于清统治者着力于思想钳制，在编撰《四库全书》的同时，亦大量篡改、销毁于清专制统治不利的文献资料，这也给中国文化带来了极大损失。

清代道咸以后，国力日微，史学在传统领域与方法延续之时，也出现了新的趋势，主要表现在经世学风的重兴、边疆史地学的兴盛和疑古学风的兴起三个方面。

清乾嘉时期学者多埋首于考证，清初黄、顾、王等人所提倡的“经世致用”学风逐渐衰歇。虽然有章学诚等人提倡“史学经世”，但影响不大。道咸以后，清代社会危机日益凸显，学术界的经世思想逐渐复兴。其中，龚自珍和魏源是杰出代表。

龚自珍（1792—1841）是一位杰出的思想家，在社会观察、政治思考和历史探讨上皆开一代新风，他的主要史学著述有《古史钩沉论》、《蒙古图志》等。龚自珍强调史学的重大作用，认为史学与关乎国家存亡、治乱兴衰的大“道”联系在一起，而“欲知道者，必先知史”。他读过西方的书籍，也略知一些其他国家的历史，认为凡灭亡一国，必先灭其史，只要其历史不亡，一个国家总可以复兴，且举出不少事例予以证明。龚自珍认为史家要思考人类社会最重大的问题，提出“良史之忧忧天下”的重要论断，甚至要求当权者也应具备“良史”的视野与思维方式。他本人即做到了先天下之忧而忧，看出并且深入地分析了清朝统治下的社会危机，呼吁进行“自改革”以挽救之。

魏源（1794—1857），字默深，湖南邵阳人，29岁中举以后，长期担任幕僚，晚年隐居杭州佛寺，终老寺中。魏源为晚清今文经学的大家，著述颇多，史学方面有《海国图志》、《元史新编》等。他撰写历史的目的是经世致用。《海国图志》经多次修订补充，汇集大量资料，叙述世界各国的历史、地理、国情，对英国的介绍尤其详细。鸦片战争后，忧国忧民的士人要求了解世界、抵御外侵，此书是应运而生的代表作，是“师夷长技以制夷”、“以夷攻夷”、“以夷款夷”的前提条件。本书内容丰富，除在修订补充过程中汲取各家撰述之长外，还抒发了对外国政策、制度的见解，有利于开拓国人认识世界的眼界。

边疆史地学是研究边疆地区历史和地理的学问，包括西北边疆、东北边疆、西南边疆和东部海疆，其中西北史地学最为兴盛。清乾嘉时期，钱大昕等人开始的元史研究潮流已经开启边疆史地研究的进程。道咸以后，中国边疆危机的加深，直接刺激了边疆史地学的兴盛，较有名的著作有：龚自珍的《西域置行省议》、祁韵士的《皇朝藩部要略》、张穆的《蒙古游牧记》、何秋涛的《朔方备乘》、李文田的《元秘史注》、洪钧的《元史译文证补》、屠寄的《蒙兀儿史记》、柯绍忞的《新元史》、魏源的《元史新编》、徐松的《西域水道记》等。此外，随着中外交往的增多，域外史地学也兴盛起来，其中魏源的《海国图志》、徐继畬的《瀛寰志略》、王韬的《法国志略》、黄遵宪的《日本国志》等是关于外国史地学与中外关系史的著名著作。

清后期疑古学风渐起，其代表者是康有为。康有为（1858—1927）是著名的学者、政治家，撰有许多论述历史的文章，认为历史是进化的，社会越来越走向文明与进步，而古代越古老就越野蛮，中国古书对上古的描述是不可靠的。《新学伪经考》一书提出，古代儒家很多号称经典的著作，都是西汉末年刘歆为帮助王莽篡汉而伪造，是“伪经”。而《孔子改制考》认为，孔子以前的历史都无据可考，孔子遂假托尧舜等古圣先贤的言论行事而作六经，其目的是为托古改制。《新学伪经考》和《孔子改制考》虽然是经学著作，且其观点不无荒诞之处，但对近代史学界长期盛行的疑古辨伪思想有很大的启发作用。

第二节　古代史学的多样化形式

相比于历史观念方面来说，中国的历史编纂学遗产更加丰富，成就也更为突出。历史编纂学主要涉及的是历史研究成果的表现问题。历史研究成果从表现形式上说，有编撰构架和语言表述两种。历史编撰构架，包括了历史撰述的外部样式和内部结构两层含义，即通常所说的历史撰述的体裁和体例。语言表述又可以称为历史文学。

所谓体裁，是不同于历史著述的表现形式。目前我们的历史著述多数采用章节体，这是近代以来自西方传入的一种新的史书体裁，并成为现代最流行的一种体裁。现代读者接触的历史教科书和历史著述多数采用这种体裁。它的优点是灵活，便于表达作者对历史的理解，但这种体裁并不能掩盖中国传统史学体裁的光芒。

中国的史书体裁，最初主要有记事与记言之分，所谓“左史记言，右史记事”，“言为尚书，事为春秋”。后来出现编年体、纪传体、纪事本末体、典制体、纲目体，此外还有学案体、表、图和评论等。近代以来，中国史家借鉴西方史学体裁，改革和发展中国传统史书体裁，由此出现了新综合体的尝试。总之，中国的史书体裁是丰富的，中国史家对于体裁的探讨也是深入并具有启发性的，现分别简要述之。

一、纪传体史

纪传体是由司马迁的《史记》所创立、后为中国历代正史所遵循的一种体裁，也是中国史书中地位最高、包容量最大的一种体裁。纪传体史书是以人物传记为中心，本纪、列传、世家（载记）、书志、表和史论等多种形式相配合的综合体史书。其中，本纪基本上是编年体，也有关于帝王本人的事迹；列传，是各个方面代表人物的传记；世家，是诸侯和贵族的历史；载记，是割据政权的历史；书志，是关于典章制度和有关社会文化生活各方面的历史；表，是用表的形式来表述错综复杂的社会情况；史论，是关于历史人物的历史事件的议论。更具体地说，列传里有人物的专传、合传、杂传，书志里包括经济史、地理书、法制史和学术史。纪传体把这些体裁综合起来，在每一部书里形成一个相互配合的整体。所以它既是多种体裁的混合，又有自己特殊的规格，形成了一种新的体裁。

唐代刘知几所著的《史通》是世界上第一部系统的史学理论著作，其中对中国史书的体裁有详尽的论述，指出纪传体史书的优点是以记述历史人物为中心，可以更多反映各类人物在历史上的活动，同时，因记述的范围比较广泛，便于通观一个时期历史的发展形势；缺点是难以清楚表达历史发展的时间顺序和各事件、各人物之间的相互联系。故唐皇甫湜《编年纪传论》称其“举其大纲而简于叙事，是以多阙载、多逸文”。

纪传、编年各有优缺点，互相无法代替。刘知几在《史通》的《二体》篇中总结说：“然则班、荀二体，角力争先，欲废其一，固亦难矣”，认为编年体、纪传体是中国史学中最有发展潜力的两种体裁，两者互相补充，不可偏废。史学的发展也证明了刘知几的先见之明，在此后很长一段时间内，纪传体和编年体成为记述历史的主要体裁，只是各个时代流行的程度不一样。《史记》、《汉书》相继问世后，纪传体就成为历代王朝正史的主要模式，编年体一度式微，但自《资治通鉴》问世后，编年体史书再度振兴。

二、编年体史

编年体是较早出现的一种史书体裁，其最早的一部完整作品是《春秋》，此后有《左传》、《竹书纪年》等，或出现于春秋末期，或出现于战国时期。这种体裁以时间为中心，按年、月、日顺序记述史事。刘知几同样指出编年体的优缺点，优点是按照时间顺序记载史事，线索清晰、易于掌握；但因以记事为原则，很多重要历史人物因与所记史事无关而无法记载。另外，编年体还具有的优点是以时间为经，以事件为纬，比较容易反映同一时期各个历史事件的联系；缺点是不易于集中反映同一历史事件前后的联系。①

编年体为了弥补以上缺陷，在按年代记载史事的同时，有时追叙往事，有时附带记述后事，并不绝对按时间的先后来叙述。其中东汉末荀悦的《汉纪》运用连类列举，即历史人物的"言行趣舍，各以类书"的方法，扩大了编年史可容纳的范围。北宋司马光主编的《资治通鉴》进一步丰富了编年体的编撰方法，取得了辉煌的成就，使编年体史书一度中兴。在它的影响下，出现了南宋李焘的《续资治通鉴长编》、李心传的《建炎以来系年要录》，清毕沅的《续资治通鉴》、夏燮的《明通鉴》等一系列编年体史著。从此，编年体与纪传体史书相颉颃，成为中国史书中的另一大宗。此外，汉代以后出现的历朝的"起居注"和"实录"，也是一种编年体史书，是编年体演化出的一个重要的分支。

三、纪事本末体史

纪事本末体出现得较晚，是由南宋袁枢在《通鉴纪事本末》中所创立的。《通鉴纪事本末》把《通鉴》中的记载归纳为239个事目，分别详其本末，归类叙述。《四库全书总目提要》称赞说："纪传之法，一事而复见数篇，宾主莫辨。编年之法，一事而隔越数卷，首尾难稽。编年纪传贯通为一，实前古所未见。"这是说，纪事本末体把一件一件的史事，分着纪其本末，可以救编年和纪传二体之缺失。此书出现以

① 白寿彝分析道："编年体的好处是可以在同一年代内看出不同方面的史实，有利于对历史之总的考察。而且，史事之年代顺序的排列，可以发现记载上的分歧和错误，更利于对史事真相的考核。它的缺点是，在同一年代记载的史事，头绪较多，对于一般的读者来说，往往不容易看出一个眉目来"，可以参照。白寿彝：《谈史书的编撰》，《中国史学史论集》，中华书局2001年版，第496页。

后，有很多仿效者。因袁枢之书以《通鉴》为限，只到五代，于是就有《宋史纪事本末》，以至《元史纪事本末》、《明史纪事本末》、《清史纪事本末》、《辽史纪事本末》、《金史纪事本末》、《西夏纪事本末》，还有《左传纪事本末》。此一体例，共有9部书，合称“九朝纪事本末”，是中国史学体裁上的一个创新。

纪事本末体的特点是以记事为主，把历史上的大事，详其首尾，集中表述其过程。它的优点是克服了编年体和纪传体“首尾难稽”的缺点，便于读者掌握历史事件的完整脉络，与今日流行的章节体史书有异曲同工之处。因此，清代史学理论家章学诚很推崇这种史书体裁，称之“文省于纪传，事豁于编年”。但是，纪事本末并不容易写，它需要作者先分清事情的轻重，识历史大体，否则会遗漏掉一些重要的历史信息。例如，《通鉴纪事本末》在内容上把《通鉴》中的记载归纳为239个事目，对于经济、文化等非“事”的历史内容则无法记述。钱穆分析此书之“事目”后指出，袁书“重变不重常，重外不重内，并亦没有制度，没有人物”①，明确地指出了《通鉴纪事本末》的缺点。

四、其他史书体裁

除了以上普遍用于通史和断代史写作的体裁之外，中国史学中还有其他体裁。如《世本》主要记载帝王的世系，开创了家族史的撰写形式，后世各种家谱、族谱、宗谱等谱牒，可以算是这种体裁的发展；以《国语》、《战国策》为代表的国别史；从《华阳国志》开始的地方志，到了明清时代成为史书中的一大宗。专史方面，有《通典》、《通志》、《文献通考》为代表的典制体，这是中国史学中典章制度史的撰写形式，这一题材经不断续修，到了民国有十部著作，号称“十通”；此外，与“十通”的内容类似，有断代的会典、会要体，如《唐会典》、《西汉会要》、《明会要》等。学术史则有学案体的出现，它的创始是黄宗羲的《明儒学案》，此后有《宋元学案》、《清儒学案》等，是中国人记载学术史的一种特殊体裁。此外，还有一种体裁，即表。表的好处，一是减少烦文，用较少的篇幅记载较多的史事；二是便于使纷乱的史事变得条理清晰；三是总括遗漏，使难以载入正文的人和事也能得到适当的反映。《史记》中有“世表”、“年表”、“月表”，《汉书》中有《古今人表》、《百官公卿表》，《新唐书》中有《宰相表》、《方镇表》，等等。自《史记》问世以来，表一般作为纪传体史书的一个部分，但后世也有写为专书的，如万斯同的《历代史表》、王

---

① 钱穆：《中国史学名著》，生活·读书·新知三联书店2004年版，第200页。

之枢等的《历代纪事年表》、六承如的《历代纪元编》、顾栋高的《春秋大事表》、乾隆年间官修的《历代职官表》等。

史学评论也作为单独的一类，被称为史评。史评可分为两类，一类是评论史事，另一类是评论史书。对史事的评论，如王夫之的《宋论》、《读通鉴论》；对史学和史著的评论，如刘知几的《史通》和章学诚的《文史通义》。

此外，还有一种值得重视的史书体裁——纲目体。纲目体是南宋朱熹创造的一种史书体裁。朱熹曾撰《通鉴纲目》，是由改编《资治通鉴》而成的。据朱熹的《通鉴纲目·序》，此书根据《通鉴》、《通鉴目录》、《通鉴举要历》、《通鉴举要补遗》四部书，“别为义例，增损隐括，以就此编。盖表岁以首年，而因年以著统，大书以提要，而分注以备言”。“年”是历代年号，“岁”是另外加上甲子、乙丑等天干地支。在列国纷争之时，以所书年号表示正统所在。“因年以著统”，是编年；“大书以提要，而分注以备言”，是纲目。顶格大书的为“纲”，低格分注的为“目”，纲以提要，目以叙事。

《通鉴纲目》用大字书写严谨的提要，是“纲”；用小字分注详备的，是“目”，故称纲目体。朱子在《与门人赵师渊论纲目书》提出，纲目撰写的要求是“纲欲严谨而无脱略，目欲详备而不烦冗”。这种体裁的优点是，纲文等于小结论或较详之小标题，目文则说明得此结论、有此标题之原委，易于读者掌握全部论著内容，节省时间。纲目体本是编年体的一小宗，但近代以来，很多学者使用这一体裁编撰史书，并不局限于编年，如柳诒徵的《中国文化史》、钱穆的《国史大纲》等，这是对纲目体的创造性发展。

第三节　古代史学的优良传统

中国古代史学在史学宗旨、史家修养、史学方法、史家标准、治史态度等方面都有自己的特色。

一、学兼天人，会通古今

在史学宗旨上，司马迁所提出的“究天人之际，通古今之变，成一家之言”的思想，成为后世中国史家的最高目标。“究天人之际”是中国史家的最高追求，“通古今之变”是中国史学的基本方法。

“天人之际”所探讨的是人与外在世界的关系问题。上古时代的宗教思想以为，天是有意志的，是世界的最高主宰。殷商时期商纣王提出的“我生不有命在天”中的“天”，所代表的是一个有人格的上帝的概念。这表明，此时对于历史的认识还笼罩在宗教观念之下。到了殷商之际，周人发展出“天命靡常”和“以德配天”的新天命论。此时，周人虽然承认“天”是人类社会的主宰，但认为天命是会转移的，而天命转移的依据则在人的“德”。修“德”则会得到天命，失“德”则会失掉天命。同时，周人提出了“天视自我民视，天听自我民听”的思想，这就将天命与人间的作为联系起来。到了春秋时期，进一步出现了“吉凶由人”、“天道远，人道迩”等重人事的社会历史观。此后，虽然“天”的概念依然在讨论历史时使用，但是人们更注重从人事中寻找历史变动的原因。“天”的概念也逐渐摆脱了神意的色彩或宗教的色彩，一般被用来指历史过程中的超个人因素。人们普遍相信，超自然意义上的“天”，不会直接干预人间事务。无论它在历史上发挥何种作用，都是以人为中介，透过人来进行的。因此，中国的“天”与西方的上帝不同，它没有订出“上帝的计划”让人类在历史过程中执行，中国的“天”也不会因为愤怒而将一个国家或朝代毁灭，“天”只是被动地等待人类提出建议而加以审视，接纳好的建议而拒绝坏的。①

在中国思想家中，董仲舒的思想体系最重视“天”的作用。他认为一切事物皆有本原，历史的基础在“天”，所谓“道之大原出于天，天不变，道亦不变”。然而天道高远，非凡人所及，必俟君之教导，于是天子成为天人之间的媒介。“唯天子受命于天，天下受命于天子”，由此提出了“王者与天地相参”的英雄史观。天子统治天下，必须领会、遵循天之意志。而天之意向并非渺茫无凭，所谓“天地之气合而为一，分为阴阳，判为四时，列为五行”。天通过祥瑞、灾异等阴阳变化体现自身的意志，人间的王者则通过这些祥瑞和灾异感应天的意志，从而调整统治的策略。

据张秋升的研究，在西汉儒家心目中，历史变动的原因有多种，其中人的因素是主要的，而在人的因素中，西汉儒家突出地强调了君王和道德的支配作用，而君王和道德都是天意的呈现，因而，天意史观、君王史观、道德史观是西汉儒家最基本的历史观。②

东汉时期，王充对董仲舒的天人感应学说提出了挑战。他认为社会历史的治乱兴衰，不是由圣君施行教化的结果，而是“命期自然”，是“命定”的结果。在历史的发展过程中，有一种“时”、“数”与“命”存在其中，起着决定的作用，贤圣之君

---

① 余英时：《中国史学思想反思》，《人文与理性的中国》，上海古籍出版社2007年版，第407页。

② 张秋升：《西汉儒家历史观述论》，《齐鲁学刊》2003年第4期。

以及开明的政治都不能对历史的治乱兴衰起决定作用。王充要反对英雄史观，却因此走入极端，陷入了宿命论。他强调了自然环境等非人力因素对人类社会发展的作用，却没有给予人的创造性活动以应有的地位。

北宋时期，柳宗元对历史的发展有深入思考，这体现在他对以分封制为特征的“封建制”的思考中。在《封建论》一文中，柳宗元否定了“天”主宰历史演变、朝代兴衰的天意史观，他认为历史上王朝的兴起，其“受命不在天，于其人；休符不在祥，于其仁。惟人之仁，匪祥于天”。同时，他强调了历史发展中“势”的因素，认为“封建非圣人意也，势也”。封建制在先秦时期的长期存在有其合理性和必然性，是历史发展的必然阶段，但是随着社会历史的进一步发展，这种“私其力于己”的封建制失去其存在的合理性和基础，而被“公之大有者”的郡邑制所取代。秦朝革除封建制，顺应了历史发展潮流，是有利于天下国家的大公行为。相比较而言，郡县制是既有利于治理国家，实行起来又比较安全的制度。秦之过失在于其政治的败坏，而不在于其制度。“秦之所以革之者，其为制，公之大者也；其情私也，私其一己之威也，私其尽畜于我也。然而公天下之端自秦始。”

宋代理学家把史学思想提升到了哲理的高度，用“天理”的概念来考察历史。如朱熹认为，“天理”是历史变化的支配者，“天理”是永恒的，可以在历史之中，也可以游离于历史之外，却是“天地之常经，古今之通义”；“天理”是评价历史人物的唯一标准；“天理”是由历史总结出来以治理社会的根本，也是个人行为的准则。以“天理”作为标准，可以将历史划分为王道和霸道两个历史阶段。虽然这两个历史阶段都是由“天理”所支配，但是王道历史阶段是人心合于“天理”，霸道时期则人心为利欲所蔽。需要指出的是，宋明理学中的“天”已与董仲舒思想体系中的“天”有本质的不同，它与“理”的概念联系在一起，而其本质也就是“理”，代表着一种普遍的价值。

王夫之是明末清初三大思想家之一，对于历史发展有深入的哲学思考。在历史考察中，他将理与势联系在一起，提出了“理势合一”的历史发展观。他认为，“势因乎时，理因乎势”，人类历史是不断发展变化的，各个不同时期有不同的形势，也就有不同的“理”。这种“理势合一”的历史发展观，其哲学基础是“天下惟器”、“道者器之道，器者不可谓之道之器”的思想。而道器关系又是建立在理器关系的基础上的。对于理与器的关系，王夫之肯定了器是宇宙的根本，理依赖器，无器则无理。

清代章学诚的《文史通义》代表了中国历史观念发展的较高成就，余英时甚至认为它是中国悠久思想传统中唯一真正可以称为“历史哲学”的著作。章学诚在

《原道》中提出，道是在历史中不断发展的，透过各种政治、社会、经济以及文化的制度发展而在人类社会中形成。道的演进过程是由最简单的家庭模式（“三人居室”）开始，然后随着人数增加和社会功能分化而发展得越来越复杂。他在论述古代制度时，把它们的起源一律归因于“不得不然之势”，而这些不得不然之势，最终是出于一般不加思考的百姓的“人伦日用”，他认为这即是道。

到了晚清，龚自珍更提出了历史是“众人自造，非圣人所造”的历史主体论思想以及“人心者，世俗之本也；世俗者，王运之本也”的民本思想，这既是对圣王创造历史的英雄史观的否定，也是对历史发展中人力因素的肯定。

以上简略地介绍了中国历史思想中关于“天人”问题的思考，其中出现了“天”、“命”、“理”、“势”等概念范畴。这些概念范畴的确切含义，有待哲学家的清理。大致来说，以上的范畴代表了中国思想中对于历史中非人力因素的思考，而就其归宿来说，它又与人力因素，即百姓的“人伦日用”相联系。

中国史学“通古今之变”的基本任务，可以归结为对历史发展运动过程的探索。中国史家对于这一问题的思考，深受《易传》变易思想的影响。

《周易》是先秦的一部经典，《易传》是战国、秦汉时期形成的解释《周易》的哲学著作，是后世解释《周易》思想的主要依据。《易传》的思想，可以主要概括为三个方面：第一，“一阴一阳之谓道”，阴阳对立统一和消长变化是宇宙自然与社会历史发展变化的根本动力的思想；第二，“穷则变，变则通，通则久”的普遍变易思想；第三，“穷神知化，德之盛也”，即人们通过“穷神知化”，可以理解和认识事物变化、发展的规律，从而驾驭宇宙自然和人类社会的发展，提高自己的德行，做自然和社会的主人的思想。《易传》所体现的宇宙观和世界观中的普遍变易思想、历史辩证法思想和对于人类能动性的肯定，对中国史学思想的发展有深刻的影响。

首先，受《易传》普遍变易思想的影响，西汉时期的儒家普遍认为历史是变动不居的，即使是强调“天不变，道亦不变”的董仲舒，也是以当时流行的阴阳消长思想对社会历史发展规律进行了哲学概括。

宋代易学发达，很多理学家和史学家都受到易学的影响。最著名的是邵雍根据《周易》的理论建立了一套历史变化的模式。此外，程颐、朱熹也都根据易学来讨论历史。根据吴怀祺的研究，易学对于两宋史学的影响，主要体现在以下几个方面：一是贯通地思考天人古今的变化与发展；二对人类起源与初民社会提出看法，从而丰富了古史观念；三是通过易理的阐发，论说天理支配历史的兴衰变化，尤其显示出对历史兴衰变通的认识；四是以易理论说社会的变革。①

明末清初王夫之的历史思考更是明显体现出《周易》思想的影响。他所提出的“天地之化日新”的历史变化观和“阴阳者气之二体，动静者气之二几”的历史发展动力观，都是《周易》思想的发挥。具体来说，王夫之认为，要正确认识人类社会的历史，就应该将其看成是一个发展的过程，这个过程是变化日新的。变化日新的原因在于其中的阴阳对立，但变化日新并不意味着社会历史是刹那生灭、不留痕迹的。阴阳是在一个统一体中变化、发展的，阴阳不存在皆然的对立，过去、现在与未来也不是皆然对立。当前的历史应该也必须是可以同过去和将来相贯通的，当下的历史包含着对过去历史的总结和对未来社会的预测。

晚清以来，随着世变日亟，求变的历史观更是日益受到提倡。如龚自珍提出了“事无不变”的历史变化观，认为历史上各个时代，其国家法制、政治体制、社会风气，都处于不断变化、发展之中。魏源认为，社会的进步在于改革变化，“小革则小治，大革则大治”，他指出中国每变化一次就有一次进步，如郡县制比分封制好，科举制比察举、九品中正制好，租税的演变也是如此。他在提倡“五帝不袭礼，三王不沿乐”、“势则日变而不可复”等今胜于古的社会历史观的同时，强调“人能与造化相通，则可自造自化”的历史能动性思想，这明显是《周易》“穷神知化，德之盛也”思想的发展。此外，康有为也提倡一种“变者天道也”的变化发展观，并认为“免苦求乐”是社会进化发展的动力，历史的最高目标是天下“大同”。这些历史观念的背后，皆有《周易》变易思想的影响。

由于历史是变易的，史家为了理解和阐述历史就需要会通古今。自从司马迁提出“通古今之变”的思想以来，中国的众多历史学家将会通古今作为重要任务。

二、德识为先，才学并茂

关于史家修养和标准，刘知几提出了史家“三长”的概念。他认为：“史才须有三长，世无其人，故史才少也。三长谓才也，学也，识也。”即历史学家必须具备史才、史学、史识三个条件。刘知几对于才、学、识三者没有进行详细的界定。大概史才是指搜集、鉴别和组织史料的能力，叙述事实、记载言语和撰写文章的能力，以及运用体例、编次内容的能力，都是属于历史编纂学范围的才具；史学是指掌握丰富的史料、历史知识及与历史有关的各种知识；史识是指秉笔直书、忠于史实的高尚品质

---

① 吴怀祺：《中国史学思想通史 · 宋辽金卷》，黄山书社 2002 年版，第 21 ~ 23 页。

和勇敢精神。刘知几的“史家三长”论，成为后世评论史家标准的著名理论。

到了清代，章学诚又在刘知几“史家三长”之上补充了一个“史德”的概念，使中国史学关于史家修养的理论更为完善。章学诚在《文史通义·史德》中指出，“刘氏之所谓才、学、识，犹未足尽其理也”，“能具史识者，必知史德”。那么，史德指的是什么呢？章学诚说：“德者何？谓著者之心术也。文史之儒，竞言才学识，而不知辨心术，以议史德，乌乎可哉！”

对于章学诚的“史德”概念，有或褒或贬的理解。杜维运认为：“章氏所谓天，系指理性，所谓人，系指血气情感。”① 又说：“章氏所强调的史德，不是道德家的说教，而是极重要的治史方法论。用中国其他史学家所谈的话，就是‘平心察之’，‘虚心斟酌’，‘虚其心以求之，平其情而论之’。用西方史学家所谈的话，就是‘心情平静’（calmness of temper）、‘思潮平静’（calmness of mind）、‘不动肝火’（free from passion）、‘谦虚为怀’（humility of mind）。”② 这种解释，可以供我们参考。

三、以古为镜，经世致用

《诗经·大雅·荡》说：“殷鉴不远，在夏后之世。”《尚书·召诰》言：“我不可不监于有夏，亦不可不监于有殷。”这种以历史为鉴的“殷鉴”思想，是中国史学产生的主要动力，它是中国古代史学兴旺发达、历代官方史学活动连绵不绝的主要原因。同时，也形成了古代史学多以经世致用为宗旨、历史认识与政治文化密不可分的特点。③

《孟子·滕文公下》说：“世衰道微，邪说暴行有作，臣弑其君者有之，子弑其父者有之。孔子惧，作《春秋》。《春秋》，天子之事也。是故孔子曰：‘知我者其惟《春秋》乎！罪我者其惟《春秋》乎！’”又说：“孔子成《春秋》而乱臣贼子惧！”可见孔子很强调史学的鉴戒作用、辅政作用和教育作用。这样的传统对后世史学家有深远影响。

唐代杜佑在《通典·自序》中又说：“所纂《通典》，实采群言，征诸人事，将施有政。”在《进〈通典〉表》中，他也提到“将施有政，用乂邦家”的话。可见他著书的目的在于“经世”、在于“致治”。司马光在《进〈资治通鉴〉

---

① 杜维运：《史学方法论》，北京大学出版社2006年版，第312页。

② 杜维运：《史学方法论》，北京大学出版社2006年版，第312页。

③ 乔治忠：《中国史学史》，中国人民大学出版社2011年版，第32页。

表》中也明确地说：“臣今所述，止欲叙国家之兴衰，著生民之休戚，使观者则。善恶得失，以为劝戒。”明末清初的黄宗羲、顾炎武、王夫之等人，都将“经世致用”作为研究史学的目标。清代章学诚亦提倡“史学所以经世，固非空言著述也”。①

四、求实直书，书法不隐

孔子赞扬晋史官董狐说：“董狐，古之良史也，书法不隐。”从此，“良史”概念遂行于世，成为衡量史家的一个尺度。所谓“书法不隐”，就是提倡直书、实录。班固在《汉书·司马迁传赞》中称司马迁有“良史之才”，一个理由就是“其文直，其事核，不虚美，不隐恶，故谓之实录”。汉代以后，“良史”的具体标准已不限于“书法不隐”，如班彪称司马迁有“良史之才”，还因其“善述序事理，辩而不华，质而不俚，文质相称”。范晔称班固为“良史之才”，是因其序事“不激诡，不抑抗，赡而不秽，详而有体”。“良史”概念的内涵更加丰富，包括了撰史才能和文笔在内。到了唐代，刘知几的《史通》有《直书》和《曲笔》两章，专门提倡“直书”、“实录”，可以看作是对“良史”概念的进一步阐发。

自主学习

1. 中国古代史学有哪几个比较重要的发展时期？
2. 中国古代史学有哪些重要体裁？它们各有什么优缺点？
3. 中国古代史学有哪些优良传统？
4. 中国古代史学发展中，官方史学和私家史学存在着怎样的互动关系？
5. 从中西对比的视野来说，中国史学有哪些特色？

延伸学习

1. 章学诚在《文史通义》中这样写道：“六经皆史也。古人不著书，古人

① 《文史通义·浙东学术》。

未尝离事而言理，六经皆先王之政典也。”章学诚的这段论述是关于经史关系的著名◦述，请就此谈谈你的理解。

2. 孟子曰：“王者之迹熄而诗亡，诗亡然后春秋作。晋之乘，楚之梼杌，鲁之春秋，一也。其事则齐桓晋文，其文则史，孔子曰：‘其义则丘窃取之矣。’”其言如何？试为一论。

第九章　中国古代民俗

所谓民俗，就是风俗习惯，可以在生产生活的各个具体细节中体现，也可以从国家、民族精神中得到反映，是大到一个国家、小到一个村落普通民众创造、使用和传承的生活文化。从这个意义上讲，“民”不是乡民、百姓、平民，而是全体社会成员，既是家庭、村落、群体、组织、民族、国家的一员，也是指全体国民；“俗”就是风俗、习俗、礼俗等。于是，民俗的定义就是：群体内模式化并得到社会成员共同遵守的生产生活文化。

民俗与礼仪又往往并举，原因在于民俗不只是平民百姓的精神产品，在很大程度上又是对礼仪的贯彻与体现。民俗是自觉的生产生活文化，而礼仪是统治者有目的地建立起来的制度行为规范，二者不能截然分割。礼仪是自上而下对社会结构、思想、道德、行为规范的有意识建构；民俗是在生产生活过程中在崇拜、愚昧、恐惧、尊重等复杂心理和政治、宗教、哲学、宗法制度等因素共同作用下产生并自觉接受礼仪的引导而逐渐形成的风俗习惯，受到地域、经济、物产、生存环境、生产方式等多种因素的影响。民俗礼仪是文化的物态形式、制度形式、行为形式和心态形式的结合，具有综合的文化价值。礼仪学的研究已经取得了令人敬佩的成就，并融入当今社会生活的各个方面，推陈出新，融会中外。民俗学的研究，更是中华文化研究的重要课题。

中国自古就是礼仪之邦，从人的出生到去世，在任何场合均十分讲究礼仪，以成就完美的人格形象。礼仪的书面源头在《周礼》、《仪礼》和《礼记》三部儒家经典，形成了自政治活动到民间交际的一整套规范。《周礼》是周代王室到战国时期主要诸侯国制度、儒家政治思想的汇编，经学家或认为该书出自周公，或认为是战国时期的集体著作，或认为是西汉末年刘歆的伪造。今人一般认为成书于战国时期，在流传过程中《冬官司空》散佚，以残缺《考功记》补入。《仪礼》17 篇成书也在战国时期，是春秋、战国时代部分礼制的汇编。《礼记》是汉代以前各种礼仪著作内容的选集，是孔子弟子、再传弟子、三传弟子的集体成就，有《曲礼》、《王制》、《月令》、《学记》、《大学》、《中庸》等 49 篇，规定了从朝堂活动到祭祀活动的各种礼仪。诸多礼仪实际并不是哪位先王或圣贤独立制定的，而是在长期的社会与家族、家庭活动中形成并稳定下来，在社会生活发展的过程中不断变化的。民俗也是在实际生产、生活和人际各类交往中逐渐形成并得到多数人接受的习俗，也是因时因地发生变更以适应当时当地的生活实际。民俗礼仪在社会生活和人类的生产活动中产生，与当时的生活情态和生产力发展水平密切相关，并在实际生产生活中发挥了重要作用。民俗和礼仪本来是两个概念，但两者之间有时相互映衬、相互包容，融合成为中国文化的组成部分，在社会生活中起到贯彻统治思想、稳定群体心态和强化集体、家族、民族与国家利益的作用。但是，过多的繁文缛节和陈规陋习也在一定程度上妨碍了社会的进步，甚至成为悲剧的根源，必须予以清醒的认识和批判。

第一节　民俗的产生、类型与特性

民俗既然是在生产生活中产生的，所赋予的文化特征就打上了生产生活的烙印，其类型也就与生产生活相适应。中外学者对于文化的类型认识，因为视角的差异而产生了不同的分类，或以民族历史为基础，或以生产生活方式为依据。简单来说，中国民俗的类型与农耕文明有着密切的联系，并随着时代的发展而演化出不同的类型。所以，要认识中国民俗的类型与特征，必须首先认识民俗的形成及其生产生活基础。

一、民俗的产生与分类

“民俗”一词，在中国历史文献中很早就出现了。《礼记·王制第五》：“太师陈诗，以观民俗。”① 这里的民俗主要是指民间生活生产状况，观之，统治者可以对政策进行制定和调整。《礼记》中还有详细的表述：“君民者，章好以示民俗，慎恶以御民之淫，则民不惑矣。”② 意思就是运用君王的权威，明确表达好恶，从而引导百姓，整顿民风。

民俗与风俗本来没有本质的区别，风俗的说法更为普遍，民间“百里不同俗，千里不同风”的说法就是指各地的风俗不同。班固论述：“凡民函五常之性，而其刚柔缓急，音声不同，系水土之风气，故谓之风；好恶取舍，动静亡常，随君上之情欲，故谓之俗。”③ 于是，孔子强调用礼乐教化，移风易俗，归于中和，“然后王教成

---

① 《礼记·王制第五》，十三经注疏本。

② 《礼记·缁衣第三十三》，十三经注疏本。

③ 《汉书·地理志》，《汉书》卷二八下二，四部精要本，上海古籍出版社 1993 年版。

也”。自从“民俗”成为学科术语后，随着所使用的范围不同而发生变化，可以指一个文化区域，也可以指一个国家的风俗。但从文化学的角度看，不必将民俗与风俗强行区分。

（一）在物质生产中形成生产民俗

生产民俗是指人类在获得物质资料的过程中所形成的活动模式。物质资料的获得过程包括生产、加工、交换、使用四个环节，在每一个环节中都有一定的规范模式，从而成为仿效、遵守的一般法则，并融入民族文化系统之中。而物质资料的获得途径，可以分为种植、养殖、采集、采掘、捕猎、加工、交换、运输等，包括了农业、渔业、畜牧业、工商业等领域，在各个领域逐渐形成了行业风俗。以农业种植为例，各地就有许多风俗传统，春播前的有关仪式活动是为了祈祷丰收，秋收后的各种活动既是对神灵的答谢，也是对来年的祈求，同时还是群体交流娱乐的机会。于是，农业种植形成了季节的、节气的、种植过程的各种民俗。渔业中渔民有祭湖神、江神、海神的习俗，代代相传。手工业者的习俗也各有特色，新工具的使用有整套的规矩，师徒相传有严格的规则与习惯，工具的修理与存放也有一定的规定。例如，木工的锯子挂在墙上，方向有严格的规定，表面上看似乎过于严格，实际上有着科学的依据，为了使用方便而又不易伤人。再如渔民捕鱼，不同的季节使用不同的网，是习俗，更是科学：渔民冬季用比较细密的渔网，捕鱼是为了满足生活的需要；但夏季使用粗疏的渔网，抓大放小，是为了鱼的生长和总量平衡；而春季一般停止捕鱼，确保了鱼苗的孵化与成长。

（二）在日常生活中形成生活民俗

生活民俗来源于人的日常饮食起居，是涵盖面最宽的民俗，几乎涉及个体和群体生活的全部场景，贯穿了人的一生。生活民俗主要包括人生礼俗、岁时节日风俗、服饰习俗、饮食习俗等。而这些民俗，有的是在生活中的具体事务和具体过程中产生，并受到时间、经济、地理、气候、生产力、科技水平和政治制度、社会思潮等因素的影响，在崇拜、恐惧、期待、希望、顺从、敬仰等复杂心理的基础上形成、发展并逐渐固定下来。民间生活习俗有相对的独立性，但整体的民俗受时代环境、政治制度和社会思潮的影响较大。就是说，个人、家庭甚至家族的衣食住行习俗可以有一定的自由度，但整体、民族甚至国家的民俗则受到限制。最典型的例子就是明清易代之际的薙发和清代的旗袍。汉民族的习俗是保留全部头发，成年时梳成发髻。但清军入关后规定，不论是什么民族，作为大清的子民，男性必须将前额的头发剃净，而后面的则留着并扎起辫子，拖在脑后。为了这薙发令的执行，不知杀了多少人，也激起了广大人民的强烈反抗。江阴抗清斗争，因薙发而起。顺治二年六月二十七日，“豫王下令，江阴限三日薙发”；二十八日，大清特授知县方亨“出示晓谕，申严法令”；闰六月初一，下发文书有“留头不留发，留发不留头”之语[①]，当天下午，江阴抗清斗争掀起。辛亥革命后，这辫子终于革去。满族女性多穿旗袍，以显示婀娜的身段，清朝并没有强行推行旗袍，它却成为清代最流行的女性服装。直到现在，依然时尚。

（三）在群体活动中形成群体民俗

人是群居的动物，不论是家族、村落还是种族，都具有各种各样的群居习俗，从而形成了群体民俗。群体民俗在群体活动和生活中形成，主要是相对统一的价值观念和行为方式，成为群体的文化模式，具有一定的组织特性。但是，群体民俗并不是在社会管理体系的约束下形成的，有别于法令纪律等强制条例。群体民俗包括为了组织群体而产生的民俗、适合群体内成员的民俗、有利于群体整合的民俗、规范群体活动的民俗，从这个意义上讲，也可以认为是社会组织民俗，但它不是只包括社会组织。一个家庭，有家规、家风；一个家族，有族规；一个村落、居住群，有乡规民约；一个种族或民族，有共同遵守的习俗风尚。就是说，群体有不同的组合方式，包括血缘关系的、地缘关系的、种族关系的和信仰关系的等。血缘关系的自然就形成了家族、宗族关系群体，地缘关系的则形成地方社会组织，种族关系的则成为无形但又严密的社会群体，信仰关系的可以形成行会之类的社会群体。不同的家庭、家族或群落，在自然环境和社会环境的限制、引导下形成了各具特色的民俗。如蒙古族彪悍尚武而善于歌唱，回族在饮食上有严格的规定，闽南客家人居住在冷兵器时代具有一定防御功能的土楼里，全真教的道士必须出家，等等。

（四）在社会交往中形成社交民俗

社交民俗，实际上就是社交礼仪或称社交礼俗，包括在社会成员个体之间和社会群体之间发生交往时所形成的基本规范。就个体之间的交往而言，涉及见面、起坐、称呼、交谈、宴饮、告别等方面，所谓长幼尊卑有着严格的等级区分，上下级之间关系明确。古人的习俗十分讲究，个人见面招呼，男性晚辈见长辈、同辈之间、见小辈有不同的规范，不同时间、不同环境见面的规矩也不同。同样是打躬作揖，手形也因为相互关系的不同而变化。同样是小辈见长辈，平时与拜年不同。在社会上，上下级

---

① （清）韩菼：《江阴城守纪》，北京古籍出版社2002年版。

之间、同级之间见面也有不同的习俗规范。以宴会坐席为例，古人传统的八仙桌上，就有严格的位次区分，不能随便就座。但有时为了礼貌，双方过度谦让，致他人久久不能落座，也相当麻烦。再如族群之间、村落之间，本是平等的关系，在交往中不分尊卑，但必须谨记相关忌讳，如同今天的外交活动，必须了解一个国家的风俗与禁忌，避免外事纠纷的发生。

（五）民俗的分类

西方学者对民俗进行过详细的分类，但因视角的差异而显得零乱而驳杂，几乎涵盖了一切文化元素。中国学者将民俗分为物质民俗、社会民俗、精神民俗和语言民俗。按照这样的分类，具体到不同的民俗，中国将出现难以计数的民俗品类。结合中国文化中礼仪与民俗的密切关系，我们认为，将民俗分为生活民俗、生产民俗、群体民俗、交际民俗四大类比较简明。但不论哪一类，都不是简单独立的。生活民俗中有生产元素，交际民俗中有生活元素，内容极为丰富并且相互交织。基于这样的认识，对于民俗的形成，可以简单概括为：在生产生活和社会交往中逐渐形成并为广大民众所共同遵守崇尚的风气习惯，就是民俗。根据班固的阐述，由于地理环境的原因形成不同的“风”，由于君上的约束引导而形成统一的“俗”。然而，随着人口的迁徙，“风”也会相随，内蒙古草原上的牧民喜欢食用奶糕，而云南大理的一些地方也有同样的风气，这是 13 世纪蒙古灭大理段氏政权时遗留下来的。类似于这样万里同风的现象，并非个别存在。

因此，在生产与生活中，因为自然条件、生产技术和工艺发展水平的差异，形成了各地独具特色的民俗；在社会发展融合与统治者有意识的约束引导下形成了相对统一的民俗，共同构成了中华民族的民俗；经过几千年的发展演变，形成了文化史意义上的民俗特性。

二、中国传统民俗的特性

中国民俗具有悠久的历史，在承传过程中发生了巨大的变化；中国幅员辽阔，不同地方的民俗具有自己的特色。但总体而言，中国民俗具有共同的基本特征。

（一）中国传统的民俗，是宗法制度的延伸，与社会政治高度一致

儒家认为，《周礼》是周公姬旦为了维护周成王的权威和统治秩序而创立的制度记录，但实际上它来源于战国时代，是儒家学者依据周王室管制为基础，结合了春秋

战国的各国政治制度，融合了儒家的政治思想而形成的。《周礼》中的官职设置、职责等，当然是朝廷大事。《周礼》中不少内容涉及具体的封国诸侯礼节、大夫职责礼节和士职责礼节，甚至具体到封国都城的大小、城门的高低、何时祭祀等，直接影响了诸侯、大夫的思维行为，也约束了士的言行。反过来，诸侯、大夫、士的行为规范，直接引导了小民的言行，久而久之，小民自觉地接受了《周礼》的约束。《仪礼》、《礼记》中的规定几乎涵盖了生活生产的各个方面，严格区分了社会等级和人生遇到的主要事务的礼节仪式，通过诸侯、大夫、士对平民百姓的思想行为进行具体的限制约束。于是，本来是周王室的礼仪制度，最终为周天下所共守，从而使得整个民族的礼仪习俗与社会政治和家天下的宗法理念保持一致。

（二）共同性与多样性的统一，原则性与灵活性的互补

周公事成王，是臣事君，辈分上周公是叔叔，成王是侄子，但君臣之礼为上，君为臣纲；延伸到家族宗法礼仪，则父为子纲、夫为妻纲，这是儒家规定的“三纲”。儒家规定的整套社会礼仪，是具有共性的，数千年来得到了中华民族的共同认可。但不同地区、不同民族和信仰的人群，在礼仪上有很大的差异，从海南的渔民到大兴安岭的猎人，有着各自不同的生产生活礼仪。即便在同一个太湖地区，农民按照祖宗遗传下来的礼仪习俗从事种植，而渔民在开捕的当天则举行盛大的祭湖仪式。同样是农耕，丘陵高山地区的崇拜与仪式远比平原地区多。

许多民俗礼仪是相通的、具有原则性的，但也有很大的灵活性。生产活动中敬重土地和劳动工具，祭奠祖先总是在一定的节候，这是基本的原则。但自然灾害造成了土地的变动，人们必须迁徙。于是，祖宗神灵也就可以相随迁移。祭祀祖先、上坟祭扫须在清明，但形式上可以灵活，时间上也可以提前或延后，根据情况而定。一般情况下，孕妇生产后应该享受丈夫和婆婆的侍候，但不少地方对产妇有各种禁忌，甚至因为愚昧迷信而造成人间悲剧。《家》中大嫂的悲剧故事，就是巴金根据自己家庭的真实事件写成的。实际上，古人并没有机械地执行礼的规定，甚至有意识地留下了灵活的余地。男女授受不亲，这是严格的规定，但在特殊情况下可以变通。孟子曰：“嫂溺，援之以手者，权也。”① 守丧期间不理发、不洗头、不洗澡、不饮酒食肉，但“头有创则沐，身有疡则浴，有疾则饮酒食肉，疾止复初”②。

---

① 《孟子·离娄上》，十三经注疏本。
② 《礼记·曲礼上》，十三经注疏本。

（三）既有历史的承传，又有现实的变异

民俗的产生与遵守具有悠久的历史，但不是亘古不变的。随着时代的进步和生产生活的变化，有些民俗必然因不能适应时代的繁文缛节而被淘汰。《礼记》和《仪礼》中对人生的几乎各种遇合都有详细的礼仪规范约束，严格执行将难以卒事，古人对此有一定的灵活性，承传其合理可以操作的规范，在现实中加以变化，也是一种对礼仪的遵守。仅以丧葬为例，从服饰到守制，两书中的有关环节和要求多达数百项，是各地不同时候的礼仪总和。我们不能确知古人执行的情况，但从考古发现来看，确实比较复杂。但在现实生活中，不可能完全按照古人的规定行事，因为有些是根本行不通的。即便古人，如李密“外无期功强近之亲，内无应门五尺之童”（《陈情表》），赡养祖母，也只能亲自劳作，侍候汤药。安葬祖母，也不能拘泥礼节，于是，丧事办完，就要出来做官。尽管不愿，为了保住性命，也只能勉为其难。随着时代的发展，在今天看来，各种礼仪规范，相比于前人要简单得多，也利于执行。古人不知今人事，今人不囿古人礼。民俗礼仪，继承其合理可行的成分，扬弃其愚昧烦琐的规定，有利于中华民族优良传统的继承发扬。

（四）知识性与实用性相统一，对生产生活具有直接的指导意义，也是中国传统民俗礼仪得以传承的重要原因

民俗中涉及物质生产、物质生活、社会精神、游艺百戏、人际交往、岁时规范等，许多内容是知识性的，是具体生产生活经验的传承。如占卜是中国具有悠久历史的迷信活动，但也包含一定的知识。在远古时候，人们没有短期和长期的天气预报，但靠知识积累和简单通俗的传唱，承载了不少实用的知识。通过卜筮的形式当然不可能准确知道何处下雨，但似乎可以知道何时下雨：“癸酉卜，今日雨，其自西来雨？其自东来雨？其自北来雨？其自南来雨？”① 知道今天下雨并不难，专业人员需要将习俗和知识代代相传。而占卜也直接决定了古人的生产生活行为，不管哪个方向来雨，不能淋雨的谷物牲畜必须妥善安置以避免损失。所以，占卜在古人那里有着明确的实用性。

① 郭沫若：《卜辞通纂》三七五条，科学出版社1983年版。

第二节　民俗的生活应用

人尚未出生，便已经被纳入礼仪教化的轨道，直到老死入土，有着数十种乃至上百种的礼仪活动。由于地域和民族的差异，礼仪上也有很大的区别，十里不同俗，五里不同风，并不是所有的礼仪活动都需要经历或参与。就人的生命旅程中重要的礼仪民俗而言，主要有三朝礼仪、满月礼仪、百岁礼仪、周晬礼仪与抓周、弱冠礼仪、婚姻缔结、祝寿礼仪、丧葬礼与守制、过年、元宵、寒食、清明、立夏、端午、七夕、中元节、中秋节、重阳节、冬至、腊八等。其中，婚丧中体现的民俗最为复杂。

一、婚姻缔结

婚姻的礼仪相当复杂，步骤极为烦琐，各个地方也千差万别，但许多基本程序相近，主要是纳彩、问名、纳吉、纳征、请期、亲迎、婚礼、新媳妇见公婆、回门及新女婿见岳父母等。

（一）纳彩

纳彩是古代婚姻缔结的第一个仪式，也就是求婚。前奏是男方请媒人提亲，女方经过慎重考虑后同意议婚。于是，在媒人的引导下，男方备礼物到女方家里，表达求婚的愿望，提请女方予以接受。此次纳彩所用礼物是雁，这在今天已经是稀有动物了。“昏礼，下达，纳彩用雁。”① 在古代，大雁较多，不难捕捉，但必须有一定的时节。因为大雁是候鸟，深秋南飞越冬，开春北旋，一年之中只有两个时节可以捕获大雁。用大雁送礼，有一个重要的含义，就是民间相传，大雁一旦配对成功，则终身厮守，不会移情别恋。其实，周代纳彩分等级，公卿纳彩用羊羔，大夫用雁，士用雉，后来统一用雁。由此看来，古人纳彩也是有季节的。后来，简化程序，逐渐将纳彩与问名合并进行。

（二）问名

问名是古代婚姻缔结的第二个仪式，就是了解女方的名字及生辰八字，后世称为

---

① 《仪礼·士昏礼》，十三经注疏本。

"请八字"，或在有些地方叫做"请庚帖"，所用礼物也是雁。知道女方的基本情况如年龄、属相、出生时间等，这很重要。古人根据这些情况占卜推算，只要有任何一项相克或相冲，则婚事终止。同时，还需要问清楚是何氏所生，是嫡出还是庶出，是亲生还是抱养等。其实，这些基本情况在媒人提亲之前已经清楚，否则不会提亲。婚姻中身份相当、门当户对是婚姻稳固的重要基础，双方家长对此十分看重。诚如恩格斯所说："直到中世纪末期，在绝大多数场合，婚姻的缔结，仍然和最初一样，不是由当事人决定的事情。"① 问名所用礼物也是雁。问名只是一个仪式，最实际的事情是双方交换庚草帖，上面写明基本情况，主要有家长的职务、住址、家长的上三代、当事人在家中的排行、母亲、出生时间（精确到时辰）等。男方的需要写明当事人的身份如童生、秀才、举人、进士或居某官等，女方则写明陪多少嫁妆（包括妆奁器具、生活生产用具、土地甚至山林等）。

（三）纳吉

纳吉是古代婚姻的第三个仪式，男方问名后回家，在宗庙或祠堂中进行占卜算卦，得到吉利的体征，决定缔结这件婚事。于是，请媒人带领男方的舅舅，携带礼物雁到女方家提婚。后来演变为向女方下定礼，主要有金银首饰、绸缎、礼饼、香烛、猪羊等，名为定聘、送定、过定。女方收下定礼，婚姻之事，就此决定了，不得反悔。纳吉后，等于双方向社会宣布了婚姻的缔结，就等着进入正式的成婚阶段了，没有特殊情况不能解除。遇到变化需要解除婚姻，需要双方协商或请德高望重的第三方调解。

（四）纳征

纳征就是男方向女方送聘礼，是婚姻的第四个仪式，也是成婚的最重要的前奏，俗称"纳币"。这个仪式举行之前，双方通过媒人的沟通，已经在规模上达成一致，并不是盲目进行的。一般来讲，男方聘礼主要是物，并有礼单详细列明，而且必须全部是双数，如银子八十两、火腿两只、珍珠八十粒、被面十幅、礼饼点心十盒、鱼两条、羊皮十张之类，根据双方的经济情况决定多寡。如果双方均是富贵之家，聘礼相当惊人，而且需要在押礼人、媒人和乐队的陪同护送下，热热闹闹地送到女方家里，这是面子。后世有所简化，除必要的礼物之外，不讲究多少抬或多少挑，主要是直接

---

① ［德］恩格斯：《家庭、私有制与国家的起源》，《马克思恩格斯文集》（第四册），人民出版社 2009 年版，第 92 页。

送聘金。但“束帛”是不能少的，也是唯一的单数，因为一束帛是五匹。于是，男家将帛两头对卷，成为十端，也是双数了。女方并不是照单全收，食物可以部分退还，并需要还礼。一般女方还礼是衣帽鞋袜，给未来的夫婿。送聘礼在中国已经有几千年的传统，是婚姻缔结中的重要环节。发展到后世，各地的风俗不同，礼物的数量品种也不一样。近代礼物是次要的，金钱的地位更高。

（五）请期

送完聘礼之后，男方根据占卜确定吉日良辰，通过媒人告知女方，征求女方的同意，就是后来所说的“下日子”或“送日子”，在周代又需要用雁为礼物。但后世可以用其他礼物代替，包括羊、鹿、家禽等。在选择吉日良辰时，也同时决定了迎亲、送亲的人选。主要规定什么属相或什么时辰出生的人不能参与，避开与新人属相相冲的人。吉期一般选择双月双日，月、日一定不能与新人的生辰八字相冲。普通人家一般是口头请期，讲究礼数的富贵人家则多用书面形式。女方接受了男方的时间安排，则各自为新人的婚礼做准备。男方主要是安排迎亲、酒席、新房、请宾客等。女方则进入备嫁的紧张时刻，在吉期到来之前，需置办嫁妆。嫁妆主要有子孙桶、被子、衣服、洗脚桶、家具、厨房用具等，到时候男方派人来抬嫁妆。普通人家准备八杠十挑的嫁妆，富有人家可以十八杠十八挑，甚至可以堆满男方家的整个院子。当然，厚薄因条件而定，各地行情也不一样。有些地方只是简单的嫁妆，基本的生活用具，甚至不及男方聘礼的一半；但有些地方可能是聘礼的十倍、百倍。浙江的某些地方的嫁妆可以布满十里的路程，称“十里红妆”，以显示娘家的威势与富有，甚者陪嫁有良田数百亩、某处山林等。请期之后，双方及时准备请柬或请帖，送往亲友处。请帖的制作如同信封，但没有封口斜边，正面写“正”或“囍”字，背面无字，里面有红纸一张，写事由、时间、地点、邀请之类的内容。婚礼发请帖必须是双份。请柬或请帖以男方父亲的名义发出，上写明事项、时间、地点等，并写“恭请光临”之类的词语。所有收到请柬或请帖的亲友，都会准备好礼物。新娘家里的亲戚主要是送生活用具，如被子、枕头、首饰、梳妆用品等，婚礼时编入嫁妆。男方的亲友一般直接送金钱，且提前送达，操办婚事时即可使用。

（六）婚礼

婚礼的仪式最隆重，程序也最为严格，相当于后来的大婚典礼或狭义的婚礼，但更为烦琐复杂。一般不是一天之内完成，持续时间为三天。第一天，男方由长者老妪布置新房。夫妇双全、子女众多的老妪负责为新婚大床缝制最主要的被子，称为

“当家被子”。床铺整理完毕，请一童子坐于床上，名曰“镇床”。其他人则对新房进行精心装饰，布置婚礼的整个环境。而新娘家里也会来人，一般是请来姑妈或姨妈，带着新娘家的要求和新娘子的指示，来指导婚房和婚礼现场的布置。新郎家里第一天晚上有两个重要的程序：第一就是祭祖，向列祖列宗告知婚事，以祈求祖宗保佑；第二是谢媒，盛宴款待，重礼相赠。新娘家里也要举行祭祖仪式，出嫁女孩与祖宗告别。第二天是正日，上午吉时男方大队人马到女方抬嫁妆，媒人带队，大红装扮，锣鼓伴随，乐队鼓吹，沿路散发喜糖。到达女方家之后，女方会招待他们。一般是茶点三道：第一道，汤圆；第二道，鸡蛋；第三道，香茗。用毕，搬运嫁妆，抬或挑往男方家里。女方媒人留下，与女方家长攀谈、祝福。男方媒人随嫁妆队伍返回，然后再次前往女方家里。这回是新郎前往女方家里迎接新娘，又有许多程序。基本规范是，新郎骑马，披红挂彩，后随八抬大轿一顶，或彩车一辆，准备给新娘坐，轿（车）内置红绸新鞋一双。后又是四抬轿子三顶，一坐男方媒人，二空。随行人员还有新郎长辈二人，一般是新郎的大舅舅和舅妈或大伯和伯母，此外还有伴郎、新郎的妹妹等人。礼物只有两样：席子和饭碗，名为“还娘席子还娘碗”。到达女方门首，必须在外面等候，再三叫门，请求女方开门。守住大门的是新娘的兄弟，必须送开门礼三次，方可开门。迎亲队伍进入女家，又是茶点三道，用毕，准备返回。迎亲队伍用茶期间，新娘的母亲为女儿梳妆打扮。司仪在房门外，故意催促，而女方在门内故意延迟。新娘一般提前已经穿戴整齐，此时只是象征性梳理几下，并接受母亲的教导，不会误了吉时。新娘的父亲则在门外，检查轿子，并整理马匹和轿子的装饰。“子之于归，皇驳其马。亲结其缡，九十其仪。”（《诗经·东山》）等到新娘打扮完毕，在母亲的搀扶下到厅堂，向家堂拜别，堂上燃烛点香。然后父母上座，新人并肩而立，向双亲三鞠躬致谢。随后，新娘的长辈依次入座，接受新人的三鞠躬礼。坐受礼拜，不还礼。礼毕，父亲搀扶新娘到门口，并训女以治家之道，新郎弯腰作导引状。新娘脱下鞋子，由长兄抱持或背出大门，脚不能沾地，直接送入轿（车）内，新郎揭开帘子或打开车门，护持新娘进入。新郎的舅妈或伯母为新娘穿鞋，然后关上轿（车）门，由女方媒人落锁。完成之后，司仪高喊“吉时到”，则音乐响起，锣鼓喧天，爆竹声声，鞭炮齐鸣。迎亲队伍顺利出发，新郎骑马在前，引导整个队伍。间隔约三丈远，第一个是男方媒人的轿子，后是女方媒人的轿子，第三个是新娘的轿子，第四个是新娘父亲的轿子。随后则是新娘的舅舅、舅妈、伯父母、叔父母、姨妈等一干人，前往男方家里，名为“会亲”。男方的亲友则在女方亲戚到来之前已经到达，等候女方亲戚的到来。

新郎引导队伍到达自家门首下马，将马匹交给御者，自己则等候在门口。待新娘的轿子到达，撩起帘子，由媒人打开轿子门，新郎搀扶新娘下轿，进入正堂。司仪进入工作状态，完成整个仪式的程序。堂上蜡烛香火点燃，司仪面朝南站立于正堂东侧，指挥整个过程。新娘全族亲戚进入，站在东面；新郎全族亲戚进入，站在西面。新娘的亲戚先用茶点，一般是甜汤小圆子，男方客人则无。结婚正日，新娘家亲戚在礼仪待遇上高于新郎家的亲戚，无论站立行礼之时还是稍后的宴席上。新人面北而立，司仪请证婚人与自己并肩而立，宣读证婚书。然后新人向证婚人三鞠躬致谢，证婚人答礼。证婚人对证婚词当堂用印，以证明其效力。随后双方媒人各自介绍新人的状况和婚姻确立过程，并预先准备介绍文字，当堂用印，以证明婚姻符合礼仪。新人向媒人三鞠躬致谢，媒人答礼。然后新人在两份文书上均加盖自己的印信。证婚人随后为新人交换饰物，类似于今天交换戒指并各自为对方戴上。然后双方各推举一位代表，为新婚致颂辞，新人二鞠躬致谢。接着，新人面北并立，在司仪的口令中款款跪拜，即一拜天地；再请新郎父母上座，新人跪拜，即二拜高堂。婆婆此时身份确立，须对新娘赠见面礼，即一个红包，包内是一定量的金钱和一把钥匙，象征权力的分享或移交。随后是新郎面向西、新娘面向东夫妇对拜各三鞠躬，即夫妇对拜。起身，面向南，对所有参加仪式的嘉宾一鞠躬致谢。礼毕，送入洞房。此时司仪引导新郎进入洞房，交由新娘家送亲者引导坐在床的东侧，面向西。新娘则由新郎的妹妹或舅妈等参与迎亲的亲戚引导进入洞房，坐在床的西侧，面向东。坐定，新郎用秤杆挑开新娘的红盖头，夫妇正式见面。婚房内设席，新婚夫妇相对而坐，象征性地吃些食物，然后各自用酒漱口三次。毕，新郎出外招呼宾客入席，新娘家人铺床，整理房间内的嫁妆，特别是将床上的被子叠放于内侧，共9条，约有3尺高。同时，两家的来宾相对而立，集体行见面礼。随后是规模盛大的婚礼宴会，一般新人及伴郎、伴娘、媒人、亲家坐主桌，女方的客人安排在东面，男方的客人安排在西面。男女分开坐席，不同桌。酒筵结束，部分宾客可以提前回家（主要是男方的客人），新郎及其父亲恭送宾客离开。留下的宾客则需要吃完点心再走。所谓点心，就是宴席后片刻，即又重新上菜和酒，品种有所变化，但花色和数量只是正餐的一半，喝酒也是象征性的。随后是上点心，各地并不一样，或馄饨，或糕点，或汤圆。客人刚刚吃过大餐，点心只是不可或缺的环节而已。随后来宾纷纷告别，新郎父子恭送宾客。女方亲戚离开时，新娘送到门口，不可出门。此时可以哭送，在婆婆和小姑子的劝慰下止哭并转身回房。入夜或晚餐后，新郎侍候父母入睡，方可进入新房。

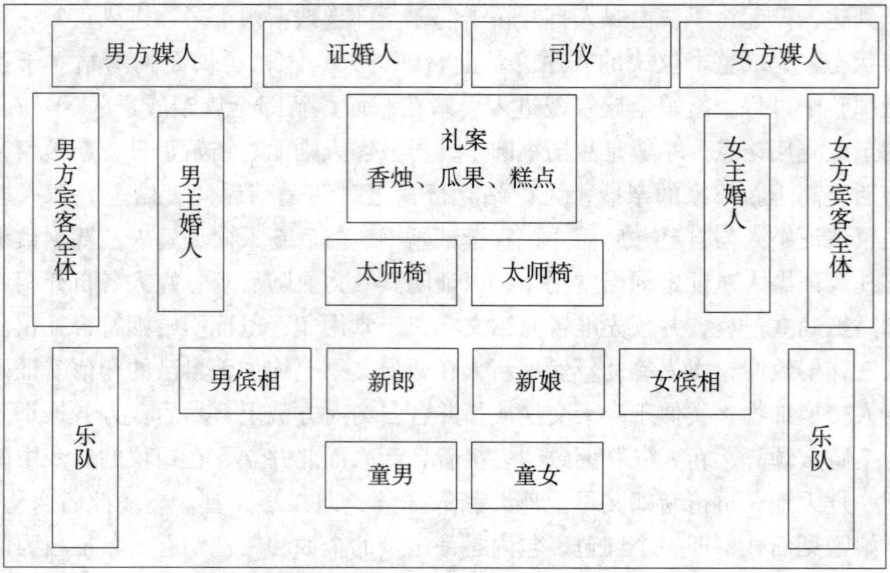

婚礼场景及人员位置

（七）新娘妇见公婆

这是结婚仪式的第三天程序，比正日简单许多，但也比较烦琐。新娘的兄嫂（或堂兄嫂）早起洗漱并用早餐，天色微明出发，携带竹篓，内装枣栗、腶脩（捶捣而加姜桂的干肉），赶往新郎家。无公公则不用枣栗，无婆婆则不用腶脩。此时主家正好开门，而新娘则已经起床梳洗打扮完毕，盛装以待娘家人到来。进门后，新娘的兄嫂（或堂兄嫂）直接到新郎父母的卧室门前恭请。公婆开门出来，慰劳来客。新娘的兄嫂（或堂兄嫂）即于厅堂中央设席，实际上就是昨日的礼案和椅子，象征性地摆放一下即可。然后请新郎的父母上座，面南坐定，新婚夫妇北向并排立定，行跪拜礼两次。新郎父母还以鞠躬礼，并伸手扶起新人，以显慈爱之意。新人站定，向父母献上枣栗、腶脩，父母收下，礼毕。如果家中有新郎的直系尊亲同住，如爷爷、奶奶等，拜见之礼同于公婆。新郎的伯、叔父母同村或居住不远，是日亦须参见。事先新郎会打招呼，天明之后他们主动到新郎家，依次坐受新人参拜。新人行三鞠躬礼，伯、叔父母还一鞠躬礼。新娘与新郎的同辈（兄弟姊妹）相见，行一鞠躬礼，不还礼。新郎兄弟姊妹的子女见新娘，则晚辈行三鞠躬礼，新娘答以一鞠躬礼。礼毕，则用早餐。新娘的兄嫂（或堂兄嫂）则享受贵宾待遇，再享受丰盛的早餐。餐后，新郎骑马，新娘坐轿，在新娘的兄嫂（或堂兄嫂）及新郎的弟弟、妹妹护送下回门。

（八）回门及新女婿见岳父母

一行人来到新娘家，下马下轿，新婿参见岳父母。岳父在大厅等候，面南而立，新婿面北，向岳父行三鞠躬礼。岳父答一鞠躬礼。然后新娘见父亲，新郎陪同再行三鞠躬礼，岳父不答礼。随后进入内室，参见岳母，礼数相同。接着，新郎依次见新娘的亲戚，行礼与答礼与新娘见新郎的亲戚相似。随后，娘家茶点招待。尔后便是酒宴款待，昨日到新郎家会亲的宾客若没有特殊事项均会到场。筵席过后，同样是点心，但时间更为紧凑，新婚夫妇及弟妹一行人必须在日落之前回到家中。至此，婚礼全部完成。

二、丧葬礼俗

丧葬礼仪在我国有着悠久的历史，早在氏族社会时期，已经逐渐出现丧葬的一系列仪式。而对于丧葬的重视，与儒家传统的孝道相联系，与孝顺奉养长辈具有同等重要的意义。《孟子·滕文公》篇，就明确将“养生”与“丧死”并提。而丧葬事宜，从逝者垂危到丧事结束，时间跨度长达三年，一系列的礼仪规范难以一一详说，实际运作中也往往有较大的变通。针对老人丧事，就其要者，简介于此。

（一）寿衣寿材准备

古人重视身后事，自己会提前有所准备。经济条件好的人家，在36岁时就准备丧葬用具。首要的是准备寿材，因为此物急时难以置办。寿材的准备有两种：一是直接做成棺材放在家中，定期进行油漆保护；二是准备材料，以备需要。普通人家的寿材一般用杉木，削去四周，取中间的木心，厚薄长短和形状提前做好，届时可迅速组装。而富贵之家往往用上好的材料，如榉木、柚木、柏木甚至楠木，但受到封建等级制度的严格限制，不得僭越。提前做好的寿材放在家里，需要一定的空间。乡村的住房一般比较宽敞，不是问题。寿材也可以当器具用，允许放衣被、大米和小麦，其他则不可。城市则有“专卖店”，可以提前预订并存放在店中，用时即取。寿衣的准备似乎与老人的感觉有关，进入老境，老人会关注自己的身体和生死。出于一种直觉或不想过多麻烦儿女的心态，老人会为自己提前缝制寿衣，准备上衣四件、下衣（裤子）三条，内白外红，或上红下青，还有布鞋、布袜、红面布被等。因一时不用，每年初夏和初冬则需要晾晒，以免毁坏。

（二）发丧

老人临终，子女往往提前将老人搬移到正屋，等待其亡故；或者因仓促，来不及搬动即已过世，则将其睡觉的床寝蚊帐掀起，就在床上为老人擦干净身体，一般儿子（或女婿）为父亲做，女儿（或儿媳）为母亲做。没有儿女的孤寡老人则由邻居晚辈代为办理。老人弥留之际，子女将其搬到正屋睡下，穿好寿衣等待。垫褥和盖被与平时生活一样，依据气温而定，不能热着或冻着。正常情况下，需要搬移到堂屋正寝时，已经为时不多了。届时，需要随时注意老人是否绝气，子女环绕，家人陪伴，老人往往尽量睁开眼睛最后看一眼自己的后代，或尚有后事交代并教育后代。如果突然之间说话响亮，甚至还有动作，说明即将去世，是为回光返照。待老人声音渐小，安静不动，双眼渐渐合上，说明即将咽气。此时长女用新棉扯成丝条状，置于老人鼻下，以验证其是否断气，名曰“属纩”。古人没有心脏监护仪，只能用这种简单的办法。“疾病，外内皆扫。……属纩以俟绝气。”[①] 老人咽气之后，家人举哀，子女大声哭喊，惊动邻居街巷，不待通报，已经知道某家丧事。邻居也会停止娱乐活动，甚至不出声响。“邻有丧，舂不相；里有殡，不巷歌。”[②] 随后，撤掉垫被，更换寿被，并派人出报各亲友（报丧），并召集专门筹办丧事的人员，其主事者安排各项事务，如果逝者已经正寝，则在遗体头部、脚部的长凳上点燃长明灯，用黄纸覆盖面部，前挂挽幛，挽幛上悬挂遗像，两旁是挽联。挽幛前是供案，摆放猪头、公鸡和草鱼，俗称“三牲”，在门口挂出白幡，名为“发丧”。

（三）吊唁

发丧后，亲友纷纷前来吊唁，或称“吊丧”、“吊孝”，并奉上“奠仪”。正常情况下，亲友均需要前往吊唁，等到出殡时再来送葬。但根据与逝者的关系，习俗上有一定的规定。比如，亲家必须在当天晚上到场吊唁。凡是前来吊唁的亲友，不论辈分，均须向逝者行跪拜礼。孝子跪于挽幛边，向亲友磕头还礼。

（四）入殓

第二天晚上，将逝者装入棺材为大殓，穿好寿衣为小殓。大殓有一定的规制，棺材底部铺设石灰包，铺上垫被，将遗体放进棺内，盖好寿被。此时家人绕棺材三周，

---

① 《礼记·丧大记》，十三经注疏本。
② 《礼记·曲礼上》，十三经注疏本。

最后瞻仰遗容，然后盖上棺盖，并钉上。只留一颗长钉插入钻好的孔中，出殡时由逝者的兄弟用斧头钉入。

（五）出殡

第三天上午出殡，先将棺材移至门外，子孙向棺材行磕头礼，由抬棺材的八人负责用长木头绑定，抬往墓地安葬。途中须停下三次，子孙行礼三次，然后到墓地，葬入墓穴。送葬的子孙亲友返回，路上有跨火堆的习俗。随后是用餐，俗称“丧饭”或“豆腐饭”。待亲友散去，主要程序完成。接下来就是祭奠，每逢七日祭奠一次，有些地方是五次，有些则七次。至于孝子，还有许多事情要做，最主要的就是守制。

（六）守制

古代守制极为复杂严格，有规定孝子三十五天不理发、不洗澡、不茹荤腥、不近内室、三年不参加娱乐活动等，甚至在父母墓侧搭茅屋住下，坚持三年。对于官员，必须离开官场回家守丧，名为“丁忧”，三年后方可到吏部报到，重新参加选任。如果国家有急难，必须其人，则皇帝下诏在官守制，名为“夺情”，但这种特殊情况很少发生。

第三节　民俗在传统文化中的地位和作用

综观中国民俗的主要内容，不难发现，许多民俗固然是在生产生活中逐渐形成并传播，成为大家共同尊尚的规范，但是，在文化垄断与文化下移的双向牵扯中，竭力维护社会秩序特别是周礼的儒家先贤，非常愿意将朝廷的礼仪制度特别是传说中周公制定的“礼”与民间自然形成的礼仪习俗联系起来，并加以整合，成为民族文化精英共同遵守的规范，从而指导、引导和规范了民间的礼仪风俗。从这个意义上说，民俗礼仪规范，是中国传统文化的重要组成部分，在社会生活的各个层面发挥了重要的作用。

一、民俗在传统文化系统中的地位

中国文化的涵盖面极广，包括物质的和精神的，从哲学高度到饮食起居，几乎无所不包。近年来，许多文化因素并不清晰的现象，也挖掘出深厚的文化内涵，如酒、茶、饮食、服饰甚至性。而民俗涉及从出生到死亡、从物质到精神、从家庭到国家的各个层面，其在传统文化系统中的地位，有必要予以客观评价。

（一）民俗是中国传统文化的组成部分

文化作为人化的自然，不只是哲人的抽象高深思维与国家的统治意识。从君王将相到平民百姓的习俗礼仪，是国家意志的具象体现，是哲学、宗教、社会意识形态在生产生活中的反映。从人生、岁时、生产经营到占卜祭祀甚至衣着打扮，各种民俗礼仪均是一种文化现象，是在认识自然、适应和改造自然过程中形成的观念习俗，成为构成中国文化的具体元素。所以，民俗礼仪是中国传统文化系统中的重要组成成分。

（二）民俗是跨越层次的综合文化现象，并不是单纯的民间习俗

文化学上所界定的文化层次为物态文化层、行为文化层、制度文化层、心态文化层，或者分为广义文化和狭义文化。但民俗并没有限定在某一个文化层，而是大文化范畴的概念，包含了一切文化概念并呈现出具体的客观存在。所以，民俗所折射的，不是简单的文化层面。通过民俗的研究，可以全面地、立体地把握该民族的历史、物质、精神、心态、现实和未来的发展前景。

（三）民俗超越了社会等级界限，是社会文化心态连通的主要媒介

从这个意义上说，民俗是没有社会等级区分的。需要廓清一个概念，即民俗的范畴。将民俗界定为“人民大众的生活文化”固然是其基本的定义①，无疑需要肯定，但在帝王宫殿和平民茅屋出现共同的民俗礼仪并非个别现象。君王和百姓祭奠祖先并没有本质的区别，即此一举就可说明民俗礼仪并非只是人民大众的风俗，而是具有全民族性的、共同的习俗礼仪，不分贵贱尊卑。当然，差异还是客观存在的。比如，汉族过中秋节非常讲究，但蒙古族人民没有这样的节日，这是历史上民族矛盾的遗留。而更多的习俗是超越等级和狭义的民族概念，构成了丰富多彩的民俗文化，是中华民族共同的精神财富。

（四）民俗是中国传统文化重要的综合载体，是社会法律制度和伦理道德的具象体现，也是对统治意识的不自觉执行

普通百姓在生产生活中形成的民俗礼仪，除了平民的主体性参与，更重要的是有

---

① 钟敬文主编：《民俗学概论》，上海文艺出版社2009年版，第7页。

文化人的作用。他们的专业性工作，成为民俗礼仪形成、定型和传播的关键。原始公社时期，这批专业人士是巫觋，是神灵与生民的桥梁，实际上又是酋长和部落联盟首领的意志向平民贯彻的工具。尔后是掌握文化的士，他们受到平民百姓的尊重和拥戴，也受到诸侯、天子的重视，成为从统治意志到平民思想行为的实际引导者和规范者。在漫长的封建社会中，从退老林下的缙绅到期待前程的童生秀才，都自觉或不自觉地成为这种工具。因为统治阶级的思想就是占统治地位的思想，“一个阶级是社会上占统治地位的物质力量，同时也是社会上占统治地位的精神力量。支配着物质生产资料的阶级，同时也支配着精神生产资料”①。这种思想统治地位的确立，不仅通过社会政治制度来实现，也通过直接与百姓的生产生活相结合的文化人来实现，并在民俗礼仪的形成中发挥了主导作用。因此，传统的民俗礼仪从性质上演变为一种文化呈现，并且通过从人生到生产生活的各种仪式以及这类仪式中的诸如音乐、舞蹈、唱词、楹联、祝祷、百戏、服饰、饮食、书画、建筑等形态表现出来。

二、民俗的社会功能

民俗礼仪的社会功能，也就是社会作用，是指它在社会生产生活和社会文化系统中所发挥的对其实际效用。从表面上看，民俗礼仪中有许多荒诞的形式，甚至某些规范不合情理，难以遵行。但绝大多数的习俗礼仪规范，其主要的程序和规格之所以得到了很好的传承，主要原因在于它满足了人类的生物需求和社会的规范需求，在实际生产生活和社会运行中发挥了重要作用。

（一）民俗的规范功能

民俗的规范功能，指民俗礼仪在社会生活与社会运转中对群体、个体的行为和思维形成的控制与约束，包含限定和示范两个方面的意义。

社会规范的内容非常丰富，形成的文字汗牛充栋。但简单地说，主要是自上而下的四个层面：法律制度、纪律规约、道德观念和民俗礼仪。前三项具有一定的范围界定，而民俗礼仪则涵盖了上述三项的主要内容，更有极多的细微发展，是对社会成员规范约束面最广的层面。

与法律制度不同，民俗的规范功能是通过具体的人自觉实现，而法律制度则通过

---

① ［德］马克思、恩格斯：《德意志意识形态》，《马克思恩格斯文集》（第一册），人民出版社 2009 年版，第 550 页。

专门的机构强制执行。触犯了法律制度必然受到制裁，而违反民俗礼仪的规范则主要是受到谴责批评。

与纪律规约不同，民俗是全民性的，是从物质到精神的。而纪律规约是有平面的、横向或纵向的范围。违反了纪律规约，同样要受到规定的惩处，往往比较严重。而疏忽了对民俗礼仪的奉行，更多的是生命个体的心理受到影响。

与道德观念不同，尽管同样是内在的、精神的，道德观念更为抽象空洞，其共同性远远大于民俗礼仪。民俗礼仪则具有具象的、地域的和灵活的特性。

对夏、商的社会政治今天依然缺乏完整的认识，但从历史研究和考古发现中，还是可以看到一些社会制度的痕迹。周代立国，从周公姬旦开始逐渐建立了完整的法律制度、道德规范，使社会运行纳入有序的规则之中。尔后的历朝历代，均致力于此。所以，法律制度具有明确的阶段性。民俗礼仪固然也是逐渐形成的，但其对社会的规范功能，主要是通过示范、引导、长期地干预和潜移默化地作用于社会群体和个体，规范社会成员的行为和思维。

（二）民俗的认同凝聚功能

民俗礼仪的认同凝聚功能，指的是民俗礼仪成为一定范围内人际关系、家庭关系、家族关系、社会关系的标记，成为我、我家、我族、我国、我同类与其他上述因素区别的标志。因此，同样的民俗礼仪成为保持群体内部向心力、凝聚力的纽带，也是自我与群体认同的符号。

人成长于一定的空间，自幼受到这个空间的民俗礼仪熏陶，生命个体接受了家庭、家族、族群、国家的教育培养，形成了对家庭、家族、民族和国家的认同感。个体或群体生活的环境中，民俗礼仪越是悠久丰富，民族认同感也就越强。于是，不论改变身份或是改变环境，在灵魂深处形成的乡土、家乡、祖国观念，永远不可能消除。这不仅体现在语言、行为、信仰、文学艺术、社会组织中，更体现在生活习惯诸如饮食、服装、起居、节日、祭祀等环节中。所以，漂泊在外的游子思念自己的故乡；成功人士的晚年有“叶落归根”的思想；即便战死沙场，“马革裹尸还”也是荣归。在中国历史上，诸多奋斗一生的人物，最终选择“告老还乡”，就是因为小小的村落街巷牵动了耄耋的灵魂。文学作品中，这类情结凝聚的华章和名人故事不胜枚举。王粲的《登楼赋》有“虽信美而非吾土兮，曾何足以少流”的叹息。丘迟用“暮春三月，江南草长，杂花生树，群莺乱飞”撩动对方的乡关情思，收到了“强将投戈”的效果。庾信在北朝备受尊宠，却忍不住对乡井的思念，一曲《哀江南赋》名动今古，杜甫有“庾信平生最萧瑟，暮年诗赋动江关”的评价。贺知章的《回乡偶书》中写道："少小离家老大回，乡音无改鬓毛衰。儿童相见不相识，笑问客从何处来"，叹息中隐含有多少安慰与满足。身在他乡，不论穷达，乡情牵挂，愈老愈浓。杜甫《月夜忆舍弟》、岑参的《逢入京使》、张籍《秋思》等，乡关情谊浓得千年之后依然令人动容。

民俗礼仪，是乡关认同、地域认同、族群认同、国家认同的无形力量，是中华民族凝聚力的重要形态。

（三）民俗的教育感化功能

民俗的教育感化功能，指民俗礼仪在社会群体、个体的社会化过程中所发挥的对其知识能力、情感思想、思维行为的培育和同化作用。

民俗是一种生存文化，它所包含的知识、信息在生产生活和礼仪仪式中呈现出来，转化为一种共同接受、共同遵守的意念，自然而然地教育了每一个成员。这种教育感化，不同于学校教育的规律性和强制性，是灵活的、随时的、无形的。同时，民俗已经编织进社会规范的范畴，代替社会管理者对社会公众进行教育感化，促成社会公众的思维、行为、语言、生产生活程序等趋同，以符合社会法律制度和纪律规约的要求。并且，这种教育感化的效果，比生硬的强制规定更长久。

所以，生命个体在成长的过程中，在民俗礼仪精神影响下，于言行之间、仪式之间、饮食起居之间逐渐形成自己的责任感、上进心和承担义务的精神。"三岁看大，七岁看老"虽然没有科学道理，但点明了生长环境对于个人性格精神的重要性。个体生活在家庭、族群中，所接受的家庭、族群民俗礼仪教育，在灵魂深处形成的人生标准，高于制度法律的裁量标准。对于社会管理者来说，重视民俗礼仪的教化功能，比重视法律制度的执行更具有前瞻性，需要支付的成本更低，效果也更好。

（四）民俗的调适功能

民俗的调适功能，是指在社会生产生活中对个体与个体、个体与群体、群体与群体、群体与社会、人与自然的各种关系中发挥协调作用，以达到相互之间关系的和谐稳定，并且通过民俗礼仪活动，可以调适当事人的心理状态，以达到稳定情绪、和谐氛围的效果。

人是群居的高等动物，在生产生活活动中有许多心理诉求不能通过物质或物理形态得到满足，需要精神的抚慰与鼓励。但是，并不是所需要的精神抚慰、鼓励都能通过有形可感的语言、动作来实现，而民俗礼仪中的一些仪式活动，却能够产生难以用语言表述的效果。例如，由于自身的失误造成事业、情感的挫折，因而产生了忧虑，甚至焦虑，民俗中的某些信仰仪式则能够帮助稳定心绪。生产生活中遇到连续的不如意，内心难免产生惊恐与怨怒，在参加某些信仰活动仪式中可以释放不良情绪，调适心态，重新投入生产生活。从科学的角度理解，拥有良好的性情，人们的行为举止不容易出现偏差，也就容易达到预期的目的。

民俗中经常出现庙会、烧香还愿、祭祀祖先等以及与此相伴的商业活动、歌舞讲唱、杂耍百戏等，心绪不宁的人们在这样的场合会暂时忘记不愉快的事情，将不良性情暂时搁置。虽然是短暂的“忘忧”，忧虑情怀不久之后会再次袭来，但破坏性已经有所减弱，甚至细微。

再如，人不可能长命百岁，自然规律不可抗拒。尽管不愿接受事实，但人又不得不面对事实。在举办丧事的过程中，人们的悲哀痛苦在繁复的礼仪仪式中得到一定程度地淡化，而通过各种仪式寄托哀思之后，郁结于心的哀思就相对缓和，不至于出现哀毁过度而一病不起的悲剧。

更重要的是，人们对生活、对人生、对社会难免会由于失败、挫折或不公、不合理而产生不满情绪，在民俗礼仪的相关活动中，这种情绪得到一定的释放，可以避免走向极端，这是民俗礼仪调适功能对社会的巨大贡献。

部分人群对自然、对动植物的崇拜具有悠久的传统和严格的仪式，或者崇尚自然而顺应自然，不随便改变自然的原始状态，或任意猎杀动物，或毁灭性地采集植物。这对于生态保护和动植物种群的保护极为有利，是民俗礼仪对人与自然关系的调适。

人际关系，不管是个人与个人之间、个人与群体之间、群体与群体之间，由于观点差异或利益关系，不免产生矛盾冲突。而共同的民俗礼仪活动或仪式，有利于缓和紧张气氛、化解矛盾冲突，对于社会的和谐稳定，其所能发挥的作用不可估量。

（五）民俗的娱乐功能

民俗的娱乐功能，指的是民俗礼仪活动给社会成员带来的审美愉悦或娱乐享受。人们创建难以计数的民俗礼仪，原始动机是为了娱乐祖先、神灵，祈求保佑，同时自身也得到了心灵的安慰。复杂的娱神仪式，参与者自身也得到了娱乐。而在民俗礼仪活动中热闹的仪式以及延伸出来的项目，其性质亦发生了变化，已经成为百姓自己的娱乐活动。其中，赛龙舟就是典型。

相传，两湖地区划龙舟，安排在农历五月初五，是为了悼念屈原。而吴地也有赛龙舟的民俗，赵晔的《吴越春秋》认为是为了纪念伍员。顾禄说：“荆楚自为灵均，吴越自为子胥。”[1] 两者互不相干，不必问明缘由，百姓乐意参与就行。而五月竞渡，龙舟上鼓声震天，赛手号声嘹亮，两案观者云集，人声鼎沸，男女杂沓，摩肩接踵。场面之激动人心，可以想见。在盛大的比赛活动中，参与者、组织者、围观者皆得到了快乐，其娱乐功能远胜宴席。不仅百姓乐意，官员也积极参与其间。“江南风俗，有竞渡之戏，方舟并进，以急趋疾进者为胜。亚乃令以漆涂船底，贵其速进。”[2]

赛龙舟如此，许多地区盛行的唱花灯、猜灯谜、火把节、泼水节等，也基本上脱离了最初的动机，成为百姓的节日、娱乐的盛典。

民俗的社会功能是“润物细无声”的，不同于社会管理者的精心安排。但对个人、家族、族群、民族和国家的综合性文化意义，不仅值得研究者重视，也值得社会运行机构重视。

自主学习

1. 中国传统民俗礼仪具有怎样的特征？
2. 民俗在中国文化系统具有怎样的地位？
3. 民俗主要具有哪些功能？

延伸学习

秋社

八月秋社，各以社糕、社酒相赍送贵戚。宫院以猪羊肉、腰子、猪肝、肚肺、鸭饼、瓜姜之属，切作棋子片样，滋味调和，铺于饭上，谓之“社饭”，请客供养。人家妇女皆归外家，晚归，即外公姨舅皆以新葫芦儿、枣儿为遗，俗云宜良外甥。市学先生预敛诸生钱作社会，以至雇请、只应、白席、歌唱之人。归时各携花篮、果实、食物、社糕而散。春社、重午、重九，亦是如此。[3]

结合上面的短文，谈谈民俗的功能。

---

① （清）顾禄：《清嘉录》卷五，上海古籍出版社 1986 年版。
② （后晋）刘昫等：《旧唐书》卷一五〇《杜亚传》，中华书局 1974 年版。
③ （宋）孟元老：《东京梦华录》卷八，中国商业出版社 1982 年版。

第十章　中国古代教育

教育是什么？长期以来我们一直把教育说成是上层建筑的一个组成部分。毛泽东在1957年就说过："学校教育、文学艺术，都是意识形态，都是上层建筑，都是有阶级性的。"基于这样一种认识，1958年在全国掀起了一场"教育大革命"，发展到"文化大革命"，干脆认为解放后的17年都是在执行修正主义教育路线，学校仍然是由资产阶级知识分子在统治，于是从上到下摧毁了整个国家的教育体系。

党的十一届三中全会以后，经济学家于光远先生首先著文指出，教育不是上层建筑的一个组成部分，而是生产力的一个组成部分，从而在教育界引发了一场大讨论。30年过去了，尽管仍然存在不同的意见，但是人们对教育的看法与以前相比已经大不相同了。

中国的《大百科全书·教育卷》说："教育是培养人的一种社会活动，它同社会的发展、人的发展有着密切的联系。从广义上说，凡是增进人们的知识和技能、影响人们的思想品德的活动都是教育。狭义的教育，主要是指学校教育，其含义是教育者根据一定社会（或阶级）的要求，有目的、有计划、有组织地对受教育者的身心施加影响，把他们培养成为一定社会（或阶级）所需要的人的活动。"《美利坚百科全书》说："从最广泛的意义说来，教育就是个人获得知识或见解的过程，就是个人的观点或技艺得到提高的过程。"从社会的角度看，教育是人类传承文化的过程，人类正是通过教育使自己的生活方式得以延续与发展；从个人的角度看，受教育是个体实现社会化的过程，每个人都要通过受教育才能使自己成为合格的社会成员；从人性的角度看，受教育也是一个人完善人格、享受人生和实现自身价值的途径。

教育的本质是上一代把做人的道理和做事的本领传授给下一代的活动与过程，它涉及社会的各方面，贯穿于人生的全过程。其实教育在高等动物中也程度不同地存在着，因为连育幼哺雏的本领都不是天生的而需要学习才能获得，所以如果没有教育，不仅动物的生存技能无法传承，就连动物的种群也无法繁衍下去。但是人类与其他动物的不同之处在于我们创造出了专门用来进行教育的场所——学校，并分工出了专门从事教育的人——教师。学校教育是由专职人员和专门机构有目的、有组织、有系统地进行的教育活动。学校教育是狭义的教育，广义的教育除了学校教育以外还包括学前教育、家庭教育、社会教育、职业教育、终身教育等。

第一节　中国古代的教育机构

在人类演进的早期阶段并没有学校，同长辈在一起生活或与同龄人一起嬉戏其实就是一种教育与学习。

大概在虞夏之际中国就出现了学校，叫做“庠”。《礼记》说：“有虞氏养国老于上庠，养庶老于下庠。”《孟子》说：“夏曰校，殷曰序，周曰庠。”“庠”是抚养的意思；“校”是较量的意思；“序”是厅堂两边的厢房。也就是说，学校是养着一群长老来教小孩的地方。商周时代“学在官府”，学校都是官办的，这是指学校都是为本族人服务的，受教育者都是本族的子弟。商周时代的国家都是按血缘宗族构建而成的，掌权的部族就是贵族，这样在外族人看来，学校自然就是贵族学校了。学校里学生学习的内容是“礼、乐、射、御、书、数”六艺。

在甲骨文中“學”字写作，金文写作。这是一个会意字，它的主体部分是，也就是房子，即校舍，校舍里有小孩子，即学生，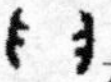是两只手，手里捧着，即爻，是指教给学生的各种知识。甲骨文中还有一个“教”字，写作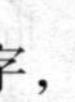，它的繁体写作“敎”或“斆”，省去了双手和校舍，“學”字加个，即攵或攴，是手执戒尺或教鞭的形象，这就成了“教”。通过分析“教”字的结构可以知道，我国的教育从一开始就是带有强迫性的棍棒教育。

春秋战国时代旧贵族逐渐腐朽衰落，新的宗族先后崛起，成为新的贵族；社会上的人口不断增加，不同血缘的人们互相交往、杂居、通婚、融合，原来的宗族结构已经难以维持，于是出现了所谓“礼崩乐坏”的局面。原来只为姬姓贵族服务的官学也渐渐废弛，诸子百家争短鸣长，他们聚众收徒来传播自己的学识见解，各种各样的私学纷纷兴起，于是出现了教育向平民中普及的现象。在这方面做得最出色的是孔子。

孔子是个有政治抱负的人，但是又有点迂腐，他在鲁国未能实现自己的政治理想，周游列国又没人接受他的主张，于是只能回到家乡办学校讲学。然而他的教育实践却获得了巨大的成功，据说他有 3 000 名弟子、其中身通六艺者就有 72 人。虽然他“述而不作”（《论语》是学生记录他的语录的汇编），但是他确立的许多教育原则与教学方法，如“有教无类”、“性相近习相远”、“人不学不知道”、“克己复礼为仁”、“己所不欲，勿施于人”、“三军可夺帅也，匹夫不可夺志也”、“见贤思齐”、“过则勿惮改”、“耻其言而过其行”、“不愤不启不悱不发”、“循循然善诱人”、“学而不厌”、“诲人不倦”、“学而时习之”、“温故而知新”、“其身正不令而行”、“不耻下问”、“学而不思则罔，思而不学则殆”等，至今仍然具有强大的生命力。他的许多教育教学思想两千多年来盛行不衰，就是因为其揭示了教育与教学的本质和真谛，所以现在已经化为格言或成语，成为我们民族思想的一个组成部分。

儒家在春秋战国时代只是诸子百家中的一家，并不具有特殊的地位，但是到了汉武帝时儒家学说被抬到了独尊的高度。从汉平帝元始元年（1）追谥孔子为“褒成宣尼公”开始，孔子受到历代帝王的追捧，地位越来越高，被尊为“先师尼父”、“先圣”、“大成至圣文宣王”、“至圣先师”、“万世师表”。这些崇高的称号都是后代帝王对他的吹捧与利用，和孔子本人没有关系。

嬴政建立大一统帝国后实行集权专制的统治，在文化方面禁止私学，欲求学者必须以吏为师，还用焚书坑儒的手段来钳制人们的思想。然而仅仅过了15年，秦王朝就垮台了。汉王朝同样实行集权专制主义统治，但是采取的手段和秦王朝迥然不同。汉武帝接受了董仲舒的建议，对在对策时公开讲论黄、老、刑名、纵横之术的人一概不用，只录取董仲舒、公孙弘等儒生。《汉书·武帝纪》记载：“丞相赵绾奏：所举贤良，或治申、商、韩非、苏秦、张仪之言，乱国政，请皆罢。”他的奏议得到汉武帝的认可，于是确定了罢黜百家、独尊儒术的方针。建元五年（前136）汉武帝令置“五经”博士，从此儒家学说正式被立为官学，儒家的《诗》、《书》、《礼》、《易》、《春秋》被奉为经典，儒学也就变成了经学。董仲舒还建议：“养士之大者，莫大乎太学，太学者，贤士之所关也，教化之本原也。臣愿陛下兴太学，置明师以养天下之士，数考问以尽其材，则英俊宜可得矣。”元朔五年（前124）汉武帝正式“为博士官置弟子五十人”，东汉时把博士弟子改称为“太学生”，汉代的太学便是我国最早的大学。

太学建立之初规模有限，汉昭帝时博士弟子还只有100人，但是以后逐步发展，到汉元帝时达到1 000人，汉成帝时增至3 000人。王莽为了笼络儒生，“为学者筑舍万区”，大大扩展了太学的规模。《三辅旧事》记载说：“汉太学中有市有狱，在长安门东，书社门立五经博士弟子万余人。”20世纪50年代在西安汉长安城遗址南面发掘了西汉的明堂辟雍遗址。明堂辟雍是一座礼制性建筑，它的布局是按照天圆地方的概念设计的，既是天子祭天地、行礼乐的场所，又是太学生们听经筵、习礼仪的讲堂和礼堂。北京国子监里乾隆时建造的主体建筑辟雍也是一座周围环绕着圆形水池的方形殿堂。东汉迁都洛阳，在洛阳南郊重新建造了明堂、辟雍、灵台、太学。汉顺帝为太学扩建校舍，“凡所造构二百四十房，千八百五十室”，到质帝时太学生人数已经猛增至3万余人。

汉王朝设立太学的目的并不是为社会培养人才，而是为朝廷“养士”，也就是培养官僚的接班人，因此，太学从诞生之日起就成为国家政治链条上的一环。因为太学生实际上是一些后备官员，所以他们对朝廷政治十分关心，并视天下兴亡为己任。太学的特点是具有强烈的政治性，因此自从有了太学以后就随之出现了太学生干预朝政的现象。东汉桓灵时期，宦官擅权，朝政黑暗，太学生以郭泰、贾彪为领袖，同朝廷清流派士大夫李膺、陈蕃、王畅等相互倚重，“危言深论，不隐豪强，自公卿以下，莫不畏其贬议”。先后发生了四起太学生上书请愿的事件，以后又发生了两次党锢之祸。党锢之祸纯粹是当权的宦官对反对派士大夫与太学生的政治迫害。

两宋时期也是太学生干政的一个高峰。北宋末年太学被称为“无官御史台”。宋徽宗宣和七年（1125），太学生领袖陈东上书请诛蔡京、梁师成、李邦彦、朱缅、王黼、童贯等六贼。次年，当金兵进逼汴京、钦宗罢免李纲准备对金求和时，陈东又率太学生伏阙上书，要求恢复李纲之职，抗击金兵进犯。当时，“军民从者数万，书闻，传旨慰谕者旁午，众莫肯去。方舁登，闻鼓挝，坏之，喧呼震地。有中人出，众脔而磔之。于是亟诏纲入，复领行营，遣抚谕，乃稍引去”。宋代的太学分为外、内、上三舍，合称三学。南宋晚期太学生干政也很活跃，时称“三学之横，盛于景定、淳祐之际，无其所欲出者，虽宰相台谏，亦直攻之使必去。权乃与人主抗衡。或少见施行，则必借秦为谕，动以坑儒恶声加之。时君时相，略不敢过而问焉”。宰相丁大全就是因为受到太学生的抨击，“终于得罢而去”。连贾似道执政，也要竭力“以术笼络，每重其恩数，丰其馈给，增拨学田，种种加厚”，以小恩小惠来收买诸生人心。

汉代独尊儒术、统一思想的结果也禁锢了人们的思想，人的创新精神和聪明才智被压抑了几百年，所以当汉王朝一旦崩溃、中国又进入分崩离析的时代后，学者们的思想反而大大地活跃起来，各种各样新奇的文化产品层出不穷。曹魏实行九品中正制以后，两汉时期成长起来的强宗豪右发展成为新的贵族——门阀世族。西晋咸宁二年（276）为了“殊其士庶，异其贵贱”，在太学之外又另设国子学，规定五品以上官员的子弟入国子学，六品以下官员的子弟入太学。尽管为贵族子弟办了专门的学校，但是因为高门贵胄的仕途是有保障的，所以这些学校的成效很差。曹魏时刘靖上疏说：“自黄初以来，崇立太学，二十余年，而成者盖寡。”东晋南朝战乱四起，官学时有时无，学校几近荒废，即使招收学生，人数也很有限，但是这一时期私学很发达，名家大儒聚徒讲学，学生常有几百甚至几千人。南朝宋文帝元嘉十五年（438）在京师开办儒学馆，次年又开设了玄学馆、史学馆和文学馆，四馆各聚门徒授学。这一做法尽管在当时并不被重视，但是对后来隋唐时代设立专科学校产生了直接的影响。

唐代学校教育已经非常齐备，除了国子学和太学以外，还有招收下层吏民子弟的四门学和书、算、律、医、弘文等各类专科学校，地方上则有州学、府学和县学，教育已经相当普及，而私学的发展又为宋初书院的出现奠定了基础。

隋朝开创的科举制在唐朝得到了确立与发展，这对唐代的教育产生了重大的影响。唐代科举的常科有秀才、明经、进士、明法、明书、明算六科，其中最受重视的是进士科。参加进士科的考试需要考三场，分别为帖经、杂文和时务策。帖经是考背诵默写经典，杂文是考诗赋各一篇，时务策是考论文。由于诗赋在科举考试中所占的比重很大，因而大大推动了唐诗的兴盛。唐玄宗时礼部员外郎沈既济说："太后君临天下二十余年，当时公卿百辟无不以文章达，因循日久，浸以成风。至于开元天宝之中，……五尺童子耻不言文墨焉。是以进士为士林华选，四方观听，希其风采，每岁得第之人，不浃辰而周闻天下，故忠贤隽彦韫才毓行者咸出于是。"唐代学校的发展与科举制的发展是密切相关的，但是随着科举越来越成为选拔官员的主要途径，学校也就日益沦为科举的附庸，而教育也逐渐成为应试教育。

宋朝实行重文政策，范仲淹、王安石、蔡京先后三次推行振兴学校的政策，在州县普遍建立学校，并赐给国学和州县学校学田，使学校有了固定的办学经费；改革科举，强调应科举者必须经过学校教育才允许参加考试；在太学里实行"三舍法"，根据学生的学习成绩分为外舍、内舍、上舍三等，通过考核逐步升级来选拔学生，其实这就是年级制。宋徽宗时甚至一度以"学选"来取代"科举"。

宋代教育的一个新成就是书院开始兴起了。书院萌芽于五代。五代时官学衰落，给私学提供了发展的空间，如前蜀的毋昭裔出资百万办学馆，南唐的李善道在庐山创立白鹿洞学馆，任洞主、置田产，聘请名儒大师群居讲学，号称"庐山国学"。五代的学馆实为宋代书院之先声。宋初有六大著名的书院，除了庐山白鹿洞书院外，还有衡阳石鼓书院、长沙岳麓书院、登封嵩阳书院、商丘应天府书院和江宁茅山书院。书院除了讲学、研讨学问以外，兼有藏书、校书的功能。北宋政府重视兴办学校，书院尽管是私立学校，也能得到政府给予的学田资助，但是由于官学很发达，因此书院并不兴旺。南宋时官学日益衰落，而理学大师们又竭力倡导，于是书院获得了很大的发展。淳熙六年（1179），朱熹任南康军太守不久就派人着手修复白鹿洞书院。第二年竣工后，聘请杨日新为堂长，置建昌东源庄田作书院赡养学生及其他开支的费用。朱熹还请皇帝为书院题额、赐书，并且制定了《白鹿洞书院教条》，亲自教导生徒，质疑问难。朱熹对白鹿洞书院的建设促进了南宋书院的发展。南宋设置的书院很多，其中最著名的除白鹿洞书院外，还有岳麓、丽泽、象山等书院。南宋书院的山长（主持人）都是当时著名的学者，书院的讲学都是在学术研究的基础上进行的，而教学活动的开展又有利于学术研究成果的传播和深入发展，因此形成了学术研究和教学相结合的良好传统。南宋著名的白鹿洞书院和岳麓书院都是朱熹宣扬理学的基地，丽泽书院是吕祖谦讲“事功”之学的地方，象山书院则是陆九渊讲心学的场所。

南宋书院还建立了“讲会”制度，不同的学派可以自由争鸣。淳熙二年（1175）在吕祖谦主持的“鹅湖之会”上，朱熹主张“道学问”和“即物而穷其理”，即从博览群书和对外物的观察来启发内心的知识；陆九渊主张“尊德性”和“发明本心”，认为“心即理也”，不必多做读书穷理功夫。朱熹讥笑陆九渊为“禅学”，陆九渊讥笑朱熹为“支篱”，两家在治学方法上产生了一番争论。时过六年，朱熹又邀请陆九渊到白鹿洞书院讲《论语》中“君子喻于义，小人喻于利”一章，并请陆九渊把所讲内容写成讲义，刻在石碑上，还认真地为他的讲义写了跋语。这种为不同学派提供讲坛并立碑的精神，在学术史上传为佳话。

书院在教学中注重问难论辩，培养学生的自学能力和独立研究问题的习惯。当时的书院教育都以学生个人读书钻研为主，教师只对学生的疑难作解答或分别指导，并鼓励学生们问难论辩，朱熹在白鹿洞书院就经常同学生质疑问难。他认为读书须有疑，“疑者足以研其微”，“疑渐渐解，以致融会贯通，都无所疑，方始是学”（《晦翁学案》）。吕祖谦在丽泽书院讲学时，提出求学贵在创造，要求学生自己独立研究，另辟门径，鼓励有超出习俗的见解并有所发明。他说：“今之为学，自初至长，多随所习熟为之，皆不出于窠臼外。唯出窠臼外，然后有功。”（《丽泽讲义》）这种针对学生疑难进行讲解和鼓励学生创新的教学思想和实践是值得重视的。

元朝统一江南以后多数南宋学者采取了不合作态度，他们拒绝入仕，退而建立书院讲学，所以元初书院很发达。元世祖虽然支持民间办书院，但是要由政府向书院委派山长，并把他们列为州、县学的教官，由官府节制，以便控制书院的办学方向。这样一来，虽然讲学的内容仍然是程朱理学，但是书院变成了官学化的地方学校，学术自由的空气就很淡薄了。

明朝对学校教育十分重视。据《明史·选举志》记载，洪武二年（1369）朱元璋晓谕中书省臣曰：“朕惟治国以教化为先，教化以学校为本。京师虽有太学，而天下学校未兴，宜令郡县皆立学校。”明成祖永乐四年（1406）谒孔庙后写了一篇《视学记》，他说：“朕闻帝王之兴，必首举学校之政，以崇道德，弘教化，正人心，成天下之才，致天下之治。唐虞三代之盛，率由于兹也。”朱元璋的“治国以教化为先”和明成祖声言办教育的最终目的是“致天下之治”，实质都是为巩固其皇权统治服务的。在这样的思想指导之下，明朝大力发展教育事业，在京城里除了设有国子监外，还有太学、宗学、武学、医学、阴阳学等，在地方上开设学校也相当普遍，《明史·选举志》描述当时情形为“盖无地而不设之学，无人而不纳之教，庠声序音，重规叠矩，无间于下邑荒徼，山陬海涯。此明代学校之盛，唐宋以来所不及也”。所以有的史学家认为：“学校之制，至明而始普及。”明朝对学生的待遇极为优厚，国子监学生的膳食、衣服、被褥、冠履均由国家供给；对已婚学生还要养他们的妻子，对未婚的历事生则赐钱婚聘，给女衣二袭，月米二石；每逢月令对学生必有赏给；对回家探望父母，或是父母死后回家探望叔父叔母的，均送一定数量的钱作路费，等等。对地方学校的学生则每月支廪米六斗，并给鱼肉。洪武十五年（1382）规定学田之制，府学一千石，州学八百石，县学六百石，应天府学一千六百石，学校经费固定，学生月廪增加为一石。

明朝政府对学生的待遇虽然极为优厚，但是对学生和知识分子的约束之苛严也是前所未有的。朱元璋曾制定一条法律：“寰中士大夫不为君用，是自外其教者，诛其身而没其家，不为之过。”朱元璋强迫士大夫做官，不愿做官的人竟要被杀头，这是把天下士人视为他的私人奴仆。对在校学生，朱元璋还制定了这样八条禁例：“①府州县生员，有大事干己者，许父母兄弟陈诉，非大事毋亲至公门；②生员父母欲行非为，必再三恳告，不陷父母于危亡；③一切军民利病，工农商贾皆可言之，惟生员不可建言；④生员才学优赡，年及三十愿出仕者，提调正官奏闻考试录用；⑤生员听师讲说，毋恃己长，妄行辩难，或置之不问；⑥师长当竭诚训导愚蒙，毋致懈惰；⑦提调正官务常加考校，敦厚勤勉者进之，懈怠顽诈者斥之；⑧在野贤人有练达治体敷陈王道者，许所在有司给引赴京陈奏，不许在家实封入递。”

他把这八条禁例颁布于全国学校，命刻勒卧碑置于明伦堂前，令全国师生遵守，不遵者以违制论。所有这些措施，都是要严格地控制学生的思想和行为，使教育为皇朝的统治服务。

清朝在教育方面继续实行两手政策，一方面设学校，祀孔孟，倡科举，编类书，笼络汉族士大夫和知识分子；另一方面又大兴文字狱，铲除异己，稍涉嫌疑者即大肆屠杀，以此来加强对知识分子的思想控制与统治。

清代的学校制度基本上沿袭明朝，对学生也很优待。学生入学后，可免除本身徭役，家贫不能自给的予以救济；犯罪轻微的，地方官要报告学官，会同教官予以戒饬，不能像对待一般老百姓那样加以鞭挞；已经定罪的，并许以原名应童子试。但是与此同时，对生员的政治、思想控制亦极其严格。顺治九年（1652）命礼部颁卧碑于天下学校晓谕生员，碑文曰：

朝廷设立学校，选取生员，免其丁粮，厚以廪膳，设学院、学道、学官以教之。各衙门官以礼相待，全要养成贤才，以供朝廷之用。诸生皆当上报国恩，下敦人品。所有教条，开列于后：

生员之家，父母贤智者，子当受教，父母愚鲁有非为者，子既读书明理，当再三恳告，使父母不陷于危亡。

生员立志当学为忠臣清官，史书所载忠清事迹，须互相讲究，凡利国安民之事，更宜留心。

生员居心忠厚正直，读书方有实用，出仕必作良吏。若心术邪刻，读书必无成就，为官必取祸患。行害人之事者，往往自杀其身，常宜思省。

生员不可求于官长，交结势要，希图进身。若果心善德全，上天知之，必加以福。

生员当爱身忍性。凡有官司，衙门不可轻入。若有切己之事，只许家人代告。不许干与他人词讼，他人亦不许牵连生员作证。

生员当尊重先生。讲话皆要诚心听受，如有未明，则从容再问。毋妄行辩难。为师者当尽心教训，勿致怠懒。

军民利害不许生员上书陈言，如有一言建白，以违制论革治罪。

生员不许纠党多人，立盟结社，把持官府，武断乡曲。所作文字，不许妄行刊刻，违者听调官治罪。

以上规定的目的无非是禁止思想言论自由，不许学生行为越轨，特别是不许干涉政治，和明朝的卧碑性质是一致的。明清两朝中国的专制政治发展到顶峰，对太学生思想行为的钳制也达到了登峰造极的地步。明清两代很少见到有太学生干政的事件发生，当是推行这种极端的高压政策的结果。

明清时期科举考试也发展到了顶峰，士人都以“金榜题名”为荣，到明英宗时已经形成“非进士不入翰林，非翰林不入内阁”的局面了。《明史·选举志》说：“科举视前代为盛，翰林之盛则前代所无也。”科举的发达使得进学校受教育成为赴科举、入仕途的必经之路，读书做官成为教育的唯一目的，这和以前的科举、学校都不一样。由于科举考试规定以四书五经为标准教本，并且以僵死刻板的八股文作为取士的标准文体，迫使学校围绕着考试的要求来进行教学，于是学校教育就变成了一种应试教育。明清两代江苏被录取的状元最多，苏州又居江苏之首，号称“文盛出状元”，实际上只是应试教育做得最好而已。苏州市中心有一个街坊叫做三元坊，就是因为清乾隆四十六年（1781）出了一位连中三元的钱棨而改名的。钱棨中状元后荣任翰林院修撰，后来做过顺天乡试同考官、广东乡试副主考官，乾隆六十年(1795)，升中允、侍读，充日讲起居注官，在嘉庆朝任内阁学士兼礼部侍郎。钱棨虽有《湘舲诗稿》传世，然而他和大多数状元一样，既不是杰出的政治家，也不是出色的文学家，只是一位平庸的文人兼官僚而已。

“朝为田舍郎，暮登天子堂”，由于科举成了读书人平步青云的主要通道，因此几乎吸引了所有的读书人皓首穷经地去追求功名，然而登科之难犹如千军万马过独木桥，于是也引发了学子们在考试中的种种作弊行为，可以说科场舞弊是科举考试的副产品。

明清时代民间的私学大体有两类：一类是注重识字的蒙学，另一类是对要求较高的青年人讲授经书或学习科举文章。通常这二者是合而为一的，常见于当时城乡的私塾蒙馆。全祖望说：“若乡里学舍，则守令于其同方之先辈择一有学行者以教之，在子弟称为师训，在官府称为秀才。其教之也，以百家姓氏、千文为首，继及经史律算之学。”（《鲒椅亭集外编》）尽管教育受到政府和社会的普遍重视，但是由于教学的内容与方法存在种种弊端，这种弊端违背了教育的原则和学生的人性，于是造成了学生厌学的现象，宋代以来常常可以见到《村童闹学图》这样一类题材的风俗画就是这种教育现象的真实写照。

明代由于府州县学待遇优厚，科举又前程似锦，因此书院就无人问津了，连宋代以来久负盛名的白鹿洞书院经元末丧乱之后也是杂草丛生、满目疮痍。书院沉寂了大约一百年到成化以后才有所恢复，但是在嘉靖十六年、十七年（1537、1538），万历七年（1579）和天启五年（1625）朝廷连续四次毁废书院，使书院遭到了沉重打击。

明末东林书院成了在野的反对派的麇集之地，他们因议论朝政而受到镇压，连累书院也不为统治者所欢迎，所以清朝建立之初就对书院采取压制政策。顺治九年(1652)清政府明令“不许别创书院，群集徒党，及号召地方游食无行之徒，空谈废业”。雍正以后清政府对书院的态度有所转变，但是通过控制书院经费发放、师长任用、学生录取等方式使书院的官学化程度大大加深了。清代设立的书院将近800所，连同原有的或改建过的合计有1 900多所，而其中民办的只有182所，绝大部分书院已被牢牢地控制在政府手中。

清代的书院遍及全国各地，比以前各朝都要多，边远地区如云南、新疆等地都有书院，连台湾也设立了书院。但是清代的书院绝大多数是以考课为主，这类书院在明代已经产生，但在清代更为普遍。这反映了科举制度对教育影响的进一步加深，书院也如府州县学一样成为科举的预备机关。

第二节 中国古代的教育思想及其特色

清朝末年实行维新改革，在教育方面废除了科举制度，开始兴办模仿西方学校模式的新式学堂。从此又经过一百年曲曲折折的发展，中国的学校终于走到了今天的地步，但是由于传统的影响，中国的教育与西方的教育仍然存在着文化上的差异，有人作过如下分析比较，虽然言辞有点激烈，但是很中肯：

中西方教育对比一览表

	中国	西方
价值取向	调和社会与自我	注重个性自由和主体意识
	重知识的应用价值	重知识的内在价值
	重教育的世俗性	重教育的宗教性
	重入仕，强调应试教育	重人性，强调博雅教育
师生关系	强调教师权威	尊重儿童权利
	师生相互依赖	强调个性独立
	师道尊严	师生平等
教学行为	重视教的行为	重视学的行为
	教学形式刻板	教学形式灵活
	压制对情感的意识与表达	体现对情感的意识与表达

中国古代教育除了启蒙教育是以教小孩子识字数以适应社会生活为目的以外，可以归结出以下三个特点。

一、各级教育始终以为政治服务为目的

商周时代“学在官府”自不待言，即使如孔子、墨子创办私学，也都推荐学生学成以后去当官求干禄。“子夏曰：‘仕而优则学，学而优则仕。’”① “子张学干禄，

① 《论语·子张》，十三经注疏本。

子曰：‘多闻阙疑，慎言其余，则寡尤；多见阙殆，慎行其余，则寡悔。言寡尤，行寡悔，禄在其中矣。’”① 汉武帝接受董仲舒建议创办太学，目的就是“养士”。唐宋以后私立的书院兴起，但是培养的学生还是一样去参加科举。正因为各级教育始终以为政治服务为目的，所以学生们也总是以天下为己任，以后备官员自居，积极参与朝廷政治，以至于屡屡闹出党锢之祸、午门请愿、公车上书之类太学生干政的事来，从而导致了明清两朝对学校行政和学生思想的严厉控制。如此二端看似互相对立，实质上都是专制主义在教育领域里的表现，都是教育不以人为本而以政治为本的产物。

二、建立科举制度以后应试成为学校教育的唯一追求

正因为教育不把为人服务为目的，而是把为政治服务为目的，所以自从隋唐建立科举制以后应试就成为学校教育的唯一追求。孔子办学还以诗、书、礼、乐、御、射六艺教学生，但是到了科举时代，无论是官学还是私学，都以四书五经作为唯一的教材，学校教育完全变成了应试教育。

三、教学内容与社会需求脱离

因为学校教育是应试教育，所以教学的内容就完全脱离了社会生产与生活的需要，以至于人们抱怨“百无一用是书生”，而不是“知识就是力量”。学校教育的内容甚至脱离了通过考试后做官的需要，明清时期以师爷为特色的衙门幕僚的兴起就是其结果之一。

自主学习

1. 中国商周时代教育的特点是什么？
2. 为什么说孔子是中国古代一位伟大的教育家？他在教育方面的主要成就有哪些？
3. 隋唐以后实行的科举制对中国教育产生了怎样的影响？
4. 明清时期的官学是如何限制学生思想的？
5. 中西方教育具有哪些区别？

① 《论语·为政》，十三经注疏本。

延伸学习

1. 2005 年温家宝总理在看望著名物理学家钱学森时，钱老曾发出这样的感慨：回过头来看，这么多年培养的学生，还没有哪一个的学术成就能跟民国时期培养的大师相比！钱学森认为："现在中国没有完全发展起来，一个重要原因是没有一所大学能够按照培养科学技术发明创造人才的模式去办学，没有自己独特的创新的东西，老是'冒'不出杰出人才。"这就是所谓的"钱学森之问"。"钱学森之问"是关于中国教育事业发展的一道艰深命题。请从历史的角度谈谈你的看法。

2. 1957 年毛泽东说："学校教育、文学艺术，都是意识形态，都是上层建筑，都是有阶级性的。"基于这一理解，1958 年掀起了"教育大革命"，"文化大革命"中更认为解放后 17 年执行的都是修正主义教育路线，学校都受到资产阶级知识分子的统治，于是彻底摧毁了国家的教育体系。十一届三中全会以后，经济学家于光远首先著文指出，学校是培养劳动力的机构，因此教育不是上层建筑，而是一种生产力，从而引起教育界的一场大讨论。教育的实质究竟是上层建筑还是经济基础？教育究竟属于意识形态还是生产力？请谈谈你的认识。

第十一章　中国古代科技

人们常常把“科学”和“技术”简称为“科技”，其实“科学”和“技术”并不是一回事：科学和技术都以物质形态作为自己研究的对象，但是科学研究的对象是自然存在的物质，而技术研究的对象是人工制造的物质；科学是自然科学的简称，是一种理论体系，技术是工程技术的简称，是一种操作系统。技术当然也是科学的，但它不是自然科学，而是技术科学或工程科学，两者是不能互相混淆的。

第一节　中国古代科学的伟大成就

一、天文

天文历法是中国最古老、最发达的科学部门之一。

早在商代的甲骨文中就有关于日食、月食和超新星爆发的记载，这些天象记录在世界上都是最早的。《夏小正》相传是夏代的历法，它按12个月份分别记载了当月的物候、气象、天象和农事，如在“正月”条下是这样记载的：“启蛰，雁北乡（向），雉震呴（鸣叫之意），鱼陟负冰，囿有见韭，田鼠出，獭献鱼，鹰则为鸠，柳稊，梅、杏、杝桃则华，缇缟，鸡桴粥（以上为物候）。时有俊风，寒日涤冻涂（以上为气象）。鞠则见，初昏参中，斗柄县在下（以上为天象）。农纬厥耒，农率均田，采芸（以上为农事）。”《夏小正》所记的内容与《诗·豳风·七月》相似，当是后人整理的一部商周时代的物候历，以后的《礼记·月令》之类的历书都是按照这样的体例编写的。

夏、商、周三代的历法各不相同：夏正建寅，以正月为岁首；商正建丑，以夏十二月为岁首；周正建子，以夏十一月为岁首。秦与汉初还曾以夏十月为岁首，到汉武帝时重建历法仍然改为以夏正月为岁首，以后沿用不废，所以中国的农历被称为“夏历”。人们又常常称中国的农历为“阴历”，因为农历的日期与月亮的盈亏是一致的。其实中国的历法是阴阳合历：月份和日期是阴历，而二十四节气是阳历，因为二十四节气是按照太阳的位置确定的。在《尚书·尧典》中最早出现了“四仲中星”的记载，所谓“四仲中星”是指春分、夏至、秋分、冬至四个节气。《左传·僖公五年》中又提到了“分、至、启、闭”，即两分、两至和立春、立夏、立秋和立冬八个节气。在战国末成书的《吕氏春秋》中已经出现了二十四节气中的大部分名称，而到汉初的《淮南子·天文训》中二十四节气就完全齐备了。二十四节气的名称除了两分、两至、四立是以天象命名的以外，其余的都是以物候和农事来命名的，它对当时中原地区的农业生产具有重要的指导作用，所以很恰当地被称为“农历”，并一直沿用至今。

夏朝后期的几个王都以天干作为名字，如孔甲、履癸等。而商朝从大乙（成汤）到帝辛（纣王）不仅每个商王都用天干作名字，而且还发明了干支记日法，以天干和地支相配来记日，每60天一个循环，月份则用一到十二的序数字来标识，卜辞中还多次发现有“十三月”的记录，这说明商代的历法已经用岁末置闰的方法来调节阴历和阳历之间的不一致了。

商代还没有用时辰来计时的方法，但是商人把一天划分为若干个时段并都有专门的名称：黎明叫“湄”或“昧”，日出叫“旦”，天亮叫“明”或“朝”，上午叫“大采”，商代一日两餐，早餐叫“大食”或“食日”，正午叫“中日”，午后太阳偏西叫“昃”，晚饭叫做“小食”，小食之后叫“小采”，太阳落山之前叫“莫”即“暮”，日落叫“各日”，黄昏叫“昏”，断黑以后就统称为“夕”，不再划分更细的时段。周人开始用十二地支来计时，而且有了专门掌管计时的人员。《周礼·夏官》中记载：“挈壶氏掌挈壶……以水火守之，分以日夜。”这里所说的“挈壶”就是用于计时的工具——漏壶，但是在考古发掘中还没有发现过西周的漏壶，只见到汉代的沉箭式铜漏壶。漏壶的下面有小孔，水慢慢地从壶里漏出去，壶里的水面就渐渐地下降，安在箭舟（浮子）上的箭杆（标尺）也就随之下降，这样，标尺上的刻度就可以显示出相应的时辰了。

二十八宿是天球上黄道附近的28组恒星，在《诗经》中已经出现了二十八宿中的一些名字，如火（心）、箕、斗、毕等。在湖北随州发现的曾侯乙墓中出土了一只漆木箱，箱盖中间是北斗，北斗两边画着青龙和白虎的图像，北斗周围一圈写着二十八宿的名称，这说明春秋战国时代二十八宿已经全部确定下来了。春秋战国时代各诸侯国也都有专掌天文历法的官员，其中最有名的是齐国的甘德和魏国的石申。甘德著有《天文星占》八卷，石申著有《天文》八卷，但是都已经佚失了。后人把别人引用他们著作的片断辑录出来合编为《甘石星经》，其中除了星占条文以外，最重要的是记录了许多恒星的名称和方位坐标，留下了一份最早的全天星表。马王堆汉墓中出土的帛书《五星占》、《天文气象杂占》虽然是年代稍晚的占星术书，但是大体反映了那个时代的天文学水平，特别是在《天文气象杂占》中画有 29 幅不同形状的彗星图，说明汉代人们对天象的观测已经非常细致了。

春秋战国时代各诸侯国用的历法有黄帝历、颛顼历、夏历、殷历、周历、鲁历六种，岁首各不相同，但都是四分历，即以 365 又 1/4 天为一年，并且采取 19 年 7 闰的置闰法。这在当时处于世界领先地位。古希腊的默冬在公元前 432 年才发现四分历，比我国晚 100 多年；古罗马在公元前 43 年采用的儒略历也是四分历，比我国晚了近 500 年。

由于地球绕太阳公转一周、月球绕地球转一周和地球自转一周的时间都不是整数，所以再好的历法用的时间一长也会出现偏差，因此汉武帝就命公孙卿、壶遂、司马迁率人重新编制新历，最后确定的历法就是太初历。太初历的原著现在已经失传，但是西汉末刘歆依据太初历改制的三统历收载在《汉书·律历志》里，一直流传至今。三统历首次提出了年中置闰的方法，使得季节和月份变得更加协调了，这个方法一直使用至今。东汉时又编制过四分历、乾象历，历法中包括气朔、闰法、五星、交食、晷漏等，不仅内容齐全，而且计算精确。

中国古代对天文历法之所以如此重视，不仅因为天文历法对于我们赖以生存的农业生产具有重要的意义，而且因为每年元旦皇帝要举行大典，确定哪一天是岁首是至关重要的；发生日食和月食都是上天对皇帝的警示，计算交食也是非常重要的；至于五星（五大行星）会聚、出现彗星和流星等都与政治有关。正因为天文历法在政治上也具有重要的价值，所以中国古代对天文历法的研究一直是在朝廷的直接控制与支持下进行的。汉代的国家天文台叫做灵台，专门负责天文的官员是太史令，日晷、圭表和式盘都是他们用来观测天象、测量时间与方位的仪器。这些为朝廷服务的天文学家还发明创造了许多先进的天文仪器，例如，汉武帝时落下闳改进了浑仪，汉宣帝时耿寿昌制成了浑象（又称浑天仪），东汉和帝时傅安在浑仪上加了黄道环，贾逵加上了四游环（赤经环），张衡又进一步造出了利用水力运转的水运浑象。遗憾的是这些天文仪器都已经失传，我们只能根据后世的同类仪器去想象当时它们的样子。汉代天文官员对天象的观测非常仔细精密，在《汉书·天文志》里不仅有关于太阳黑子（“日出黄，有黑气，大如钱，居日中央”）和新星爆发（“客星见于房”）的具体记载，还有关于日月食、流星雨、彗星、极光等的记载，不仅在当时领先于世界，而且为后世留下了许多宝贵的天文资料。

《诗·小雅·正月》曰：“谓天盖高，不敢不局；谓地盖厚，不敢不蹐。”这说明古人不仅在观测天象、记录天象，而且也在思考“天高地厚”的宇宙观问题。覆盖着我们的天和承载着我们的地究竟是什么形状的呢？“天圆如张盖，地方如棋局”，这种认为“天圆地方”的盖天说是中国最古老的宇宙观。可是春秋时代的曾子就质疑道：“天圆而地方，则是四角之不揜也。”战国时代的屈原在《天问》里也发出了类似的疑问，他说：“天如果是把伞，那么伞把插在哪里呢？天如果是顶帐篷，那么扯帐篷的绳子又拴在哪里呢？”于是，成书于西汉的《周髀算经》就把天地的形状改为“天象盖笠，地法覆盘”，这样天和地倒是能够扣合了，但是改进后的盖天说仍然不能解释许多天文观测所得到的事实，西汉的扬雄认为其“难盖天八事”，即提出了八个问题来责难盖天说。因为盖天说存在的漏洞太多，所以汉代的人们就越来越相信浑天说了。东汉的张衡是浑天说的集大成者，他说：“浑天如鸡子，天体圆如弹丸，地如鸡中黄，孤居于内，天大而地小。天表里有水，天之包地，犹壳之裹黄。天地各乘气而立，载水而浮。”“天转如车毂之运也，周旋无端，其形浑浑，故曰浑天也。”浑天说在汉代以后成为主宰天文官员的主要思想，因为浑仪与浑象这两种观测天象的主要仪器都是在浑天说的思想指导下制造出来的。除了盖天、浑天两种学说以外，还有一种宇宙观叫做宣夜说。《晋书·天文志》记载汉代的郄萌说他的老师曾经说过：“天了无质，仰而瞻之，高远无极，眼瞀精绝，故苍苍然也。”宣夜说的思想很接近现代科学对宇宙的理解，但是这种接近科学的学说实在难以被普通民众所接受，所以汉代以后就没有什么人记得它了。

普通的民众没有受过很多的教育，也不懂高深的理论，因而他们用形象的思维和童话般的方式来理解天地宇宙，把太阳想象为金乌，把月亮想象为蟾蜍，把彗星想象为大鸟，把日月食想象为太阳和月亮被天狗吃了，把流星和名人之死联系在一起等，在后人看来，古人似乎一直保持着一颗童心。

三国魏晋南北朝虽然政局混乱，但是天文历法仍然受到统治者的重视，所以仍然取得了不少成果。例如，东晋时虞喜通过观测发现恒星出没的时间比古代的记录提前了，从而得出冬至点的位置在恒星间逐年向西移动的结论，这个移动值叫做岁差。他还计算出岁差的值为50年差1度，虽然这个数据比实际值大了一半左右，但还是一个了不起的发现。南朝刘宋祖冲之以后的天文学家把岁差运用到编制历法中去，从而大大提高了历法的精度。祖冲之编制的大明历使用391年设144个闰月的置闰法，使历法更加精确。盖天说用来演示天象用的仪器叫做盖图。按照《周髀算经》的记载，盖图是由两块丝绢构成的，底下的黄色丝绢上画着周天的恒星，上面覆盖的半透明丝绢上画着一个圆圈，表示人眼能见到的范围，把它绕着天极按逆时针方向转动，就可以演示一天和一年内星空的变化。虽然盖图随着盖天说的衰落而消失了，但是这种圆形的盖天式星图却演变成为中国古代星图的主要形式。

继唐初李淳风制定麟德历和制造新的黄道浑仪后，唐玄宗时一行和尚在天文学方面又取得了前所未有的非凡成就。一行俗名张遂，精通天文历法，因不愿与武三思交往而出家为僧，开元五年被唐玄宗强征入京编制新历。他所制定的新历即大衍历，是当时最好的历法。一行为了编制大衍历率人进行了大规模的大地测量。他发明了一种叫做复矩的测量仪器来测量各地的北极高度，得出了南北相差 351 里 80 步、北极高度相差 1 度的结果。两地的北极高度相差 1 度意味着地理纬度相差 1 度，用这种方法测出子午线 1 度的长度为 129. 22 千米，虽然这个数据与实际长度 111. 2 千米相比误差仍然较大，但这是世界上第一次子午线实测，而且纠正了汉代“南北地隔千里，影长差一寸”的传统观念，成为一行名垂千古的重要成就。

北宋时先后进行过五次大规模的恒星位置测量工作，根据第四次测量结果绘成的星图就是著名的苏州石刻天文图。宋元时期天文仪器的制作水平也达到了一个前所未有的高度。用漏壶计时遇到的一个最大问题就是壶水的深浅会影响水流的速度，从而影响计时的精度。为了提高精度，从汉代到唐代都采用把沉箭式单级漏壶改成浮箭式多级漏壶的办法来保持末级箭壶水位的稳定，但是这样做并没有从根本上解决这个问题。宋仁宗时燕肃发明了漫流式平水壶，用上、下两个水匮贮水和设置溢流管的方法来保持下匮水位的稳定，这样只要上匮来水多于下匮出水，就可以保证下匮出水的稳定。故宫保存的乾隆九年制造的漏壶用一级平水壶和一级补偿壶结合的方法，可以达到每 24 小时误差 10 分钟的计时精度。宋哲宗时苏颂等人还制成了水运仪象台。这是一套高 36 尺、结构复杂的大型仪器，用水力作为动力推动一套复杂的齿轮系统，使仪器以和天体一致的速度缓缓运转，既能观测天象、演示天象，又能计时、报时，遗憾的是这一杰作也未能流传下来。北宋先后制造过五架巨型浑仪，每架浑仪用铜都在 2 万斤以上。自汉代以来为了测量的需要装在浑仪上的环越来越多，最多达到七个，使用时反而不便，所以宋代出现了简化浑仪的趋势。元代的郭守敬创制出了著名的简仪，既简化了结构，又提高了精度。郭守敬是元代卓越的天文学家，他不仅发明制造了简仪、仰仪、日月食仪、玲珑仪等十几种天文仪器，而且还从南海（西沙群岛）到北海（北极圈附近）设立了 27 处观测所来测量纬度，测得了比唐代更加精确的数据，编制出我国古代最优秀的历法——授时历。

专管天文历法的机构在唐代叫太史局，宋元叫司天监，明清叫钦天监。北京建国门内的古观象台就是在康熙时建造的观测天象的地方。明清时代观象台上各种仪器都已齐备，钦天监官员忠实地履行着自己的职守，中国的天文历法研究似乎出现了发展到顶点后的停滞，正在等待新的突破。明代西方传教士纷纷来华，他们带来了许多欧洲新的自然科学知识。崇祯二年至七年，在徐光启、李天经先后领导下的历局聘请龙华民、邓玉函、汤若望、罗雅谷等耶稣会士编译了《崇祯历书》137卷。《崇祯历书》是一部比较系统地介绍欧洲天文学知识的卷帙浩繁的著作，分为节次六目和基本五目。前者将历法分成日躔、恒星、月离、日月交会、五纬星和五星凌犯六个部分，后者包括法原（天文学理论）、法数（天文用表）、法算（天文学计算中必备的数学知识，主要是三角学和几何学）、法器（测量仪器和计算工具）和会通（中西各种度量单位的换算表）五个部分，系统介绍了哥白尼、第谷、伽利略、开普勒等人的天文数据和科学成果。在清兵入关之后，传教士们又略作整理把书名改为《西洋历法新书》进呈给清朝皇帝并获准印行，对我国天文学的发展产生了较大的影响。

清朝的康熙皇帝是一位好学的皇帝，对西方的科学知识也很有兴趣，故宫里至今仍然保存着他学习西学用的文具和仪器，其中包括传教士南怀仁赠送给他的浑仪。故宫珍宝馆里还收藏着一件乾隆年间用纯金打造的天球仪，天球仪表面的星星是用珍珠镶嵌的，竭尽奢华之能事。遗憾的是这样精致的科学仪器都只是皇帝的玩物和宫廷的摆设，它们的科学价值并没有被真正发挥出来。

二、农学

距今一万年前后人类发明了农业，它被视为人类历史上第一次产业革命，具有极其重要的意义，但是关于那个时期的信息我们知道得非常少。现在已经探明的距今8 000年前的新石器文化有磁山文化、裴李岗文化、北辛文化、兴隆洼文化、上山文化等。在这些早期新石器文化遗址中虽然只发现了几种磨得并不精细的石器，但是这些石斧、石铲和石刀、石镰的形状与旧石器时代的砍砸器、刮削器、尖状器相比已经完全不同了，这种形制的变化表明它们是用来从事农业生产的农具而不是用于狩猎或采集的工具。工具形制的变化意味着人们的生产方式已经从采集—狩猎经济转变为农业经济了，所以石制农具的产生就成为进入新石器时代的标志。

大概在距今6 000年前后的仰韶文化时期，在地域辽阔的中国由于各地生态环境的差异，农业区和牧业区的分化大体已经形成，在黄河与长江流域的农业区外围，从东北到北方草原再到西北及西南的广大地区形成了一个新月形的牧业区，而农业区又分化为北方的旱作农业区和南方的稻作农业区。这种三大经济区的格局一直维持了几千年，并对这几千年间中国历史的发展产生了深远的影响。

距今6 000年前后的气候比现在要温暖湿润得多，我国各地的新石器文化都在这一时期凭借天时地利得到了蓬勃的发展，黄河流域的新石器文化由于自然条件优越发展得特别迅速，华夏族就是在这一时期开始崛起的。华夏族是一个农业民族，农业是其最基本的经济生活方式，所以我们的祖先对农业技术的研究和对生产工具的改进不仅起步早，而且成果斐然。

古代商人的畜牧业很发达，卜辞中常见他们用大量的牛羊作为祭祀的牺牲，但是他们的农业也很发达，在卜辞中有很多关于祈求“受年”的记录。“年”字在甲骨文中写作，是一个人肩上扛着禾（即粟）的形象，所谓“受年”就是“获得好年成”的意思，可见商王对农业生产是十分关心的。甲骨文中有个“屎”字，写作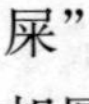，是人在大便的形象，而且“屎”字常和“田”字连用为“屎田”。胡厚宣先生认为这是用人粪上地，反映了商代农业技术的进步。

商周时代的人口远比现在要少，中原地区还处于地广人稀的状况。当时的人们既没有能力也没有必要把所有的土地全部都开辟成为农田，就只选择最适宜于耕种的平原开荒种地。为了便于管理，他们把地块都规划得方方正正的，甲骨文中的“田”字就写作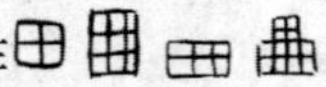，所以当时的土地制度也就叫做井田制。那时候平原上还保存着许多草原和森林，所以狩猎活动也非常普遍，甲骨卜辞中记录商王外出打猎，一次就可以打到几十上百头野兽，甚至还能猎获老虎和大象。狩猎不仅可以获得肉食，还可以获得制作冬衣的毛皮，而且捕杀食草类动物还有保护庄稼的作用，因此狩猎是经济生活的一个组成部分。但是到了汉代以后人口越来越多，随着中原地区逐渐被普遍开发成为农业区，生态环境发生了变化，森林草原逐渐消失了，许多动物如鹿和四不像等食草类动物也随之绝迹，水土流失加重，黄河也开始泛滥成灾变成了一条害河。

商周时代的青铜铸造技术已经非常成熟，数量众多、质量精美的青铜器成为那个时代的特色与象征，所以后人把商周时代称为青铜时代。但是青铜在商周时代仍然是非常珍贵的，它主要被用来铸造礼器与武器，很少用来制造工具尤其是农具，所以商周时代的农具仍然用石、骨、蚌壳来制造，无论是殷墟出土的商代农具还是长安客省庄出土的西周农具都是这样。

周人是一个擅长农业生产的部族，他们的祖先在夏朝时就担任农官——后稷。《诗经》中有许多篇目反映了当时的生产状况，如《周颂·臣工》说：“庤乃钱镈，奄观铚艾。”“庤”是“铸”的意思，“钱”、“镈”、“铚”都是农具。这一记载似乎表明已经有很多金属工具被用于农业生产了。《周颂·载芟》还说：“载芟载柞，其耕泽泽。”《周颂·良耜》也说：“畟畟良耜，俶载南亩。”“泽泽”和“畟畟”都是形声词，给人的感觉是这些农具使用起来好像都很锋利，这样锋利的农具也应该是用金属制造的了。尽管在考古中确实发掘到商周时代的青铜斧、青铜铲、青铜锸，但是数量极少，而且一直到汉代青铜锸也只是在木锸上装一个青铜的锸口而已。

《周颂·臣工》说："嗟嗟保介，维莫（暮）之春，亦又（有）何求？如何新畬？"《小雅·采芑》说："薄言采芑，于彼新田，于此菑田。"可见西周时的耕田有"菑田"、"新田"、"畬田"之分。什么叫做"菑田"、"新田"、"畬田"？《尔雅·释地》说："田一岁曰菑，二岁曰新田，三岁曰畬。"有的学者把它们解释为轮作制或休耕制，也有学者认为新开垦的田第一年叫做"菑田"，第二年叫做"新田"，第三年已经熟化后的田叫做"畬田"。这三种田的区分说明周人在不断地开拓垦荒、扩大耕地。

当时的农田划分实行垄作制，田地被整成一条条一步（合六尺）宽、一百步长的高畦，这就叫做"亩"，亩与亩之间的垄沟叫做"畎（甽）"。按照商周时代的生产能力，一个劳动力大约能够耕种一百亩地，所以"百亩"就成为井田制的基本单位。《小雅·信南山》说："我疆我理，南东其亩。"所谓"南东其亩"就是指是南北向安排亩与畎还是东西向安排亩与畎。《小雅·甫田》说："今适南亩"、"馌彼南亩"，《周颂·良耜》也说"俶载南亩"，看来"南亩"是周人习惯的耕作法，而南北向种植庄稼确实有利于通风透光。商周时代已经饲养牛，但是还不会利用牛来耕地。当时耕地的方法叫"耦耕"，所谓"耦耕"大概是指两个人合作耕地的意思。

从《诗经》中还可以知道，当时已经有了比较先进的田间管理技术。《周颂·载芟》说："厌厌其苗，绵绵其麃。""麃"是耨耘，"绵绵其麃"就是不断地锄草。《小雅·甫田》说："或耘或耔，黍稷薿薿。""耘"是锄草，"耔"是培土。《周颂·良耜》说："其镈斯赵（锋利的意思），以薅荼蓼，荼蓼朽止，黍稷茂止。"这是指把铲除的野草翻在地里沤烂了当作绿肥。《小雅·大田》说："去其螟螣，及其蟊贼，无害我田穉；田祖有神，秉畀炎火。"这是关于除虫灭害的记录，"秉畀炎火"是指用火光来诱杀害虫。

华夏族是一个农业民族，然而在幅员辽阔的中国，耕地面积十分有限而人口又太多了，所以很早就形成了一套以精耕细作为特征的农业生产技术。战国初魏国李悝所谓的"尽地力之教"就是指这种充分利用土地和发挥土地潜力的方法。在春秋战国的诸子百家中有一个以许行为首的农家学派专言"神农之学"。据《汉书·艺文志》记载，战国时代的农书有《神农》20 篇和《野老》17 篇，但是这些书都散失无存了。《吕氏春秋》中的《上农》讲的是农业理论与农业政策，《任地》、《辩土》、《审时》分别论述了耕地、整地、播种、定苗、中耕、除草、收获、农时等一系列问题，这是现在能够见到的时代最早的农学论文。

中国的冶铁术出现的时间比西方要晚，大约要到春秋时期才出现铁器，但是由于有商周时代发达的青铜冶炼技术作为基础，因此冶铁术出现以后发展得极其迅速，到战国时就大量用铁来制造农具了，各地都出土过数量很多的铁农具。1953 年在河北兴隆燕国冶铁遗址还出土了大批铁质的铸范，有六角梯形锄范、双镰范、镢范、斧范、双凿范、车具范等。铁范兴隆不仅反映了战国时期铸铁技术的进步，而且说明了铁制农具的普及。

人们常常把战国以后称为铁器时代，认为铜器取代石器、铁器取代铜器是一种时代的进步，其实不然。如前所述，在青铜时代铜器并没有淘汰石器，而是要到铁器普及以后才把石器淘汰出局，而铜器并没有因为铁器的出现而退出历史舞台。在战国以后的时代，铁制的农具和工具完全取代了石制和铜制的农具和工具，钢铁兵器取代了青铜兵器，漆器和瓷器取代了青铜器皿，“礼崩乐坏”以后礼器也不再都用青铜来做了，但是在日常生活领域里仍然大量地使用着铜器，如铜镜、铜盆、铜熨斗、铜鐎斗等，而更多的铜则被用来铸造货币，这是铜器时代所没有的。进入铁器时代以后，不仅铜的产量比以前更高，而且制造铜器的技术水平也一点不比以前降低，只是不同的材料在不同的领域里有着不同的用途。所以我们可以把石、铜、铁看做是三个不同时代的标志，但是这并不意味着一种材料比另一种材料更进步，更不存在一种工具取代另一种工具和一个时代取代另一个时代的发展序列。

秦汉是中国古代一个强盛的时代，农业的发达是其强盛的基础。根据《汉书》和《后汉书》记载，西汉和东汉的耕地数保持在 7 亿 ~8 亿汉亩，大约折合现在 2 亿市亩，而人口已经达到了 5 000 万 ~6 000 万。这些土地对于这些人口来说并不很宽裕，所以精耕细作的耕作方式有了进一步的发展，发展的成就之一就是牛耕和铁犁的推广。据《汉书·食货志》记载，汉武帝晚年任用赵过为搜粟都尉，向全国推广“用耦犁，二牛三人”。在汉代的画像石上有许多牛耕图，就是这种用两头牛来拉的耦犁。各地出土的汉代铁犁铧数量也不少，关中地区出土的汉代铁犁铧最多，而且个头比现在的犁铧要大得多。有一种铁犁铧长 40 厘米、重 9 ~15 公斤，如此巨大的犁铧是“数牛挽行”用以开大沟的，即古农书所载兴修水利用的“浚犁”；另一种是长约 30 厘米、重约 7.5 公斤的舌型犁铧，这是西汉中期以后主要的耕犁，而且这种舌型犁铧又往往和铁犁壁同时出土，说明汉代的犁铧上已经装有犁壁了。《汉书·食货志》说，二牛三人可耕田五顷，生产效率大大超过了手工劳动的“一夫百亩”，但是汉代人均耕地并没有达到“一夫百亩”的水平，因此小农生产并不一定要用牛耕。如果要用牛耕的话，那就一定要兼并土地实行集约化经营，但是提高生产效率会把农业人口从土地上排挤出去，这实在是一个矛盾。再说汉代耕牛的价格很贵，根据陈直先生研究，西汉时的牛价在内郡贵至 1 200 ~3 750 钱一头，边郡为 2 500 ~3 000 钱一头，而当时每亩地只值 100 ~300 钱，一石粟值 105 ~130 钱。据四川郫县出土的东汉残碑记载，当时的田价为每亩500～2 000钱，而牛价为每头15 000钱。牛价如此昂贵，牛耕自然难以普及，因此能用得起牛耕的也只有豪富之家了。所以，不能只见到有牛耕就以为整个社会的生产力都普遍提高了。

赵过除了推广牛耕外，还推广了耧车和代田法。耧车实际上是一种三条腿的条播机，用牛或人作动力。崔寔《政论》说："其法三犁共一牛，一人将之，下种挽耧，皆取备焉。"所谓"三犁"是指三条耧腿上都有小型铁铧头的耧车。这种耧车在今天的北方农村中还在使用。代田法是在同一块地里进行轮作的方法。《吕氏春秋》的《任地》篇中已经谈到当时有的地区实行"上田弃亩，下田弃甽"的畦种法。所谓"上田弃亩"是指在高田旱地上把庄稼种在沟里，"下田弃甽"是指在低田湿地里把庄稼种在垄上。代田法也是把庄稼种在沟里，然后通过中耕除草把垄上的土渐次培到作物根部，使原来的沟变成垄、垄变成沟，第二年再把庄稼种在新的沟里，用这样的方法来实现在同一块地里进行轮种。除了代田法，还有区种法。区种法是在一个小区域里集中施肥、深耕、加强管理，以求高产的方法。汉代农业的发展也促进了农学的发展，《汉书·艺文志》记载西汉农书有七家，但是现在大多数都已经散失了，仅存的《氾胜之书》也是辑佚本。区种法就是在《氾胜之书》中记载的。

商周时代实行井田制，一个家庭的耕作规模是"一夫百亩"，井田制瓦解后"一夫挟五口"的小家庭仍然是社会的基本单位。汉代的户均人口约为五人，而且以后历代的户均人口一直在五人上下（见下表）。这种小型的核心家庭是一个独立的生产单位，在这种小规模的生产单位中实行的是"男耕女织"的生产方式。

历代户口统计表

年号	公元	户数（万）	口数（万）	户均人数
西汉元始二年	2	1 223.3	5 959.5	4.87
东汉中元二年	57	428.0	2 100.8	4.91
东汉永和五年	140	969.9	4 915.0	5.07
东汉永寿三年	157	1 067.8	5 648.7	5.09
三国蜀汉炎兴元年	263	28.0	94.0	3.36
三国曹魏景元四年	263	66.3	443.3	6.68
三国孙吴天纪四年	280	53.0	230.0	4.34
西晋太康元年	280	246.0	1 616.4	6.57

（续上表）

年号	公元	户数（万）	口数（万）	户均人数
十六国前燕建熙十一年	370	246.0	998.8	4.06
南朝宋大明八年	464	90.7	465.6	5.17
北齐承光元年	577	303.3	2 000.1	6.60
北周大象二年	580	359.0	901.0	2.51
南朝陈祯明三年	589	50.0	200.0	4.00
隋大业五年	609	890.8	4 602.0	5.17
唐神龙元年	705	615.6	3 714.0	6.03
唐天宝十四年	755	891.5	5 292.0	5.74
唐元和十五年	820	237.5	1 576.0	6.63
北宋景德三年	1006	741.8	1 628.0	2.19
南宋乾道六年	1170	1 184.7	2 597.2	2.19
南宋景定五年	1264	569.7	1 302.7	2.29
元至元二十八年	1291	1 343.0	5 984.9	4.46
明洪武十四年	1381	1 065.4	5 987.3	5.62
明正统十年	1444	953.7	5 377.3	5.64
明弘治十五年	1501	1 041.0	5 090.4	4.89
明天启六年	1625	983.5	5 165.5	5.25
清宣统三年	1911	9 269.9	34 142.4	5.45

中国古代没有棉花，纺织品主要是丝和麻。相传缫丝是黄帝的夫人嫘祖发明的，实际上早在仰韶文化的陶罐底部就见到了（麻）布纹，在良渚文化的遗址里还出土过丝绢和麻布的实物。由于纺织品极难保存，因此在考古发掘中很难发现实物遗存，只有在密封性很好的楚墓里才出土了保存完好的丝织物。

纺织先要养蚕，为了获得蚕茧的丰收，蚕农在开始养蚕之前都要祭祀蚕神。在甲骨卜辞中就有“蚕示”的字样，所谓“蚕示”就是祭祀蚕神。考古发现的玉雕的或铜铸的蚕可能也与这种习俗有关。养蚕先要采桑，在战国铜器上能见到采桑图，图上的姑娘都攀在桑树上采摘桑叶，而在汉代画像砖的采桑图中桑树已经是长得低矮的地桑了。通过修剪培植，地桑既可以提高桑叶质量，又可以增加桑叶产量，一直到今天在蚕桑区仍然是这样做的。长沙马王堆汉墓出土的丝织品给人们留下了深刻的印象，汉代丝织品之所以有如此上乘的质量，和纺织机械的进步有关，我们在汉画像石上看到的织机已经和后来的织机不相上下了。

现存年代最早的完整的农书是北魏末年贾思勰撰写的《齐民要术》。贾思勰曾任高阳（今山东青州）太守，他的生平经历已经无从查考，据他在序言里说自己是"采捃经传，爰及歌谣，询之老成，验之行事"，才写成了这部书。《齐民要术》分为10卷、92篇，共计11万余字，其内容十分丰富，从作物栽培、耕作技术、农业器具到畜牧兽医、食品加工几乎无所不包，对我国北方地区的农业科学和生产技术进行了一次全面的总结。这一体例对后来历代农书产生了深远的影响，元代的《农桑辑要》、明代王祯的《农书》和徐光启的《农政全书》、清代的《授时通考》都沿用了《齐民要术》的体例。

隋唐是我国古代又一个强盛的时代，这一时期的大气候和汉代一样也处于一个温暖湿润期，加上社会安定，农业生产获得飞速发展。隋王朝建立不久，开皇十二年（592）就已经"库藏皆满"（《隋书·食货志》），据《通典·食货典》记载，当时"西京太仓，东京含嘉仓、洛口仓，华州永丰仓，陕州太原仓，储米粟多者千万石，少者不减数百万石。天下义仓，又皆充满。京都及并州（今山西太原）库布帛各数千万"。唐朝建立20年后，隋朝所留库藏尚未用尽。唐代农业生产继续得到发展，到开元、天宝"盛世"时，"耕者益力，四海之内，高山绝壑，耒耜亦满。人家粮储，皆及数岁。太仓委积，陈腐不可校量。"天宝八年（749），政府仓储粮食约达1万万石。唐政府因而不断修筑和扩大隋代所兴建的仓窖。考古工作者在发掘和探查隋唐含嘉仓时，陆续探出该仓的粮窖达259个之多。最大的粮窖窖口直径18米、深12米，最小的窖窖口直径亦有8米、深6米。在已发掘的六个窖中有一个还留存着大量炭化的谷子，说明当时防潮防腐技术已经相当高明。根据这些炭化谷子推测，此窖储粮就在50万斤左右。含嘉仓所储藏的粮食之多反映了隋唐时期农业生产的盛况。

唐代耕地用的犁已经发展得非常完备，陆龟蒙《耒耜经》中所记的江东犁由犁镵、犁壁、犁底、压镵、策额、犁箭、犁辕、犁评、犁建、犁梢、犁槃等11个部件构成，基本上完成了犁的定型，在以后的一千多年里再没发生大的变化。唐代还发明了一种翻土平地的工具——铁搭，很适合没有耕牛、靠手工劳动的小农平整土地所用。

从新石器时代起，黄河流域作为中国的旱作农业区就首先得到了普遍开发，从仰韶文化时期到隋唐时代，经过四五千年的深度开发，中原地区的生态环境已经越来越恶化，原来丰腴的黄土地已经越来越难养活自己哺育出来的儿女。秦汉以后，一波又一波的人口从北方向南方迁徙。到了宋代，中国的经济重心就已经完全移到了江南地区。但是江南的地形地貌与华北相比很不一样，多山多水少平原，所以南方的开发呈现出与北方完全不同的特点。

汉代之前重要的水利工程大都在我国的北方，如芍陂、漳水十二渠、都江堰、郑国渠、漕渠、龙首渠、六辅渠、白渠等，汉代之后南方的水利工程越来越多了，仅唐代兴修的水利工程就有260多处，北宋时期兴修的农田水利工程更多达1万多处。为了对付洪水，海塘、江堤、湖堤都在这一时期相继完成。1985年杭州在建造江城路立交桥时，挖至路面下5～11米深处时发现一排长约6米、直径约13～39厘米的木桩，桩后为装满石块的竹笼，竹篾编织痕迹十分清晰，其后为夯土，最后又有一排木桩。经考证，这是五代时钱镠修筑的捍海塘遗址。在太湖平原上，人们用开挖横塘纵浦的方法构筑圩，把低洼的太湖平原开发成“苏湖熟，天下足”的粮仓。由于南方的人口越来越多，狭小的河谷平原和有限的三角洲冲积平原越来越难以满足日益增长的人口的需要，因此人们不仅要与水争地，而且还要与山争地，于是出现了梯田。在广东、福建、江西、浙江、四川等地，宋代就已经出现大量的梯田了。当南方的农田水利取得长足进步的时候，治理黄河成了维持北方农业生产的一件头等大事。

宋元时期出现了两本重要的《农书》，一本的作者是宋代的陈旉，另一本的作者是元代的王祯。陈旉的《农书》写成于南宋绍兴十九年（1149），首次对南方稻作农业区的农业技术和生产经验作了系统的总结，反映了唐宋以来南方水田耕作栽培技术的水平。王祯的《农书》写于元代贞元初（1295—1300），是他在安徽旌德和江西永丰任县官时所写，共22卷、约30万字。王祯《农书》的内容既有北方旱作农业的内容，又有南方稻作农业的内容，而它最大的特色是《农器图谱》，共收录306幅图，不仅记录了当时的农业机械，而且还复原了已经失传的农业机械，如东汉杜诗的水排和西晋刘景宜的牛转连磨等，为我们留下了宝贵的资料。

宋元时期棉花已经传入我国，在长江流域和黄河流域都有种植。《农桑辑要》记载说：“苎麻本南方之物，木棉亦西域所产。近岁以来，苎麻艺于河南，木棉种于陕右，滋茂繁盛，与本土无异。二方之民，深荷其利。”王祯的《农书》也说：“夫木棉产自海南，诸种艺制作之法，骎骎北来，江淮川蜀，既获其利。至南北混一之后，商贩于北，服被渐广。”但是初传入的植棉技术和棉纺织技术都很落后，棉布在社会上的使用范围远不能与丝麻相比，而这一局面的改变与黄道婆有关。黄道婆是松江府乌泥泾（今上海）人，年轻时流落到崖州（今海南崖县），中年后返回故乡，把自己从黎族人民那里学到的植棉技术和棉纺织技术带回家乡，改良棉种，改革轧花、弹花、纺纱机械和织造工艺，使棉布质量大大提高。由于黄道婆的努力，松江府很快发展成为全国植棉业的中心，并赢得了“松郡棉布，衣被天下”的美誉。

明朝官员徐光启用毕生精力撰写了一部《农政全书》，共60卷、50多万字，分为农本、田制、农事、水利、农器、树艺、蚕桑、蚕桑广类、种植、牧养、制造、荒政12类。其中大部分转录了历代农业文献的资料，徐光启自己撰写的部分有6万多字。《农政全书》是一部集我国古代农业科学之大成的著作。

明清时代我国的农业经济与农业技术都已大体上定型。明清时代中国的幅员空前辽阔，但是耕地面积却非常有限，人均占有耕地从明成化二十年（1484）的7.1市亩降到清光绪十三年（1887）的2.2市亩。土地资源的匮乏迫使社会以均分地权、维护小农经济来换取安定，从而严重地影响了中国社会的发展。土地资源的匮乏也迫使农业采取低效率的劳动密集型生产方式而排斥高效率的集约型经营方式，从而严重地阻碍了农业生产的发展。此外，地权的分散也大大限制了农业机械的推广，从而严重地阻碍了农业技术水平的提高。人口的过度增长带来了沉重的人口压力，迫使人们从宜耕区向不宜耕区扩展，在使中国的每一个角落都得到开发的同时也造成了生态环境的全面恶化。人口的过度增长也造成了粮食供应的紧张，幸亏明代引进了高产的玉米和山芋，从而缓和了粮食危机，但是在满足了口粮需求的同时又加速了人口的增长。这样一个人地关系的格局使我国的农业在明清时代达到一定的高度后就举步维艰、驻足不前了。

三、医学

人总是要生病的，生了病就要看医生，但是在原始氏族部落里给人看病的人并不是医生而是巫师。“医”的繁体字可以写作“毉”，也可以写作“醫”。“毉”字从巫，说明原来医和巫是不分的。这种传统一直到道教形成后仍然保持着，很多道士都兼为医生，道教理论家兼写医药书，道教本身也每每借助为人治病来传播教义。“醫”字从酉，“酉”字在甲骨文中写作，是酒樽的象形字，喝酒可以发汗活血，达到避寒祛邪的目的。“醫”和“毉”都从殳，“殳”字在金文中写作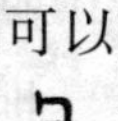，是手持砭石进行针灸的形象。分析“医”字的字源与结构可以帮助我们了解医生的来历和医生的工作。

商代还没有专职的医生，人们就是靠巫师作法来为人治病的，所以我们见到很多卜辞的内容都是因为商王生病或他的配偶生育而祈求神灵保佑。在甲骨文中表示疾病的字有两个，一个是，一个是。是会意字，是一个人躺在床上的形象，表示生病，这个字就是“病”字。部首中的“疒”就是从甲骨文字中的床演变而来的。也是会意字，是一个人被箭射中的形象，表示受伤，这个字就是“疾”字。这两个字一个是指内科病，一个是指外科病，后来把它们结合在一起，去掉“人”字，就成了“疾”字。甲骨文中提到的疾病有“疾首”、“疾口”、“疾目”、“疾耳”、“疾齿”、“疾身”、“疾足”等十几种。卜辞中分析疾病的原因一是天帝神灵降祸，二是鬼魅作祟，三是妖邪之蛊，四是气候变化；而治病的方法首先是祭祀祝祷，其次才是药物治疗。巫师既掌握祭祀又掌握药物和医疗知识，《山海经·大荒西经》说有巫咸、巫彭等十巫，他们能与神灵相通，“百药爰在”，《山海经·海内西经》也说：“开明东有巫彭、巫抵、巫阳、巫履、巫凡、巫相……皆操不死之药以拒之。”所谓“不死之药”不是指长生不死之药，而是指能救人活命之药。巫咸、巫彭的名字不仅见于文献，而且见于卜辞，可能真有其人。

西周时医生和巫师开始分开，在《周礼》中“巫祝”列于“春官大宗伯”，而“医师”列于“天官冢宰”，分属两个不同的系统。医师分为食医、疾医、疡医、兽医四科：食医负责“掌和王之六食、六饮、六膳、百羞、百酱、八珍之齐（剂）”，应该是营养师；疾医“掌养万民之疾病”，应该是内科医生；疡医“掌肿疡、溃疡、折疡之祝药劀杀之齐（剂）”，应该是外科和伤科医生；兽医“掌疗兽病”。每到年终还要对医师们进行考核，“十全为上，十失一次之，十失二次之，十失三次之，十失四为下”，并以此来决定他们的报酬，“稽其医事，以制其食”。

尽管早就有了医生，但是这些古代的医生并没有留下名字。史书上记载的第一位有名有姓的医生是战国时代的名医扁鹊。汉代画像石中有扁鹊行医图，把他刻画成一个人首鹊身的神人，在给排着长队候诊的病人看病。医学和药学因为与每个人的生命安危相关，所以每个民族都有自己的一套医疗体系，藏族有藏医藏药，蒙古族有蒙医蒙药，而汉民族的中医中药更是源远流长。

春秋战国时代，中医理论已经有了长足发展，据《汉书·艺文志》记载，汉成帝河平三年（前 26），皇家图书馆收藏的医书就有“医经七家，二百一十六卷”，“经方十一家，二百七十四卷”，但是这些医书中只有《黄帝内经》保留至今，其余的都失传了。“黄帝”是古人托名的，实际上《黄帝内经》大约成书于战国时期，由《素问》和《灵枢》两部分组成，各 9 卷，共 162 篇。《黄帝内经》对生理与病理都是依据阴阳五行来解释的，对疾病的诊断、治疗的原则、药物的功能、处方的配制也都是依据阴阳五行来说明的。现在看来，这些解释并不符合科学，但是作为现存最早的一部医书，它在医学史上应有一席之地。

在长沙马王堆3号汉墓出土了一件记录有52个病方的帛书，被命名为《五十二病方》。在甘肃武威一座东汉初期的墓中出土了92枚木牍，内容为36篇方剂，被命名为《治病百方》。这些保存至今的汉代医方是难能可贵的遗产。

东汉后期名医张仲景（150—219），南阳人，相传曾任长沙太守。他刻苦钻研并最终精通医术。建安年间伤寒流行，他的族人"其死亡者三分有二，伤寒十居其七"，于是他"勤求古训，博采众方，……为《伤寒杂病论》十六卷"。此书辗转流散，但是经后人收集整理编为《伤寒论》和《金匮要略》两部书。《伤寒论》专论医治伤寒病，《金匮要略》的内容涉及内、外、妇科各种疾病。在这两部著作中，张仲景确立了理、法、方、药具备的中医辨证论治的医疗理论，成为中医学的一部重要经典。鉴于张仲景的伟大贡献，后世历代医家推崇他为医圣。

与张仲景同时代的还有一位名医华佗，他特别精通外科，能用麻沸散实施麻醉，在全身麻醉的情况下给病人动手术。这在现在看来似乎有点神奇。华佗还通晓养性导引之术，发明了五禽戏，模仿虎、鹿、熊、猿、鸟的动作，"熊经鸱顾，引挽腰体，动诸关节，以求难老"，达到强身健体的目的。华佗的五禽戏其实是一种类似武术或体操的健身运动，长沙马王堆汉墓的年代比华佗早几百年，但是出土的帛书《导引图》倒可以作为华佗五禽戏的一个图解。

中国古代一直有神农尝百草的传说。《淮南子·修务训》说神农氏"尝百草之滋味，水泉之甘苦，令民知所避就。当此之时，一日而遇七十毒"，"始有医药"。《帝王世纪》也说："伏羲画八卦，所以六气六腑，五行五藏，阴阳四时，水火升降，得以有象，百病之理，得以有类。乃尝百药而制九针，以拯夭枉。"从这两个传说我们可以知道，中医对各种药材性能的了解就是在长期实践过程中积累起来的。长期的知识积累到汉代就形成了最早的药学专著《神农本草经》。《神农本草经》共收录了植物药239种、动物药65种、矿物药43种，其中植物的用量最大、品种最多，所以就统称其为"本草"。《神农本草经》记载的许多药物的功能，如麻黄定喘、黄连治痢、常山截疟、附子镇痛、大黄泻下等，都已被现代实验科学所证实。《神农本草经》到隋朝已经佚失，但是在其他的药书如陶弘景的《本草经集注》、唐代的《新修本草》等中多有引用。到了明代，李时珍以毕生精力编撰成一部药物学巨著《本草纲目》。全书共52卷、190万字，分为水、火、土、金石、草、谷、菜、果、木、服器、虫、鳞、介、禽、兽、人16部62类，共收药物1 892种，附方11 096则，插图1 160幅。这是一部集大成的著作，自从问世以后就受到中外医学界的高度重视，为世界医药学作出了重大的贡献。

中医有一个神奇的理论——经络理论。虽然至今仍然无法通过解剖学的方法来证明经络的存在，但是按照经络理论用砭石压迫或用针灸刺激穴道的方法来治病却是行之有效的。针砭之法的发明可能非常早，学者们认为，在商周时代甚至更早的新石器时代遗址里出土的一些尖状石器或窄小的石斧、石镰都可能是用来点穴的砭石，只是难以把它们和其他石器区分开来而已。到了汉代已经能够用金属制成的针来刺激穴道了，在河北满城中山王墓里就出土了一组西汉时针灸用的金医针，在贵州发现的汉墓里也出土过银医针，在考古中还发现过东汉时代用来供学习针灸的陶人。

医生悬壶济世、治病救人，自古以来一直深受人们尊敬，所以宗教也与医学结下了不解之缘。道教与医学的关系本来就很密切，如葛洪撰写了《肘后备急方》，陶弘景著有《本草经集注》等，佛教中也有一位专门负责治病救人的药师佛。在洛阳龙门石窟群中有一个药方洞，这个洞窟与其他洞窟的不同之处在于洞窟中除了供奉药师佛外，还在洞壁上刻有140多个北齐时期的中医药方，可以治疗37种病。如果信徒家中有人生病，在祭拜药师佛后就到洞壁上去找对症的药方，抄回去抓药服用，如果病人痊愈了就再来拜谢佛祖。信仰就是如此奇妙。

唐朝政府中已经有了完善的主管医药的机构，在门下省之下设尚药局，负责宫廷中的医药事务，在太常寺下设太医署，负责政府中的医政事务。在太医署下设有医学，分医科、针科、按摩科和咒禁科招收学生。唐玄宗时编制了《开元广济方》5卷，颁行天下，唐德宗时也编制了《贞元集要广利方》5卷，共收586方，颁行到州府，张贴在通衢大道上供人抄录。唐高宗时颁发了第一部国家药典《新修本草》。

唐代还出现了一位名医孙思邈。孙思邈一生从医，他把自己毕生积累的经验编制成《千金要方》和《千金翼方》两书，合称《千金方》。书中收载了800多种药物和200多种药物的采集和炮制方法。孙思邈由于在药物学上取得了卓越成就而被后人尊为"药王"，今天在他的家乡陕西耀县他长期居住行医的药王山上还建有药王庙。

针灸是一种简单易行的治疗方法，在穷乡僻壤之地也能施行，在中国具有很强的生命力。宋代针灸术有了新的发展。宋仁宗天圣五年（1027），王惟一著成《铜人腧穴针灸图经》3卷，统一了当时各家对腧穴的不同说法，他还设计制造了两具针灸铜人，用于教学与考核医师。考核时用蜡封住穴位，再穿上衣服，铜人体内注水，如果针刺入穴位则有水流出，否则就刺不进去。宋代的针灸铜人历经战乱现在已经见不到了，但是以后历代都有制作，明清时期的针灸铜人都有保存下来。

宋理宗淳祐七年（1247），提刑官宋慈（1186—1249）在前人不断积累的经验基础上加上自己长期的实践经验，写成了《洗冤录》5卷。《洗冤录》是我国最早的法医学专著，记载了关于人体解剖、尸体检验、勘察现场、鉴定死伤原因、自杀或他杀的区分、各种毒物以及急救方法等内容。一直到清代，《洗冤录》都是历代法医的必备参考书。

明代以前的医生们还没有认识传染病与非传染病的区别，他们对疾病的认识都停留在《伤寒论》的水平上。明代以后，医学家们通过自己长期的实践逐渐认识到传染病与一般的疾病是不同的，于是慢慢地形成了温病学说。所谓“温病”就是传染病，俗称瘟疫。明初洪武元年（1368），昆山人王履著《医经溯洄集》，首先提出温病与伤寒不同，不能“混称伤寒”。明末崇祯十四年（1641），吴县人吴有性亲自见到疫病流行“阖门传染”的情景，而不少医家“误以伤寒法治之”，导致“枉死者不可胜记”，于是写成《温疫论》一书。他认为，《伤寒论》认为病都是外感风寒而致，但是温病则是受“戾气”所感，“戾气”是疔疮、痈疽、丹毒、发斑、痘疹等疾病发生的原因，“戾气”多种多样，能使鸡瘟的不能使猪瘟，能使猪瘟的不能使人瘟，而且这种“戾气”是“从口鼻而入”的。吴有性的这些见解为温病学说奠定了基础。清中期苏州名医叶天士著的《温热论》从理论上概括了外感温病的发病途径，提出“温邪上受，首先犯肺，逆传心包”的说法，并发展出察舌、验齿、辨别斑疹和白痦的诊断温病的方法，被认为是温病学派的创始人。

四、数学

人们常常习惯性地把数学、物理、化学简称为数理化，并把数、理、化、地、生称为理科，以为它们都属于自然科学，这其实是一个误解。数学并不属于自然科学，因为自然科学是以自然存在的物质为研究对象的科学，而数学研究的对象——无论是数字与形体还是加减与乘除——在自然界都是没有的，它们都是存在于我们头脑中的一些抽象概念，所以数学和哲学都应该属于思维科学。

数学和哲学也是一套抽象的思维体系，然而因为不同的民族思维方式并不完全相同，所以他们在数学和哲学上的表现也各不相同。古希腊人擅长用理性的、逻辑的方式思维，所以他们创造出的欧氏几何学体现了一种演绎精神；古印度人善于抽象的玄想，所以他们创造出了超凡脱俗的佛教与因明哲学；中国人则长于感性的形象思维，所以几千年来主宰我们民族精神的儒家学说就是一套务实的为人处世的道理。而中国的数学则表现出强烈的算法精神。

系统的数字在商代的甲骨文中已经形成了，甲骨文中出现的最大数字为 3 万，最多的复位数为四位数，并且已经确立了十进位制。因为受到卜辞内容的限制，甲骨文中没有数学计算的记录。在湘西里耶的一口秦代水井中出土了大批简牍，其中一块木牍上写有乘法口诀表；在湖北江陵张家山出土的汉简中有一篇《算数书》，其中收录了包括四则运算、比例、计算面积和体积等 90 多个数学问题及其解答。这些实物遗存都是非常珍贵的古代数学资料。

《周髀算经》是现存年代最早的算学著作，作者佚名，成书年代约在西汉，但是其中涉及的内容可以远溯到西周。《周髀算经》讨论了宇宙观中的盖天模型，在分数运算、勾股定理等方面都取得了很高的成就。在《周髀算经》的“周公问算”中记载说周公问商高：“我早就听说您是一位擅长数学的人，请问古代伏羲测量天文和制定历法时，天没有供攀登的台阶，地又不能用尺寸去测量，他的这些数字是从哪里得出来的呢？”商高回答说：“数是根据圆形和方形的数学道理计算得来的。圆来自方，而方来自直角三角形。直角三角形是根据乘法九九表通过乘除法的计算得出来的。将一线段折成三段围成直角三角形，一条直角边（勾）为三，另一条直角边（股）为四，那么斜边（弦）就是五。”在这里商高明确地指出了直角三角形中“勾三股四弦五”的数量关系，所以勾股定理也被叫做商高定理。但是西方文献都把勾股定理称为毕达哥拉斯定理，认为它是古希腊的毕达哥拉斯首先提出来的，其实毕达哥拉斯比商高要晚约一个世纪。后来三国时期的赵爽又用弦图对勾股定理作了简洁的证明。

据《汉书·艺文志》记载，秦汉时期的算学著作还有《许商算术》、《杜忠算术》和《九章算术》，但是前两部书都已经失传了，只有《九章算术》流传至今。周代学校里传授的课目为礼、乐、射、御、书、数六艺，其中的数包括九个细目，所以称为“九数”，《九章算术》就是从“九数”发展而来的。它也不是一时一人之作，而是战国秦汉以来逐步积累发展形成的。《九章算术》的内容分为九类：①方田，主要是田亩面积的计算和分数的计算；②粟米，主要是粮食交易的计算方法，其中涉及许多比例问题；③衰分，主要内容为分配比例的算法；④少广，主要讲开平方和开立方的方法；⑤商功，主要是土石方和用工量等工程数学问题，以体积的计算为主；⑥均输，计算税收等更加复杂的比例问题；⑦盈不足，双设法的问题；⑧方程，主要是联立一次方程组的解法和正负数的加减法；⑨勾股，勾股定理的应用。《九章算术》在分数运算、比例问题、勾股定理、开方和引进负数概念等方面都处于当时世界的领先地位。但是《九章算术》并不是一部系统的数学理论著作，而是一部应用题的汇编，它共收集了 246 个具体的计算问题，并对每个问题给出了解法。它所体现的是一种解决问题的实际方法，而不是一种抽象的思辨。

《九章算术》所得出的许多结论都是正确的，但是缺少推导证明。可是到了三国魏晋南北朝时期，赵爽、刘徽、祖冲之父子等人却通过注释《周髀算经》和《九章算术》的形式对其中的许多重要结论给出了数学的证明，这种数学的思辨与当时哲学的思辨——玄学具有异曲同工之妙。

刘徽最突出的成就是在《九章算术注》中提出了割圆术，他运用这一方法得出的圆周率精度达到3.14。他还用“出入相补原理”证明了《九章算术》中的许多面积公式。后来祖冲之应用刘徽的割圆术把圆周率的精度提高到3.1415926到3.1415927之间，领先西方一千多年。祖冲之还给出了两个圆周率的分数近似值，一个是355/113，称为密率；一个是22/7，称为约率。这两个圆周率的分数近似值在欧洲到16世纪才分别由鄂图和安托尼兹推算出来。

祖冲之和他的儿子祖暅完成了刘徽没有完成的球体体积的计算。《九章算术》中认为外切圆柱体与球体体积之比，等于正方形与其内切圆面积之比。刘徽纠正了《九章算术》中球体体积计算的这个错误，指出“牟合方盖”（即垂直相交二圆柱体的共同部分）与球体体积之比才是等于正方形与其内切圆面积之比，但是他并没有得出“牟合方盖”的体积公式。祖冲之的儿子祖暅应用“幂势既同，则积不容异”，即“等高处横截面积常相等的两个立体，它们的体积也必定相等”的原理，巧妙地完成了刘徽的未竟之业，最后得到球体体积 $=\pi D^3/6$（D为球体直径）的正确公式。这一原理就是著名的“祖暅公理”。在西方它被称作卡瓦列里公理，卡瓦列里是意大利人（1591—1647），比祖暅晚了约一千年。

隋朝在国子寺中设立算学，有博士2人、助教2人，招收80名学生进行专门的算学教育。唐朝继而在国子监设置算学馆，由算学博士“掌教文武官八品以下及庶人之子为生者”30人，所用的数学教科书是专门组织编写的《算经十书》，包括《周髀算经》，《九章算术》，刘徽的《海岛算经》、《孙子算经》，韩延的《夏侯阳算经》、《张邱建算经》，甄鸾的《五曹算经》、《五经算术》，祖冲之的《缀术》和王孝通的《辑古算经》。还在科举考试中开设了“明算科”。应该说隋唐时期的应用算学是非常普及的，但是令人迷惑不解的是，刘徽和祖冲之父子在数学领域里所作出的卓越成就已经达到了中国传统数学从未有过的高度并大大领先于世界，然而当那个时代过去以后，数学领域里的这种思辨倾向和探索精神也就消失得无影无踪了。唐代的学官对于祖冲之的《缀术》已经“莫能究其深奥”，到唐代末年连《缀术》也失传了。

中国古代用来帮助计算的工具叫做“算筹”。在长沙左家公山一座楚墓中出土了一个竹笥，其中除了有天平、砝码、铜削、毛笔外，还有40根长12厘米（合当时半尺）的小竹棍，这就是用于计算的算筹。发明算筹的时间已经不可考了，《老子》说“善计者不用筹策”，估计在春秋战国时代用算筹来计算已经非常普遍了。用算筹记数有纵式和横式两种方式。《孙子算经》说：“凡算之法，先识其位，一纵十横，百立千僵，千十相望，万百相当。”也就是说，个位数用纵式，十位数用横式，百位数又用纵式，千位数又用横式，这样千位和十位是一样的，万位与百位也是一样的，遇到零的时候用空位来表示，这样就可以用算筹摆出任何一个自然数。筹算的数字是用算筹摆成的，把它写在竹简或纸上就成了筹码。宋代司马光在《潜虚》一书中以纵式筹码为基础对其进行了一番改进，成为日常使用的一套数码字。这套数码字在以后的使用中又被按照书写习惯再进行改造，最后形成一套日常记数用的数码字，也称为“苏州码子”。这套数码字中甚至还包括0，功能与现在世界通用的阿拉伯数字相仿，遗憾的是它只在茶肆酒楼用于记账而未能走向世界。

《夏侯阳算经》说筹算的方法是：“满六以上，五在上方，六不积算，五不单张。”珠算的记数形式与运算方法都和筹算相同，所以珠算是在筹算的基础上发展出来的，但是发明算盘的具体时间已经无从考证了。一般认为普遍使用算盘是从明代开始的，但是我们看到《清明上河图》中赵太丞药店的柜台上就已经放着一把算盘了，所以算盘的发明时间应该早于明代。在元末陶宗仪的《南村辍耕录》（1366）中最早提到“算盘珠”一词，并说它“拨之则动”。古代的算盘有上一珠下五珠的，在明万历六年（1578）柯尚迁的《数学通规》中，把与现代一样上二珠下五珠的十三档算盘称为“初定算盘图式”，可见这种算盘在那时才刚刚定型。明代以后各种有关珠算的著作逐渐多起来了，其中影响最大的是休宁人程大位在万历二十年（1592）写成的《算法统宗》。《算法统宗》总结了加、减、乘、除的珠算方法，并第一次提出了开平方、开立方的珠算方法。《算法统宗》的编成及其广泛流传标志着由筹算到珠算这一转变的完成，从此珠算就成了主要的计算工具，在日常生活尤其是在商业领域里得到了广泛的应用，而筹算则逐渐被人们遗忘以至于失传了。鉴于程大位对珠算所作出的贡献，后人尊他为“珠算鼻祖”。

宋元时代是我国数学发展的又一个高峰，出现了杨辉、秦九韶、李冶、朱世杰四位杰出的数学家，被称为“宋元四大家”。

宋元时期数学的突出成就之一是高次方程的数值求解。中国古代把高次方程的数值求解叫做“开方术”。继《九章算术》探讨开方术以后，北宋贾宪在《黄帝九章算法细草》的“开方作法本源图”中列出了各高次方展开式的各项系数。由于贾宪的《黄帝九章算法细草》已经失传，他的这一成果是被杨辉在自己的书中引用才为人所知的，因此以前一度称之为“杨辉三角”，实际上应该叫做“贾宪三角”。

宋元时期数学的突出成就之二是“大衍求一术”。“大衍求一术”就是求解联立一次同余式方法的发展。联立一次同余式问题最早见于《孙子算经》中的一个问题：“今有物不知数，三三数之剩二，五五数之剩三，七七数之剩二，问物几何？”这就是著名的孙子问题，它的解法用到求三个一次同余式的共同解。这类问题和中国古代历法计算“上元积年”（即假想中历法的理想起点到编历时的年数）有关。从汉代到宋代历代的历法都有自己关于“上元积年”的数据，但是都没有留下有关算法的记载。秦九韶在《数书九章》中首次对这一算法进行介绍并把它推广到解决各种数学问题中去。他提出的方法既正确又严密，500 多年后欧洲的尤拉和高斯才解决了这个问题。

宋元时期数学的突出成就之三是对高阶等差级数的研究。高阶等差级数问题和历法的推算即内插法有着密切的关系。从北宋沈括研究“隙积术”开始，南宋杨辉又进一步丰富了垛积术的类型。元代的王恂和郭守敬等人考虑了日月五星的不等速运动情况，采用三次差分的内插法原理计算日月五星的运行，成为授时历的五大创举之一。朱世杰在《四元玉鉴》中对垛积招差问题作了系统而又详细的研究，得出了关于高次招差的一般公式，从而最后完成了宋元数学在这一方面的研究工作。这在中国数学史和世界数学史上都是首创，它和牛顿在 1676 年提出的公式完全一致。

宋元时期数学的突出成就之四是产生了“天元术”和“四元术”。“天元术”和“四元术”都是以专门的记号来表示未知数从而列方程、解方程。它们的出现说明中国古代数学发展中出现了代数符号化的尝试，这是代数学的一个重要进步。在传世的宋元数学著作中首先系统阐述天元术的是金元时李冶的《测圆海镜》和《益古演段》。用天元术列方程的方法与现代代数中的列方程基本类似，用“立天元一为某某”所表达的意思与现代代数中“立 x 为某某”完全一样，只是符号与排列方式不同罢了。天元术后来被朱世杰发展为四元术，即设“天、地、人、物”四个未知数联立方程组的方法。为了求解这些方程组，朱世杰还给出了许多灵活的消元技巧。然而朱世杰的《四元玉鉴》竟成了宋元数学的绝唱。元末以后中国传统数学骤然衰落，一直到清中叶乾嘉学派重新发掘研究，而像天元术和四元术这样的宋元数学精粹竟长期失传并最终无人通晓了。

第二节　中国古代科技的伟大成就——四大发明

说到中国古代的技术成就，人们马上就会想到四大发明。实际上我们祖先的伟大发明远不止这四项，所以有人说是“N 大发明”，在四大发明之外最可以称得上第五大发明的就是瓷器。虽然我们现在每天都在使用的瓷器好像并没有什么了不起，可是如果没有瓷器的话那就只有陶器了。设想一下，如果我们天天吃饭的时候不是捧个瓷碗而是捧个花盆，那会是什么感觉？六朝时当我们的祖先早已在用瓷碗瓷盘吃饭的时候，欧洲人还在用木碗木盘呢。瓷器的发明大大提高了人们的生活质量，所以是一项非常重要的发明。还有诸如采矿炼铜、铸造钢铁、机械制造、提花织锦等都是意义非常重大的发明，不过最重要的还是四大发明。

一、指南针

相传黄帝与蚩尤大战于涿鹿之野，蚩尤作法，大雾弥漫了三天，于是黄帝命令风后制造指南车辨别方向，终于突出迷雾生擒蚩尤。据说黄帝发明的指南车“上有仙人，车虽转而手常南指”，可是后来指南车就失传了。三国的马钧、南朝的祖冲之、宋代的燕肃又都重新造出了指南车，可是又都失传了。指南车的原理是通过一套差动齿轮系统使车上的木人始终手指南方。20 世纪 50 年代王振铎先生重新造出了指南车，现在陈列在国家博物馆的门厅入口处。

指南车的设计非常巧妙，但是使用起来毕竟不太方便，大概在战国时期发明了利用天然磁石来指南的“司南”。《韩非子·有度》说：“先王立司南以端朝夕”，这里所说的“端朝夕”就是指示四方的意思。据汉代王充《论衡》记载：“司南之勺，投之于地，其柢指南。”也就是说司南是用天然磁石做成的一把勺子，把它放在地盘上，勺柄就会指向南方。可惜的是司南也没有流传下来，我们现在见到的司南是根据王充的记载复原而成的模型。

虽然司南没有传下来，但是司南的出现说明战国时代的人们已经认识和掌握了天然磁石能够指南的性质，到了宋代又进一步掌握了用人工磁化制造指南针的方法。北宋曾公亮在《武经总要》中记载：“用薄铁叶剪裁，长二寸，阔五分，首尾锐如鱼型，置炭火中烧之，候通赤，以铁钤钤鱼首出火，以尾正对子位，蘸水盆中，没尾数分则止，以密器收之。用时，置水碗于无风处平放，鱼在水面，令浮，其首常向午也。”把烧红的铁片顺着子午线的方向放置，使铁分子顺着地球磁场方向排列，达到磁化的目的。但是使用该法所得的磁性较弱，实用价值还不大。沈括在《梦溪笔谈》中提到另一种人工磁化的方法：“方家以磁石摩针锋，则能指南。”即用磁石去摩擦缝衣针，就能使铁针带上磁性。这种方法简单而且磁化效果较好。那么如何利用磁针来指南呢？沈括介绍了四种方法：①水浮法，将磁针上穿几根灯心草浮在水面，就可以指示方向；②碗唇旋定法，将磁针搁在碗口边缘，磁针可以旋转指示方向；③指甲旋定法，把磁针搁在手指甲上面，由于指甲面光滑，磁针旋转自如，也可以指示方向；④缕悬法，在磁针中部涂一些蜡，粘一根蚕丝，挂在没有风的地方，就可以指示方向了。沈括还对四种方法做了比较，并指出，水浮法的最大缺点是水面容易晃动影响测量结果；碗唇旋定法和指甲旋定法磁针转动很灵活，但是容易掉下来；比较理想而又切实可行的方法是缕悬法。沈括指出的这四种方法已经归纳了迄今为止指南针装置的水针和旱针两大体系。

南宋陈元靓在《事林广记》中还介绍了一种当时流行的指南龟装置法：将一块天然磁石安装在木龟腹内，在木龟腹下挖一光滑的小穴，放在顶端尖滑的竹钉上，使木龟可以自由转动，这样就能指南了。指南龟是后来出现的旱罗盘的先声。1985 年在江西临川县的一座南宋墓中出土了一件手持罗盘的陶俑，俑的底部写有“张仙人”三字，这应该是一个风水先生的造型，可见最迟在南宋时罗盘就已经出现了。

有了罗盘以后指示方向就方便多了，这就大大推动了航海事业的发展。北宋朱彧的《萍洲可谈》记载：“舟师识地理，夜则观星，昼则观日，阴晦则观指南针。”徐兢的《宣和奉使高丽图经》中也有类似的记录：“惟视星斗前迈，若晦冥则用指南浮针，以揆南北。”到了元代，不论昼夜阴晴都用指南针导航了，与之相应还出现了以罗盘（指南浮针）指示航海路线的著作，这表明了指南针在航海中的重要性更加显著，同时又反映了指南针制作技术和使用技巧都已臻于成熟。指南针的应用，使人们获得了全天候航行的能力，人类才得到了在茫茫大海上航行的自由。从此，陆续开辟了许多新的航线，促进了各国人民之间的文化交流与贸易往来。指南针的发明和应用是我国人民对人类的重大贡献之一。

二、造纸术

早在仰韶文化时期的陶器上就出现了类似文字的刻画符号，但是在几千年间一直没有发明量多价廉、适宜书写的材料，我们的祖先只能把文字刻写在龟甲、兽骨、金石、竹简、木牍、缣帛等材料上面。

以往人们常常说“蔡伦造纸”，把发明纸的功劳安在东汉初年的蔡伦身上，其实纸在西汉时就已经出现了。近 50 年来在考古发掘中已经多次发现了西汉时期的纸：

序号	纸名	纸的年代（公元）	出土时间（年）	出土地点	尺寸（厘米）	外观描述
1	灞桥纸	前 140—87	1957	西安灞桥西汉墓葬区（今灞桥砖瓦厂基建工地）	10 × 10.8	浅黄色，薄纸，多层压在墓内铜镜下，揭裂成 88 片，纸上有铜锈绿斑，纤维束较多，交织不匀

（续上表）

序号	纸名	纸的年代（公元）	出土时间（年）	出土地点	尺寸（厘米）	外观描述
2	金关纸Ⅰ	前 52	1973	甘肃额济纳河东岸西汉金关烽燧遗址	12×19	白色，质地好，强度大，纤维束较少
3	金关纸Ⅱ	6			9×11.5	暗黄色，质地较粗
4	中颜纸	1—5	1978	陕西扶风中颜村西汉建筑遗址	6.8×7.2	白色，柔韧，质地好，有帘纹，纸与铜器均出自窖藏陶罐
5	马圈湾纸Ⅰ	前 53—50	1979	敦煌马圈湾汉遗址	32×20	黄色，较粗，此为最完整的一张纸，尺寸为原始大小
6	马圈湾纸Ⅱ、Ⅲ	前 32—1			9.5×16	共两片，原白色，被马粪污染成土黄色，制作较精细
7	马圈湾纸Ⅳ	1—5			9×15.5	白色，质细，纤维束少，有帘纹
8	马圈湾纸Ⅴ	9—23			17.5×18.5	白色，质细，纤维束较少，强度较大
9	放马滩纸	前 179—141	1986	甘肃天水放马滩汉代墓葬群	5.6×2.6	出土时为黄色，现成为黄间浅灰色，纸薄而柔韧，纸上绘有地图，表面有霉菌污点，放于棺内死者胸部
10	悬泉纸Ⅰ	前 86—7	1990	敦煌甜水井汉悬泉邮驿遗址	12×10	浅黄色，质地好，稍厚
11	悬泉纸Ⅱ	9—23			13.5×14.5	白色间浅黄色，纤维细，质地好，写有文字，纸面帘纹明显，帘条粗 0.3 毫米，纸厚度 0.286 毫米
12	悬泉纸Ⅲ				27.5×18	浅黄色，稍厚，纸较好，写有文字
13	悬泉纸Ⅲ				13.7×7	浅黄色，稍厚，有一定强度，纤维基本分散

在内蒙古额济纳河旁发掘到的东汉时期（公元 2 世纪初年）纸张上面还有六七行残字。从灞桥纸到中颜纸、金关纸和额济纳纸，我们看到纸不仅在西汉时就已经被发明出来了，而且以后又逐步得到改善，大概到了东汉就确实被用作书写材料了。在这个过程中蔡伦是一个作出了很大贡献的人。

蔡伦是东汉和帝时的太监，曾负责监制御用器物。他总结了西汉以来造纸的经验，进行了大胆的试验和革新。在原料上，除采用破布、旧渔网等废旧麻类材料外，同时还采用了树皮，从而开拓了一个崭新的原料领域。在技术工艺上，也较之前完备和精细，除淘洗、碎切、泡沤原料之外，还可能已经开始用石灰进行碱液烹煮。这是一项重要的工艺革新，它既加快了纤维的离解速度，又使植物纤维分解得更细更散，大大提高了生产效率和纸张的质量，为纸的推广和普及开辟了广阔的道路。蔡伦把他用树皮、麻头、破布、旧渔网制成的纸献给汉和帝，受到人们的欢迎，《后汉书·蔡伦传》说："天下咸称'蔡侯纸'。"

蔡侯纸的出现，在造纸术的发展史上是一件大事，并为以后普及纸张开辟了道路。但是由于习惯的原因，两汉时期简牍和缣帛依然是十分重要的书写材料，新出现的纸张并没有能够完全取代竹帛，要到东晋元兴三年（404）桓玄下令废除简牍，这才完全改用纸张来书写文书。

三、印刷术

造纸术的发明与纸张的普及为文化的发展奠定了一个坚实的基础，而印刷术的发明对于普及知识来说又如虎添翼。

早在发明印刷术之前的战国时期就出现了最早的石刻文字——石鼓文，还普遍出现了印章符玺。汉代独尊儒术，但是在经学中发生了今古文之争，为了统一儒家经典的版本文字，东汉熹平年间把儒家经典镌刻在石碑上，这就是有名的熹平石经。东汉魏晋碑刻墓志流行，而纸和墨质量的提高又成为传拓技术的基础。所有这一切都为印刷术的诞生准备了物质条件，于是大约在公元 6 世纪初的隋唐之际出现了雕版印刷术。

把书刻在木版上虽然很费工费时，但是一旦雕成以后就可以反复印刷，这对于印制内容始终不变的宗教经卷来说是最适合不过的了。据冯贽《云仙散录》引《僧园逸录》记载："玄奘以回锋纸印普贤像，施于四方，每岁五驮无余。"可见当时佛教印刷品发行量之大。1966 年在韩国庆州发现了木刻的陀罗尼经，刻于公元 704—751 年之间，这是目前所知年代最早的雕版印刷品。据有关学者研究，认为该经是在西安翻译和刻印的。唐大中元年至三年间（847—849），崇尚道教炼丹的纥干皋任江南西道观察使时，曾“大延方术之士，作《刘宏传》，雕印数千本，以寄中朝及四海精心烧炼之者”。印书数量之多说明印刷技术已经很发达了。现存世界上第一部标有年代的雕版印刷品是咸通九年（868）王玠出资刻印的《金刚经》，由七张纸粘成一卷，每张纸长76厘米、阔30厘米，全长488厘米，刻印技术已很纯熟。唐末成都印刷的书籍中除了《金刚般若波罗蜜经》、《陀罗尼经》等佛教经典外，也有道教的符箓和“阴阳杂记、占梦、相宅、九宫五纬”之类的书籍。

印刷术用来刻印内容不变的诗集、音韵书和教学用书也非常适合。长庆四年（825），元稹记述白居易的诗歌广泛流传、为各阶层男女老少所喜爱的情景时说：“至于缮写模勒，衒卖于市井，或持之以交酒茗者，处处皆是。”他特意注明江浙一带“多作书模勒”，白居易和元稹自己所写的诗“卖于市肆之中”。“模勒”即为刊刻，反映了当时印刷出售诗集已很普遍，也反映了江浙一带印刷业已很兴盛。9世纪中叶，日本来华名僧宗睿于咸通六年（865）归国时带回印刷的书籍《唐韵》一部5卷和《玉篇》一部30卷，说明多卷本的著作也能雕版印刷了。唐末成都书肆出售的书籍中，有刻印的《字书》、《小学》等教科书，敦煌亦发现过唐末印刷的《切韵》残页。

历书和医药书籍的社会需求量非常大，也很适宜雕版印刷。唐代民间刻印历书出售的活动很活跃，《册府元龟》说：“剑南两川及淮南道皆以版印历日鬻于市。每岁司天台未奏颁下新历，其印历已满天下。”现存最早的刻印日历是乾符四年（877）历书，上面刻有节气、月份及日期，并杂有阴阳、五行、吉凶、禁忌等内容。另外还有成都樊赏、长安大刁家印制的民间日历残片。这些珍品连同上述的《金刚经》印本等均被斯坦因窃走，现存伦敦博物院图书馆。医药书在唐代也得到推广普及，开始有民间印刷出售的医药书籍，如长安东市印售的就有《新集备急灸经》，并注明“京中李家于东市印”，现存有咸通二年（861）根据印本抄写的传抄本，也为法人伯希和窃走，今藏于巴黎国家图书馆。

雕版印刷术自发明之后，不断得到发展和推广使用。雕版印刷到9世纪时已经成为一种新兴的重要手工业部门。五代时官方兴起了刻印儒家经典的活动。后唐明宗长兴二年（931），冯道等倡议发起刻印儒家经典，次年中书门下奏请“依石经文字，刻九经印板。敕令国子监集博士儒徒，将西京石经本，各以所业本经句度，抄写注出，仔细看读，然后雇召能雕字匠人，各部随秩刻印板，广颁天下”。从长兴三年起，历后唐、后晋，后汉、后周四朝，到后周广顺三年（953）的22年间共刻成印板《九经》、《五经文字》、《九经字样》各两部。从此，刻印书籍也成为政府的一项事业。

宋代雕版印刷已经大大盛行，这就为活字印刷术的发明奠定了基础。雕刻印版适合印刷内容固定而且印量大的书，而对于印量小、内容不重复的书籍就不合适了。据《梦溪笔谈》记载，宋仁宗庆历年间（1041—1048），毕昇创造了活字印刷术。

毕昇是个平民，他发明的活字印刷术的基本原理与近现代盛行的铅字排印方法完全相同。他用胶泥制成泥活字，一粒胶泥刻一字，经过火烧变硬。事先准备好一块铁板，将松香、蜡以及纸灰等混合在一起放在铁板上。铁板上再放一铁框，在铁框里排满泥活字，排满一框后即放在火上加热，松香、蜡、纸灰遇热融化，冷却后便将一板泥活字都粘在一起，再用一块平板将泥活字压平。一版印完，将铁板放在火上加热，松香和蜡融化后即可取下泥活字，以备再用。为了提高效率，将两块铁板交替使用，一版印刷，另一版排字。第一版印完，第二版又已排好，印刷速度相当快。同时准备好几套泥活字，可以重复使用。最常用的“之”、“也”等字往往各有几十个，就可以保证一版当中不至于缺字。至于偏僻字和生冷字，则可临时写刻，烧成后马上就能使用。毕昇曾试用木材制成活字，但是发现木材的纹理疏密不匀，沾水以后，高低不平，又易于和药物黏结，不便清理，因而仍用胶泥为原料制成活字。在毕昇以后约二百年（1241—1251 年前后），姚枢教弟子杨古用活字版印成了朱熹的《小学》、《近思录》以及吕祖谦的《东莱经史论说》等书。19 世纪初，安徽泾县的翟金生，按照毕昇的方法花费 30 年时间造成泥活字 10 万多个，分大、中、小、次小、最小五号。1844 年他终于印出了《泥板试印初编》，自称为泥斗板，又称泥聚珍板。

举世公认毕昇的活字印刷术是一项伟大的发明，它既能节省费用，又能缩短时间，非常经济和方便，不仅在我国，而且在世界印刷技术史上也是一个伟大的创举，它的影响是十分深远的。然而使用活字印刷术却并非易事，它牵涉到造字、排版等许多具体的技术问题，所以活字印刷发明后并没有能够取代雕版印刷。

元代，王祯创制木活字，他在安徽旌德请工匠刻制木活字 3 万多个，于 1298 年试印成 6 万多字的《旌德县志》，不到一个月，便印成一百部，速度既快，质量又好。这是有记录的第一部木活字印本。王祯在他所著的《农书》中对于写刻字体、修整木活字使其大小划一、排字上版求其平整以及如何刷印等方法都作了详细的记述，较好地解决了木活字印刷中一系列具体的技术问题。他还创造了转轮排字架，采用了以字就人的科学方法，将活字按韵分放在轮盘的特定部位，每韵每字都依次编好号码，登录成册。排版时一人从册子上报号码，另一人坐在轮旁转轮取字，既提高了排字效率，又减轻了排字工体力劳动的强度，但是元代的木活字印本现在已经看不到了。

四、火药

魏晋隋唐时代道教盛行，炼丹术在社会上层广为流行。尽管炼丹的目的是为了求得长生不老之丹和点石成金之术，但是人们在长期炼丹制药的实践中积累了丰富的化学知识，火药就是在炼丹的过程中被发明出来的。《真元妙道要略》中说："以硫黄、雄黄合硝石，并蜜烧之"，会"烟起，烧手面及屋宇"。蜜加热后会变成炭，加上硝石、硫黄混合在一起其实就是黑火药。

宋元时代火药的配方已经被掌握，在生活中它被用来制造爆竹烟火，在战争中它被用来制造火箭和突火枪。据汤涛《德安守御录》记载，北宋宣和四年（1122），陈规守德安时用"长竹竿火枪二十余条"。李曾伯《可斋续稿后集》也提到："如火箭则有九十五只，火枪则止有一百五筒。"南宋开庆元年（1259）寿春府"造突火枪，以巨竹为筒，内安子窠，如烧放，焰绝，然后子窠发出，如炮声，远闻百五十余步"。

宋元时期的许多史籍都有关于火炮的记载，其形制各不相同，有纸制、陶制、铁制等。北宋末年在抗金战争中发明了"霹雳炮"、"震天雷"等杀伤力较大的火炮。震天雷是一种铁火炮，其威力很大，据《金史》记载："火药发作、声如雷震，热力达半亩之上，人与牛皮皆碎迸无迹，甲铁皆透。"又据《宋史》记载，元世祖至元十四年（1277），"娄某以二百五十人守丹城……拥一火炮燃之，声如雷霆震，城上皆崩……火熄，入视之，灰烬无遗矣。"一炮之威能使城外元兵震惊而死，而城上守兵200多人也都炸为灰烬与城俱亡，说明了当时火药威力之大以及巨型火炮已经出现。不过这些火炮不管是中小型或巨型，不管是纸制、陶制或铁制，看来都还不是用火药放射炮弹的火炮，而是以埋藏、放置的方式或用抛石机投射并引爆的地雷、炸药包、炸弹一类的火器。

到元代出现了铜铸的火铳，中国历史博物馆珍藏的元至顺三年（1332）的铜火铳是世界上目前发现的最古老的铜炮。这种以火药的爆炸为推动力的新式管形火器的出现是一种进步。

第三节　中国古代科技的特点及近代发展迟滞的原因

英国学者李约瑟一辈子研究中国科技史，对中国古代科技的先进赞叹不已，但是他始终搞不明白：为什么古代曾经远远领先于世界的中国到了16世纪以后就落伍了？这就是所谓的“李约瑟难题”。但是李约瑟解决不了的这个难题却使中国人感到无比自豪，很多人对此津津乐道。16世纪之前，中国的科技真的比西方进步吗？中国真的是在16世纪之后才落后于西方的吗？

综观中国古代的科技成就，我们可以发现它们都是技术成果而不是科学成果。虽然我们的祖先也发现了勾股定理和圆周率，但即使像《周髀算经》、《九章算术》这样的算学著作也都是具体的应用题而不是推导的数学定理；虽然我们的祖先也天才地提出过浑天说、造出了浑天仪，但是大家还是相信天圆地方。其他诸如《考工记》、《齐民要术》、《黄帝内经》、《伤寒论》、《梦溪笔谈》、《营造法式》、《天工开物》、《本草纲目》、《水经注》、《徐霞客游记》等著作也都是技术的记载，而不是科学的理论。

古希腊的欧几里得在两千多年前就把几何学的原理几乎都奠定了，一直到现在我们在中学里所学的还是他的那一套理论体系。有人看到在数、理、化、生教科书里各种各样的定理差不多都是用外国人的名字命名的，就说中国人科技很落后，其实我们只是在科学领域的探索方面不如人家而已。有人见到“李约瑟难题”就沾沾自喜，以为中国古代科技很先进，其实我们也只是在技术领域的创造方面超过别人罢了。科学与技术是不能“二一添作五”的，如果不能全面地看问题，要么就会自卑，要么就会自傲。

中华民族是一个务实的民族，自古以来就崇尚脚踏实地的操作而不善于逻辑思维的推理，所以我们的祖先在技术的创造方面虽然有过无数伟大的发明，但是在科学理论的构建方面却实在乏善可陈。商周时代的文献《尚书》与《周易》都是经过春秋战国时代的学者整理编撰而成的，它们和诸子百家之言一起组成了中国最早的文献，集中反映了我们的祖先对世界、社会与人生的理解与解释，被当代学者称为“元典”或者“原创文化”。先秦诸子的思想是后来两千多年里中国人的思想渊薮，然而在它们中间却很少见到关注与解释自然界和物质世界的理论，唯一和自然科学沾点边的只有《墨经》。

其实在绝大多数中国人的心目中，解释世界的唯一理论是阴阳五行学说。阴阳和五行是古人对世界的一种朴素的认识，经过学者们的努力，阴阳五行学说变成了一种神秘的理论。这种理论不仅成为中国人解释社会与人生的哲学，而且也成为中国人解释世界的科学，甚至中医对生理与病理也都用这一套理论来解释。用现在的眼光来看阴阳五行学说，它所作出的解释当然是不科学的，但是在古代，如果没有了这一套学说，那么人们就会陷入无法解释的迷茫之中。除了阴阳五行学说以外，我们的祖先再也没有提出过系统解释世界的理论。所以尽管阴阳五行学说并不符合外部世界的事实，然而它却是我们祖先遗留下来的唯一一门“科学”。

对于中国古代科学理论的缺乏，常常有人从社会的角度、阶级的角度去寻找原因，其实应该从思维与文化的角度去寻找原因。科学是人们对世界的理解与解释，各个民族都有，只是各不相同：中国人说是“阴阳”、“五行”，古印度人说是“四大”、“因明”，古希腊人则说是“原子”、“几何”。之所以存在这么巨大的差别，是因为不同的民族有着不同的思维方式：中国人善于形象思维，古印度人善于抽象思维，而古希腊人善于逻辑思维，所以就想出了各不相同的道理。不同的人群有着不同的思维方式，不同的人群也有着不同的生活方式，这就叫做文化。当人类的数量还很少的时候，人们以各自的方式生活，相安无事，而当人类数量日益增多、人们迁徙并接触以后，不同的文化就发生了碰撞，碰撞的结果是有的人群处于强势，有的人群处于弱势。然而文化是人们的生活方式，并没有先进与落后之分，人人都有权按照自己的方式生活，但是对世界的认识，不同的民族会越来越趋同。现在世界上大多数人都接受了欧洲人创建的那一套科学理论体系，这是他们对人类文明的贡献，就像我们祖先的五大技术发明现在也被世界上大多数人接受一样，这是我们对人类文明的贡献。对于祖先留下的遗产我们不必妄自尊大，更不要妄自菲薄。现在全球人口已经将近60亿了，而地球只有一个，不同的民族应该保持各自的文化，但是全人类应该具有共同的文明；不同的民族相互展开竞争，但是他们共同建设着人类的文明。

自主学习

1. 科学与技术是一回事吗？它们的区别在哪里？

2. 中国古代的科学成就都集中在哪些领域？它们有什么共同点？为什么缺少物理、化学、生物之类的学科？

3. 除了四大发明以外，中国古代还有哪些重要的技术发明？

4. 中国近代科学与技术落后的原因是什么？

5. 人们常说：“落后就要挨打。”鸦片战争以后中国一直在对外战争中败北，真的是因为我们科学落后、技不如人吗？

延伸学习

1. 英国科技史专家李约瑟在其编著的15卷《中国科学技术史》中正式提出了著

名的“李约瑟难题”：“如果我的中国朋友们在智力上和我完全一样，那为什么像伽利略、托里拆利、斯蒂文、牛顿这样的伟大人物都是欧洲人，而不是中国人或印度人呢？为什么近代科学和科学革命只产生在欧洲呢？……为什么直到中世纪中国还比欧洲先进，后来却会让欧洲人着了先鞭呢？怎么会产生这样的转变呢？”请谈谈你对此的看法。

2. 鲁迅先生说：“外国用火药制造子弹御敌，中国却用它做爆竹敬神；外国用罗盘针航海，中国却用它看风水；外国用鸦片医病，中国却拿来当饭吃。”你认为鲁迅先生说得有道理吗？这就是中国科学技术落后的原因吗？

第十二章　中国传统文化的特点及其基本精神

与埃及、巴比伦、印度等文明古国和西方历史悠久的国家相比，具有五千年文明史的中国，尽管历史上曾多次分裂，但其文化的特点明显，基本精神得到了完整地传承。国家民族的统一成为全民族共同的心愿，其根本的原因在于中华民族具有共同的文化。在共同文化的作用下，不论汉族或少数民族，都会在无形中产生巨大的向心力。只要是在中国的土地上成长，即便长期接受其他文化的教育，也永远不会忘记中国的文化。这是中华文化的魅力所决定的，也是中国文化基本精神的科学性、合理性、适应性所决定的。

第一节　中国传统文化的特点

一首五绝20个字，阐述其艺术特征尚且有不同的见解，对于丰富复杂的中华文化，归纳其特点，也不可能出现一致的表述。从不同的视角考量，可以推论中国文化的不同特点，这是中国文化的丰富性和延续不断的悠久历史所决定的。所以，梁漱溟先生有十四大特征说，韦政通先生有十大特征说，赵吉惠先生有四大特征说等；或者，有些学者分解到各个文化形态中加以阐述，比较细致明确，但缺乏整体的观照。所以，我们只能从中国文化的主要成分和发展演变中作简要的概括，观照中国传统文化的主要特色。

一、强大的生命力与愈合力

中国文化具有悠久的历史，至少从史前的旧石器时代开始，中华民族的祖先已经在黄河流域创造了灿烂的文明，形成了华夏文化群、东夷文化群和苗蛮文化群，最终整合为中华文化。尽管中华文化的分支众多，形成统一的中华文化之后依然保持着文化元素的多样性，但中华文化的整体性延续五千年的事实不容忽视。中国文化强大的生命力最重要的表现，就是在融合中壮大，在战乱中发展，遭受过深重的灾难而依然生机盎然，保持着强盛的状态。

中国历史上曾经发生过多次部落、民族、割据政权之间的激烈冲突，也发生了多次文化间的冲突。早在炎黄时代，中华民族内部并没有形成统一的文化，经过部落之间的残酷战争与兼并统一，方形成了统一的政权形态，随之而来的是统一的文化。以炎黄文化集团、苗蛮文化集团、东夷文化集团为主体在兼并战争中统一起来的文化，形成了强强的联合，汇聚了强大的生命力。尽管后来的历史也不断发生割据与分裂，但最终的结果并没有影响文化的交流与融合，而强大的一统文化最终决定了中华民族的统一与团结。春秋中叶，诸侯称霸，王室衰微，从诸侯争雄到秦朝统一，战争连续了300多年；从黄巾起义到隋朝统一，中国版图内先后或同时存在数十个政权，分裂时间长达四个世纪；元政权和清政权的建立，也曾经对注重夷夏之大防的汉文化传统造成一定的伤害。但是，中国传统文化强大的生命力保证了中华文化传统的承传延续，从未出现断裂。即便遭受严重的破坏或压制，如战争、分裂、压迫歧视、杀戮焚烧、文化高压、典籍禁毁等，中国文化也能够很快医治创伤、恢复活力，其强大的生命力与愈合力，独步世界文化之林。公元前214年和公元前213年，秦朝焚书坑儒，两次大规模的文化浩劫并没有消灭《尚书》之类的文化典籍。相反，违背中国文化传统的秦王朝却灭亡了。章碣的《焚书坑》："竹帛烟消帝业虚，关河空锁祖龙居。坑灰未冷山东乱，原来刘项不读书。"

北宋灭亡，金政权实现了北方的统一，很快发现在中原地区必须尊重农耕生产，否则会带来严重的社会后果。于是，儒学、汉法被女真统治者所接受，北方的社会局面也稳定下来，短暂的文化创伤很快愈合。当金政权灭亡之际，统治者大肆杀戮文人，任意毁坏文化典籍和文明遗存。大声疾呼保全中原文化典籍资料和文化精英的，正是少数民族杰出诗人元好问。蒙古军队进入汴京前后，居民饱受苦难，尤其是文弱书生，束手无策地流离颠沛或被驱赶到山东、河北及汴京周围，随时都有被杀的危险。他们即便侥幸躲过刀枪之劫，也乏求生之技。存续道统的途径不止一条，尽管圣贤强调"朝闻道，夕死可矣"、"君子谋道不谋食"，但"皮之不存，毛将焉附"，士之不存，斯文中绝。经历了金元之际、宋元之际的文化浩劫，中原文化、中华文化并没有衰弱，文化创伤愈合的速度，从元代诗歌、散文、戏剧等文化形态中可见一斑。

清政权统一中国的过程中，对文化的创伤远甚于元初。最重要的标志就是大量文人遭到杀戮，或殉难，或战死，或不屈而死。但是，清代康熙初年的文化就已经全面繁荣。即便为了贯彻统治意志，在编撰《四库全书》过程中，乾隆实行了长达19年的禁书行动，禁书3 100多种、151 000多部册，销毁书版8万多块。但这些书绝大部分还是被保留下来，陆续被编入"四库"系列丛书之中，主要有《四库禁毁书丛刊》311 册,《四库禁毁书丛刊补编》90 册,《四库未收书辑刊》301 册,《续修四库全书》1 800 册,《四库存目书丛刊》1 200 册,《四库存目书丛刊补编》100 册。在明清两朝，经济文化最为发达的东南地区特别是常州、苏州、松江地区，遭受的文化灾难也最为惨重。明天启年间的阉祸，易代之际的毁灭性残害杀戮，东南文化名流丧失殆尽，但清初诗歌首先展现风采的是“江左三大家”和虞山诗派，云间词人的创作和影响启迪了清词的中兴。

二、独特的连续性与融合性

对照世界文化发展中的剧烈演变，中国文化相对稳定，在不断丰富升华的过程中并没有发生传承的中断和整体性质的改变，这取决于中国文化独特的连续性和融合性。

中国文化的连续性，是指中国文化从历史、物态呈现和主要内涵精神的不间断发展特性。就中国文化的历史来看，从旧石器时代黄河流域文化形态的产生，到近代鸦片战争后中国社会性质发生变化，中国的文化历史仍然是绵延不断的。即便是近代、现代的社会巨变乃至当代的社会转型，中国文化的脉络都没有发生根本的改变，只是在形式和内容上有所调整和充实丰富。究其原因：第一，中国传统文化所植根的以农耕自然经济为主体的经济形态没有发生根本的改变；第二，中国传统文化依赖的政治结构和社会结构总体上保持稳定；第三，大一统的国家形态和幅员辽阔的国土为文化的承传提供了空间保障；第四，各民族的人民致力于文化建设，维系着中华文化的生命力；第五，历代统治集团不遗余力地进行主体文化的建设、保护，并主导文化的走向，对中国传统文化的稳定延续功不可没。这不仅维系了中国文化的传承，也稳定了中国文化的主要精神内涵。

以历法制度为例，中国在古代形成的干支纪日法，从鲁隐公三年（前 720）一直沿用到清宣统三年（1911），时间长达 2 632 年，是世界上使用时间最为悠久的纪日法。举一例：公元 1900 年 1 月 1 日，是中国农历己亥年十二月初一甲戌。其中的“甲戌”就是干支纪日。再以儒家学说为例，孔子所创立的学说虽说当时有不合时宜的成分，周礼在实际上已经不可能恢复。但儒家学说强调尊君爱人，主张施仁政和明晰社会等级、维护社会秩序等思想，得到了从皇帝到百姓的普遍认同，两千多年间成为统治中国社会的主要思想。汉代、唐代、宋代、明代对儒家学说的补充、丰富或称为“新儒学”，并没有改变儒家学说的核心精神和统治地位，其连续性世所罕见。

所谓融合性，是指中国文化本身就是融合的产物，在历史进程中不断融合吸收其他文化，成为文化中的巨人。将这种现象称为中国文化强大的同化力，也未尝不可，但有文化霸权主义嫌疑。事实上，先进的文化同化落后的文化，并不是人类的不幸，相反，是人类文明进步的成果。强大的侵略者可以用武力得到一时的成功，但他们的文化并不一定能获得统治地位。“野蛮的征服者，按照一条永恒的历史规律，本身被他们所征服的臣民的较高文明所征服。”① 但中国文化的形成过程不是征服，而是融合。原始公社时期中国文化形成的炎黄文化集团、苗蛮文化集团、东夷文化集团三大文化群，各自也是融合的结果。中华文化，就是三大文化群以及周边各种文化融合的成果。秦汉以后，尽管在中国的文化版图上可以区分为北方草原游牧文化、南方山地游耕文化和中原定居农耕文化三个大类型，但各自也是多种文化融合的成果。而三个大类型的文化，相互促进，相互融合，构成整体的传统的中国文化，并不断吸收各种新生的文化。这种融合，必将长期地存在于中国文化发展的进程中，将中国文化推向更高更新更完善更强大的明天。

三、恒定的求稳定与重实际

了解中国文学的发展可以发现，现实主义传统历史悠久，浪漫主义思潮未曾达到高潮，根本原因在于中国文化心理上的重实际、求稳定。因为中华文明发祥于黄河流域，在简单的农业种植中形成了依赖土地、追求稳定生活的农耕文化心理。这是中国的文化心理，也是中华民族的民族心理。从黄土高坡到长江、两湖流域，北纬25°到40°的土地满足了人们基本的生存需求，也形成并支配了中国的农业文化。于是，躬耕于田畴，采集于原野，获取食物，收集果实，纺纱织布，制陶酿酒，养育了中华儿女。年复一年，世世代代，从事着简单而重复的劳动。尽管有时在游牧部落的进攻下或自然灾害的毁坏中不得不迁徙，但人们基本上稳定在土地上，辛勤耕作，为国家提供赋税，承担劳役。农业保障了人口的生存，维护了国家的稳定，因而受到历代统治者的重视。一夫不耕，或受其饥；一妇不织，或受其寒。不但辛勤耕作的传统代代相传，连鸟鸣（如布谷鸟）也可附会成对耕种的催促。

于是，历代统治者制定了一系列发展农业、稳定农耕经济的政策。周公姬旦说：“君子所其无逸，先知稼穑之艰难，乃逸。”②“三之日于耜，四之日举趾。同我妇子，

---

① ［德］马克思：《不列颠在印度统治的未来结果》，《马克思恩格斯文集》（第二册），人民出版社2009年版，第686页。

② 《尚书·无逸》，十三经注疏本。

馌彼南亩，田畯至喜。”[1] 管理者希望百姓种地，见到农夫的辛勤耕作便极为高兴。古代君王也有自己的一份土地，自己去耕作一番，以表示对农业的重视。皇后或许会养蚕织布，为天下先：“帝耕籍田，后桑蚕宫。”[2] 春秋战国诸侯争霸争雄，粮食安全成为争霸的基础。管仲相齐、李悝治魏、商鞅变法，均强调耕种的重要性。“霸王有不先耕而成霸王者，古今无有，此贤者不肖之所以殊也”[3]，将农业耕作看做是评价人格的标准。秦王正是看到了郑国渠对于八百里秦川的意义，才收回逐客的成命，继续修建水利设施，最终确保了秦军的粮食供应。汉代以后，历朝政府重农抑商，将农民与土地紧紧捆扎在一起，稳定了农业，也稳定了统治。

在农业文化心态的驱使下，中国文化重实际、求稳定的传统延续几千年，并形成了一些有特色的心态或习俗。一是情感上的乡土观念，不论到何方或是取得怎样的成功，总不会忘记自己的家乡。我们在看古代人物的传记时，总能发现里面忠实地记录着他是哪里的人士。直到今天，名人的传记、回忆录里，也少不了关于自己家乡的内容。二是生活上安土乐天，在自己耕作的小天地里，建立起与土地的浓厚感情，没有特殊情况，绝不搬迁。《礼记》里说：“不能安土，不能乐天。不能乐天，不能成其身”[4]，将成人与安土直接联系，定其因果。三是思维上的循环理论，将世间万物的相互关系理解为循环与转化。最典型的理论就是“五行说”，其相生相克的原理，古人坚信无疑。四是精神上易于满足，这正面理解是中华民族的优秀品德，换个角度看，就是一种惰性。对于社会的管理者来说，将能使许多事情变得简单容易。五是观念上保守固执，推动变革和进步比较困难。为了实际利益得以维护，许多不合理的或落后的制度、规范、工艺、品种等，稳定地成为决策者的选择，因为不需要付出什么代价或承担什么风险。宋代范仲淹看到数十年来的积弊，刚着手改变，就遭到保守势力恶毒反击，归于失败。王安石在宋神宗的支持下艰难变法，可支持者去世后，立即恢复了原样。六是处世上温柔执中，不会走极端。从好的方面看，是家庭、家族、国家社会稳定的重要因素，有利于社会的平稳发展。但另一方面，过于软弱容易遭到欺凌，丧失时机，甚至为执中而变得世故圆滑，苏味道的“模棱两可”就是圆滑的典型。

也正是在农耕文明的基础上，中华民族形成了注重实际的行为风格。务实，是中华民族优良的传统，并与诚信互为表里。在人的社会角色上，中国人讲究士农工商，

---

① 《诗经·豳风·七月》，十三经注疏本。
② （汉）荀悦：《申鉴》卷一，辽宁教育出版社 2001 年版。
③ （秦）吕不韦：《吕氏春秋·上农》，岳麓书社 1994 年版。
④ 《礼记·哀公问第二十七》，十三经注疏本。

各有所本，就是指每个人要有自己的事业，至少有自己的事情，踏踏实实做事。否则，就会无事生非。在具体的事务中，中国人讲究实际，反对虚夸；崇尚实效，鄙弃口号；重视内在，轻视外表。孔子没有谴责管仲不能为主而死，反而夸奖中带有感动：“桓公九合诸侯，不以兵车，管仲之力也。如其仁，如其仁!”“微管仲，吾其披发左衽矣!”[①] 王安石与司马光论名实，希望司马光看重变法的实际效果，而不是什么名称，是否符合先王之政。在语言词汇中，我们有不少务实的谚语俗语和词语。“一分耕耘一分收获”、“大人不华，君子务实”、“不经一事，不长一智”、“精诚所至，金石为开”、“酒香不怕巷子深”、实在、实际、实惠、实情、实物、实务、实业、实体、实证、实用、实质、实学、实录、实像、实践、实数、实心、实载、实发工资、实际收入、实际面积、实事求是、诚实、老实、求实、真实、踏实、事实、切实、落实、委实、信实、确实、板实、敦实、笃实、核实、憨实、结实、皮实、平实、其实、妥实、稳实、现实、严实、扎实、忠实、壮实、着实、如实，等等。在文学艺术中也是如此。现实主义风格精神是中国文学的主流，从“诗三百”形成的表现现实生活、反映现实社会和个人的真实情感与思想的创作风格，得到了文学史上绝大多数诗人的继承，出现了杜甫、白居易、陆游等杰出的现实主义诗人。即便是情怀浪漫的杜牧，诗歌中的意象也是以目之所及为多，其《齐安郡后池绝句》的“菱透浮萍绿锦池，夏莺千啭弄蔷薇。尽日无人看微雨，鸳鸯相对浴红衣”，是由动物、植物、人物、声音、色彩组成的画面。诗人通过对实际景物的描写展露心迹，而不是直接抒情。在奖励或救助方面，中国的百姓希望得到真正的实惠，而不是空头支票，并不欢迎“十家租税九家毕，虚受吾君蠲免恩”（白居易《杜陵叟》）的现象。在为人处事、待人接物上，务实的精神演化出诚实、可靠、诚信。中国人有着诚信实在的优良传统，在传统道德修养中，诚信可靠极为重要。曾子说：“吾日三省吾身：为人谋而不忠乎？与朋友交而不信乎？传不习乎？”[②] 孔子说：“人而无信，不知其可也。大车无輗，小车无軏，其何以行之哉!”[③]

四、严肃的君父观与民生观

从文化类型区分，中国文化属于伦理型文化，特别是种种社会伦理规范与等级制

---

① 《论语·宪问》，十三经注疏本。
② 《论语·学而》，十三经注疏本。
③ 《论语·为政》，十三经注疏本。

度，这与佛教所追求的人人平等相悖。而伦理上的君父观与民生观，就是在“三纲五常”的规约下，尊敬君父，然后关照民生，是对君权的绝对尊崇和对民意的淡化，与原始儒学的重民精神背道而驰。

“民为贵，社稷次之，君为轻”①，多么精辟的论断，但也仅是论断而已。得到百姓的拥戴就能成为好的君王，就能够江山稳固？历代统治者清楚，这可以作为口号，在实际施政中如果没有君王的权威，何以维系政权的稳固？所以，董仲舒说了真话，定出了君为臣纲、父为子纲、夫为妻纲的条例。其实，不仅儒家，中国古代不少学派都存在尊君思想，只是程度有所不同而已。即便是佛教，在中国也不得不结合中国的实际，接受君权思想和等级观念。

韩非子强调，“事在四方，要在中央。圣人执要，四方来效”②，明确了中央集权的行政构画，确定了君权的至尊地位。于是，君王掌握中央集权，具有无上的权威，畜养臣民于四方，以供君王驱使。臣民对于君王，所能做的就是顺从君王，以君王的是非为是非，认识、思考、辨别、分析、言动等，必须以君王的意志为转移。如果有人敢于挑战君王的权威，就是大不敬，是大逆不道，须人人得而诛之。于是，君王贤明，则国家兴旺，会带来社会的进步与繁荣。中国历史上不乏这样美好的典型，如“文景之治”、“光武中兴”、“贞观之治”、“开元盛世”、“乾嘉盛世”成为赞美的榜样。可是，它们相对于中国封建社会漫长的历史只不过是瞬间而已。相反，庸君、昏君、暴君却是不胜枚举。与政权体系中的尊君思想一致，在家族家庭生活中，父权、夫权思想也深入人心。这些思想在相当一段时间内为人们所诟病，但其中曲直，因视角而异。

伴随尊君思想而生的是民本主义，即“民为邦本”的思想，并不是民权、民生至上。所以，中国的民本主义，不同于西方的“人文主义”或“人本主义”。文艺复兴时期提出的“人文主义”，是为了对抗“神本主义”。因为“神本主义”符合欧洲封建统治集团的利益，主张抑制人性，顺从神性，维护地主庄园的秩序，保持宗教与封建政权相结合的政体。而对于新型经济关系和生产方式持认同观念的文艺复兴运动人士，以“人文主义”与之抗衡，就在情理之中了。而“人本主义”的提出，是19世纪德国最后一位古典主义哲学大家费尔巴哈的贡献。他是将人作为动物对待，排斥了人的生存环境、思想道德和社会关系，尊重作为生物的人的自由与欲望。

而中国的“民本主义”或“民本思想”，其出发点并非民，而是邦、国、君。而

---

① 《孟子·尽心下》，十三经注疏本。
② 《韩非子·扬权》，诸子集成本。

民是构成邦国的基础，有了民，君才有了可以统治的邦国，才有了可供统治的对象。于是，就出现了许多爱民的故事和论说，儒家无疑是对民关注最多的。孔子主张施仁政，行王道而反对争霸、反对战争，目的是为了维护社会秩序，使天子有民可治。所以，成功的君王需要养民。“五亩之宅，树之以桑，五十者可以衣帛矣；鸡豚狗彘之畜，无失其时，七十者可以食肉矣；百亩之田，勿夺其时，八口之家可以无饥矣；谨庠序之教，申之以孝悌之义，颁白者不负戴于道路矣。七十者衣帛食肉，黎民不饥不寒，然而不王者，未之有也。”[①] 这一切看起来很美好，但只是理想，而且说得也很直白，就是为了能成为王。所以，这里有一个逻辑关系：让百姓能够养生丧死，衣食丰足，不是竭泽而渔，不是占用农民的耕作时间节气，就能够保障民生。民生得到保障，就能得到民心民意，就可以得到民所贡献的粮食、布帛、金钱、劳动力等。于是，国家机器就能正常运转，由此，则国家稳定，君权稳固。反之，是另一个因果关系：民不聊生，死亡流亡，田园荒芜，钱粮布帛无所出，民变民乱，国家机器不能运转，国亡君死。所以，民本思想的出发点是维护君王的天下。

五、凝重的文化心态与文化伦理

中国文化是统一的文化，又是多民族多元素融合的文化。从今天的考古学上划分，有发祥于黄土高原到黄河中下游地区的华夏文化群，由炎帝、黄帝、共工等文化部落构成，黄帝陵的发现证实了史籍的记载；东夷文化群，由大汶口文化、龙山文化、青莲岗文化等组成；苗蛮文化群，由大溪文化、屈家岭文化、河姆渡文化、良渚文化等构成。在跨入文明社会之前，中国文化已经以多样文化合成的姿态出现。各种文化的共存并形成统一的文化，需要统一的文化精神统摄。于是，炎黄文明精神成为中华文化的统一精神，即华夏文化成为中国文化的主流。秦汉以后，中华文化实际上又存在北方游牧文化、南方山地游耕文化与中原定居农耕文化的冲突与融合的现象。文化形态的多样化和文化功能的复杂化，造就了中国文化的凝重性。简单地说，多元文化的结合以及客观存在的文化差异与文化一统的格局，是导致中国文化心理具有凝重性的原因之一；中华五千年文明史，积累了丰富的文化遗产，同时也承传了优良的文化传统，厚重的文化积累是中国文化心理具有凝重性的又一个原因；不同文化在中国文化发展进程中的累积，各家学派对中国文化的共同作用，导致了中国文化继承的全面性，加强了中国文化的凝重感；与宗法制度和社会政治格局的紧密联系，决定了

---

① 《孟子·梁惠王上》，十三经注疏本。

中国文化的伦理型范式。将各种文化现象与文化活动纳入了时代政治的主导意志轨道，导致文化的独立精神减弱，是中国文化心理凝重性的重要原因；社会政治与历史演变赋予文化的教化责任，削弱了文化的娱乐特性，而强化了文化的政治职能，加强了文化的凝重性。

因此，中国传统文化尽管一统而强大，但缺乏开拓创新精神，是一种内敛的德性文化。这种文化对内是谦和稳重，讲究实际，重视群体而忽视自我，尊重集体、宗族、民族与国家的利益，而轻视社会个体的权益；对外是保守自封，盲目排斥外来文化，在愚昧保守的文化心态驱使下，中国文化难以发生质的超越。并且，以经学为核心的社会科学发达，自然科学难以发展，自然科学的成果也难以转化为生产力。

同时，文化的价值取向与宗法制度下的政治价值取向一致，也决定了中国文化伦理的凝重性。在西方，是宗教引导文化，但文化具有独立性，甚至影响社会政治的走向。在中国，宗教只能影响文化，但自身也成为文化的一部分。对文化发展起决定作用的，仍然是政治，是政治决定了文化的发展方向和速度。翻开中国的历史，几乎每朝每代都可以看到君王对文化建设的重视。周公制礼的宗庙祭祀制度，是一种礼仪文化建设；曹丕即位之前，直接确定了文学创作的地位价值；唐太宗与文士唱和，虽然是皇家风范的显示，也是有意识主导诗人的取向；宋代开国，不仅宋太祖的诗歌气度得到臣下的追捧，宋太宗连臣下的字体也加以干预，编印《醇化阁法帖》供臣下临摹；明代朱元璋称宋濂为开国文臣之首，就是推出文化榜样；清代先后编写多部文化典籍，表明了帝王对文化的重视，更明确了帝王权力是文化主宰的观念。

中国的传统文化，建立在以农耕经济为核心的自给自足的自然经济基础上，是一种稳定的内敛文化。中国文化对社会政治结构具有较高的依存度，其文化伦理切合了社会政治的需要，是一种柔顺的政治文化。社会政治的历史演变，客观上对中国文化的主导作用时有强弱，中国文化需要形成独特的轴心，以维系自身的发展延续。因此，在没有宗教主导的环境中，中国文化依托宗法制社会对人伦的影响，形成了以宗法制为内核的道德文化，真正体现中国文化独立性精神的，正是道德文化。

六、学术的经世致用与独尊经学

经世致用，不是一个时髦的命题，也不是人人愿意接受的概念。西汉初年的董仲舒，将儒家经典的解析与汉代政治经济的实际需要结合起来，就是一种经世致用的儒学。北宋王安石强调文章应该有补于世用，而不仅仅是文辞华丽。南宋偏安一隅，形势危急，浙东的儒学家强调实用、事功，有着明确的功利性和实践性，也取得了一定的成功。永嘉学派的叶适，能学问、能文章，也能带兵打仗，以少胜多。永康学派的陈亮，被辛弃疾许为诸葛亮式的人才，可惜未尽其用而已。金华学派的吕祖谦，重视从历史的成败得失中吸取教训，为当今的社会服务。因此，注重学业的经世致用，从汉代经学兴盛开始，就已经养成了传统。即便没有明确提出，实际效果也是如此。刘向的《新序》，就是写给皇帝看的书，目的在于皇帝能够从中吸取治乱之道。唐代的科举考试，进士科有“试策”一项，就是考核学子对于具体问题的理解认识和处理能力。宋代延续了这个项目，鼓励学以致用。苏轼的“进策”中最著名的篇章就是《教战守》，探讨对平民百姓实行军事训练的重要性以及怎样进行战守培训。明代学者多为八股文高手，但成功之后，发现当初熟读的教材在官场上并没有实际的作用，于是形成了教读的制度，新进士进入官场，往往由座师培养指导，以养成治事的能力。所以，东林书院的精神领袖们着意将儒家经典的正本清源与经世致用的能力结合，特别注重实用学科知识的传教。京城开办的首善书院，讲习的主要内容已经不是儒家经典，即便重视儒学原著的经意，也是为了指导后学端正心志，而更重视的学问是钱粮、车马、赋税、治边、水务、买卖等，培养的是实用科学和实用人才。尽管为时短暂，也是东林治学精神的继承发扬，与经世致用的学术主张一脉相承。但是，学术的经世致用，是以经学独尊为前提的。

中国传统文化中的经学具有不可动摇的一尊地位。中国文化中的学术虽然不是一成不变的，但经学是传统的学科，是两千多年学术历史的主流。先秦时期是诸子之学，儒家是显学中成就和影响最大的一家；两汉由于“罢黜百家，独尊儒术”，经学盛况空前，儒家经典著作得到了全面的搜集整理，微言大义和字词音声义的研究成果惊人。郑玄的出现，标志着两汉经学达到高潮。魏晋时期虽然玄学盛行，玄学讽刺批评名教的同时，并没有摆脱儒学的影响。隋唐的佛学甚为发达，但国家的主流文化是儒家文化，是经学。不仅有字句音义研究的权威孔颖达，更有韩愈这样的文坛巨匠传承儒学经典，强化儒家思想和经学的崇高地位。宋明理学和清代小学（朴学），前者侧重阐释经典蕴意不免支离，后者注重音韵文字而精细至极。不管致力于意义的诠释还是侧重于音形义的考证，都是经学的组成部分，是经学尊崇的地位所带来的学术繁荣。所以，经学对于中国文化的影响，深刻而广泛。

首先，经学一尊，儒家思想渗透到中国文化的各个领域，压制了其他学科的生存发展，不利于中国文化各领域的全面繁荣。以文学为例，经学影响下的文学承担起传道的功能，“文以载道”、“文以明道”成为文人的共识。即便“言志”、“言情”，也必须在道的范畴之内。韩愈所说的“道”，就是儒家的经典和儒学的思想。欧阳修所论的道，也主要是儒学经典。清代桐城古文，从戴名世开始就注重“言有物”，而此物就是道，与手法技巧、语言词汇一样，是文章不可或缺的，“道也，法也，词也，三者有一之不备而不可谓之文也”①。方苞、刘大櫆、姚鼐的古文理论，正是在此基础上发展起来的。文学创作受到道的限定，也就限定了文学创作的内容和精神，创作成就当然也受到了影响。

其次，崇尚经学，影响了中国文化的学科分类。在经学的笼罩下，各门学科没有独立的地位，难以得到充分的发展空间。本来，经学的理性思维特征，对于自然科学是具有指导意义的，但经学凌驾于一切学科之上，无形中取消了其他科学的独立性。没有独立性的学科既不能引起学人的重视，也得不到应有的扶持和发展空间。即便有了创新成果，或先进技术，也难以运用到实际生产生活中。中国古代的四大发明，就是典型的例子。如火药，中国人发明了，但用来敬鬼神居多，传到国外，就被制造成杀人的工具。还有指南针，西方人用来指示航海，开疆辟土，掠夺资源，而我们的“学者”却用来定方位、看风水。北宋沈括的自然科学研究，当时在国际上处于领先地位，但并没有用来指导生产工具的改良和生产工艺的革新。

再次，经学大义禁锢了人们的思想，不利于民族精神的发展进步。在儒家经典思想的影响下，国人不仅对社会人生“思不出其位”，思想有所变化，也立即遭受限定、批判甚至惩处，所以难以接受先进的政治哲学思想。明代后期的思想家李贽，仅仅发表些诸如“圣贤之道，不过百姓日常”之类的观点，将统治者认为应该禁绝的小说戏剧名著等同于儒家经典，后果是被视为异端，关进监狱，自杀身亡。因此，中国自“百家争鸣”之后，思想上很难有新的突破。直到近代，以严复等人为代表的觉醒的一代，吸收了西方的进步思想，对中国文化和中国人的思想进行启蒙，才有了后来的科学、民主思想。从客观上讲，经学一尊，对于政权的稳固和社会的稳定，有不可替代的作用。

最后，经学传统削弱了宗教的影响。中国从未出现过某个宗教占主导地位的局面，宗教始终处于从属的地位，对国家的社会政治不可能产生较大的影响。不可否认，中国的各种宗教都是中国文化的组成部分。但任何宗教都没有像儒家学说这样受到统治者的重视和扶持。汉代的学馆设立，是为了传承儒家经典，甚至在朝廷专门设立“五经博士”，他们拿着朝廷丰厚的待遇，专门从事研究，在中国的任何宗教也不能与之比拟。经学传统对于宗教的影响，是多层面、多角度的，是不同文化元素相互作用的结果，也是历代统治者有意识的举措，需要深入分析，才能真正理解中国文化的复杂性。

---

① （清）戴名世：《戴名世集》卷四《己卯行书小题序》，中华书局 1986 年版。

第二节　中国传统文化的基本精神

中国传统文化经历了几千年的发展演变，聚合了丰富的文化精神，也是中华民族的民族精神。上自日月星辰，下至花草虫鱼；大自国家朝廷政治，小到普通百姓的饮食起居，无不浸透着中国传统文化的基本精神。总体说，中国文化的基本精神是和谐完美、敦厚刚健、积极有为、以人为本，崇尚平和中庸，是一种温文尔雅的德性文化，在不同的时间、地点、环境中，中华文化精神的主要方面不会发生改变。所以，中国文化不具有扩张性，没有霸气，是和蔼可亲的文化。中国文化的基本精神，温柔宽容，整体缺乏张扬的意识。但针对具体的问题，在特定的条件下，中国文化基本精神的某些方面，可能会成为主流，得到强化和放大，从而成为一种特殊的力量。世界上任何民族的文化精神，都会如此。

一、天人合一

天人合一的观念具有悠久的历史，是中国文化的基本精神之一。中国文化的天人合一，有别于西方文化的人定胜天。从字面上看，中国文化的天人合一是讲究人与自然的融合，但实际上，不仅是人与自然的融合，更是人化的自然与异化的人的融合。中国文化比较重视人与自然的和谐统一，在他们看来，天与人、天道与人道、天性与人性是相类相通的，因而可以达到统一。而西方文化则强调人要征服自然、改造自然。

上古时期的天人合一，就是人神合一。因为人类在自然面前显得极为渺小，希望自然能够眷顾人类，按照人类的需要产生万物。原始人类在地上遇到许多难以理解的现象，遭遇到无数难以克服的困难，因此认为有一个超乎想象的力量在操纵一切。于是，神的概念被创造出来。神是什么？孔子说“山川之灵，足以纪纲天下者，其守曰神”①，“山林川谷丘陵能出云，为风雨，见怪物，皆曰神”②，这些都是在地上操纵万物的力量。但很快，神就跑到了天上，“天神，引出万物者也”（许慎《说文解字》）。神与天发生了联系，“神人合一”也就演变为“天人合一”。而人也就按照天

① 《国语·鲁语下》，岳麓书社 1988 年版。

② 《礼记·祭法》，十三经注疏本。

的意志行事，顺应天道。于是，人按照天的规则行事，就是接受了自然的规律与神的意志。所以，春秋以前，天与神的概念的提出，源于人们的恐惧心理、生存愿望和多元崇拜。天或神，基本上还是人格化的。这个意义上的天人合一实际上就是一种天人感应，具有浓厚的迷信成分。春秋时期，天的含义发生变异，包含了古人不可知的宇宙和可见可触摸的自然万物，天的含义就成了自然、神灵，并衍生出必然等含义。

春秋战国时期的“天人合一”，被赋予了哲学家的抽象思维结晶。孟子在道德境界上强调天人合一，“尽其心者，知其性也；知其性，则知天也”[①]。这里的天是一种无限，也有必然的含义。庄子的天人合一在自然意义的阐述上，这个天就是自然。人不要有无，不要文明，要达到一种原始的同一。庄子在哲学的层面提出人与自然的统一性，提示人们从文明的异化中走出来，具有深刻意义。这种消极的思想并不符合人类文明进步的方向，实际上是因为不满而逃避现实，以一种逆向思维的方式提出来的。客观上，在庄子哲学对于天人关系的论述中，后人更愿意接受物我等量齐观、没有界限的含义，所以庄子哲学中的自然主张，对于中国古典诗歌的意象选择和审美倾向，产生了重要的影响。但先秦哲学观念上的“天”，不仅是自然，还包括了复杂的“天意”、“天时”、“天道”等含义。如《周易》中的天人合德，就是人与天地和谐一致的意思。《周易》六十四卦，每一卦均是六爻。初爻、二爻是地道，三爻、四爻是人道，五爻、六爻是天道，人立于天地之间，须与天地合一。这种天人合德的思想，是春秋战国时期关于天人关系的理性概括，也是后来天人合一思想的经典依据。但《周易》的表述包含两个含义：一方面尊重客观规律，另一方面又注意发挥人的主观能动性。运用到实际事务中，则成为审时度势的最好借口。越王勾践了解到“今吴王淫于乐而忘其百姓，乱民功，逆天时，信谗喜优，憎辅远弼，圣人不出，忠臣解骨，皆曲相御，莫适其非，上下相偷”，图谋伐吴，谋臣范蠡认为时机尚未成熟，但难以驳斥越王的道理，就说“人事至矣，天应未也，王姑待之”[②]，以天意阻止了勾践的急迫计划。因此，“天人合一”被不同时期不同需要的人赋予了不同的含义。董仲舒的天人感应论，是愚昧的、迷信的，但董仲舒的目的，是配合“君权神授”的精神，确立君权不可动摇的地位。违背了君权，就是违背了天意、天道，这是常人不敢迈出的一步。

当然，哲学上强调的天人合一，主要的观点还是人与自然的融洽和谐。张载在中国文化史上第一次明确提出了“天人合一”的命题，是基于他对三才（天、地、人）

---

① 《孟子·尽心上》，十三经注疏本。

② 《国语·越语下》，岳麓书社 1988 年版。

理、气的思考。他的天人合一观有三个要点：一是天人统一于气，都是由气的相感应而形成；二是道德化的宇宙，宇宙是有人间的道德思想的；三是人在自然与道德上，与天是统一的、相通的。其关键就是把宇宙伦理化，进而人与之合一，这是理学的核心理论。

天人合一的观念，在思想家那里具有高深的含义，但到民间，却演化为崇拜甚至迷信。"天人感应"、"天意"、"天道"等哲学命题，转化为迷信的惊恐膜拜的理由，于是也在特定的语境中转变为阻止错误甚至犯罪的说辞。对天意的尊重甚至恐惧，在一定的条件下可以劝善止恶，对于社会的安宁，可以发挥法律所不能起到的作用。此外，皇帝是天子，代表天在人间主持一切，天人合一的观念有利于维护君权的稳定。

所以，不可否认，天人合一有迷信的一面。但天人合一理论的另一面，则昭示人要服从自然规律，并合理地利用这种规律，以达到生存、发展的目的。天与人要达到一种和谐的状态，而不是一方无条件地服从另一方，或把天看作一个被动的、可以随意征服的对象。天人合一、天人感应观念的积极意义，也应该予以足够的重视，以利于精神文明的建设。

二、以人为本

人本主义在中国由来已久，简单地说，原始哲学论述不论是儒家还是法家、道家、墨家，都是建立在人的基础上的学说。墨家反对统治者为了争权夺利而发动战争，强调"兼爱"，是对人的尊重。法家论述法术，也是针对人的治理。道家虽然阐述了许多空玄深奥的道理，论述了人与自然的关系，但让人们"甘其食，美其服，安其居，乐其俗"的理想①，也是人本主义的体现。儒家民本理论更不用说，都是从人事出发立论的。孔子充分尊重人的权利，认为"仁者，人也"，就是把人当人看待，尊重人的生存需求。所以，"厩焚。子退朝，曰'伤人乎?'不问马"②，说明在孔子眼里，人是第一位的。孔子的立论，也都是以人为出发点的。就孔子读"诗三百"的态度来看，也可以知道人在孔子学说中的地位。"诗三百"中，既有复杂曲折的婚姻、爱情咏叹，如《关雎》、《蒹葭》、《静女》、《氓》等，也有描写人的行为和思想比较出格的篇章，如《柏舟》、《桑中》、《野有死麕》、《株林》、《新台》、《墙有茨》等。孔子的观点是"思无邪"，是认定作者的思维、动机"无邪"，读者也应该

① 《老子》，诸子集成本。
② 《论语·乡党》，十三经注疏本。

尊重作者，用健康的态度对待。新儒学中一些忽略人性甚至压制人性的思想，并不符合儒家创始人的精神。基于人本主义的出发点，孔子不会谈论妖魔鬼怪等人以外的事情。即便学生问及，也是搪塞过去，并批评学生的这种倾向。“务民之义，敬鬼神而远之，可谓知矣”[①]，对于鬼神，聪明的做法是敬而远之，不必笃信，更不必“事”。当学生问怎样事鬼神时，孔子说：“未能事人，焉能事鬼?”人死之后，情况怎样，孔子说“未知生，焉知死”[②]，还是强调先将人的事情、人活着的事情弄清楚。这说明孔子是以唯物主义精神和科学态度对待生死鬼神的，坚决不谈人以外的事物，因为他创立的儒家学说是人的哲学，“子不语怪力乱神”[③]。所以他也不相信迷信活动会有什么效果。孔子病重了，子路请求为他祈祷，孔子幽默地说了一句“丘之祷久矣”[④]，意思是不必祈祷，没有用，还是做些有用的事情。

其实，在孔子之前，人们一方面尽心地供奉着神灵，另一方面，对神灵也不是绝对的信任。僖公五年（前655），晋献公假道于虞，要讨伐虢国，宫之奇看到了晋献公的动机，但虞公相信鬼神的保佑，不加拒绝，也未防备。宫之奇明确地说“鬼神非人实亲，惟德是依”[⑤]，依赖鬼神的后果是国家灭亡，相信天命的结局是“身死国灭，为天下笑”[⑥]。

从《周易》对天、地、人位置的认定看，人处于核心地位；从原始文明中阐述的人神关系看，人是主体。这说明，人本主义在中国早已深入人心，并贯彻到不同的学术流派中。但中国的人本主义的含义与西方有本质的区别。西方学者所论述的人文主义，是与神本主义相抗衡，包含有民主思想的成分的。而中国的人本主义，是指中国哲学讨论的主要对象是人而不是神，也不是自然。在哲学上以人为讨论主题，称为人文主义。中国传统的哲学著述中，肯定在天、地、人三者之间，以人为中心；在人与神二者之间，仍然以人为中心，这就是人本主义的基本含义。运用到社会政治上，就需要推行仁政。人不仅是天地万物的中心，与天地为一，还有相当的主动性和力量，可以“赞天地之化育”，与天地“相参”，在宇宙中拥有优势地位。表象上，是人按天意在“承运”，内涵上，“天”却是人们实现道德理想的手段，天人之间，人为主导，人是目的，充分体现了以人为本的文化精神。

---

① 《论语·雍也》，十三经注疏本。
② 《论语·雍也》，十三经注疏本。
③ 《论语·述而》，十三经注疏本。
④ 《论语·述而》，十三经注疏本。
⑤ 《左传》“僖公五年”，岳麓书社1988年版。
⑥ （宋）欧阳修：《新五代史》卷三七《五代史伶官传序》，二十五史本，上海古籍出版社、上海书店1986年版。

中国文化的人本主义，在天人关系上是对人的充分肯定。天人合一之“天”已经是伦理化的天，即天是人的本质的某种反映，代表的是人的思想理念。儒家具有强烈的无神论倾向，儒家学者一贯反对以神为本。孔子虽然承认天命，但对鬼神采取存而不论的态度。孔子是将现实的人生问题、人的生命问题始终放在第一位。经过两汉、魏晋的发展，最后在宋明理学中得到集中的体现：不论是理学的“气本说”，或是“理本说”、“心本说”，均植根于人而展开。中国文化之所以在中世纪诸大文明体系中是唯一一个世俗的文明，与此有直接关系。中国文化的人本主义，还表现在道德伦理论述方面，强调把人放在三纲五常的伦理体系之中，人通过这种伦理体系来实现自我，同时人也必须服从这种体系。所以尽管中国文化的人本主义是一种人文主义，但是人却照样被放在各种等级之中。另外，对道德的过分强调忽略了自然科学，也是其不良影响之一。但人伦毕竟是一种客观的存在，而且人伦道德取代宗教信仰，这是使中国成为一个无神倾向的国家的主要因素。

三、刚健有为

刚健有为就是人必须具有坚强的性格、勇敢的精神，在人世间有所作为。刚健有为是儒家、法家、墨家思想的主流，孔子的阐述对此作了内容与哲学上的奠基，使之一直是中国文化精神的主流。

刚健的精神表现在个体上，就是一种独立不屈的人格和坚定的信念。孔子说：“士不可以不弘毅”[①]，弘毅就是心胸宽广、意志刚强。“三军可以夺帅也，匹夫不可夺志也”[②]，“志士仁人，无求生以害仁，有杀身以成仁”[③]，认为只要能够实行仁德，宁可牺牲自己的生命，也绝不能贪生怕死。孟子更是明确表示“舍生而取义”[④]，认为大丈夫应该具有“富贵不能淫，贫贱不能移，威武不能屈”的气概[⑤]。孔子、孟子的论述，成为中国文化精神中坚韧刚毅性格的基础，也是中国历代文人所奉行的信条，是中国文化人文精神的组成部分，更是中国文人人格力量的源泉。孔子自己，正是刚健个性、刚毅人格的典型。

---

① 《论语·泰伯》，十三经注疏本。
② 《论语·子罕》，十三经注疏本。
③ 《论语·卫灵公》，十三经注疏本。
④ 《孟子·告子上》，十三经注疏本。
⑤ 《孟子·滕文公下》，十三经注疏本。

"孔子之时，上无明君，下不得任用"[①]，可以说是个失败者。因为不满鲁国执政者季桓子的作为，也为了自己的政治和学术主张，孔子周游列国，饱经风霜，积极向卫、宋、陈、蔡、齐、楚的国君提出治国的主张，但没有被接纳。直到晚年回归鲁国，聚徒讲学，著书立说，孔子也从未动摇自己的信念。正是这弘毅的文化性格和坚持不懈的努力，造就了圣人。

战国时代，列国争雄，也需要杰出的人才为君主谋划。有便捷的成功者，也有凄惨的失败者。其中，苏秦以"出门数岁，大困而归"[②]，遭到嫂妹妻妾的讪笑，闭门读书，细心揣摩，终于有成。游说诸侯，搅动天下，荣归故里，嫂前倨后恭。

司马迁坚持自己的观点，为李陵辩护。即便遭受奇耻大辱的腐刑，也没有改变自己的态度，并以惊人的毅力完成了中国史学史上第一部纪传体通史《史记》的著述，达到了自己设定的"究天人之际，通古今之变，成一家之言"的目标。这种坚持独立的人格、注重气节的思想精神，无疑是中国传统文化之精华。刚健弘毅的文化精神，也成为历代仁人志士的精神坐标。苏武出使匈奴被扣，北海牧羊 19 年，汉节不离其身，最后终于回到汉朝；玄奘法师西游取经，历尽千难万险，历时 16 年，取得经论 600 余部回归长安；南宋洪皓出使女真，被扣留 15 年不肯顺从，终于回到南宋，将了解到的金政权情报上奏朝廷；范成大在宋孝宗乾道六年（1170）出使女真几乎被杀，但抱着"提携汉节同生死，休问羝羊解乳否"的坚毅精神[③]，得以全节而归；文天祥"臣心一片磁针石，不指南方不肯休"[④]，以生命完成了对刚健弘毅人格的塑造。明代的文臣，不少人将人格精神的追求置于生命之上，被杖刑而死的大臣数十，伤残的更是难以计数，但依然敢于向皇帝抗辩，终于迫使嘉靖不能为生父封皇，并扳倒了严嵩。天启年间的十三君子，尽管命在旦夕，但没有一个向魏忠贤屈服，这是正人君子在封建时代演奏的最惨烈乐章。刚健弘毅，是中国文化对民族精神的哺育，也是民族性格的体现。最为集中的表现，就是易代之际的情感选择。宋元之际、明清之际，刚健弘毅的精神培育了坚定的忠贞气节，无数文人为了气节，放弃了为自身、为家人考虑，牺牲了自己甚至全家的生命。明清之际，金华朱大典，虽然在官场的作为一般，但组织乡兵家丁守金华，抗清军，城破后"大典阖门纵火焚死"[⑤]，刚毅之气节至今令人景仰。贵阳杨文骢虽然是奸臣马士英的妹夫，但国难当头，勇于担当，以

---

① （汉）司马迁：《史记 · 太史公自序》，岳麓书社 1988 年版。
② （汉）司马迁：《史记 · 苏秦列传》，岳麓书社 1988 年版。
③ （宋）范成大：《范石湖集》卷一二，上海古籍出版社 1981 年版。
④ （宋）文天祥：《扬子江》，见《文天祥全集》卷一三，中国书店 1985 年版。
⑤ （清）计六奇：《明季南略》卷六，中华书局 1984 年版。

数百兵丁与数万清兵鏖战，且战且退，时出奇兵，直到福建浦城战败被围，坚决不降，全家36口血洒疆场，刚烈弘毅的气节精神，彪炳青史。

刚健、气节、忠义、节概等，是中国文化的精神内涵，是中国文化精神在特定时间、场合的集中体现。然而，仅仅有刚健是不够的，刚健不是目的，有为方是中国文化刚健精神的效用。

“天将降大任于是人也，必先苦其心志，劳其筋骨，饿其肌肤，空乏其身，行拂乱其所为，所以动心忍性，曾益其所不能”①，经历了艰难险阻的锻炼，养成了刚健弘毅的性格，还必须得去承担大任，有所作为。儒家历来强调积极入世，为社稷黎元，为文明的传承作出自己的贡献。即便身处逆境，困顿无奈，也不能放弃自己的责任、义务。“西伯拘而演《周易》；仲尼厄而作《春秋》；屈原放逐，乃赋《离骚》；左丘失明，厥有《国语》；孙子膑脚，《兵法》修列；不韦迁蜀，世传《吕览》；韩非囚秦，《说难》、《孤愤》；《诗》三百篇，大抵圣贤发愤之所为作也。”② 文人的社会职责，当然不限于修书；可以精心州县之事，膏泽黎民百姓；可以用力于河务，解地方之水患；可以启奏君王，宽舒民力；可以横刀立马，建不朽功勋于疆场。

在家族、宗族、民族、国家遭受欺凌侵略的时候，中国文化刚健有为的精神表现得特别充分，即便是内部纷争存在，也将暂时放下，“兄弟阋于墙，外御其侮”（《诗经·小雅·常棣》）一类的情况，在中国历史上并不鲜见。

四、贵和尚中

“中和”就是和谐统一、合适平衡，是中国文化精神的精髓，也是社会政治的价值取向，是一种没有矛盾、冲突、刺激、极端、紊乱的理想境界。从文化学的角度说，“和”就是糅合交汇而圆润协调，交叉运转而顺畅匀称；“中”就是中庸平衡而稳当合适，恰到好处、不偏不倚而各方满意。“和中”，也就是交融和合而圆满稳妥，多方协调和谐，平衡安静。

和之读音多达6个，义项19个，其他任何汉字都不可比拟；和之含义深刻复杂，古今哲学概念难觅其俦。作为中国文化精神的和，是中华文化精神的最高境界。在“天人合一”的精神追求中，已经包含了和的要求，即人与天地自然的和谐一致。但“天人合一”，只是和的一个单项。就社会状况而言，和的意义在于“大同”，是“政

① 《孟子·告子下》，十三经注疏本。

② （汉）司马迁：《史记·太史公自序》，岳麓书社1988年版。

通”的必然结果“人和”。而“人和”则包含君臣之和、中央集权与地方行政之和、收支平衡之和、边陲安宁之和、五谷丰登六畜兴旺之和、物价廉平百姓安居乐业之和、亲朋好友左邻右舍之和、父子兄弟夫妇妯娌之和等。可以说，和也是最高的社会政治境界。

古人早就认识到和的价值，提倡五味相和、六律相和、正反相和等。“钟成，伶人告和”①，是说乐器的音声相协调，圆润稳当，悦耳动听。

于是，历代君王施政，都想达到“政通人和”的效果；历代文人的咏叹，也将与民同乐作为赞美统治者的主题。

“和”是两个以上不同要素所组成的一个和谐的统一体，并且消弭了不同元素之间差异的不利影响。它有两个要点：一是区别，二是和谐。西周史伯说：“和实生物，同则不继。以他平他谓之和，故能丰长而物归之。若以同裨同，尽乃弃矣。故先王以土与金木水火杂，以成百物。是以和五味以迢口，则四支以卫体。和六律以聪耳，正七体以役心，平八素以成人，建九纪以立纯德，和十数以训百体。”② 认为和能产生新事物，而同则意味着事物发展的停止。历史上曾经的“和同之辨”，显然已经认识到和与同的差异，史伯所论，已经将同视为万物或事件发展到达极端而停滞。同是无区别、无原则的统一，是低层次的，相对来说，也是简单的一致，意义远不及和的复杂深邃。孔子所说的“君子和而不同，小人同而不和”（《论语·子路》），就清晰具体地说明了和与同的差异，不仅是观点意见上的差异，更是道德人品上的差异，表现出鲜明的“重和去同”的价值取向。在实际生活和社会运行中，和、中就是合适、正好，不及与过头都是孔子所反对的。对于一生致力的礼，孔子认为“礼之用，和为贵”（《论语·学而》），并非礼越重越好、越繁复越好，而是合适、行得通就好。和还有在心理上平息事端、主动协调的意思，是一种为人处世柔顺安分的境界。

中也有 2 个读音，16 个义项，在文化学的角度，主要关注其稳定、正中、合适、平衡的意义。就精神方面而言，是在各种元素结合、交叉、汇合的整体中保持中间；就物质方面而言，是在事物过程中保持一种动态的平衡，是时空质量数量最正中的所在，不能有所偏差。新、旧《唐书》中的《苏味道传》，都记载到他的至理名言，表述略有不同，但意思一样：对于任何事情，均需要执其两端而取其中，模棱于两可之间。“但模棱以持两端可矣”（《旧唐书》）一句，比较浓缩。执其两端而取其中，则

---

① 《国语·周语下》，岳麓书社 1988 年版。
② 《国语·郑语》，岳麓书社 1988 年版。

符合尚中的原则。模棱于两可之间，就违背了儒家经典的教诲，是圆滑的表现。《中庸》以及《周易》都有这种尚中的传统观念。和注重于效果，具有主动性；中更多地着眼于过程，具有被动性，二者是统一的。在中国传统文化体系中，中、和，小到个人的精神与肉体，一旦失衡，便是疾病；大到宇宙万物，如果失和，就是灾难。《易传·彖传》说："乾道变化，各正性命，保合太和，乃利贞。"天体运行，各按规则，平衡有序，则"太和"，即宇宙呈现出的那种至高无上的和谐状态。一旦失和，则灾祸不可估量。今天所说的厄尔尼诺、拉尼那现象，即是大气环流失衡的严重后果。陨石坠落，也是宇宙空间失衡的结果，行星、小行星碎裂，离开运行的轨道，任由其他天体吸引，结局可能是灾难性的。《中庸》也说："万物并育而不相害，道并行而不相悖"①，正是对这种人间"太和"之境的最好描摹，这与儒家的社会理想是一致的。

中还有被动符合的意义，是被改造加工后的结果。即便是在中原地区的语言习惯中所说的中，也是在别人发表意见或提出方案后表示赞同，也是被动的。"木直中绳，輮以为轮，其曲中规"（《荀子·劝学》），意思是直木被水泡火烤，加工之后成为车轮，圆润符合要求，才可以安装到车上运行。

中和理论，是儒家社会理想和科学认识的阐述。尽管以"中庸"为基本出发点，以"周礼"为衡量标准，平衡统一、协调稳定，客观上抑制了社会思潮的进步，限制了人们的创新意识，但在两千多年的社会发展中，特别是社会文明的进程中，具有不可忽视的积极作用。

其一，在文化价值观方面，提倡在统一文化的范围内，不同派别、不同类型、不同发展程度、不同民族之间思想文化的交相渗透和多样统一，既维护了民族文化的整体性，又保持了文化多样性。而文化类型多样化，并不断进行融合与再生，正是文化生命力旺盛的重要保障。

其二，在民族关系上以和为贵，承认任何民族的文化都有其自身的意义和价值。汉代、唐代处理南匈奴、南突厥的问题，一以贯之的亲和政策与朝贡贸易，把生活在中国境内的不同民族融为一体，成为统一的中华民族。中国对外来的民族及其文化也持欢迎与认同的态度，也是文化大国应该具有的气度胸襟。如对待犹太民族及其文化，中国是世界上少数不排斥犹太人的国家之一。犹太人的民族性和宗教信仰是非常突出的，但是他们也慢慢融入了中国社会。

其三，在道德伦理与社会行为上的中庸思想，有利于社会秩序的维护和社会的和

---

① 《礼记·中庸》，岳麓书社 1988 年版。

谐稳定。在中国，中庸之道可以说是一种调节社会矛盾使之达到中和状态的高级哲学，所谓“极高明而道中庸”。它强调人在社会关系中以中为尺度、以和为归宿，主张“无过也无不及”，是中华民族一种主要的情感心理原则。

其四，贵和尚中的文化理念，使中华民族在总体上体现了一种内敛的而非扩张的文化精神，是中华文化亲和力的核心。由于整个民族在贵和尚中观念上的认同，使得中国人十分注重和谐局面的实现和保持，表现出一种内敛而非扩张的精神需求。这对社会的稳定和发展是必不可少的，对民族精神的凝聚和扩展也是大有益处的。同时，贵和尚中也是中华民族对世界和平的贡献。泱泱大国贵和尚中的文化精神心态决定了中华民族精神，中国必然成为维护世界和平、互相包容、共同繁荣的力量。

其五，我们也应该看到，贵和尚中的文化精神也造就了乡愿情结。尽管孔子对乡愿持批判态度，说“乡愿，德之贼也”（《论语·阳货》），事实上乡愿有利于一定环境中的和谐稳定。但是，不得不注意到，乡愿又在一定程度上不能明辨是非，使善良温柔的人遭受损失或委屈，为了和、中作出牺牲。甚至可以说，贵和尚中也会被错误运用，演变为袒护与纵容，这是应该竭力避免的。

中国文化的特点与基本精神，不论怎样概括，都是不够全面的。因为在不同的时空和不同的比勘对象面前，中国文化的特点与基本精神的表现是不同的。但总体来说，中国文化是和谐刚健的、贵和尚中的、包容内敛的、积极向善的，是具有亲和力、生命力、凝聚力的大文化。

自主学习

1. 以历史发展的眼光，怎样理解中国文化的强大凝聚力？
2. 导致中国文化具有心理凝重性的原因有哪些？
3. 经学独尊对中国文化产生了怎样的影响？
4. 中国文化的人本主义与西方的人文主义有什么差异？
5. 中国古代士人文人的主要精神取向是什么？
6. 怎样认识“贵和尚中”文化精神的负面作用？

延伸学习

十　指

《春秋》二百四十二年之文，天下之大，事变之博，无不有也。虽然，大略之要，有十指。十指者，事之所系也，王化之由得流也。举事变，见有重焉，一指也；见事变之所至者，一指也；因其所以至者而治之，一指也；强干弱枝，大本小末，一指也；别嫌疑，异同类，一指也；论贤才之义，别所长之能，一指也；亲近来远，同民所欲，一指也；承周文而反之质，一指也；木生火，火为夏，天之端，一指也；切刺讥之所罚，考变异之所加，天之端，一指也。举事变，见有重焉，则百姓安矣；见事变之所至者，则得失审矣；因其所以至者而治之，则事之本正矣；强干弱枝，大本小末，则君臣之分明矣；别嫌疑，异同类，则是非著矣；论贤才之义，别所长之能，则百官序矣；承周文而反之质，则化所务立矣；亲近来远，同民所欲，则仁恩达矣；木生火，火为夏，则阴阳四时之理相受而次矣；切刺讥之所罚，考变异之所加，则天所欲为行矣。统此而举之，仁往而义来，德泽广大，衍溢于四海，阴阳和调，万物靡不得其理矣。说《春秋》者凡用是矣，此其法也。①

阅读上面的文章，谈谈董仲舒的天人合一思想和治国方略。

① （汉）董仲舒：《春秋繁露·十指第十二》，岳麓书社 1997 年版。

第十三章　中国传统文化的价值取向

价值取向指的是社会实践主体在面对或处理各种矛盾、冲突、关系时所持的基本价值立场、价值态度以及所表现出来的基本价值倾向，在文化中处于核心地位。举凡宗教哲学、伦理道德、文学艺术、法制教育乃至典章名物等文化现象，无不体现着特定的价值观念和价值取向。不同时期的文化创造，总是受到特定的价值观的规范和引导，文化本身在一定意义上也可看作是价值取向的外化。中国传统文化在其历史发展过程中，不同社会身份、学术流派的实践主体通过对自然、社会以及思想观念等各种事物的认知和评价，形成了各自不同的价值取向，反映了不同社会集团的不同利益需要与人生追求。多元的价值取向以及它们之间的冲突、对立与影响、互补，不同的理想人格追求以及与之对应的蹊径各异的修养之道，共同构成了中国传统文化独特的价值系统。

第一节　天人关系上的不同价值取向

注重天人关系是中国传统文化的显著特点。在中国传统文化中，“天”不单指神秘的上帝或主宰人类社会的神，还具有广义的自然的意思，甚至包括生物性的人类自身在内。“人”则指人的一切文化创造活动及其成果。在对作为实践主体的人与天这个客体的关系的评判上，先秦时期儒道两家产生了严重分歧，表现出不同的价值取向，天人之辨也成为中国传统文化价值系统的逻辑起点。

一、人文取向与人道原则

人类的进化过程本身就是不断超越自然的过程。天人之辨首先需要反省人与自然的关系，由此出发考量人类自身的存在意义。

关于人与自然的关系，在上古人类文化里有两种认识：一种是人与自然是分开的、对立的，上帝惩罚亚当、夏娃，亚当、夏娃在被逐出伊甸园之后，要用双手去征服自然；另一种认为人是自然的一部分，人与自然互相依存，和谐共处。中国传统文化中的天人之辨，无论是儒家还是道家，都在后一种认识基础上展开。

“惟天地万物父母，惟人万物之灵。”（《尚书·泰誓上》）就产生根源而言，人与万物无异；而从角色定位来看，天地无意于管辖、支配万物，倒是秉赋天地灵气的人类成了万物之尊，在人与自然这一对关系上，主导性、支配性的地位开始凸现。人与天地万物的地位并不平等，人的价值得到高度张扬，作为价值观的天人之辨表现出明显的人文取向。按照儒家的看法，人只有通过自然的人文化，才能迈进文明社会，从而体现自身的存在价值。孔子说：“鸟兽不可与群，吾非斯人之徒与谁与?”（《论语·微子》）在这里，对作为自然存在的“鸟兽”与作为社会存在的“斯人之徒”的区分与取舍，是儒家人文取向最明确的表述。在儒家看来，单就天性而言，人与一般禽兽没有多大区别，如果人只停留于这种本然的天性，那么也就与禽兽无从区分，作为群体的“斯人之徒”并不比鸟兽之群高明。作为文化的创造者，人不能混迹于鸟兽之群，倒退到混沌未开的自然状态，而只能在文化的基础上逐步形成人类社会。就个体而言，人首先以自然天性的形式存在，人文化则意味着人要化天性为德性，形成道德品格，从而超越动物本能的局限。荀子说“水火有气而无生，草木有生而无知，禽兽有知而无义，人有气、有生、有知亦且有义，故最为天下贵”（《荀子·王制》），无论是气还是生、知等自然禀赋，都不是人之所以为人的关键，只有人文化的道德观念——“义”才是人之为人的标志。正因人有自觉的道德意识，才“最为天下贵”，具有至高无上的价值，人为万物之灵的自信才真正落到实处。

宋明理学更把人作为道德伦理主体提高到本体论高度，认为人是宇宙之心，是天地万物之本，全部世界问题的解决都依赖于人的问题的解决。朱熹在解说《中庸》“致中和，天地位矣，万物育焉”时发挥说，人能“极其中”，则天地定位；人能“极其和”，则万物化育。人为万物之本而与万物和谐共处：“盖天地万物，本吾一体。吾之心正，则天地之心亦正矣；吾之气顺，则天地之气亦顺矣，故其效验如此。”（《中庸章句》）人能够发扬“致中和”的主体力量，就可以使整个宇宙天地达到和谐。万物化育、各正其位的和谐，以人的和谐为本；人的和谐与天地自然的和谐之间存在同构感应关系，即“心和气和”则“天地之和应”（《朱子语类》卷六二），坚持人文价值取向的天人之辨最终还是走向天地人和，而没有将人推向自然的对立面。

在儒家建立的价值系统中，“仁”占据着核心地位。在篇幅仅万余字的《论语》中，“仁”居然出现了百次之多。作为儒学的核心观念，“仁”具有多重含义。从价值观角度来看，其基本要义是“爱人”。《论语·颜渊》记载樊迟向孔子问仁，孔子的回答很简捷：“爱人。”这体现了一种朴素的人道原则，以人为一切活动的最终目的。“厩焚。子退朝，曰：‘伤人乎？’不问马。”（《论语·乡党》）马厩焚毁，孔子最关切的是人是否受伤，这里体现的便是一种人道的原则，反映了儒家的基本价值取向。孟子则由仁学引申出“仁政”，要求以德施仁，反对用暴力来压服人，“行一不义，杀一不辜，而得天下，皆不为”（《孟子·公孙丑》）。相对于作为终极价值的人，天下与马都只具有外在的价值，本身并非目的。

在天人关系上，先秦的墨家学派与儒家一样表现出鲜明的“爱人”价值取向。墨家的“兼爱”观念同样体现了一种人道原则，与儒家的“仁”更多受到宗法血缘关系的制约不同，墨家的“兼爱”超越了宗法关系，更具有普遍的内涵。墨子认为，人类行为与动物本能的生存方式不同，他说：“人固与禽兽麋鹿、蜚鸟、贞虫异者也，今之禽兽麋鹿、蜚鸟、贞虫，因其羽毛以为衣裘，因其蹄蚤（即爪）以为裤屦，因其水草以为饮食。故唯使雄不耕稼树艺，雌亦不纺绩织纴，衣食之财固已具矣。今人与此异者也，赖其力者生，不赖其力者不生。”（《墨子·非乐上》）处于自然状态中的动物，无须从事生产活动；人则不然，必须“赖其力而生”，从而超越自然状态的动物，创造人类文明。墨家对于人之“力”的张扬蕴涵着化自然为人文的要求。自然界奉行的是丛林法则，物竞天择，弱肉强食，适者生存。人类进入文明社会的过程也伴随着“国之与国之相攻，家之与家之相篡，人之与人之相贼”（《墨子·兼爱中》）的现象，墨家认为这是“天下之害”，解决之方是“兼相爱，交相利”，彼此相亲相爱，消弭人与人、国与国之间的纷争。在对人的社会活动的价值判断上，墨学同样贯彻了人道原则。墨子说：“仁之事者，必务求兴天下之利，除天下之害，将以为法乎天下。利人乎，即为；不利人乎，即止。”（《墨子·非乐上》）是否对人有利，成为人一切行动的基本法则。

儒、墨两家确立的人道原则，在高度中国化了的佛教里也得到了回应。作为宗教，佛教认为天与人均虚幻不实，四大皆空，而只有彼岸世界才是真实的存在。佛教所说的“六道轮回”是指天道、人间道、修罗道、畜生道、饿鬼道和地狱道。人道仅次于天道。不过，在论证成佛根据时，佛教却常常强调人道胜于天道；在人道与畜生道这两项有形道中，人道高于畜生道。人在一切动物之上，虽然也不免生老病死之苦，但与愚昧无知、不可能明白佛法的畜生道众生相比，却最适宜修行佛法。佛教的终极目的是要超越现实人生，但要实现这种超越本身却要依赖于人的自觉活动，由“迷”到“悟”，从自在状态进入自为状态。作为实现终极目标的环节，广义的“人化”过程也得到了肯定。与这种人文趋向相关，佛家提出的慈悲为怀、普度众生等要求，也包含了深切的人道关爱，与儒家的仁义、墨家的兼爱有一致之处。因此，它与儒、墨学说一同形成中国文化注重人道原则的传统。

二、无以人灭天

在天人关系上，与儒、墨两家的人文取向不同，道家把关注的重点放在天上，形成了与儒、墨不同的价值取向。

儒、墨认为，自然只有经过人文化才能具备其价值，道家则不然，他们认为自然本身已经很完美，万物都有其自身的存在价值，反对单纯地以人为中心评价他物。“天地有大美而不言，四时有明法而不议，万物有成理而不说”（《庄子·知北游》），自然本身和谐而有其内在的运行规律，本身就内含着大美，无须以文明化的人作为参照系来进行评价。这与“惟人万物之灵”、“最为天下贵”的人文取向截然不同。儒家从自己的价值体系出发，一再对人与禽兽之分严加辨析，“鹦鹉能言，不离飞鸟；猩猩能言，不离禽兽。今人而无礼，虽能言，不亦禽兽之心乎”（《礼记·曲礼》），即便是人，如果只具备生物本能而未经教化，也不可看做人；道家却提倡“齐物”、“物化”，“庄周梦为胡蝶，栩栩然胡蝶也，自喻适志与！不知周也”（《庄子·齐物论》）。与此相对应的是，道家也不认为“鸟兽不可与群”，而认为最好的社会发展形态恰恰是前文明的时代，“夫至德之世，同与禽兽居，族与万物并”（《庄子·马蹄》），认为人与禽兽混同、蒙昧未开的状态是最好的社会形态，这无疑是将前文明时代高度理想化了。

从将自然状态高度理想化的前提出发，道家对人文化的过程以及人类文明往往持否定、批判的态度。在他们看来，自然本身足够完美，自然本身即其价值所在，人为改变自然的活动就是对自然的戕害。“何谓天？何谓人？北海若曰：牛马四足，是谓天；落（即络）马首，穿牛鼻，是谓人。故曰无以人灭天。”（《庄子·秋水》）从人类文明发展的立场来看，只有驯化牛马，给它们戴上嚼勒辔头才能为人服役，从而具有使用价值；但道家从牛马的自然属性来衡量，人类络马首、穿牛鼻的行为无疑违背了牛马的天性，是对自然的破坏。

道家“无以人灭天”的价值原则，关注的不只是牛马等对象世界的自然万物，更是对人自身的深切关怀。人类赖以超越自然界的聪明才智，在道家看来，不仅不足为恃，反而是人丧失天性的原因所在。庄子讲了这样一则寓言：“南海之帝为倏，北海之帝为忽，中央之帝为浑沌。倏与忽时相与遇于浑沌之地，浑沌待之甚善。倏与忽谋报浑沌之德，曰：‘人皆有七窍以视听食息，此独无有，尝试凿之。’日凿一窍，七日而浑沌死。”（《庄子·应帝王》）摆脱混沌无知状态而成为文质彬彬的君子，这是儒家所竭力提倡的，而庄子却认为知识一开，混沌尽丧，对“浑沌”的丧失惋惜不已，认为倏、忽的人为努力效果适得其反。

道家不仅主张人类个体顺其自然，保持混沌朴野的天性，对于人类社会的演进以及从技艺到意识形态的道德规范等各种人文现象的发展，也持否定的态度。按道家的看法，文明社会带来的不是进步，而是祸乱和灾难。工具的改进和生产效率的提高，固然积累起更多的社会财富，但也诱发了人的好货逐利之心，导致利益纷争和冲突，“争地以战，杀人盈野；争城以战，杀人盈城”（《孟子·离娄上》）。儒家希望通过仁义道德来规范社会、规范人心。道家给的解决出路不是去建立社会规范，而是希望停止人文化进程，退回到前文明时代，“擿玉毁珠，小盗不起；焚符破玺，而民朴鄙；掊斗折衡，而民不争”（《庄子·胠箧》）。对于人类已有的精神文明，尤其是儒家标榜的仁义道德规范，道家同样予以否定，庄子说：“仁义之端，是非之涂”（《庄子·齐物论》），过分标榜仁义道德，结果往往导致人变得虚伪，打着仁义道德幌子的欺世盗名之徒比比皆是：“彼窃钩者诛，窃国者为诸侯；诸侯之门而仁义存焉。”（《庄子·胠箧》）因此，“攘弃仁义”、回归自然就成了道家的不二选择。

从价值取向来看，道家“无以人灭天”的主张在解决人与自然的关系、天人关系以及人的天性与社会性等方面具有不可忽视的意义。就人与自然的关系而言，道家“无以人灭天”的主张是对自然的尊重，要求人的文化创造不能无视自然本身的运行规律，人文化的过程不能违背自然法则，人的活动要“依乎天理”、“因其固然”，这样，人与自然之间就不是紧张、对立的关系，二者完全可以融合无间。就天人关系而论，过分突出人为万物之灵、最为天下贵，强调人化过程的合理性，往往导致人类以自我为中心观念的出现，忽视自然规律。道家的自然原则对于化解人类中心观念、避免天人关系失衡，具有不可替代的作用。就人的自身发展而言，“无以人灭天”的主张也意味着反对戕害人的自然本性。在道家看来，人的自然天性体现了人的本真状态，人为地迁就仁义道德规范，如同络马首、穿牛鼻一样，压抑了人的自由发展，使人失去本真。相对于儒家注重对人的天性的改造，道家更注重对天性的顺导。人作为文明社会的主体，创造律法等社会制度文化以及伦理道德、宗教艺术等意识形态文化是其实践活动的必然结果，但是，所有的文化创造，包括对人类自身的改造，都不应否定人的天性，否则，人的社会属性对于主体而言就是一种异己的存在，将会导致人的天性受到压抑甚至彻底泯灭。儒家对于人文化的执著，对于伦理道德规范的强调，往往导致天性与德性的对立，从而以德性为当然来强制、否定人的自然本性。后来理学家“存天理，灭人欲”的主张便是这种价值取向的逻辑结论，成为社会实践中“以理杀人”的理论根基。自然的人化一旦悖逆天性，难免导致人性扭曲和社会伦理道德规范的异化，道家反对以人灭天，有助于缓解天性与德性的紧张关系。

纵观中国文化的发展进程，在天人关系上，儒家的人文取向在传统文化中占主导地位，化自然为人文，坚持人道原则，无疑具有积极意义。然而，儒家的“超越自然”，主要指化天性为德性，在人的认知主体性、道德主体性、审美主体性、实践主体性中，往往只肯定道德主体性，将人的主体性仅仅归结为道德性。这种价值追求，使得儒家的人文取向与人道原则带有狭隘、片面的缺陷，因为人的主体性主要体现在以实践为中介能动地认知、改造客体的过程中，在人化了的客体中确证主体的力量，儒家道德本位的人道原则反而成了人的主体性的异己力量。道家强调不以人灭天，但其自然原则，同样缺乏主体性和向外张力，而不足以改变儒家轻自然的倾向。这是中国传统文化消极的一面。

三、力命之辨与人的自由

与天人之辨密切相关的是力命之辨。受制于人的认知力、判断力，天显得变化莫测，与天交相感应的人的命运也很难把握，天的超验化便表现为命。中国传统文化中，天命常常合称。用现代哲学概念来表述，天命的含义大致接近必然性，而更多了一些神秘的、超自然的色彩。与命相对的力则泛指人的力量和权能。力命之辨的核心是人的自由问题。

人的主体性是人的自觉能动与自由创造的特性，主体性的实现就是人的本质的实现、人的自我价值的实现。人超越自然的要求本质上是对主体力量的确信。在儒家那里，自然的人文化主要不是改造自然而是改造人自身，化天性为德性，主体的力量和权能首先在道德实践过程中得到确证。马克思早年说“道德的基础是人类精神的自律”（《评普鲁士最近的书报检查令》）。儒家在此显示了无比的道德自信：“为仁由己，而由人乎哉?”（《论语·颜渊》）认为人作为超越自然的存在，具有选择行为的能力，能自觉坚持、贯彻道德原则。强调人的道德主体性，肯定主体在道德实践中的自主权能，成为从先秦儒学到宋明理学儒家文化的主导价值取向，影响极其深远。

由于对人的主体性的理解过于狭隘、单一，儒家对力的理解，又往往难以摆脱天命的观念。片面强调人的道德主体性，道德至上，无论是个人还是社会，一旦行为超出道德实践的领域，其活动及其结果便难以自控，而只能将之归于天命。就个人而言，生死寿夭、穷通浮沉均有定命，“生死有命，富贵在天”（《论语·颜渊》），缺乏通过行动来改变自身命运的意愿和动力。孔子描述自己一生的学习、修养历程说：“吾十有五而志于学，三十而立，四十而不惑，五十而知天命，六十而耳顺，七十而从心所欲，不逾矩。”（《论语·为政》）“知天命”是“从心所欲”的自由境界的前提。从社会范围来看，儒家勾勒出的社会政治理想蓝图能否最终实现，也不取决于人力，而最终决定于超验的天命："道之将行也与？命也；道之将废也与？命也。"(《论语·宪问》)

对天命的这种敬畏、臣服与"为仁由己"的高度道德自信，在儒家的力命之辨中并不矛盾。在儒家看来，力命之辨对应的是"在我者"与"在外者"的区别："求则得之，舍则失之，是求有益于得也，求在我者也；求之有道，得之有命，是求无益于得也，求在外者也。"(《孟子·尽心上》)"求"是主体自我权能的发挥，在一定范围内，即"在我者"，尤其是在道德实践领域，主体的这种自觉努力主要取决于主体自身，且能达到预期的效果；一旦超出这个范围走向"在外者"，实践主体便无法决定行为的结果，一切只能归之于天命。儒家所谓"在我者"并非指主体所具备的一切能力，而主要指主体的德性涵养和道德实践，除此之外的其他方面，无论是个体的穷达寿夭还是社会的治乱兴替，都可归为"在外者"。儒家这种力命观可以用《易传》的"穷理尽性以至于命"来概括。"穷理"是对外在规律的根究，"尽性"是高度恪守道德要求，"至于命"就是对一切结果的坦然接受。"在我者"与"在外者"在一定意义上分别是自由信念与宿命观念的体现。儒家对二者的辨别与认可意味着对主体自由与外在天命的双重确认，这形成了儒家价值观的基本特点。从先秦直至明清，儒学的发展在总体上都没有超出这一思维定势。

与"无以人灭天"的价值取向相适应，道家将"无为"视为主体在世的行为准则。与儒家践行主体权能"知其不可为而为之"的执著不同，道家强调的是"知其不可奈何而安之若命"(《庄子·人间世》)，否定违逆自然的努力，顺其自然，接受既成的境遇。"命"并无意志力，无论是人的生死寿夭还是贵贱穷通，都是自然而然，人力无法控制，天命无意控制："既谓之命，奈何有制之者邪？朕直而推之，曲而任之。自寿自夭，自穷自达，自贵自贱，自富自贫，朕岂能识之哉？"(《列子·力命》)顺从超验的天命成为主体的最终选择，在主体权能与外在天命之间，天命成为主导方。道家的这种价值取向带有宿命论的性质。不过，道家强调"无为"、"安命"的价值指向，追求一种"逍遥"的境界，强调通过虚静无为、合于自然，摆脱外在与内心的束缚与限制，逍遥于世。因为这种自由超越物质享受与功利目的，所以带有一定的审美意味。道家对"逍遥"的追求与儒家"从心所欲"的价值取向有一定的相似之处，在宿命倾向与自由理想的纠缠中，都以与天命妥协的方式获得个体精神上的自足。不同的是，儒家的自由境界主要体现为道德上的完满自足，道家的逍遥则表现为一种审美的人生态度。

与儒家、道家对天命的妥协不同，先秦时墨家、法家则更关注主体的权能，积极肯定人的主观能动性，对人的主观力量有高度自信。墨家明确主张“非命”，强调通过人力改变个人境遇以及社会的治乱。墨家强调“赖其力者生，不赖其力者不生”，既从天人关系上肯定了对自然的超越，又从力命关系上突出了主体力量的作用。对于社会发展而言，“桀之所乱，汤受而治之；纣之所乱，武王受而治之。此世未易，民未渝，在于桀、纣，则天下乱；在于汤、武，则天下治。岂可谓有命哉”（《墨子·非命上》），认为社会治乱的根本在于人力，与天命无关；“命上不利于天，中不利于鬼，下不利于人。而强执此者，此特凶言之所自生，而暴人之道也”（《墨子·非命上》）。宣扬天命这种虚幻超验之物，不过是昏庸无能者放弃自身努力的借口，“昔上世暴王，不忍其耳目之淫、心涂之辟，不顺其亲戚，遂以亡失国家，倾覆社稷；不知曰我罢不肖，为政不善，必曰吾命固失之”（《墨子·非命上》），其结果必然导致人亡政息。

难能可贵的是，墨家所宣扬的主体力量作用范围远远超出了儒家道德实践一途，突破了儒家设定的“在我者”与“在外者”的界域，指向了社会实践中法制、道德、刑狱、生产、祭祀等各个领域。“执有命者之言，不可不非。此天下之大害也”（《墨子·非命上》），墨家主张非命的同时，也批评了儒家的宿命论倾向。

法家则在政治统治术上确信主体的力量。“明于治之数，则国虽小，富；赏罚敬信，民虽寡，强。”（《韩非子·饰邪》）法家在注重主体的作用与权能上与墨家有相近之处。社会治乱、国家强弱的根源，在法家看来，主要在于君主能否善于运用法、术、势，而非取决于天命。相对儒、墨而言，法家对于主体权能的自信更多体现在政治实践领域，对于“力”的推崇偏重于政治权力而非个体之力，如谓“万乘之主，千乘之君，所以制天下而征诸侯者，以其威势也”（《韩非子·人主》），其价值取向是对权势的崇拜，与儒、道两家对自由之境的追求异趣，这也使其学术在强调主体权能的同时成为帝王集权弄权的南面之术。法家的上述价值原则可以概括为“当今争于气力”（《韩非子·八说》），这个“力”主要表现为政治地位、经济实力、军事力量。这种推崇无疑会导致鼓吹暴力，不过，它对于宿命论的否定是显而易见的。

在天人关系问题上，儒、道两家始终徘徊于外在天命与主体自由之间，并表现出某种宿命论的趋向，墨、法两家则从不同的角度排斥“天命”观念，并对个体的力量作了较多的肯定。但是就现实的形态而言，作为正统的儒家价值观，又在某种程度上与法家合流，道家和道教则分别对寄情于山泉林下的知识分子和祈求平安幸福的民俗大众产生了广泛的影响。因此，在中国传统文化中，“天命”观念与个体力量之间总是表现为彼此制约、错综复杂的关系。

第二节　群己关系的定位

天人之辨的主要关注点在于人与自然的关系，就个体而言，人作为一种社会化的存在，个人与社会的关系更为密切。作为类的人与个体的人二者之间如何定位，成为中国传统文化价值取向的核心内容，群己之辨也成为中国传统文化价值体系的核心环节。

一、修己以安人

儒家的实践中心在于社会伦理道德的建设，因此，儒家是最早对群己关系作出反省的学派。与天人之辨中的“在我者”、“在外者”的划分相似，儒家对个体内在价值也进行了“为己”与“为人”的区分。孔子说：“古之学者为己，今之学者为人。”（《论语·宪问》）“为人”指迎合他人，以获得他人承认、赞誉为目的；因此，为人的评价标准在外，主体的行为以他人的取向为转移。所谓“为己”，是指主体的自我完善，强调道德自律，目的在于实现自我的内在价值，即“成己”。

儒家倡导“为己”、“成己”，主要是人的德性上的自我实现，内含着对自我道德主体性的高度认同与自信。在儒家看来，无论是道德实践还是德性涵养，自我都起主导作用，“君子求诸己，小人求诸人”（《论语·卫灵公》），儒家经典《大学》更强化了这种自我本位意识，强调“自天子以至于庶人，壹是皆以修身为本”，认为主体是否遵循伦理规范、是否按仁道原则来塑造自己，都取决于个人的自主选择与自身努力，而不是取决于外部力量。

强调自我的道德完善，并不意味着自我与群体、社会的割裂。相反，儒家认为，个体实现自我完善恰恰是解决群己关系的起点。孔子说“修己以安人”（《论语·宪问》）、“一日克己复礼，天下归仁焉”（《论语·颜渊》），说明儒家强调的“修己”、“成己”等道德上的自我完善，最终目的还是为了实现社会价值，促进群体的稳定和发展。因此，自我完善不仅不具备排他性，反而具有鲜明的“成人”指向。从积极的一面说是“己欲立而立人，己欲达而达人”（《论语·雍也》），一方面自我的实现是成人的前提，另一方面，自我的实现应该以成人为目的。从消极的一面来说，“己所不欲，勿施于人”（《论语·卫灵公》），个体在实现自我的同时，应当尊重他人自我实现的意愿，“和而不同”（《论语·子路》）。“和”集中体现了儒家这种群体原则的价值取向，“和为贵”（《论语·学而》），“天时不如地利，地利不如人和”（《孟子·公孙丑下》），以“和”来化解人与人之间的紧张与冲突，建立人与人之间相互尊重、相互信任的关系，达到同心同德、协力合作。

无论是“安人”还是“成人”、“达人”，都以群体认同为出发点，体现出一种强烈的责任意识，要求主体不仅要进行自我完善，更要自觉承担起相应的社会责任。“修身而后家齐，家齐而后国治，国治而后天下平”，修身为本，而其价值则须在治国平天下的社会实践中得到确认。孟子说“穷则独善其身，达则兼善天下”，其指向更在于“兼善天下”。这种担当意识经宋儒凝练而为“先天下之忧而忧，后天下之乐而乐”，成为中国古代广大仁人志士奉行的人生操守。

二、对个体生命与个性自由的关注

相对于儒家的群体认同，道家更关注人的个体生命与个性自由。道家所说的人是个体的自我，而非群体，突出对自我的认同。在群己关系上，道家的价值指向重在主体自我，集中体现为对个体生命的关爱与对个性自由的尊重。

在道家看来，人是一种生命的主体，而非德性的主体，是从社会规范中剥离出来的鲜活个体。与儒家注重道德修养不同，道家更关注个体生命的存在。在他们看来，人之所以为人，并不在于其有完美的品行，而在于人是一个独特的生命体。承认个体价值首先在于承认生命之可贵，这是道家规划个体处世方式的首要原则。与全身保命相比，外在的功名利禄毫不足惜，“宁生而曳尾涂中”（《庄子·秋水》）。自我首要的价值追求在于保全性命，为了“养其身，终其天年”，个体即使“支离其德”（《庄子·人间世》），也无可厚非。

与强调“群”的儒家不同，追求个性自由的道家更注重个体的“独”。用“独”来标榜个人独立的思想品性、独立的人格等，如“块然独以其形立”（《庄子·应帝王》）；“独往独来，是谓独有。独有之人，是谓至贵”（《庄子·在宥》）；“独与道游于大莫之国”（《庄子·山木》）；“遗物离人而立于独也”（《庄子·田子方》）；“独乐其志，不事于世”（《庄子·让王》）；“独与天地精神往来”（《庄子·天下》）；“独往独来，独出独入，孰能碍之”（《列子·力命》）等。所谓“立于独”、“独乐其志”、“独往独来”等，不只是强调个体在社会中保持独立的人格，更是向往个性自由的精神需求的体现，是比保全生命更深一层的价值取向。

儒家所谓“为己”、“成己”固然包含着对个体价值的确认，但其“为己”、“成己”主要指德性上的自我完善，要求自觉地以仁义道德规范来重塑自我。而在道家看来，道德化、社会化的人，并非真正的自我，相反，道德规范、伦理纲常等只能导致对个性的压抑："自虞氏招仁义以挠天下也，天下莫不奔命于仁义。是非以仁义易其性与?"（《庄子·骈拇》）在道家看来，"仁义"与"性"是对立的，仁义是外在的社会化的规定，"性"则是内在自我的规定，仁义导致的是自然大道的沦丧，奸伪滋生，"大道废，有仁义；智慧出，有大伪"（《老子》十八章）。道家严格区分仁义与性，反对以普遍的仁义规范、同化自我的内在独特个性。在道家看来，仁义道德、伦理规范只能造就无差别的人格，而人性则以多样化为特点。道家崇尚个性的价值取向，这集中体现于对"逍遥"精神境界的追求。道家所说的"逍遥"的特点是个体摆脱了各种外在束缚，独来独往，个性得到自由的发展、伸张。对于主体而言，"逍遥"意味着主体不盲目求得为世所用而改变自我，"有五石之瓠"，只需"以为大樽而浮乎江湖"便可，而不当"忧其瓠落无所容"；大树主干"大拥肿而不中绳墨"，"小枝卷曲而不中规矩"，没有工匠看得上眼，那么干脆"树之于无何有之乡、广莫之野，彷徨乎无为其侧，逍遥乎寝卧其下"（《庄子·逍遥游》），无所可用，也就无所困苦，天性不至受到外物戕害。生命个体只有"无己"、"无功"、"无名"，才能真正达到率性自由。

"逍遥"的精神追求对中国文化产生了重要影响。注重个性的原则在魏晋时期得到充分体现。嵇康、阮籍等反对名教束缚自我，要求个性自由，便是以"逍遥"作为理想境界："谁言万事艰，逍遥可终生。"（阮籍《咏怀诗》三十六）逍遥境界成为中国士人全身远祸、遗世独立、追求个性自由的精神家园。儒家"修己以安人"的道德自律与群体认同倾向，固然体现了强烈的责任意识和担当精神，但也容易忽视人的个性自由，其所设置的"仁义理智"等教条往往成为强加在人们身上的精神枷锁，"安人"、"成人"的指向也往往导致自我的普泛化，将"己所不欲，勿施于人"顺利转化为现实中的"己有所欲，强施于人"，即道家所批判的"世俗之人，皆喜人之同乎己，而恶人之异于己也"（《庄子·徐无鬼》），为专制主义的孕育提供温床。道家关注个体的生命存在，追求个性自由，力倡"逍遥"之境，提出"顺人而不失己"、"无为复朴，体性抱神，以游世俗之间"（《庄子·天地》）等处世方略，无疑有助于抑制群体原则的无限扩张。不仅如此，道家的"逍遥"还力图包容儒家竭力倡导的"仁义"："古之至人，假道于仁，托宿于义，以游逍遥之虚"（《庄子·天运》），认为躬行仁义与游心物外并不相左。正因为儒道之间具有这种互补性，中国士大夫既可以治国平天下为己任，也可在失意时安然退居山林，来去潇洒，进退自如。

三、群体原则的强化

先秦诸子百家中，墨家是儒家的反对派，但在群己关系上和儒家一样，对群体给予了更多的关注，主张“兴天下之利，除天下之害”，无论是利还是害，首先是“天下”的公利、公害，而非“自利”，这个主张集中体现了墨家价值取向中的群体原则。墨家认为，人类社会的一切灾难之源在于“不相爱”（《墨子·兼爱上》），因此，必须“兼相爱，交相利”（《墨子·兼爱中》），“兼爱”成为墨家最高价值标准，所谓“天必欲人之相爱相利，而不欲人之相恶相贼也”（《墨子·法仪》），把“兼相爱，交相利”看做“圣王之法，天下之治道”（《墨子·兼爱中》）。从群己关系上来看，“兼爱”是群体认同的集中体现。墨家学派摩顶放踵、席不暇暖，为天下兴利除害而奔走，就是在身体力行其价值原则。

墨家的群体认同除了理想化的、无差等的“兼爱”之外，还有一条更能体现其群体取向的价值原则，那就是“尚同”。“尚同”即“上同”，其基本要求是下同于上：“上之所是，必皆是之；所非，必皆非之”（《墨子·尚同上》），这与庄子所说的“彼亦一是非，此亦一是非”（《庄子·齐物论》）刚好相反。墨家只承认一条是非判断标准，即最高统治者的旨意，所谓“天下之百姓，皆上同于天一”。墨家将个体的社会认同理解为服从最高统治者的意志，这无疑弱化了个体的自我认同和独立人格。在墨家理想的极权专制架构之内，个体的价值很难得以体现。

先秦诸子百家中，对于群体原则最为重视的还不是墨家，而是法家。法家通过对君权、公利、法令的强调，对私行的抑制与排斥，进一步强化了群体原则。墨家重兼爱，法家尚暴力，二者相去甚远。但在群己关系上，法家的主张却颇近于墨家的“尚同”。强调君权至上，是法家的基本特点。“法”、“术”、“势”均服务于君权，是君主驾驭天下的不同工具。在法家看来，君主就是群体的象征，个体则只为一己之私，“匹夫有私便，人主有公利”（《韩非子·八说》），两者之间矛盾的解决要本着君权优先的原则：“欲利而身，先利而君；欲富而家，先富而国。”（《韩非子·外储说下》）君权优先的合理性，就在于它代表了国家，代表了群体利益。这既是对君权的论证，又渗入了整体优先的原则；而以公私来区分匹夫（个体）和君主（群体的象征），则表现出对个体的贬抑。在法家看来，个体与君主所代表的群体始终是一对矛盾关系，此消则彼长，“私行立而公利灭矣”（《韩非子·五蠹》）。在二者的对立中，法家的价值取向是“无私”：“明君使人无私。”（《韩非子·难三》）所谓“无私”，并不是在自觉自愿的基础上对个体德行的泛泛引导，要求个体服从群体利益，杜绝自私行为，而是利用强制手段在更广泛的意义上使个体消融于君主所象征的抽象整体。法家提倡的这个强制手段就是“法”，它的功效是钳制个体的言行，“言谈者必轨于法”（《韩非子·五蠹》）；它的最终目的是否定人作为个体的价值，“夫立法令者，以废私也”（《韩非子·诡使》）。理论上，“法”是“公利”的保障，是群体利益的体现，然而，这个群体利益却不是由作为群体成员的个体来落实，而是由象征着群体、国家的君主来体现，所谓的“法”也就在很大程度上成为君主的旨意。这种以虚幻的群体象征君主之“公”排斥个体自我之“私”的价值原则，明显带有极权主义的性质。

相比较而言，在群己关系上，儒家的价值观在中国文化发展中占据了主流地位。墨、法虽然没有成为中国文化的主流，但其认同群体的趋向与占主导地位的儒家价值观却颇多契合之处。在中国文化的发展衍化过程中，墨、法等各家的观念也不断融入到儒家思想中，群体认同被不断强化。在宋明理学那里，便不难看到这一点。理学一方面承认个体的价值，强调个体完善的意义，认为家国天下系于一身，所谓“修身是本，天下国家是末”、“若致得一身中和，便充塞一身；致得一家中和，便充塞一家；若致得天下中和，便充塞天下”（《朱子语类》卷六二），强调个人即天下之本，社会治乱安危取决于个人的人格修养。然而，理学家眼中的个体自我是一种超验的纯乎道心的主体：“必使道心常为一身之主”（《朱子语类》卷六二），“只是要得道心纯一”（同上卷七八）。个体不是一个感性的自我，而是一个抽象化、本体化的自我，实质上已是“大我”的一种化身；而以个体形式出现的自我，则成为必须否定的对象：“己者，人欲之私也。”（朱熹《大学或问》）由自我的普遍化，理学进而提出了“无我”的原则，要求“大无我之公”（朱熹《西铭论》），这实际上已经与法家“私行立而公利灭”的说法相差无几。所谓“无我”，不外乎是自觉地将自我消融于抽象的“大我”。这种将自我抽象本体化的看法只强调个体的群体化以及个体的社会义务，无疑否定了个体的价值。正如黑格尔所说：“在东方宗教中主要的情形就是，只有那惟一自在的本体才是真实的，个体若与自在自为者对立，则本身既不能有任何价值，也无法获得任何价值。只有与这个本体合而为一，它才有真正的价值。”（《哲学史讲演录》第1卷）可以说，理学家的“无我之公”对于群体原则的强化与墨家的“尚同”、法家的“公利”并无二致，尽管他们认为只有“天理”才是“那惟一自在的本体”，而非君主，并在此认识基础上要求正君限权，然而，君主仍然被看作群体利益的象征，“天下之事，千变万化，其端无穷，而无一不本于人主之心”（朱熹《戊申封事》），幻想用道德本体化的天理来让人主正心诚意，而不是用现实的法律制度来限权，事实上对于群体原则走向极权主义毫无约束力。

综上所述，从群己关系看，儒家在肯定“成己”的同时，又较多地强调了对群体的认同；道家则更注重个体的自我认同，二者分别突出了价值观上的群体原则与个体原则。随着中国文化的演进，儒家的群体原则逐渐与墨家的“尚同”观念、法家的“废私”主张等相融合，并不断得到强化，最终取得了支配的地位。作为传统价值观的主导方面，群体原则确实包含了一些合理的内容，但毋庸讳言，对它的过分强化，也有负面的作用。在群体至上的观念下，个体的存在价值，个性的多样化发展，个人的正当权利等，一直未能得到应有的确认。道家虽然提出了个体认同的要求，但这种要求一开始便包含着自身的缺陷，因此注定只能是一种微弱的呼声，而难以得到普遍的回应。这样，中国传统价值系统便不可避免地具有重群体、轻个体的特征。

第三节　人格理想与价值目标

无论是天人之辨还是群己关系的辨析，都以人为对象。人的性格、能力、权利和义务、道德品质、精神境界、人生追求等人格规定，集中体现了中国传统文化的价值观念。不同的人格理想体现了不同的价值目标。在中国文化中，儒家“内圣”与道家“逍遥”的价值追求最有代表性。

一、儒家的“内圣”追求

人格的完善，既是儒家学说的出发点，也是其基本的价值追求。儒家的理想人格注重人格的内圣规定，“内圣”首先表现为善的德性，而善又以广义的仁道精神为其内容。儒家所谓“为己”、“成己”，其内在旨趣无外乎在人格上达到理想的境界，而儒家的价值理想，也最终落实于“内圣”的人格理想。

“为己”是儒家价值追求的逻辑起点。“为己”首先是人格上的自我完善，其目标是实现自我的内在价值，即“成己”。在儒家看来，“为仁由己”，无论是外在的社会实践还是内在的德性涵养，自我都起到决定作用，即“君子求诸己”，无论君主还是社会普通个体，“壹是皆以修身为本”。原始儒学以“仁”为核心，“仁”首先是对理想人格的规定。孔子曾把“恭、宽、信、敏、惠”视为仁的具体内容（《论语·阳货》），这些条目同时从不同方面展示了内圣的品格。后来儒家一再强调的仁、义、礼、智、信等，也可以视为人格的内在规定。修身成己的要领是“克己”，“克己复礼为仁”（《论语·颜渊》），“成己”是以仁来塑造自我，“克己”则是以仁来净化自我，亦即《大学》所谓“正心诚意”，无论是“成己”还是“克己”，最终的目的都在“止于至善”，二者从不同方面指向善的德性。

除了仁德之外，人格还包括“知”的规定。在儒家那里，仁与知总是联系在一起的。“未知，焉得仁?”（《论语·公冶长》）而内圣在某种意义上即表现为仁与智的统一。“仁且智，夫子既圣矣。”（《孟子·公孙丑上》）知是一种理性的品格，按儒家的看法，缺乏理性的品格，主体往往会受制于自发的情感或盲目的意志，从而很难达到健全的境界。只有通过理性升华，才能由自在走向自为，形成完善的人格，并赋予行为以自觉的性质。从先秦儒家到宋明理学，都把理性自觉看做是成圣的必要条件。《大学》所强调的“欲修其身者，先正其心；欲正其心者，先诚其意；欲诚其意者，先致其知”，便概括地表现了儒家的这种思路。如果说，在天人关系上，儒家着重突出了人道原则，那么在人格境界上，儒家则把作为人道核心的“仁”与理性融合为一，从而体现了人道原则与理性原则的统一。

人格的理性规定与理欲之辨上的理性优先相联系，使儒家形成了一种理性主义的价值传统。不过，在突出理性原则的同时，儒家往往又将其涵盖于仁道之下，孔子就把知主要理解为“知人”。所谓知人，不过是对社会人伦的体察。孟子更明确地指出：“仁之实，事亲是也；义之实，从兄是也；智之实，知斯二者弗去是也。”（《孟子·离娄上》）依据这种界定，知的功能只在于把握仁义等当然之则，并在行为中自觉加以贯彻。也就是说，理性的作用主要限于道德实践的领域，而理性本身也取得了某种伦理化的形式。后来宋儒就将认知过程限定为自德行修养的“持敬”始，“今且当自持敬始，使端悫纯一静专，然后能致知格物”（《朱子语类》卷一八），而终于“至善”：“止者，所当止之地，即至善之所在也。”（朱熹《大学章句》）这个“至善”，究其实不过是存天理、灭人欲而已，整个认知过程消融于道德修养之中，德取代了知，修养取代了认识，伦理理性否定了科学理性。事实上，在儒家那里，理性优先即是道德理性优先，是伦理性的优先。这种看法注意到德性对理性的制约，它对于避免理性走向歧途，抑制人格的异化，有一定的意义。

然而，理性伦理化的同时也意味着理性的狭隘化。与确立伦理性主导地位相应，对事实的认知往往被置于边缘的地位，“知人”往往压倒“知物”。孔子强调“君子不器”（《论语·为政》），固然含有人格不能偏向一端之意，但同时也流露出对认知理性或技术理性的轻视。这种轻视在宋明理学中表现得更为明显。理学家对“德性之知”与“见闻之知”作了严格区分。所谓“见闻之知”，泛指基于感性见闻的事实认知，与之相对应的“德性之知”则主要是与分辨善恶相联系的道德评价。在理学家看来，见闻之知乃“物交而知”，它对人格的完善没有什么意义；唯有德性之知，才构成人格的真正本质。从这一前提出发，理学家对道德理性之外的事实认知往往采取贬抑的态度："格物之论，伊川意虽谓眼前无非是物，然其格之也，亦须有缓急先后之序，岂遽以为存心于一草木器用之间而忽然悬悟也哉！且如今为此学而不穷天理、明人伦、讲圣言、通世故，乃兀然存心于一草一木、器用之间，此是何等学问！如此而望有所得，是炊沙而欲成其饭也。"（朱熹《答陈齐仲》）也就是说，格物致知主要是认识社会道德之理，而非认识自然规律。重道而轻艺，重社会伦理而轻自然科学，重善的道德之理而轻真的规律之理，在这种伦理理性笼罩下的认知心理作用下，理学家不仅忽视了人格的多方面发展，而且使理性原则变得片面化了，使认知理性或技术理性始终难以得到应有的地位。

儒家将"仁"与"知"规定为理想人格的双重品格，由此确认了仁道原则与理性原则的统一。就其深层内涵而言，"仁"表现为一种完美的德性，"知"则是指在德性制约下的伦理理性或道德理性，二者从不同方面展示了"善"的品格。这样，走向内圣之境总体上便表现为一种对善的追求。儒家将德性与理性融合为一，以"内圣"为人格目标，这种价值追求是中国传统文化的主导方面。按其本义，"内圣"主要表现为一种道德理想，以"内圣"为追求的目标，即意味着将伦理学意义上的"善"视为最高价值。这种价值观对中国传统文化产生了多方面的影响。从传统政治结构到个体行为，都在不同程度上包含着某种伦理化的倾向。这种价值观念对精神境界的升华固然不无积极意义，但如前所述，伦理价值的过度强化，同时也有其负面的效应。就社会领域来说，在道德的完善成为主要目标的背景下，政治结构的变革（包括法制的有效运作）往往很难得到应有的重视；就人与自然的关系而言，在道德关注压倒一切的前提下，对自然的认识与作用往往被置于视野之外。由此同时又形成一种重道（广义的"道"，包括道德理想）轻器（包括社会及自然领域的具体对象）的传统。可以看到，以德性对理性的支配为出发点，善的追求与道的涵盖相互交错，构成了传统价值体系的显著特点。

二、道家的"逍遥"境界

相对于儒家之注重"善"，道家更多地赋予理想人格以"真"的品格，其人格典范也被称之为"真人"。

与天人关系上突出自然原则相对应，人格上的真，首先表现为合于自然。"不以心捐道，不以人助天，是之谓真人。"（《庄子·大宗师》）所谓"不以心捐道"，就是顺从与遵循自然之道。在道家看来，理想人格并不是自然的对立物，相反，它总是融入天地之中，与万物为一体，所谓“天地与我并生，而万物与我为一”（《庄子·齐物论》），便强调了这一点。当然，这种“为一”，并不是一种本体论意义上的存在状态，更多的是一种精神境界。在这种境界中，主体不再把自然视为异己的对象，而是不断地化解与自然的紧张和对立，使小我与宇宙大我达到内在的统一，“独与天地精神往来，而不傲倪于万物”（《庄子·天下》）。正是在与自然的契合中，人格达到了一种逍遥之境。道家的这种看法固然带有抽象的性质，但同时也多少注意到了理想人格应当是一种自由人格，而人格的自由之境又以合规律性为前提。

作为人格境界，“真”与“伪”相对。道家心目中的理想人格总是“其知情信，其德甚真”（《庄子·应帝王》）。这里的“德”，并不是儒家的仁德。在道家看来，以仁德规定人格总是不免走向外在的矫饰：“枝于仁者，擢德塞性以收名声。”（《庄子·骈拇》）这种人格显然背逆了自然之道而趋于虚伪化。道家对仁义作了种种抨击，从人格理想的角度看，这种批评同时也表现了对德性虚伪的不满。儒家以学做圣人为人生理想，道家则宣称“圣人不死，大盗不止”、“绝圣弃智，大盗乃止”（《庄子·胠箧》）。在庄子看来，儒家追求的理想人格“圣人”有其致命弱点，即用外在的仁义礼乐来规范和制约人的行为，不利于个人特征的发展，也不利于人精神上的逍遥自由。而且庄子还认为，天下之所以世风日下、战乱不止，其罪魁祸首正是儒家推崇的圣人禹、文王、周公、孔子等人。与外在的矫饰相对，完善的人格应当如明镜一样显示其本真的品格：“至人之用心若镜，不将不迎，应而不藏。”（《庄子·应帝王》）也就是说，“与道为一”的精神境界，应当以本然的、真实的形态出现，它既不应迎合他人以获得外在的赞誉（“收名声”），也不有所执著（“不藏”），总之，内在品格与外在表现应当完全一致。“真在内者，神动于外，是所以贵真也。”（《庄子·渔夫》）一般来说，德性一旦虚伪化，便会导致内在之“我”（内在的人格）与外在之“我”（人格在社会中的展现）的分裂，“以诗礼发冢”（《庄子·外物》），形成二重人格。人格的这种二重化，实质上也就是人格的异化。道家对“仁”的批评，固然忽视了人格的德性内涵，但其“贵真”的价值取向，对于人格的异化，无疑具有抑制作用。

人格作为真实的自我，总是有其个性特征。道家以本真的人格扬弃仁德的矫饰，同时意味着确认人格的个体品格。庄子曾说：“吾所谓臧者，非所谓仁义之谓也，任其性命之情而已矣。”（《庄子·骈拇》）这里的“臧”是指善。按道家的看法，人格的追求并不表现在以普遍的仁义规范来塑造自我，它的旨趣在于尊重自我的个性，并使之得到真实的流露。所谓“贵真”，便包含着“天下欣欣焉，人乐其性”（《庄子·在宥》）、“不一其能，不同其事”（《 庄子·至乐》）的要求，“人乐其性”就是通过个性认同而达到的人格境界。在人格取向上，儒家更多地将德性理解为仁义等普遍规范的内化，其基本的人格模式是“圣人”。这种看法蕴涵着人格的单一化或划一化趋向。相对来说，道家“人乐其性”的主张对人格的个性规定则予以了较多的关注。道家以“任其性”否定普遍规范对人格的制约当然有其片面性，但它将“贵真”与尊重个性联系起来，显然又有助于人格的多样化发展。不过，需要注意的是，道家的“真人”境界是以“吾丧我”为前提的，“无功”、“无名”、“无己”，不但超越名利，摒弃世俗物欲，还要超越自我，达到精神上的高度净化，这实际意味着个人对主体权能的自动放弃，“人乐其性”只不过是一种精神上的自我愉悦而已。

总的看来，中国传统的价值观呈现为一个颇为复杂的系统，它既涉及多重价值关系，又交错着人们对价值关系各个方面的不同侧重和强化，而儒、道、墨、法等各家各派则从理论的层面，对价值观作了自觉的概括，并提出一系列基本的价值原则。它们既从不同方面反映了人们在历史演讲过程中的文化追求，又渗入了多样的价值理想，并规范着人们的行为。传统价值系统给我们留下的是一份具有双重意义的遗产，我们既不能简单地全盘否定，也不能无批判地将其中的某些价值原则现成地拿过来。如何在更高的基础上化解天与人、自由与必然、群与己等的紧张关系，扬弃人道原则与自然原则、群体原则与个体原则、道义原则与功利原则、理性原则与感性原则的对立，重建真、善、美统一的价值理想，成为当代中国人所面临的时代课题。

自主学习

1. 儒家的人道原则是什么？
2. 天人之辨的价值观内涵是什么？
3. 如何理解儒家的群己关系论？
4. 你对群体原则的强化有何看法？
5. 儒家的人格理想是什么？

延伸学习

1. 王元化《思辨录·甲辑·大传统小传统》：“研究中国文化传统经过了怎样的渠道走进民间社会，甚至深入到穷乡僻壤，使许多不识字的乡民也蒙受它的影响，这是一个值得探讨的问题。中国的传统思想自然是直接表现在儒道释墨法那些思想家、史家和文学家的著作里，而研究文化传统的学者也多半只探讨这些典籍。但是无论以前或现在，能阅读这些著作的人究竟有多少？大多数从来没有读过这些著作的人，为什么会受到它的影响呢？比如，我小时候在偏远的乡间曾见到不少贞节牌坊，那些殉节的妇女大多并不识字，她们从哪里得到儒家传统的贞节观念并以它作为自己坚定不移的信念呢？这些问题不能不引起人们对文化传统问题的思考。我认为人类学者所提出的大传统和小传统理论对于解决上述那些问题是很有帮助的。大传统和小传统这一说法是50年代芝加哥大学人类学教授芮斐德（Robert Redfield）首先提出来的。台湾李亦园教授是研究文化人类学的，对此曾有专文介绍。据他说，所谓大传统是指上层士绅、知识分子所代表的文化（相当“五四”时期所说的贵族文化），这多半是经由思想家或宗教家反省深思所产生的精英文化（refined culture）。与此相对应所谓小传统，则是指一般社会大众，特别是乡民或俗民所代表的大众文化。精英文化与大众文化也可称作高文化与低文化（high and low culture）。芮氏所用的后一称谓和我们过去所说的雅文化与俗文化，以及今天所说的高雅文化与大众文化是比较接近的。”

“民间社会是通过小传统去接受大传统的，因此不是直接，而是间接地吸取了大传统如经史中的观念以及历史记载等。今天许多人的历史知识不是来自正史，而是来自广为流传的小说戏曲，甚至知识阶层中的许多人也不例外。大传统既然以小传统作为中介传播到民间去，因此它就不可能完全保存其原来面目，而是经过民间的筛选和转述。在这一过程中，不仅有取舍，也有引申、修订、加工和再创造。在传统的宗教文化中，儒道释的源流派别是分辨得清楚的，但在民间祭典文化中就只有三教合一的民间信仰。小传统在民间信仰仪式中显示了对中国文学的尊重等等，都是说明这种情况。”

葛兆光《古代中国文化讲义·古代中国的两个信仰世界》援引“大传统和小传统”说，认为中国“确实有一个大传统，有一个小传统”，“民众有民众的传统，我们不要以为民众没有‘知识’，他们只是没有书本的、抽象的、学校教出来的‘知识’，实际上他们有另一套‘知识’。这些知识构成小传统”，“古代民众的信仰世界，也就和上层的信仰世界不同”。

王学泰《游民文化与中国社会》：“一个民族（特别是具有古老文明传统的民族）早期思想资料会成为这个民族文明、文化发展的基因，不管此后其经济与社会背景发生了多么大的变化，其文化机体如何成熟，还是要表现与其他文化不同的面貌，这就是基因在起作用。中国也是这样。除了儒家、道家、法家一些思想主张构成中国文明发展的主流外，游士纵横家们的无是非观、纵横捭阖的阴谋诡道也为离经叛道的士大夫和游民知识分子所取资。它与游民从自己的地位和经历所生发的思想情绪结合在一起形成了游民意识。游民在人格理想上崇拜游侠；在人际关系上注重小圈子，重视帮派的利益；在道德上他们推崇义与义气；在处理事务和斗争中看重目的，不讲究手段，只讲敌我，不讲是非。这些在游民知识分子的历史的作为上与文艺创作中皆有所反映。”

据你了解，当下中国是否存在“大传统”、“小传统”之别？中国传统文化的价值观念在整个社会的价值观念中是否占主导地位？你所了解的“小传统”有什么样的内容与特点？

2. 当下党和政府大力倡导建设“社会主义核心价值体系”，你认为中国传统文化的价值观念对于建设社会主义核心价值体系是否具有参考价值？

第十四章　中国传统文化与现代化

进入近代社会以来，中国传统文化遭遇了种种严峻的考验。相对封闭自足的独立发展模式被打破，赖以生存的社会经济、政治基础不断被削弱直至被彻底摧毁，中国传统文化包括价值观在内的各个组成部分直接面对更先进的西方文化的全面挑战。在中国社会走向现代化的历史进程中，如何看待曾经灿烂辉煌的中国传统文化，怎样处理中国传统文化与西方先进文化以及社会主义新文化之间的关系，不仅成为中国近现代社会文化发展论争的焦点，也是当下正处于转型期的中国社会亟须解决的核心课题。

第一节　中国传统文化的近代危机

一、社会变革与中国传统文化危机

“天不变，道亦不变”（董仲舒《举贤良对策》），植根于自给自足的自然经济基础和君主专制政治制度之上的中国传统文化具有无与伦比的稳定性。历次改朝换代不仅没有冲击、动摇中国传统文化赖以生存的社会政治经济结构，反而不断地稳固、强化了它的社会根基。因此，尽管在历史上中国传统文化的创造主体汉民族曾经经历过几次严重的民族危机，五胡乱华、神州陆沉、满蒙入主中原、亡国亡天下，然而，中国士人却从未对自己的文化产生过怀疑。如明清鼎革之际，顾炎武、黄宗羲、王夫之等具有强烈民族危机感的士人就仍对以儒家文化为核心的传统文化深信不疑，认为明朝亡于“束书不观”、“游谈无根”，学风空疏，丧失了儒学的经世致用精神，并非中国传统文化陷入了深重危机。因此，只要发挥传统文化的自我调节能力，民族危机、社会危机仍可自行解决。

中国传统文化发展到明代中叶，已经出现转型的征兆。伴随着商品经济的蓬勃发展，市民文化走向繁荣，社会风气为之一变。与此相适应，思想界也正孕育着近代哲学“破块启蒙”的新动向。儒学发展到王阳明的心学已达到极端。王阳明的“致良知”之说高扬人的主体性，是对僵化的程朱理学思想的反叛，“心学”唯心主义的彻底性同时也孕育着自我否定的因素。王阳明去世后，其学派分化出“掀翻天地”、“非名教之所能羁络”的异端学说。万历年间，以“异端之尤”自居的李贽，摆开“堂堂之阵，正正之旗”，对“以孔子之是非为是非”的独断论提出怀疑和否定。这种“颠倒千万世之是非”的批判怀疑精神，标志着中国先进知识分子开始对传统文化进行自我批判。此外，以何心隐和东林党人为代表的“以友朋代君臣”、“以众论定国是”的初步平等观念与早期民主思想，以徐光启为代表的科学的知性精神，也一时迸发，从而形成颇具声势的启蒙思潮。在这样的文化思潮下，西方文化也由西方传教士传入中国。魏源认为天主教之所以从明末后期传入中国，是由于“明之季年，心学盛行，西土慧黠，因摭佛经而变幻之，以投时好，其说骤行，盖由于此，所谓物必先腐而后虫生，非尽持论之巧也”。将天主教在明朝末期的流行归因于陆王心学的盛行，正说明中国传统文化内部已经出现危机，产生了变革的愿望。西方文化的适时输入，并在“西学中源”的幌子下深入传播，恰好为中国传统文化的发展与转型提供了一个更先进的参照体系。

从孔子作《春秋》严夷夏之防开始，夷夏之辨，即严格区分华夏与外族，就成为儒家正统思想的一个重要内容。即使在中国社会发展的鼎盛期，正统儒者亦以排斥佛老“异端”为己任。在儒者看来，中国就是世界的中心、文明之所系，外族为野蛮低等民族，因此在中外文化交流上，中国人具有与生俱来的文化优越感，认为“用夏变夷”是天经地义的，而“用夷变夏”则是不可思议的。孟子说“吾闻用夏变夷者，未闻变于夷者也”（《孟子·滕文公上》），就集中体现了这种文化上的高度自信。与此不同的是，明代知识分子在面对西方文化时心态相当从容自信，如瞿式穀说“曷征之儒先，曰东海西海，心同理同。谁谓心理同而精神之结撰不各自抒一精彩，顾断断然此是彼非，亦大舛矣”（《职方外纪小言》，艾略儒《职方外纪校笺》），单从字面来看，这种心胸气魄即使与主张“东学西学，道学未裂；南海北海，心理攸同”的当代人钱钟书相比亦不遑多让。徐光启则认为“欲求超胜必须会通”，主张充分学习利用西方先进文化，“博求道艺之士，虚心扬榷，令彼三千年增修渐进之业，我岁月间拱受其成”（《简平仪说序》）。不过，我们也应该看到，根深蒂固的“用夏变夷”观念在一定程度上延阻了中西文化的深入交流。意大利传教士利玛窦记载说：“因为他们不知道地球的大小而又夜郎自大，所以中国人认为所有国家中只有中国值得称羡，就国家的伟大、政治制度和学术的名气而论，他们不仅把所有别的民族都看成是野蛮人，而且看成是没有理性的动物。在他们看来，世上没有其他地方的国王、朝代或者文化是值得夸耀的。这种无知使他们越骄傲，则一旦真相大白，他们就越自卑”，“中国人是那样地固执己见，以致他们不能相信会有那么一天他们要向外国人学习他们本国书本上所未曾记载的任何东西。”（《利玛窦札记》）因此，利玛窦等西方传教士首先要冲破夷夏之防，主动迎合中国传统文化，竭力将西学与儒家学说相比附，打消中国人对西方文化的顾虑。从利玛窦开始，西方传教士就从中国经典中寻句摘字，以天主教之“天主”附会先秦儒家经典中的“天”和“上帝”，以此表明天主教与中国思想相通。与此同时，为了适应中国传统文化的土壤，利玛窦还确立了利用传播西方科学知识辅助传教的所谓“学术传教”路线。在这方面，利玛窦也把西方科学同中国科学，特别是中国上古科学相提并论。1601 年，利玛窦进京上奏万历皇帝一疏中就说：“臣先在本国忝预科名，已叨禄位。天地图及度数，深测其秘，制器观象，考验日晷，并与中国古法吻合。”（黄伯禄《正教奉褒》引）中国知识分子更热衷于论证西学中源说。“精于泰西之学”的李之藻为利玛窦的《天主实义》重刻本作序说：“尝读其书，往往不类近儒，而与上古《素问》、《周髀》、《考工记》、《漆园》诸篇默相勘印。顾粹然不诡于正……信哉，东海西海，心同理同。”（徐宗泽《明清间耶稣会士译著提要》）徐光启则认为西洋测量诸法与《周髀》和古《九章》中的“勾股”、“测望”等方法略同。“西学中源”成了为西方文化在中国传播保驾护航的最佳理由。按这样的趋势发展下去，随着科学的进步，中西文化交流不难突破“西学中源”的假设圈套，中国传统文化或许在吸收西方文化的同时可以完善自身的造血机制。

然而，随着明朝灭亡，中国知识分子对传统文化的反思以及由中西文化交流带来的学习西方先进文化的热情，被迫转移到了救亡图存、拯救民族危机上。此后，随着清朝政府排斥西方文化的力度加强，中国知识分子对于传统文化的反思精神日渐委顿。对于西方文化，官方虽未将之等同于洪水猛兽，却已视为歪理邪说，如颇能反映乾隆本人意旨的《四库全书总目提要》对于西学就有这类批判：“欧罗巴人天文推算之密，工匠制作之巧，实逾前古。其议论夸诈迂怪，亦为异端之尤。国朝节取其技能而禁传其学术，具存深意”[①]、“西学所长在于测算，其短则在于崇奉天主，以炫惑人心……悖乱纲常，莫斯为甚，岂可行于中国者哉?”[②] 从这些话里，不难看出乾隆君臣对于西方思想文化的恐惧。入清以后，中国学者学习西方文化的热情也日益减弱，“西学中源”说再度成为学者谈论的话题。不过，这一次对于“西学中源”的论证，目的却在于宣扬中国传统文化的优越性。黄宗羲、王夫之、王锡阐、梅文鼎等一批会通中西的大家纷纷对此发表评论，王夫之、王锡阐等人甚至还将“西学中源”推演

① （清）永瑢等:《四库全书总目》卷一二五《〈寰有诠〉提要》。
② （清）永瑢等:《四库全书总目》卷一三四《〈天学初函〉提要》。

为“中学西窃”说，如王夫之在其晚年著作《思问录·外篇》中指出：“西洋历家既能测知七曜远近之实，而又窃张子左旋之说以相杂立论。盖西夷之可取者惟远近测法一术，其他则剽袭中国之绪余，而无通理可守也。”在他看来，西方学术虽然源自中国，但不过“剽袭中国之绪余”，并没有得中学之真传，当然没有向其学习的必要。梁启超说：“黄梨洲年辈略先于王、梅，然既以历学闻，有著述数种。梨洲亦信服利、徐新法之一人，然谓此法乃我国所固有。尝曰：‘周公、商高之术，中原失传而被纂于西人。试按其言以求之，汶阳之田可归也。’其言虽不脱自大之习，然唤起国人之自觉心亦不少。王、梅所企之‘会通以求超胜’，其动机半亦由此”[①]，“不脱自大之习”的评价是颇为中肯的，至于说王锡阐、梅文鼎企图“会通以求超胜”就不符合实际了，那是徐光启的心胸气魄。随着“康乾盛世”的到来，专制王朝对于思想界的控制日趋严密，“避席畏闻文字狱，著书都为稻粱谋”（龚自珍《己亥杂诗》），鸦片战争来临之前，中国社会风雨如磐，思想界万马齐喑，中国传统文化日益僵化，丧失了主动实现现代化转型的历史机遇。

1840 年鸦片战争爆发，中国传统文化陷入了真正的危机之中，开始直面西方现代先进文化的挑战。鸦片战争不同于中国历史上所有的战争，它不以改朝换代为目的，而主要表现为以儒学为核心的保守僵化的中国传统文化与西方先进的资本主义文化之间的冲突。“从根本上说，这是一场最广义意义上的文化冲突”，“是扩张的、进行国际贸易和战争的西方同坚持农业经济和官僚政治的中国文明之间的文化对抗。”[②]交战的双方，一是守旧落后的专制主义老大帝国，一是全球最先进的资本主义现代工业国家。战争的结果是，“天变了”，中华民族不仅遭遇到传统意义上的“亡国”、“亡天下”的危机，而且遇到了包括经济基础和政治制度在内整个社会结构解体的危机，“天不变道亦不变”的文化上的高度自信被击得粉碎，“西学中源”的迷人谎言被揭穿，中国传统文化出现了信任危机。

文化危机同时也是变化、发展的契机。随着社会结构的变化，中国传统文化已经不能按照原来的轨道来发展。鸦片战争之后，由于西方资本主义势力的侵入，中国开始沦为半殖民地半封建社会，以小农业和家庭手工业为主的自给自足的自然经济逐步被破坏，建立在这个经济基础之上的专制主义制度也随之发生动摇。植根于自然经济基础之上并为专制制度服务的中国传统文化，已经无法全能高效地解决中国社会面临的新问题。这样，陷入危机的中国传统文化自身就产生了变革的愿望与动力。与此同

---

① 梁启超：《中国近三百年学术史》，中国书店 1985 年版，第 341 页。

② ［美］费正清、刘广京编，中国社会科学院历史研究所编译室译：《剑桥中国晚清史》，中国社会科学出版社 1985 年版，第 251 页。

时，西方先进文化的涌入，也为中国传统文化提供了一个参照。在西方文化与中国传统文化发生碰撞时，中国传统文化不断暴露出种种缺陷和弊端，并在中西文化交流中逐渐丧失主导地位。按照文化交流的一般规律，总是落后文化向先进文化学习，这就迫使中国传统文化不得不改变以往与世隔绝的状态，也无法再接续历史上一贯以自我为主体来吸纳、融化异质文化铸造新文明的发展模式，转而向西方文化学习，把自身融入到世界文化飞跃发展的时代大潮中去。

二、“开眼看世界”

中国人对于西方世界和西方文化本不缺乏了解，如果延续晚明对于中国传统文化的反思批判精神以及中西文化交流的态势的话，中国传统文化即便不能完成近代化转变，也不至于与世界先进文化的发展完全脱节。令人遗憾的是，满清王朝实行的一系列文化统治措施以及闭关锁国政策，从内、外两方面中断了传统文化的发展进程。

鸦片战争以前，清代知识分子对于西方世界所知甚少。以封疆大吏林则徐为例，他在奉旨到广州查禁鸦片时，连英国、美国的地理位置都不清楚。1839 年，他与两广总督邓廷桢联名给道光帝写了一道奏折：“夷兵除枪炮外，击刺步伐俱非所娴，而其腿足裹缠，结束紧密，屈伸皆所不便，若至岸上更无能为，是其强非不可制也。”一年以后，也就是鸦片战争爆发期间，浙江定海被英军攻陷的时候，林则徐再次给道光皇帝上书，重申他的这个观点：“一至岸上，则该夷无他技能，且其浑身裹缠，腰腿僵硬，一仆不能复起，不独一兵可手刃数夷，即乡井平民，亦尽足以制其死命。”更令人难以置信的是，林则徐认为洋人嗜吃牛羊肉，若没有从我国进口的大黄、茶叶来消食，将会消化不良而死。在给道光的一份奏折中，他写道：“况茶叶大黄，外夷若不得此，即无以为命。”林则徐是一位著名的讲求经世致用的封疆大吏，但是作为一个以自给自足的自然经济为基础的泱泱大国的封疆大吏，他以及他的同僚所关注的只是中国内部事务及边疆事务，而不关心、似乎也没必要关心遥远的外国事务。既缺乏地理知识，更缺乏外交策略，对于西方先进的资本主义文化一无所知，在这样的情况下贸然应战，失败就是必然结局了。

鸦片战争，将清人从“朝廷晏安、四夷宾服”的假象中唤醒，迫使他们为了救亡图存而开眼看世界，关心天朝上国之外的资本主义世界的事情。抗英名将、桐城古文家姚莹有一段话描述了自己开眼看世界的动机，很有代表性：“莹自嘉庆年间，购求异域之书，究其情事，近岁始得其全，著之于书，正告天下，欲吾中国童叟皆习见习闻，知彼虚实，然后徐筹制夷之策。是诚喋血饮恨而为此书，冀雪中国之耻，重边海之防，免胥沦于鬼域。”（《复光律原书》，《中国思想史参考资料集·晚清至民国卷》）姚莹在鸦片战争中镇守台湾，能在中方一败涂地的战局中取得局部胜利，与这种“先见之明”不无关系。1839 年林则徐在广州查禁鸦片走私时，也意识到了解西方文化的重要性，开始认真研究英国以及其他西方国家的情况。他组织人员搜集有关英国的情报，并主持编译了《四洲志》。这部书是根据英国人慕瑞的《地理大全》编译的，它介绍了世界五大洲三十多个国家的地理、历史、政情、风俗。这部中国近代第一部系统地介绍世界地理的著作，在一定程度上打开了清人的眼界。此后，魏源在林则徐的指导与帮助下编成《海国图志》，姚莹写成《康辅纪行》、徐继畲编成《瀛寰志略》、何秋涛著成《朔方备乘》、梁廷枬写成《海国四说》等。这些著作有的是关于世界历史地理的，有的是关于中外关系的，表现出了近代中国人最初的世界意识。这种世界意识虽然是朦胧的，但却具有启蒙意义，因为当中国人睁眼看世界时，所看到的乃是西方先进的资本主义文化，“西学中源”论于是彻底破产。魏源说：“岂天地气运，自西北而东南，归中外一家欤！圣人以天下为一家，四海皆兄弟，故怀柔远人，宾礼外国，是王者之大度；旁咨风俗，广览地球，是智士之旷识。”（《海国图志原叙》）虽然还在标榜儒家“圣人”的英明，却已由衷地承认西方文化自成体系的客观事实了。对西方人不再只是文化上的认同，也开始形成种族身份的平等观念，“夫蛮狄羌夷之名，专指残虐性情之民……非谓本国而外，凡教化之国皆谓之夷狄也。……诚知乎远客之中有明礼行义，上通天象，下察地理，旁彻物情，贯串古今者，是瀛寰之奇士，域内之良朋，尚可称之曰夷狄乎”（《海国图志》），传统的“夷夏之防”观念也由此被打破。划分“华夷”的标准，不再是地域、种族等自然因素，而是以文明发展的程度为准。这是一个巨大的进步，它意味着先进的中国人开始摆脱盲目自大的民族心理，理性看待其他民族、文化，能够发现并学习其他文化的先进之处，从而为突破“禁传其学术”的祖宗家法做好心理准备。

当然，鸦片战争时期中国的领导决策层还没有能够系统地介绍西方文化学术。他们所看到的主要是西方的物质文明，尤其是在鸦片战争中亲眼目睹的坚船利炮，因此最初表现出来的学习西方的意向也主要是仿造船炮。据统计，在鸦片战争结束之后，有 60 多个大臣建议仿造船炮，道光皇帝也多次发布圣谕，于是在清廷上下掀起一阵仿造船炮的热潮，虽然为时不长。“天朝上国”的皇帝，过去一般是看不起“西夷”的，这时也不得不承认“西夷”的船炮比中国的厉害，并下令仿造，对于专制统治者而言，这是一种观念的重大转变。当然，道光没能也不可能再前进一步，由技术层面的仿造船炮进而上升到从制度层面、思想层面学习西方的经济制度和社会文明，将中国社会引向资本主义发展道路。

相比之下，还是学者魏源对学习西方文化的认识更具普遍意义。他从学习西方军事技术的要求中，概括出一个具有普遍意义的命题——“师夷长技以制夷”，而且提出了比较系统的学习西方军事技术和民用科学技术的建议。他建议建立造船厂和火器厂，聘请法国人和美国人当指导，仿造西洋船舰、火器，以及量天尺、龙尾车、风锯、水锯、火轮机、火轮车、自来水、自转礁、千斤秤等民用器；在科举考试中增加水师科，对能制造西洋船舰、火轮舟、飞炮、火箭、水雷、奇器的人，授予科甲出身。他的建议具有“废祖弃宗”的意味：聘用洋人，仿制洋器，这背叛了“用夏变夷”的传统，而堕入了“用夷变夏”的“歧途”；掌握制造技术的工匠可以获得科甲出身，这违背了儒家“重政轻艺”、“重本轻末”的传统，破坏了八股取士的科举制度。因此，当时有许多人批评“师夷长技”的建议过于“失体”。

但是，我们不难看出，魏源“师夷长技”的主张具有重要意义。它表明19世纪40年代被禁锢日久的中国人已从中西文化的撞击中，破天荒地发现了中国传统文化中也存在着不足，而一向被认为粗鄙的“夷人”却有某些“长技”，传统文化的不足正需要用夷之长技来弥补和纠正。此外，更难能可贵的是，魏源还认识到西方科技的发达与精神层面的宗教信仰之间存在很大关系。《海国图志》中有三卷专门探讨宗教问题，《天主教考》（上、中、下）、《天方回教考》、《各国回教总考》、《天方教考》（上、下）等篇重点介绍了伊斯兰教和天主教，对耶稣创立基督教以及基督徒在世界广播福音、穆罕默德创立伊斯兰教并建立统一阿拉伯大帝国的历史都作了详述，还介绍了印度的婆罗门教。不难发现，在魏源认可的“夷之长技”中，包括西方的精神文明。魏源认为“东海西海，圣各出而心理同”，孔子是东方的圣人，穆罕默德、耶稣也不是什么“神”，而是人，不同地域的圣人在不同的地方从事“教治”“群愚”的工作。虽然圣人出自不同的地域，可心理却是相通的，知识丰富、德行高超，以关怀人间、教化众生、解苦救难为己任。魏源已经认识到中国的儒家文化并未能“囊括”世界各国，其范围局限在亚洲东部，仅仅在中国、越南（安南）、朝鲜、日本产生深刻影响，他虽然批评天主教中那些与中国传统习俗、道德伦理有冲突之处的地方，如质疑耶稣的生卒和代人受罪，反对基督教的一夫一妻制和人生来有罪的学说，有时甚至将天主教斥责为“邪教”，却又承认佛教、天方教、天主教“与中国、安南、朝鲜、日本之儒教，离立而四”。魏源相信儒教不可能凌驾于其他宗教之上而“师长”万国，而佛教、天主教、天方教也不可能在全世界独占鳌头，因为它们都有一定的道理：“佛教……以慈悲寂灭为归”，天方教“大旨亦无恶于世教”，天主教的《神理论》“颇近吾儒上帝造化之旨”。这是一种比仿造船炮更为深刻的文化观念的变化，对于推动中西文化的交流和融汇、开启中国社会近代化进程具有深远的意义。

魏源的觉醒在当时并非个案。徐继畬在《瀛环志略》中不仅介绍了西方的科学技术，还介绍了西方的民主制度。在叙述华盛顿领导美国人民取得了独立战争的胜利并建立资产阶级民主制度的同时，徐继畬盛赞美国第一任总统华盛顿的丰功伟绩及其创立近代西方民主政治制度的创举，对华盛顿给予了极高的评价，其认识高度人们至今难以超越："华盛顿，异人也。起事勇于胜、广，割据雄于曹、刘，既已提三尺剑，开疆万里，乃不僭位号，不传子孙，而创为推举之法，几于天下为公，骎骎乎三代之遗意。其治国崇让善俗，不尚武功，亦迥与诸国异。余见其画像，气貌雄毅绝伦，呜呼，可不谓人杰矣哉！米利坚合众国之为国，幅员万里，不设王侯之号，不循世袭之规，公器付之公论，创古今未有之局，一何奇也！泰西古今人物，能不以华盛顿为称首哉!"对于公器公论这种民主制度的赞美与羡慕之情溢于言表。这段文字于1853年被镌刻赠送美国，砌在美国首都华盛顿纪念塔第十级内壁上。不难看出，这段话虽然是赞美当时西方文化中最先进的民主制度，却处处渗透了中国传统文化的因素，如天下为公、修文偃武等，"不僭位号，不传子孙"的民主选举制度对于有尧舜禅让这个远古群体记忆的中国知识分子来说也不存在太大的接受障碍，一句"三代之遗意"即可打消民主选举与专制世袭制相冲突的顾虑。至此，中国传统文化已经借助西方文化这一异域介质发现了前进的方向。等到1867年，徐继畬答谢驻华公使蒲安臣时更直接说"华盛顿首建奇勋，创为世法，以成继往开来之功，其必传于世无疑也"，预言民主制度以其适应性和生命力，必将大行于世界。

第二节　中国传统文化与现代化

一、三个文化层面的变革

1922年，梁启超在《五十年中国进化概论》里概括说："近五十年来，中国人渐渐知道自己的不足了。这点子觉悟，一面算是学问进步的原因，一面也算是学问进步的结果。"中国传统文化的现代化进程已历经了三个时期：第一期，"先从器物上感觉不足"，"曾国藩、李鸿章一班人，很觉得外国的船坚炮利，确是我们所不及，对于这方面的事项，觉得有舍己从人的必要"；第二期，"是从制度上感觉不足"，"自从和日本打了一个败仗下来，国内有心人，真象睡梦中着一个霹雳，因想道，堂堂中国为什么衰败到这田地，都为的是政制不良，所以拿'变法维新'做一面大旗，在社会上开始运动，那急先锋就是康有为、梁启超一班人"；第三期，"便是从文化根本上感觉不足”，“觉得社会文化是整套的，要拿旧心理运用新制度，决计不可能，渐渐要求全人格的觉悟”。梁启超这段言论的确“有助于人们去认识整个近代中国文化变迁之史实”。当然，这种分期及各分期的主导方面只是相对而言，并不是说某分期中只有某一特定层面文化的变革，只是说这种特定层面的文化变革在这一时期占据主要地位。

中国传统文化物质层面的变革始于魏源的“师夷长技”，到 19 世纪 60 年代形成颇具规模的“洋务运动”。“洋务运动”的指导思想是“中体西用”。早期改良主义者冯桂芬对此作了比较系统的说明，在《校邠庐抗议》一书中，冯桂芬论述了学习西方的必要性，提出处理中西文化关系应遵循“以中国之伦常名教为原本，辅以诸国富强之术”，主张在不危及专制极权体制的前提下，有选择地采纳西方文化成果，主要是自然科学和工艺技术，来弥补中国传统文化的不足。

从 19 世纪 60 年代起，洋务派先后兴办了一批军事工业和民用工业，与此相适应，在文化领域内，西方科技知识被大量引入，出现了译介西方文化的高潮，兴办了一批新式学堂，数学、物理、化学等自然科学进入课堂，动摇了儒家文化的传统价值取向和思维习惯，有助于科学世界观和方法论在中国的传播。

随着洋务运动的发展，走出国门的人日渐增多，租界、商埠、教会学校等传播西方文化的途径迅速拓展，晚清人学习西方文化的主动性大大提高，对西方文化的认识也更加深入。人们已经不仅仅对西方的物质文明感兴趣，西方文化中以议会选举制度为代表的社会制度、以进化论为代表的科学理论、以民权为代表的政治学说等，引发了先进知识分子更大的兴趣。中国传统文化又在酝酿一次新的变革，洋务派“中体西用”的文化自强之路已经面临破产危机。甲午中日战争以中方战败、号称亚洲第一的北洋水师全军覆没收场，这个结果促使人们反思洋务运动的得失，越过物质层面而进入到制度层面寻找解决民族危机和文化危机的出路，维新思想由此开始在社会上广泛传播。

维新派主张在中国建立君主立宪制度，提倡民权，批判专制主义。“器可变，道不可变”的认识误区被打破，启蒙者们通过不同方法力图说明“器”可变“道”也可变，破“道”不变不灭之谬论。如谭嗣同承继王夫之的道器观：“天下惟器而已，道者，器之道；器者不可谓之道之器。”（《周易外传·系辞上传》）并进而说：“道，用也；器，体也。体立而用行，器存而道不亡……夫苟辨道之不离乎器，则天下之为器亦大矣。器既变，道安得独不变哉？”（《报贝元征》）批判的锋芒直指中国传统文化中的制度文化，为变法做好理论准备。康有为则努力将中国传统文化引上“不中不西，即中即西”的发展道路，他的主要方法是用西学对中国传统文化进行新的解读。康有为的《保国会上讲演辞》论述中西发展水平差异时说："若夫泰西立国之有本末，重学校，讲保民、养民、教民之道，议院以通下情，君不甚贵，民不甚贱，制器利用以前民，皆与吾经义相合，故其致强也有由。吾兵、农、学校皆不修，民生无保、养、教之之道，上下不通，贵贱隔绝者，皆与我经义相反，故宜其弱也。"在康有为看来，西方的经济制度、教育制度以及政治体制都符合儒家经义，而清朝的各项制度反倒违背了儒家经义。无论是民生制度还是学校教育、议会政治，都是西方文化的产物，但康有为却将之统统归为儒家既有之义，这种思维方式及论述策略与徐继畬表彰美国的"推选法"而将之归为有"三代之遗意"相同。可以看出，康有为用"托古改制"的办法来变革现实，他所宣扬的儒学实际是一种"儒表西里"的新儒学，借助中国传统文化的体系框架来表达新思想，因此，这种新文化无论在内容还是形式上都显得古色斑斓。

随着戊戌变法的失败，革命思潮逐渐取代改良思潮而成为时代主潮。以国内新式学堂师生和留日学生为主体的新式知识分子群体开始形成，他们无论是倾向改良还是主张革命，都对西方的政治学说产生了强烈的兴趣，成为西学传播的主力，由此掀起了一个译介西方社会政治学术著作的热潮，社科类著作在这一时期翻译的西学书籍中所占比例远高于自然科学类。一批影响深远的西方社会科学著作被翻译出版，如《路索民论》（卢梭《民约论》）、《培根文集》、《法意》（孟德斯鸠《论法的精神》）、《自由原理》、《穆勒名学》、《社会学原理》、《美国独立檄文》（《美国独立宣言》）等，为辛亥革命作了思想上的准备。

辛亥革命是一场以建立民主共和制度、从根本上将国家主权归还于全体国民所有的民主革命。辛亥革命的成功，使两千多年的专制帝制被推翻，中华大地上建立了亚洲第一个民主共和国——中华民国，这是一场制度革命的伟大胜利。然而，紧随其后的却是袁世凯、张勋的两次复辟，这说明，仅有制度层面的变革是不够的，"立宪政治而不出于多数国民之自觉"（陈独秀《吾人最后之觉悟》）是不会取得成功的。孙中山于 1918 年在《建国方略 · 自序》里痛陈："夫去一满洲之专制，转生出无数强盗之专制，其为毒之烈，较前尤甚。于是而民愈不聊生矣！"残酷的现实自然会激起人们的求变欲望，而变革的指向集中在观念文化。早在民国初年，黄远生就著文指出近代学习西方文化经历了器物制造、政治制度两个阶段，并说"今日已成为思想上之争"，"本源所在，在其思想"（《新旧思想之冲突》）。基于这样的认识，陈独秀、李大钊等人掀起了以改造国民性为主要目的的新文化运动，中国传统文化的现代化变革由此深入到观念层面。

新文化运动的领导者们认为，国民性改造归根结底是要革除旧的价值观念和道德观念，全面彻底地批判中国古代传统文化观念，尤其是儒家伦理思想，宣扬“重人的价值”，树立独立人格，主张以个性主义以及民主和科学为核心内容去重建现代意义上的中国人的人格与中国文化。

个性主义是新文化运动的起点与基石。新文化运动把唤醒“国民之自觉”当做根本任务，陈独秀认为，所谓“国民之自觉”，就是大多数国民“完成其自主自由之人格之谓也”(《敬告青年》)。新文化运动的干将鲁迅则鲜明地提出“立人”思想：“然欧美之强，莫不以是炫之天下者，则根柢在人……是故将生存两间，角逐列国是务，其首在立人，人立而后凡事举；若其道术，乃必尊个性而张精神。假不如此，槁丧且不俟乎一世。”(《文化偏至论》)在世界各民族中，中华民族是个早熟的儿童，子不语怪力乱神的教诲使中华民族较早地过上了理性生活。然而这次觉醒的仅是一个“社会人”、一个“伦理人”，而不是个体人。随着近代中国文化的发展，西方资产阶级人权学说传进中国，人们在忧患器物、制度不如西方的同时，也逐步认清国民品格积弱才是文化迟滞的根本原因。于是，严复说，鼓民力、开民智、新民德三者是自强之本，梁启超除此之外又具体指出“新民”必须具有公德与私德等。不过严、梁二人对“新民”的理解还是抽象的、政治的，还只是中西文化观念的简单叠合，无法揭去“新民”的旧心理。随着中西文化的深层碰撞，人们逐渐认识到“新民”——现代意义的人——才是文化强盛的根本。新民应该是具有独立人格的个体意义上的人，于是他们的忧患思路就转变为如何使这些割了辫子却仍是“旧人”的人真正觉醒。这样，陈独秀于1915年在上海创办的《青年》杂志（次年改名为《新青年》）上，开始了“国民根本之进步”的呐喊。他在著名的《东西民族根本思想之差异》里主张，要“以个人本位主义易家族本位主义”，因为中国传统的家族本位主义文化损坏了个人独立自尊的人格，窒碍了个人思想的自由发展，剥夺了个人法律上的平等权利，扼杀了个人的创造力。鲁迅本着“人立而凡事举”的思想，或用犀利冷峻的杂文，或用深刻形象的小说，开始了改造国民性的工程，无论是批判“吃人”礼教的《狂人日记》还是讽刺“精神胜利法”的《阿Q正传》，都能感受到他对个性解放与人格独立的时代呐喊。

与鼓吹个性解放同时，“科学”、“民主”成为新文化运动的两面大旗。新文化运动的倡导者认为，提高国民觉悟、改造国民人格，主要途径是培养国民的科学与民主意识。陈独秀在《青年杂志》的创刊号上发表《敬告青年》一文阐述新文化运动的宗旨，向青年提出“自主的而非奴隶的”、“进步的而非保守的”、“科学的而非想象的”等六条人生准则，要青年树立起科学的人生观，自由进取，认为只有民主、科学才能实现这样的人生：“国人欲脱蒙昧时代，羞为浅化之民也，则急起直追，当以科学与人权并重。”民主、科学与中国传统文化中陈旧的价值观念势不两立，陈独秀说：“反对《新青年》的人，无非是因为我们破坏孔教，破坏礼法，破坏国粹，破坏贞节，破坏旧伦理，破坏旧艺术，破坏旧宗教，破坏旧文学，破坏旧政治，这几条罪案。这几条罪案我们直认不讳。但是只因为拥护那德莫克拉西（Democracy）和赛因斯（Science）两位先生，才犯了这几条滔天的大罪。要拥护那德先生，便不得不反对孔教，礼法，贞节，旧伦理，旧政治。要那赛先生，便不得不反对旧艺术，旧宗教。要拥护德先生，又要拥护赛先生，便不得不反对国粹和旧文学。西洋人因为拥护德、赛两先生，闹了多少事，流了多少血，德、赛两先生才渐渐从黑暗中把他们救出，引到光明世界。我们现在认定只有这两位先生，可以救治中国政治上道德学术上思想上一切的黑暗。若因为拥护这两位先生，一切政府的迫压，社会的攻击笑骂，就是断头流血，我们都不推辞。”（《本志罪案之答辩书》）

从个性解放的要求出发，树立起科学和民主意识，自然而然就产生了新的价值观念。这种新的价值观念和道德观念与传统的以纲常伦理为基础的价值观念和道德观念格格不入。所以陈独秀批判说，“儒者三纲之说，为一切道德政治之大原”，是一种“奴隶道德”，它使所有为民者、为妻者、为子者都成为附属品，“而无独立自主之人格矣”（《一九一六》）。中国传统文化虽具多元性，却长期以儒家伦理型文化为主导，新文化运动正是要在伦理层面上改变旧文化，新文化运动的领袖把伦理的觉悟看成是“吾人觉悟最后之觉悟”，因此表现出十分激烈的反传统情绪。传统文化遭到了前所未有的批判，科学、民主的观念从此深入人心，愚昧迷信、专制独裁永远遭到中国人的唾弃。

新文化运动之后，承担起推进科学、民主精神尤其是从制度文化方面推动民主进程的使命历史地落在了中国共产党身上。陈独秀在 1940 年 11 月的《我的根本意见》中说：“民主主义是人类发生政治组织以至于政治消灭之间，各时代（希腊、罗马、近代以至将来）多数阶级的人民，反抗少数特权之旗帜。‘无产阶级民主’不是一个空洞名辞，其具体内容也和资产阶级民主同样要求一切公民都有集会、结社、言论、出版、罢工之自由，特别重要的是反对党派之自由。没有这些，议会和苏维埃同样一文不值。”不再把民主仅仅看做是观念层面的文化，而是要一一落实在集会、结社等政治生活的方方面面，是一种跨越社会意识形态之争的价值观念。1943 年 7 月 4 日美国独立纪念日这天，《新华日报》发表《民主颂》社论，热情礼赞美国的民主制度，“自从世界上诞生了这个新的国家之后，民主和科学才在自由的新世界里种下了根基”，把自由看做民主和科学的出发点与最终目的，认为中国的现代化离不开民主与科学的推动，“在患难中，我们的心向往着西方。而在不远的将来，当我们同心协力，消灭了法西斯蒂的暴力之后，为着要在战争上建立了一个现代化的中国，在科学的领域里更有待于盟邦的援助。在过去，民主润泽了我们的心；在今后，科学将会增长我们的力”，将民主、科学看做是沟通中西文化的桥梁，庄重宣布“让民主与科学成为结合中美两大民族的纽带，光荣将永远属于公正、诚实的民族与人民”。1945 年 4 月，毛泽东在其名著《论联合政府》一文中明确提出，在打败日本侵略者、实现民族独立以后，“需要在广泛的民主基础之上，召开国民代表大会，成立包括更广大范围的各党各派和无党无派代表人物在内的同样是联合性质的民主的真正的政府，领导解放后的全国人民，将中国建设成为一个独立、自由、民主、统一和富强的新国家”。抗战胜利后，共产党领导民主建国纲领讨论，吸引了各阶层追求民主的进步人士参与其中。建国前夕，由中国共产党主持制定的《中国人民政治协商会议共同纲领》，提出新民主主义即人民民主主义为中华人民共和国建国的政治基础，号召人们“为中国的独立、民主、和平、统一和富强而奋斗”。《中国人民政治协商会议共同纲领》起到了临时宪法的作用，在中国宪政史上具有重要历史意义。

二、现代化进程中的文化论争

鸦片战争以后，围绕中国传统文化与新文化以及中西文化的关系等问题，思想界发生了多次文化论争，人们提出了许多理论方案，除了有前文已经提到的“中体西用”论外，影响较大的还有“本位文化”论、“全盘西化”论、“民族的科学的大众的文化”等。

“中体西用”也是流行于 19 世纪 60 年代至 90 年代的一股文化思潮，是调和中西文化碰撞的一种方式，是近代中国文化重建的一种选择模式。虽然洋务派是“中体西用”忠实的提倡者和有力的实践者，但并不是“中体西用”的独有者。“中体西用”的全称是“中学为体，西学为用”，这种思想可追溯到魏源“师夷长技以制夷”的主张。不过，最先较为明确的主张者是冯桂芬，他说：“以中国之伦常名教为原本，辅以诸国富强之术。”（《校邠庐抗议 · 采西学议》）此后，经过经世派、洋务派、早期改良派等人士不断地发挥和补充，1896 年 4 月，沈寿康在《万国公报》上发表的《匡时策》中明确使用了“中学为体，西学为用”一语。此时“中学为体，西学为用”便成为“举国以为至言”的流行语。其中，洋务大臣张之洞“最乐道之”（梁启超《清代学术概论》），并对“中体西用”作了系统的解释。

人们常因“中体西用”具有明显的保守性和封建性而贬低其历史价值。其实，作为一个时代的思潮，自有其存在的合理性。与当时顽固派所谓的国粹主义、传统文化本位主义相比，“中体西用”观有着历史的进步意义。它不仅承认了中西文化的不同，发现了中国传统文化的不足，开启了对中国传统文化的批判与反思，认识到中国传统文化向西方文化学习的必要性和迫切性，还给出了一种调和中西文化、重建中国文化的选择模式。正是从这个意义上说，“中体西用”迈出了中国传统文化现代化转型的重要一步。进而言之，同是“中体西用”，不同社会阶层的人的理解又有区别。洋务派人士更多的是出于一种对中国传统文化的危机感，他们学习西方器物的目的主要是复兴传统文化，“取西人器数之学，以卫吾尧舜禹汤文武周孔之道”（薛福成《筹洋刍议·变法》），所以他们对“中体西用”的认识带有明显的局限性，认为不仅“中体”地位牢不可破，而且“西用”的程度只限于器物。张之洞对这一点体会极深，他在《劝学篇》里说该书“《内篇》务本，以正人心；《外篇》务通，以开风气”（《劝学篇·自序》）。他所务之本就是中学，所“正人心”就是叫人明白中学的本体地位，因为“圣人所以为圣人，中国所以为中国，实在于此”（《劝学篇·明纲》）。他所谓“务通”就是要“中体西用”，开蒙昧之国的自强风气。早期维新人士更多的是从对中西文化的差距认同心理出发来提倡“中体西用”。如冯桂芬所提出的著名的“四不如夷”：“人无弃材不如夷，地无遗利不如夷，君民不隔不如夷，名实必符不如夷。”（《校邠庐抗议·制洋器议》）从这种态度出发，他们对“中体西用”的认识较洋务派更深入和开明，认识到中学不全是精华，学习西学也不只限于器物。总之，就当时而言，除了“中体西用”，还不可能有更好的调和中西文化冲突的模式。而且“中体西用”确实使中国人了解到了西方，使部分西方文化融进了中国传统文化中，促进了中国传统文化的现代化变革。

然而，“中体西用”这种文化变革模式本身就是一种自相矛盾的组合体，开放性与封闭性共存，“体”、“用”的分离与中国传统的“体用不二”思想相冲突，这既肢解了文化的整体性，又缺乏传统哲学的依据。随着变革求新的近代化需要，维新派也逐渐认识到“中体西用”已成为中西文化进一步结合的阻力，开始批判“中体西用”的文化模式。严复就认为：“体用者，即一物而言之也……故中学有中学之体用，西学有西学之体用，分之则并立，合之则两亡。”（《论教育书》）西方文化自有西方文化的“体用”，与中国的伦理道德本位文化不同，西方文化是“以自由为体，以民主为用”（严复《原强》）。不过，“中体西用”论在中国影响很大，20 世纪 20 年代出现的以辜鸿铭、林纾、杜亚泉、梁启超、梁漱溟、张君劢等为代表的“东方文化派”以及 30 年代出现的“中国本位文化派”，主张“返本开新”的现代新儒家，实质上都是变相的“中体西用”论者。

1935 年 1 月，王新命、何炳松、陶希圣、萨孟武等十教授在上海《文化月刊》

第1卷第4期联名发表了《中国本位的文化建设宣言》，标志着“中国本位文化”主张的正式出台。“本位文化论”的核心观点是“此时此地的需要，就是中国本位的基础”，他们认为这是建设新文化的依据，也是处理中西文化关系的准则。《宣言》声称：“中国在文化的领域中是消失了；中国的政治形态、社会组织和思想的内容与形式，已经失去了它的特征”，“要使中国能在文化的领域中抬头，要使中国的政治、社会和思想都具有中国的特征，必须从事于中国本位的文化建设”，主张应该“根据中国本位，采取批判态度，应用科学的方法，来检讨过去，把握现在，创造将来”。对于中国文化，“加以检讨，存其所当存，去其所当去”；对于西方文化，“吸收其所当吸收”、“必要而应该”，“吸收的标准，当决定于现代中国的需要”。单就抽象原则来看，“中国本位文化”的提法并没有错，它主张从中国的实际需要来取舍中西文化，超越了“中”与“西”、“体”与“用”的观念之争，明显地超过前期的文化选择模式。它不仅坚持中国的国情，也主张保持中华的独立；不仅提醒人们重视新文化运动以来对中国文化的民族性的轻视，也呼应了当时日益高涨的民族主义情绪，有着深厚的社会文化心理基础。十教授之一的樊仲云在《中国文化建设讨论集序言》里就曾回忆说：“为了恢复中华民族的自信力，于是我们提出建设中国本位文化的主张。”总之，在纯学术意义上，这种主张有一定的合理性。然而，“中国本位文化”论出台的真正背景是为了配合国民党当时的军事围剿和文化围剿，为了呼应国民党发起的封建复古、尊孔读经运动和新生活运动，从本质上说是一种复古论。在这种文化建构中，没有给民主主义留下任何地位，从根本上阻碍了中国文化的进步发展。

“全盘西化论”的主张者主要有胡适与陈序经。在新文化运动中，“全盘西化”的观念就已经潜滋暗长。新文化运动的健将们几乎皆本着中西文化的差距认同心理，主张中国文化的时代选择应是反叛传统的中国文化、借鉴西方先进的文化。在这种氛围下，一些人就逐渐丢弃了时代的要求，过分强调西方文化的优越性，其中突出的代表就是胡适。1929年，胡适首次使用“全盘西化”这个词来表述他的文化观点。在与“东方文化派”的论争中，胡适等人便是以西方文化的优越性来否定东方文化的优越性。在第二次国内革命战争时期，胡适与陈序经正式鼓吹“全盘西化”。不过，胡适与陈序经的文化观点并不完全一致，甚至二者之间也有论争。陈序经明确指出，胡适算不上是“全盘西化”派。胡适虽然承认与西方比，“自己百事不如人”，但又认为“近数百年来的中国学问，是合乎科学的方法”的，这就证明“胡先生所说的西化，不外是部分西化，非全盘西化”（转引自罗荣渠《从“西化”到现代化》）。

值得注意的是，胡适对陈序经的评论，既不申辩，也不反驳，反而表示“完全赞成陈序经先生的全盘西化论”。他的思路是，文化有很强的惰性，只有“全盘接受”西方文化，“旧文化的惰性自然会使它成为一个折中调和的中国本位新文化”(《编辑后记》,《独立评论》第142号)。如果一开始就不走极端，那么旧文化的惰性足以使一切改革的努力化为泡影。显然，胡适是从矫枉过正的角度赞同“全盘西化”的，与陈序经的本意并不一致。说过这番话后，胡适觉得不妥，于是又发表《充分世界化与全盘西化》一文，检讨自己“用字不小心”而引起的误解，并郑重提出以“充分世界化”的提法来取代易生歧义的“全盘西化”。他明确表示，中国传统文化的延续完全可以与“充分世界化”相协调，“我自信我的长袍和缎鞋和中国字，并没有违反我主张‘充分世界化’的原则”。胡适总结道：“文化只是人民生活的方式，处处都不能不受人民的经济状况和历史习惯的限制，这就是我以前说过的文化惰性。你尽管相信‘西菜较合卫生’，但事实上决不能期望人人都吃西菜，都改用刀叉。况且西洋文化确有不少的历史因袭的成分，我们不但理智上不愿采取，事实上也决不会全盘采取。”应该说，胡适的观点非常通达，他对“全盘西化”的解释是“充分现代化”或“全力现代化”，是一种“策略”的“全盘西化”；他在宣扬“全盘西化”的同时，也在主张通过“整理国故”、“考证”，实践其实用主义哲学；在肯定中西文化差距的前提下，从文化的民族性即胡适所谓的“文化的惰性”出发，认为中西文化可以折中。而陈序经则主张“彻底的全盘西洋化，是要彻底地打破中国的传统思想的垄断，而给个性以尽量发展其所能的机会”(《中国文化的出路》)。

“全盘西化”主张者的思想虽有一些差异，但其本质精神是一致的。一是从“百事不如人”的心理去解读中西文化的差异，认为“欧洲的文化是现代世界文化，而它之所以成为和趋向为世界文化，是因为它是日新月异、比较优高的文化”(陈序经《全盘西化的理由》)。认为中国文化只有全面接受西方文化，才能生存发展。胡适认为东西文化只是“大同小异”，东西文化是在同一条道路上演变的，“东家所有、西家所无，只因为时势境地不同”。因此，东西文化的差距仅是同一条道路上的缓急迟速问题，只是一种“古今之争”，中国唯有去追步西方，才有生存的机会。二是其思想核心皆是欧洲中心主义与中华民族虚无主义。陈序经说：“从东西文化接触以后的事实和历史发展的趋势以及目下需要上看去，中国是不能不整个地全盘西化的。但是从中国的固有文化而进到全盘西化的中间，从空间上看去，好像是有了东西合璧的各种派别，在时间上却不外是一个新陈代谢。”(《全盘西化的理由》)

“民族的科学的大众的文化”虽由毛泽东于1940年在《新民主主义论》中正式提出，但在此之前，鲁迅、“新启蒙运动”者已经有较深入的探讨。20世纪30年代，鲁迅的思想在前期“启蒙主义”的基础上又有所发展，突出表现为在马克思主义旗帜下坚持“十多年前的启蒙主义”。一则继续彻底地批评国民劣根性，反对“中国本位文化”论。二则开始寻找中华民族真正的精神，认为只有使用“看地底下”的眼光，方能透视出“中国的脊梁”，中华民族的自信力完全存在，这与国民的劣根性并不矛盾。三则关于吸收外来文化的问题，鲁迅在1934年发表了《拿来主义》一文，认为要把鸦片战争以来的“送来”转变为现在“拿来”，要消除因“送来”导致的对外来文化的恐怖，树立自己消化吸收外来文化的勇气，即“我们要运用脑髓，放出眼光，自己来拿”。四则在中国共产党抗日民族统一战线的思想影响下，鲁迅等人于1936年提出了“民族革命战争的大众文学”的口号。正因为以上因素，毛泽东说：“鲁迅的方向，就是中华民族新文化的方向。”鲁迅的文化思想直接影响了“新启蒙运动”。“新启蒙运动”由陈伯达、张申府、胡绳等于1937年提出。张申府不仅进一步提出了建设新文化的科学方法，即“唯物、客观、辩证、解析”，而且说新启蒙运动创造的文化“应该是各种现有文化的一种辩证的或有机的综合……但为适应今日的需要，这个新启蒙运动的文化运动却应该不只是大众的，还应该带些民族性”（《五四运动与新启蒙运动》）。20世纪40年代，毛泽东在此基础上，又针对一些新的文化学说，诸如钱穆关于中国的命运“再来一个新黑暗”，冯友兰的“新理学”、“中体西用”，贺麟的“新心学”等，系统地提出了新民主主义文化，其核心就是“民族的科学的大众的文化”。关于“民族的”，毛泽东说：“它是反对帝国主义压迫，主张中华民族的尊严和独立的。它是我们这个民族的，带有我们民族的特性。”关于“科学的”，毛泽东说：“它是反对一切封建思想和迷信思想，主张实事求是，主张客观真理，主张理论和实践一致的。”关于“大众的”，毛泽东说：“是大众的，因而即是民主的。它应为全民族中百分之九十以上的工农劳苦民众服务，并逐渐成为他们的文化。”周恩来将之总括为“民族的形式，科学的内容，大众的方向”（《人民政协共同纲领草案的特点》）。

“民族的科学的大众的文化”是马克思主义中国化的结果，是当时中国文化发展的一个合理的选择。它明确界定了近代以来中国文化的社会性质，指出了发展中华民族新文化的方向，提出了建设中华民族新文化的科学方法。不过，“民族的科学的大众的文化”毕竟是一个时代的产物，其文化主张中仍然有不足之处：一是这种文化主张使用的文化概念是一种观念意义上的文化，没有解决好物质文化与制度文化的发展方向；二是这种文化主张的政治倾向极其明显，阶级斗争意识十分强烈，与中国传统文化的和合精神相抵触；三是这种文化主张虽然反对专制文化，但并没有处理好民主与专制之间的冲突，诸如法治与人治、个性独立及全面发展与传统的共性至上的群体原则、变革创新与保守封闭守的冲突等，这些都为建国后的社会主义文化建设埋下了隐患。

第三节 中国传统文化与中国先进文化

一、社会主义文化建设的曲折进程

对于中国传统文化的时间下限，学界一直存在不同看法。因为文化的发展是累积式的，既具有相对的稳定性，又具有很大的延续性与变通性。着眼于前者，则中国传统文化已是“中国文化的‘昨天’”（张岱年、方克立主编《中国文化概论》）。张岱年、方克立主编的《中国文化概论》提出“以1840年鸦片战争以前的中国文化，即通常所说的中国传统文化为主要对象”，对中国传统文化的时间下限的界定就很有代表性。着眼于后者，则直至今天的社会主义文化仍然可以看作是中国传统文化，如敏泽就认为：“所谓传统文化绝不能把它仅仅理解为古代文化，而且应该包括近代、现代以来反帝、反封建及爱国主义的文化传统。”（《关于建设有中国特色的社会主义文化问题——论以传统文化为基础的综合创造》）两种观点都有其合理性。本书依据马克思“经济基础决定上层建筑”的理论，折中上述两种观点，将1949年新中国建立后尤其是完成三大改造后的社会主义文化看作不同于中国传统文化的新文化。

经过28年的艰苦奋斗，中国共产党人领导中国人民取得了新民主主义革命的完全胜利。1949年9月21日，毛泽东在中国人民政治协商会议第一次全体会议开幕致词中，豪迈地向世界宣布：“占人类总数四分之一的中国人从此站立起来了！”他说：“随着经济建设的高潮的到来，不可避免地将要出现一个文化建设的高潮。中国人被人认为不文明的时代已经过去了，我们将以一个具有高度文化的民族出现于世界。”

1949年9月29日，中国人民政治协商会议选举了中央人民政府委员会，宣告了中华人民共和国的成立，并且通过了起临时宪法作用的《中国人民政治协商会议共同纲领》。《中国人民政治协商会议共同纲领》第四章为“文化教育政策”，从第四十一条至第四十八条为文化政策，政策规定：

第四十一条　中华人民共和国的文化教育为新民主主义的，即民族的、科学的、大众的文化教育。人民政府的文化教育工作，应以提高人民文化水平、培养国家建设人才、肃清封建的、买办的、法西斯主义的思想、发展为人民服务的思想为主要任务。

第四十二条 提倡爱祖国、爱人民、爱劳动、爱科学、爱护公共财物为中华人民共和国全体国民的公德。

第四十三条 努力发展自然科学，以服务于工业农业和国防的建设。奖励科学的发现和发明，普及科学知识。

第四十四条 提倡用科学的历史观点，研究和解释历史、经济、政治、文化及国际事务。奖励优秀的社会科学著作。

第四十五条 提倡文学艺术为人民服务，启发人民的政治觉悟，鼓励人民的劳动热情。奖励优秀的文学艺术作品。发展人民的戏剧电影事业。

在上述政策指导下，新政权对旧中国留下的文教单位加以改造，建立了以马列主义为指导、以共产党和共青团为核心的政治思想教育体制。1952 年 6 月至 9 月，中央政府大规模调整了全国高校的院系设置，把民国时代的现代高等院校系统改造成“苏联模式”的高等教育体系。经过全盘调整后，全国许多高等学校被分拆，大力发展独立建制的工科院校，相继新设钢铁、地质、航空、矿业、水利等专门学院和专业，工科、农林、师范、医药院校的数量从此前的 108 所大幅度增加到 149 所，而高校数量由 1952 年之前的 211 所下降到 1953 年后的 183 所，综合性院校则明显减少，高校丧失教学自主权，社会学、政治学等人文社科类专业被停止和取消，私立教育退出历史舞台。对知识分子实行“争取、团结、改造”政策，实现了对几百万旧知识分子的思想改造，取得了显著的效果。

不过，社会主义文化建设不单是直接体现在其文化措施上。就中国传统文化的发展而言，虽然自辛亥革命以来，它所赖以依存的社会政治结构已被破坏，但其经济基础尚在，创造主体尚在，真正中断中国传统文化发展进程的是社会主义三大改造。从 1952 年到 1956 年，新中国仅仅用了四年时间，就完成了对农业、手工业和资本主义工商业的社会主义改造，实现了把生产资料私有制转变为社会主义公有制，把自然经济下的小生产者和手工业者以及工商业者、士绅阶层转化为社会主义新人，使中国从新民主主义社会跨入了社会主义社会，在我国初步建立起社会主义的基本制度。从此，中国社会进入社会主义的初级阶段，传统文化彻底失去其发展的根基，中国文化的发展开始进入社会主义文化建设时期。

然而，社会主义文化建设事业却屡屡因政治运动的干扰而陷入困境，甚至出现大踏步倒退。

1956 年 4 月 25 日，毛泽东在中共中央政治局扩大会议上作了《论十大关系》的讲话，提出了“百花齐放，百家争鸣”的方针。一个月以后，中宣部部长陆定一向知识分子作了题为《百花齐放，百家争鸣》的讲话，“提倡在文学艺术工作和科学研究工作中有独立思考的自由，有辩论的自由，有创作和批评的自由，有发表自己的意见、坚持自己的意见和保留自己的意见的自由。”1957 年 5 月 1 日，《人民日报》刊载了中共中央在 4 月 27 日发出的《关于整风运动的指示》，决定在全党开展以反对官僚主义、宗派主义和主观主义为内容的整风运动，号召党外人士“鸣放”，鼓励群众提出自己的想法、意见，也可以给共产党和政府提意见，帮助共产党整风。于是各界人士，主要是知识分子们，开始向党和政府表达不满或提出建议，新闻界也跟进，刊出各种声音。这段时期被称为“大鸣大放”。针对这种情况，1957 年 5 月 15 日毛泽东撰写了《事情正在起变化》一文，要求认清阶级斗争形势，注意右派的进攻。6 月 8 日，中共中央发出《关于组织力量准备反击右派分子进攻的指示》一文，同日，《人民日报》也发表了《这是为什么?》的社论。自此，开始了大规模的反击右派的斗争。1957 年 7 月 1 日《人民日报》发表毛泽东撰写的社论《文汇报的资产阶级方向应当批判》，其中将反右派斗争的策略中可以公开的部分作了概括的说明，并且称之为“阳谋”:“让魑魅魍魉，牛鬼蛇神‘大鸣大放’，让毒草大长特长，使人民看见，大吃一惊，原来世界上还有这些东西，以便动手歼灭这些丑类。……有人说，这是阴谋。我们说，这是阳谋。因为事先告诉了敌人：牛鬼蛇神只有让它们出笼，才好歼灭它们，毒草只有让它们出土，才便于锄掉。”由于对 1957 年春夏的国内阶级斗争形势估计得过于严重，又采取了大鸣、大放、大字报、大辩论的形式，在全国开展了一场群众性的政治运动，致使反右运动被严重扩大化了。一大批忠贞的中共党员、有才能的知识分子、有长期合作历史的民主党派人士、政治上不成熟的青年被错划为右派分子。他们被下放进行劳动改造，身心受到严重伤害，不能发挥应有的作用，给社会主义文化建设事业造成严重损失。大多数右派分子遭受长达 20 多年的歧视和迫害，尤其是在“文革”期间再次遭到猛烈冲击。据 1978 年对平反右派的统计，在 1957 年的“反右运动”和 1958 年的“反右补课”中，全国共抓出 55 万名“右派”。1981 年 6 月 27 日中国共产党第十一届中央委员会第六次全体会议一致通过《关于建国以来若干历史问题的决议》，认为“反右派斗争被严重地扩大化了，把一批知识分子、爱国人士和党内干部错划为‘右派分子’，造成了不幸的后果”。

1966 年开始直至 1976 年才结束的“无产阶级文化大革命”，是中国文化遭遇的一场前所未有的浩劫。1966 年 5 月 16 日，中共中央政治局扩大会议通过了毛泽东主持起草的指导“文化大革命”的纲领性文件《中国共产党中央委员会通知》，即“五一六通知”，号召“全党必须遵照毛泽东同志的指示，高举无产阶级文化革命的大旗，彻底揭露那批反党反社会主义的所谓‘学术权威’的资产阶级反动立场，彻底批判学术界、教育界、新闻界、文艺界、出版界的资产阶级反动思想，夺取在这些文化领域中的领导权。而要做到这一点，必须同时批判混进党里、政府里、军队里和文化领域的各界里的资产阶级代表人物，清洗这些人”。“文化大革命”全面发动，“在短短的几个月内，在党中央和毛主席的战斗号召下，亿万工农兵群众、广大革命干部和革命的知识分子，以毛泽东思想为武器，横扫盘踞在思想文化阵地上的大量牛鬼蛇神。其势如暴风骤雨，迅猛异常，打碎了多少年来剥削阶级强加在他们身上的精神枷锁，把所谓资产阶级的‘专家’、‘学者’、‘权威’、‘祖师爷’打得落花流水，使他们威风扫地”（《横扫一切牛鬼蛇神》，《人民日报》1966 年 6 月 1 日社论）。这是一场摧毁文化的非理性运动，中国传统文化遭到灭顶之灾。在“造反有理”、“破四旧”、“横扫一切牛鬼蛇神”等口号蛊惑下，学生“停课闹革命”，进行“革命大串联”，到处揪斗教师和“资产阶级反动学术权威”，查抄毁坏书籍文物，把许多珍贵的文化典籍当作“封、资、修黑货”加以焚毁。“批林批孔”、“评法批儒”，以儒家文化为代表的中国传统文化遭到全盘否定，西方的现代思想文化和科技、管理经验则被当做资本主义和修正主义的东西一概拒之门外。文化和知识的价值被严重贬损，“知识越多越反动”，鼓吹“白卷英雄”，尊师重道的优良传统被抛弃，绝大多数知识分子都被当做革命对象，斯文扫地。这场由文化领域发端的“大革命”，对教育、科学、文化的破坏是难以估计的，它在很长一个时期内造成了中国的“文化断层”、“科技断层”和“人才断层”。在 1978 年 12 月 13 日中共中央工作会议闭幕式上，叶剑英说：“‘文化大革命’中死了 2 000 万人，整了 1 亿人，占全国人口的 1/9，浪费了 8 000 亿人民币。”据 1982 年的人口普查统计，全国文盲和半文盲达二亿三千多万，占全国总人口数的近四分之一，严重影响到全民族文化素质的提高和现代化事业的发展。

1978 年召开的中国共产党十一届三中全会实现了思想路线的拨乱反正，科学文化事业迎来了春天。随着经济、政治改革的深入，思想文化领域里出现了一个持续十余年的“文化热”。与此同时，随着对外开放的深入和对外交流的扩大，各种西方学术文化思潮涌入中国，对中国传统文化中的思维方式、价值观念、心理状态与审美情趣等方面产生了巨大的冲击。建立在高度发达的现代社会基础上的西方思想文化，对于已由传统社会向现代化转轨中的人们，特别是青年知识分子，具有强烈的吸引力。在这种冲击下，观念更新、知识更新、方法更新的呼声不绝于耳。如何正确学习西方文化，建构适合社会主义现代化建设的思想文化体系，成为全国上下特别是知识界苦苦思索的重大现实问题。这场“文化热”牢牢立足于中国的现实，对改革中遇到的各种问题，都从文化的角度加以探索研究，开拓新视野，打开新思路，具有思想解放的意义，给改革开放提供了思想动力，促进了社会主义“两个文明”建设的发展。这场“文化热”所涉及的学科范围和领域已不局限于传统的文、史、哲，不仅形成了哲学、文学、历史学、经济学、社会学、政治学、伦理学、心理学等各门人文社会科学相互配合、共同研究文化问题的局面，而且打破了人文社会科学和自然科学的传统界限，研究内容包括人们的思想观念、社会心理、思维模式、行为方式、伦理道德、审美情趣、文化比较等。这次文化研究也远远超出“精英文化”的范围，扩展到大众文化的领域，诸如企业文化、校园文化、旅游文化、服饰文化、饮食文化等均被摄入文化研究的视野。在对外开放的形势下，中国文化在中外文化交流中打破了以往的闭塞状态，开始面向世界，中西方文化比较、民族精神和时代主题等得到了广泛关注。总之，这场“文化热”以多维视野反省中国文化，审视世界文化，并力图通过自我反省，大胆求索，为创建社会主义新文化做好思想理论上的准备。

二、中国传统文化与中国先进文化

新世纪以来，中国传统文化在中国特色社会主义文化建设中发挥了越来越重要的作用，成为中国先进文化的重要源泉之一。

2000 年 2 月 25 日，时任国家主席的江泽民在广东考察工作时，从全面总结党的历史经验和如何适应新形势新任务的要求出发，首次提出“三个代表”重要思想：“总结我们党七十多年的历史，可以得出一个重要的结论，这就是：我们党之所以赢得人民的拥护，是因为我们党在革命、建设、改革的各个历史时期，总是代表着中国先进生产力的发展要求，代表着中国先进文化的前进方向，代表着中国最广大人民的根本利益，并通过制定正确的路线方针政策，为实现国家和人民的根本利益而不懈奋斗。”随后，江泽民在江苏、浙江、上海考察工作时的讲话再次强调“始终代表中国先进生产力的发展要求、中国先进文化的前进方向、中国最广大人民的根本利益，是我们党的立党之本、执政之基、力量之源”。“三个代表”思想是对中国共产党性质、宗旨和根本任务的新的总结，其中，对建设中国特色社会主义文化也提出了更高的要求。在庆祝建党 80 周年大会上，江泽民从历史发展规律和时代进步要求的高度，对“三个代表”重要思想的科学内涵作了全面、深入的阐述，对先进文化代表作了具体说明：“我们党要始终代表中国先进文化的前进方向，就是党的理论、路线、纲领、方针、政策和各项工作，必须努力体现发展面向现代化、面向世界、面向未来的，民族的科学的大众的社会主义文化的要求，促进全民族思想道德素质和科学文化素质的不断提高，为我国经济发展和社会进步提供精神动力和智力支持。”“民族的科学的大众的社会主义文化”这个提法，包括了中国传统文化的元素。

中国传统文化在很大程度上可以看做是一种“德性文化”，伦理道德学说在中国各种文化形态中处于中心地位。与“三个代表”思想的提出同步，江泽民提出了“以德治国”的重要治国方略。2000 年 6 月，江泽民《在中央思想政治工作会议上的讲话》中指出：“法律与道德作为上层建筑的组成部分，都是维护社会秩序、规范人们思想和行为的重要手段，它们互相联系、互相补充。法治以其权威性和强制手段规范社会成员的行为。德治以其说服力和劝导力提高社会成员的思想认识和道德觉悟。道德规范和法律规范应该互相结合，统一发挥作用。”2001 年 1 月，江泽民又在全国宣传部长会议上指出：“我们在建设有中国特色社会主义，发展社会主义市场经济的过程中，要坚持不懈地加强社会主义法制建设，依法治国，同时也要坚持不懈地加强社会主义道德建设，以德治国。”“礼、义、廉、耻，国之四维；四维不张，国乃灭亡”，“以德治国”是中国古代政治思想核心纲领，江泽民提出的“依法治国”、“以德治国”相结合的治国方略吸收了中国传统文化中有益的因素，成为中国特色社会主义文化建设事业中“古为今用”的典范。

2004 年 9 月 19 日，中国共产党第十六届中央委员会第四次全体会议上正式提出了“构建社会主义和谐社会”的概念。2005 年以后，中国共产党提出将“和谐社会”作为执政的战略任务，“和谐”的理念要成为建设“中国特色的社会主义”过程中的价值取向。这在某种意义上可以看做是“以德治国”方略在价值观上的体现。中国传统文化以“天人合一”、“和合”为价值取向，能够直接为构建社会主义和谐社会提供思想基础和精神支持。

2006 年 3 月 4 日，国家主席胡锦涛在看望政协委员时发表关于树立社会主义荣辱观的讲话，强调要引导广大干部群众特别是青少年树立社会主义荣辱观：坚持以热爱祖国为荣、以危害祖国为耻；以服务人民为荣、以背离人民为耻；以崇尚科学为荣、以愚昧无知为耻；以辛勤劳动为荣、以好逸恶劳为耻；以团结互助为荣、以损人利己为耻；以诚实守信为荣、以见利忘义为耻；以遵纪守法为荣、以违法乱纪为耻；以艰苦奋斗为荣、以骄奢淫逸为耻。胡锦涛主席所提出的社会主义荣辱观，是对中华民族历久弥新的民族精神和传统美德的高度凝练和升华，在构建社会主义和谐社会的战略背景下，具有鲜明的时代特色。“和谐社会”理念与社会主义荣辱观的提出，意味着最大程度吸纳了中国传统文化因素的社会主义价值体系呼之欲出。

2006 年 10 月，中国共产党十六届六中全会首次明确提出建设社会主义核心价值体系的科学命题。社会主义核心价值体系在中国整体社会价值体系中居于核心地位，发挥着主导作用，决定着整个价值体系的基本特征和基本方向。社会主义核心价值体系包括四个方面的基本内容，即马克思主义指导思想、中国特色社会主义共同理想、以爱国主义为核心的民族精神和以改革创新为核心的时代精神、以“八荣八耻”为主要内容的社会主义荣辱观。这四个方面的基本内容相互联系、相互贯通，共同构成辩证统一的有机整体。建立社会主义核心价值体系，必须坚持马克思主义在意识形态领域的指导地位，牢牢把握社会主义先进文化的前进方向，大力弘扬民族优秀文化传统，积极借鉴人类有益的文明成果，充分调动积极因素，凝聚力量、激发活力，进一步打牢全党全国各族人民团结奋斗的思想道德基础，形成全民族奋发向上的精神力量和团结和睦的精神纽带，为构建社会主义和谐社会提供精神动力。

2011 年 10 月 15 日至 18 日在北京举行的中国共产党第十七届中央委员会第六次全体会议通过了《中共中央关于深化文化体制改革推动社会主义文化大发展大繁荣若干重大问题的决定》（下简称《决定》）。《决定》首先高度评价了中国传统文化的成就与历史贡献：“文化是民族的血脉，是人民的精神家园。在我国五千多年文明发展历程中，各族人民紧密团结、自强不息，共同创造出源远流长、博大精深的中华文化，为中华民族发展壮大提供了强大精神力量，为人类文明进步作出了不可磨灭的重大贡献。”并对中国共产党的文化身份作了如下界定：“中国共产党从成立之日起，就既是中华优秀传统文化的忠实传承者和弘扬者，又是中国先进文化的积极倡导者和发展者。”不难看出，在社会主义先进文化建设的领导者看来，中国传统文化与先进文化之间已经不再是紧张对立的关系，而是可以和谐共存、相得益彰的共同体。在阐述今后的文化建设任务时，《决定》指出：“建设优秀传统文化传承体系。优秀传统文化凝聚着中华民族自强不息的精神追求和历久弥新的精神财富，是发展社会主义先进文化的深厚基础，是建设中华民族共有精神家园的重要支撑。要全面认识祖国传统文化，取其精华、去其糟粕，古为今用、推陈出新，坚持保护利用、普及弘扬并重，加强对优秀传统文化思想价值的挖掘和阐发，维护民族文化基本元素，使优秀传统文化成为新时代鼓舞人民前进的精神力量。”这是对中国传统文化的当下价值最准确、最全面的概括，它不仅指出了中国传统文化在发展社会主义先进文化中的作用，还对传统文化本身的存在价值予以高度评价，为人们正确看待中国传统文化指明了方向。

自主学习

1. 你对“西学中源”说有何了解？
2. 什么是“中体西用”？

3. 你怎样看待“全盘西化”？
4. 简述“民族的科学的大众的文化”的内涵。
5. 中国传统文化对于建设社会主义核心价值体系有什么作用？

延伸学习

1.《人民日报》1966年6月1日社论《横扫一切牛鬼蛇神》：

一个无产阶级文化大革命的高潮，正在占世界人口1/4的社会主义中国兴起。

在短短的几个月内，在党中央和毛主席的战斗号召下，亿万工农兵群众、广大革命干部和革命的知识分子，以毛泽东思想为武器，横扫盘踞在思想文化阵地上的大量牛鬼蛇神。其势如暴风骤雨，迅猛异常，打碎了多少年来剥削阶级强加在他们身上的精神枷锁，把所谓资产阶级的“专家”、“学者”、“权威”、“祖师爷”打得落花流水，使他们威风扫地。

毛主席教导我们，在我国，在所有制的社会主义改造基本完成以后，阶级斗争并没有结束。“无产阶级和资产阶级之间的阶级斗争，各派政治力量之间的阶级斗争，无产阶级和资产阶级之间在意识形态方面的阶级斗争，是长时期的，曲折的，有时甚至是很激烈的。无产阶级要按照自己的世界观改造世界，资产阶级也要按照自己的世界观改造世界。在这一方面，社会主义和资本主义之间谁胜谁负的问题还没有真正解决。”我国解放16年以来无产阶级和资产阶级在意识形态领域内的阶级斗争，一直是十分激烈的。目前的社会主义文化大革命，正是这个斗争的继续发展。这场斗争是不可避免的。无产阶级和一切剥削阶级的意识形态是根本对立的，是不能和平共处的。无产阶级革命，是要消灭一切剥削阶级、消灭一切剥削制度的革命，是要逐步消灭工农之间、城乡之间、脑力劳动和体力劳动之间的差别的最彻底的革命，这不能不遇到剥削阶级最顽强的反抗。

革命的根本问题是政权问题。上层建筑的各个领域，意识形态、宗教、艺术、法律、政权，最中心的是政权。有了政权，就有了一切。没有政权，就丧失一切。因此，无产阶级在夺取政权之后，无论有着怎样千头万绪的事，都永远不要忘记政权，不要忘记方向，不要失掉中心。忘记了政权，就是忘记了政治，忘记了马克思主义的根本观点。变成了经济主义、无政府主义、空想主义，那就是糊涂人。无产阶级和资产阶级之间在意识形态领域内的阶级斗争，归根到底，就是争夺领导权的斗争。剥削阶级的枪杆子被缴械了，印把子被人民夺过来了，但是，他们脑袋里的反动思想还存在着。我们推翻了他们的统治，没收了他们的财产，并不等于没收了他们脑袋里的反动思想。剥削阶级统治了劳动人民几千年，他们垄断了由劳动人民创造的文化，反过来用以欺骗、愚弄、麻醉劳动人民，巩固他们的反动政权。几千年来，他们的思想是统治的思想，在社会上不能不有广泛的影响。他们的反动统治被推翻以后，他们是不死心的，总是企图利用他们过去这类的影响，为资本主义在政治上、经济上的复辟进行舆论准备。解放 16 年来思想文化战线上的连续不断地斗争，直到这次大大小小"三家村"反党反社会主义黑线的被揭露，就是一场复辟和反复辟的斗争。

在资产阶级革命时期，资产阶级为了夺取政权，也是首先从意识形态上进行准备，搞资产阶级的文化革命。资产阶级革命是由一个剥削阶级代替另一个剥削阶级，尚且要经过多次反复，经过多少次的革命、复辟和反复辟的斗争。资产阶级革命从思想准备到夺取政权，在欧洲的许多国家，都进行了几百年之久。无产阶级革命是彻底结束一切剥削制度的革命，更不能幻想剥削阶级会乖乖地听任无产阶级剥夺他们的一切特权，而不想恢复他们的统治。他们人还在，心不死，必然要像列宁所说的那样，以十倍的疯狂，来企图恢复他们失去的天堂。赫鲁晓夫修正主义集团在苏联篡党、篡军、篡政，这个事实，对全世界无产阶级来说，是一个非常严重的教训。目前中国那些资产阶级代表人物，那些资产阶级"学者权威"，他们所做的，就是资本主义复辟的梦。他们的政治统治被推翻了，但是他们还是要拼命维持所谓学术"权威"，制造复辟舆论，同我们争夺群众，争夺年青一代和将来一代。

资产阶级进行反封建的文化革命，到夺得政权的时候就结束了。无产阶级的文化革命，是反对一切剥削阶级意识形态的文化革命。这种文化革命的性质，同资产阶级的文化革命是截然不同的。这种文化革命，只有在无产阶级夺得政权以后，取得了政治的、经济的、文化的先决条件，才能为这种文化革命开辟最广阔的道路。

无产阶级文化革命，是要彻底破除几千年来一切剥削阶级所造成的毒害人民的旧思想、旧文化、旧风俗、旧习惯，在广大人民群众中，创造和形成崭新的无产阶级的新思想、新文化、新风俗、新习惯。这是人类历史上空前未有的移风易俗的伟大事业。对于封建阶级和资产阶级的一切遗产、风俗、习惯，都必须用无产阶级的世界观加以透彻的批判。在人民生活中清除旧社会的恶习，是需要时间的。但是，解放以来的经验证明，如果充分发动了群众，走群众路线，使移风易俗成为真正广大的群众运动，那么，见效就可能快起来。

资产阶级的文化革命，是为少数新剥削阶级服务的，它只能由少数人参加，无产阶级的文化革命，是为广大劳动人民服务的，和最大多数劳动人民的利益是一致的。所以，这能吸引和团结广大劳动人民参加。资产阶级启蒙人物总是卑视群众，把群众当作愚民，把自己看成是人民的当然支配者。

无产阶级思想革命家同他们根本相反，是全心全意为人民服务的，目的是在唤起人民群众的自觉，为最广大的人民群众的利益而奋斗。

资产阶级的卑鄙的自私自利，抑制不住自己对于人民群众的仇恨心。马克思说："政治经济学所研究的材料的特殊性质，会把人心中最激烈最卑鄙最恶劣的感情，代表私人利益的仇神，召唤到战场上来反对它。"被推翻了的资产阶级也还是这样。

目前，我国无产阶级文化大革命的规模和声势，在人类历史上还不曾有过，它的威力之大，来势之猛，在运动中所迸发出的劳动人民无限的智慧，远远超出了资产阶级老爷们的想象。事实雄辩地证明，毛泽东思想一旦掌握了群众，就成为威力无穷的精神原子弹。这一场文化大革命，正在大大推动中国人民社会主义事业的前进，也必将对世界的现在和未来，发生不可估量的深远影响。

我国轰轰烈烈的文化大革命，引起了帝国主义、现代修正主义和各国反动派的惊慌和混乱。他们一会儿想入非非，说什么我们的文化大革命，表明了中国下一代"和平演变"已经有了希望呀；他们一会儿又悲观失望，说什么一切消息表明，共产党的统治还是十分巩固呀；他们一会儿又表现出无限迷茫，说什么要对中国所发生的事情随时作出准确判断的真正的"中国通"是永远不可能有的呀。亲爱的先生们，你们的胡思乱想总是同历史的发展背道而驰的。人类历史上空前的这一场无产阶级文化大革命的开展和胜利，敲响了中国土地上残存的资本主义势力的丧钟，也敲响了帝国主义、现代修正主义和一切反动派的丧钟。你们的日子不会长久了。

1966年夏，当新儒家开山祖师熊十力在《人民日报》上看到《横扫一切牛鬼蛇神》一文时，伤感至极，他痛彻地感到：不但他的书无法再写下去，更悲惨的是，连同他所承继的国学亦将濒于绝灭，国家民族将陷入苦难的深渊。他的精神再也无法承受而渐至错乱，常常穿着一件褪了色的灰布长衫，扣子全无，腰间胡乱地扎一根麻绳，独自一人到街上或公园去，跌跌撞撞，双泪长流，口中念念有词"中国文化亡了!""中国文化亡了!"

为什么熊十力在看了《横扫一切牛鬼蛇神》会发出"中国文化亡了"的哀叹?

2.《甲申文化宣言》：

当今几乎所有的政治家、思想家、科学家、企业家、作家、艺术家和人文学者都在关注和谈论全球化。这一显见的世界趋势既推动了人类现代文明特别是科技成就和企业经验的共享，也凸现出国家、民族、地区之间不同文明的差异、分歧和冲突。

鉴于此，我们响应许嘉璐、季羡林、任继愈、杨振宁、王蒙5位发起人的提议，应中华民族文化促进会邀请，于2004（甲申）年9月3日至5日在北京举行“2004文化高峰论坛”，愿籍此向海内外同胞，向国际社会表达我们的文化主张。

文明多样性是人类文化存有的基本形态。不同国家和民族的起源、地域环境和历史过程各不相同，而色彩斑斓的人文图景，正是不同文明之间相互解读、辨识、竞争、对话和交融的动力。我们期待，经历过全球化的洗礼，原生状态的、相对独立的多样文明将获得更为广泛的参照，更为坚定的认同。文明既属于历史范畴，既已成为不同族群的恒久信仰、行为方式和习俗，则理应受到普遍的尊重。我们主张文明对话，以减少偏见、减少敌意，消弭隔阂、消弭误解。我们反对排斥异质文明的狭隘民族主义，更反对以优劣论文明，或者将不同文明之间的关系形容为不可调和的冲突，甚至认为这种冲突将导致灾难性的政治角力和战争。

文化既涵盖价值观与创造力，也包括知识体系和生活方式。文化多元化对于全球范围的人文生态，犹如生物多样性对于维持物种平衡那样必不可少。我们主张每个国家、民族都有权利和义务保存和发展自己的传统文化；都有权利自主选择接受、不完全接受或在某些具体领域完全不接受外来文化因素；同时也有权对人类共同面临的文化问题发表自己的意见。我们为世界上许多古老民族、经济次发达地区的文化命运深感忧虑。国家不论大小、历史不论长短、国力不论强弱，在文化交往和交流方面均享有平等权利。我们反对文化沙文主义和文化歧视，并认为此类行为是反文化的。

华夏56个民族共同创造的中华文化，至今仍是全体中国人和海外华人的精神家园、情感纽带和身份认同。应当认识，中华文化五千年生生不息、绵延不断的重要原因，在于她是发生于上古时代多个区域、多个民族、多种形态的文化综合体。她不但有自强的力量，而且有兼容的气度、灵变的智慧。当是时也，我们应当与时俱进，反思自己的传统文化，学习和吸收世界各国文化的优长，以发展中国的文化。我们接受自由、民主、公正、人权、法治、种族平等、国家主权等价值观。我们确信，中华文化注重人格、注重伦理、注重利他、注重和谐的东方品格和释放着和平信息的人文精神，对于思考和消解当今世界个人至上、物欲至上、恶性竞争、掠夺性开发以及种种令人忧虑的现象，对于追求人类的安宁与幸福，必将提供重要的思想启示。

我们呼吁包括中国政府在内的各国政府推行积极有效的文化政策：捍卫世界文明的多样性，理解和尊重异质文明；保护各国、各民族的文化传统；实现公平的多种文化形态的表达与传播；推行公民教育，特别是未成年人的文化、道德教育，以及激励国家、民族和地区间的文化交流。

文化价值的体现和文明的进步，还将有待于伟大的创造和成功的实践。我们愿与海内外华人一起，为弘扬中华文化而不懈努力，愿与世界各国人民一起，为促进人类文明与社会发展共同奋斗！

2004 年 9 月 5 日

谈谈你对这份宣言的理解。

参考文献

1. （清）章学诚著，叶瑛校注：《文史通义校注》，北京：中华书局 1985 年版。

2. 叶文宪：《话说中国物质文化遗产》，上海：学林出版社 2008 年版。

3. 叶文宪：《话说中国精神文化遗产》，上海：学林出版社 2009 年版。

4. 梁漱溟：《中国文化要义》，上海：上海人民出版社 2011 年版。

5. 钱穆：《中国文化史导论》，北京：商务印书馆 1994 年版。

6. 冯天瑜等：《中华文化史》，北京：上海人民出版社 1990 年版。

7. 庄锡昌等：《多维视野中的文化理论》，杭州：浙江人民出版社 1987 年版。

8. 柳诒徵：《中国文化史》，北京：中国大百科全书出版社 1988 年版。

9. 吴小如主编：《中国文化史纲要》，北京：北京大学出版社 2001 年版。

10. 谭家健主编：《中国文化史概要》（增订本），北京：高等教育出版社 1997 年版。

11. 王力：《汉语史稿》，济南：山东教育出版社 1988 年版。

12. 袁行霈主编：《中国文学史》（第二版），北京：高等教育出版社 2005 年版。

13. 彭吉象主编：《中国艺术学》，北京：高等教育出版社 1997 年版。

14. 乔治忠：《中国史学史》，北京：中国人民大学出版社 2011 年版。

15. 吴怀祺：《中国史学思想通史》，合肥：黄山书社 2002 年版。

16. 孙培青主编：《中国教育史》，上海：华东师范大学出版社 1992 年版。

17. 梁漱溟：《东西文化及其哲学》，北京：商务印书馆 2010 年版。

18. 冯友兰：《中国哲学简史》，北京：北京大学出版社 1985 年版。

19. 张岱年：《中国哲学大纲》，北京：昆仑出版社 2010 年版。

20. 邵汉明主编：《中国文化精神》，北京：商务印书馆 2000 年版。

21. 张岂之：《中华人文精神》，西安：西北大学出版社 1997 年版。

22. 张岱年、程宜山：《中国文化与文化论争》，北京：中国人民大学出版社 1990 年版。

23. 罗荣渠主编：《从“西化”到现代化》，北京：北京大学出版社 1990 年版。

24. 张岱年、方克立主编：《中国文化概论》（修订版），北京：高等教育出版社 2004 年版。

25. 顾伟列：《中国文化通论》，上海：华东师范大学出版社 2005 年。

26. ［英］马林诺夫斯基著，费孝通等译：《文化论》，北京：中国民间文艺出版社 1987 年版。

27. ［英］李约瑟：《中国科学技术史》（1 ~ 5 卷），北京：科学出版社 1975—1978 年版。

后记

20 世纪 80 年代中后期，伴随着由对外开放所引发的思想解放思潮，在当时的中国学术及思想文化界，曾兴起过一次规模宏大、影响深远的“文化热”现象。时过境迁，这种“文化热”在 20 世纪 90 年代中后期重又兴起，而且持续时间更长，热度目前仍然不减。对比两次“文化热”的现象，我们可以看到，二者在对中国文化的态度上存在着截然的分别：前者主要是在西方思想影响下，从审视的立场出发，着力揭示和批判中国传统文化尤其是政治文化的负面价值；后者则受 90 年代以后文化保守主义思想倾向的影响，更多的是通过挖掘中国文化的正面价值，捍卫和维护中国文化的主体地位，彰显中国文化的意义。严格说来，这种对于中国文化的不同立场和观点，并不算新鲜，每一种观点在近、现代史上历次的中西文化论争中，其实都被多次地演绎过。不同的是，当时的文化论争，不是单方的隔空发声，而是同时的争鸣，双方本着“费厄泼赖”的精神，平等地辩难。而这两次“文化热”所表现出的对于中国文化的不同观点，并非是建立在学术争鸣的基础之上的，基本上只是后者凭借强势话语，对前者单方面的矫正、否定与批判，这固然有令人遗憾之处，但应该说仍然深化了我们对于文化尤其是中国文化的认识。

需要指出的是，随着近年来我国经济的快速发展与中华崛起进程的加速，现在的“文化热”已经逐步去除了起初强调民族优秀文化价值的意识形态色彩，凸显或取而代之的是树立了一种对于中华文化的自觉意识。这种以对中华文化的自知、自信为内容的自觉意识，虽然不能完全没有民族情结，但总体上已更趋于理性和客观，只是在理性与客观之中多了一层理解与包容在内，因而能更平和、理智地看待文化传统，体现出鲜明的兼综与辩证的思维特点。这种文化自觉意识对于中国文化既不妄自尊大，也不妄自菲薄；既看到文化传统中的精华一面，也不讳言其中的局限与糟粕；

既不因其精华而不加分别地全盘接受，也不因其中不可避免的局限与糟粕而主张全盘否定。体现在对域外文化的态度上，则表现为既不盲目崇拜，也不固执地拒斥，表现为一种开放、理性与包容的胸襟与姿态。应该说，这种文化自觉意识的形成和确立，标志着在对待传统文化上向学术理性的回归，说来也是我们对于中国文化应有的科学态度。我们也正是以这样一种认识作为编写《中国文化概论》的指导思想的。

近年来，各种形式的《中国文化概论》或《概要》、《通论》的教材出版了很多，林林总总，几乎是乱花迷眼，其中既有教育部规划与推荐的教材，更有不少高校联合或个人独立编写的，不一而足。按理说，这种情况下，我们本已无须再凑这份热闹，画蛇添足地再编写一部《中国文化概论》，事实上几年来我们一直使用的就是教育部的推荐教材，该部教材由学术大家主编，又荟萃了全国各地的名家集体编写，学术质量与水平自然非常高。不过，正所谓曲高和寡，由于其理论色彩比较浓，较为抽象，因而难以完全适应和满足我国各类高校的教学需要，尤其是对于理、工、农、医类的高校来说，学生关于传统文化的知识基础相对薄弱，理论色彩过强会影响学生的理解和接受，给教学带来不利的影响。同时，在使用过程中，我们也觉得这部教材对传统文化抱有过于深切的“同情”，以至于有些时候让人感觉对传统文化曲意维护之处较多，对其中的局限和糟粕则缺乏应有的否定，少了些许客观与理性的立场。在我们看来，学习或研究中国文化，首要的便是客观与理性的态度，应力求避免或淡化非学术的意识形态色彩，尤其应当注意不能简单地将《中国文化概论》当做进行政治思想和爱国主义教育的工具，否则既是对中国文化的不敬，也是对学生的不尊重。我们的教育不仅应该着力培养学生理性、健康的人格，而且同样需要培养他们对中国传统文化的自觉意识。

正是基于这种认识和考虑，我们觉得仍然有必要编写一部新的教材，以适应和满足我校大学生人文素养培养的需要。经参编人员共同商议，我们以集体协作的方式，完成了这本教材的编写工作。参与编写的同志，都是我校从事古代文史研究与教学的老师，在相关学术领域都有较为深厚的积累和成果，多年以来也大多承担过《中国文化概论》的教学工作，对于

《中国文化概论》的教与学都有较为深切的认识和体会。正是基于此，我们在充分参考同行先行的同类著作的基础上，经过充分的酝酿和讨论，形成了编写的总体构想和原则，由阮堂明拟订编写体例及目录，其他参编人员在编写过程中，又作了一定的修订。全书的具体分工如下：绪论由阮堂明撰写；第一章由叶文宪撰写；第二章由阮堂明撰写；第三章由陆德海撰写；第四章、第五章由沈华撰写；第六章由丁国祥撰写；第七章由叶文宪撰写；第八章由张笑川撰写；第九章由丁国祥撰写；第十章由叶文宪撰写；第十一章由叶文宪撰写；第十二章由丁国祥撰写；第十三章由陆德海撰写；第十四章由阮堂明撰写。

初稿完成后，全书的审稿、统稿及定稿工作均由阮堂明、沈华共同负责。

应该指出的是，本书在编写过程中，国内同行先行的同类著作给了我们许多足资借鉴的经验，在此谨致谢忱，限于篇幅，就不一一列出了。同时，我们还要衷心感谢暨南大学出版社的杜小陆先生以及出版社其他同仁，没有他们的辛勤劳动，本教材也很难在这么短的时间内面世。

当然，虽然本书面世了，但由于编者水平有限，加之时间仓促，我们深知本教材还存在诸多的不足，无论是章节的设置，还是对中国文化的具体内容、特征及精神等的理解与概括，都难免有失之偏颇或不尽准确、恰当之处，各章节因分别由不同的老师完成，在内容上或存在部分的重合；同样因为出于众人之手，各章节在语言风格上也不尽统一。对这些不足，我们深感遗憾，并由衷地恳请广大读者朋友批评指正，我们希望将来还能有机会对这部教材再作修订，以求进一步完善，弥补这一遗憾。

阮堂明

2012 年 6 月于苏州